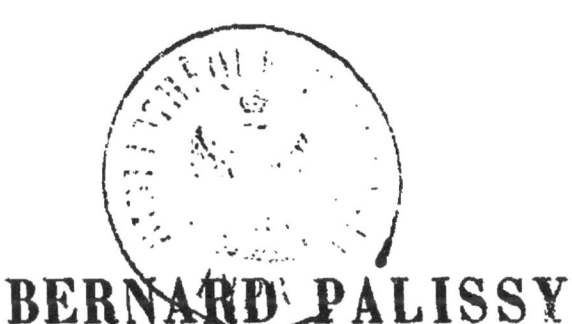

BERNARD PALISSY

PARIS. — IMP. SIMON RAÇON ET COMP., RUE D'ERFURTH, 1.

BERNARD PALISSY

ÉTUDE

SUR SA VIE ET SES TRAVAUX

PAR

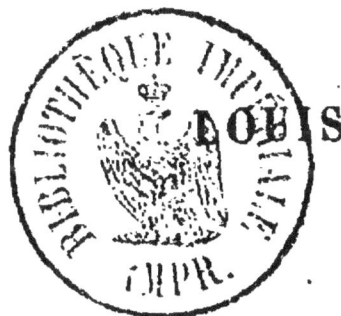

LOUIS AUDIAT

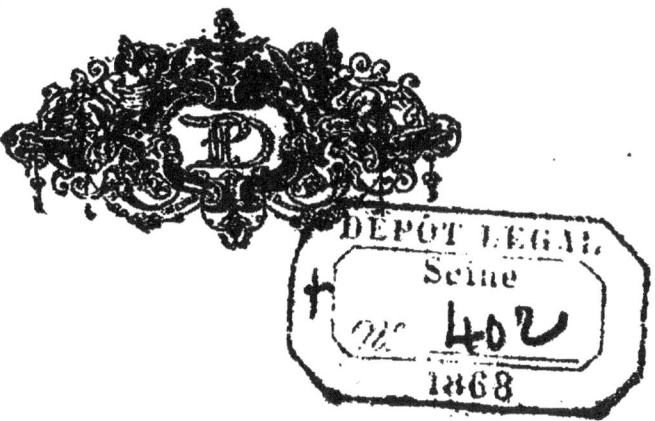

PARIS

LIBRAIRIE ACADÉMIQUE

DIDIER ET Cⁱᵉ, LIBRAIRES-ÉDITEURS

35, QUAI DES AUGUSTINS, 35

1868

PRÉFACE

Bien des écrivains déjà, se sont occupés du pauvre potier Bernard Palissy. La prose et la poésie, le drame et le roman, le français et le patois ont célébré ses malheurs ou raconté sa vie. Moi-même j'ai, en 1864, publié sa biographie. Mais écrite à l'époque où, de nouveau, nous mettions en avant et commencions à exécuter le projet d'une statue à l'éminent artiste, elle avait pour but de faire connaître à son pays d'adoption qui croyait la connaître, une vie enjolivée par les conteurs et souvent par les historiens. Aussi devait-elle se ressentir un peu des néces-

a

sités du moment et de la promptitude du travail. L'ouvrage que nous offrons aujourd'hui au public est un ouvrage consciencieusement et fort sérieusement médité. C'est Palissy tout entier.

Assurément il est des personnalités plus éclatantes, plus bruyantes, plus grandioses. Mais est-il un homme en qui le seizième siècle, avec ses qualités et ses défauts, avec ses misères et ses grandeurs, s'incarne mieux ? Il naît avec lui, 1510, et meurt avec lui, 1590. Dans sa longue vie se reflètent fidèlement les goûts et les malheurs de l'époque. Il connaît, si j'osais emprunter à Bossuet cette expression un peu ambitieuse ici, il connaît toutes les extrémités des choses humaines. Fils d'artisan ou de bourgeois, il devient le protégé des grands et des rois. Illettré, il arrive par sa ténacité à acquérir d'étonnantes connaissances, et à composer deux ouvrages, trésor de sages conseils et de théories précieuses. Artiste, il invente un art. La passion de l'étude le dévore ; il observe, il contemple. Il porte dans toutes les branches cette curiosité fiévreuse qui est un des caractères du temps. Il est encyclopédique, comme le sont ses plus illustres contemporains. Léonard de Vinci est peintre, naturaliste, écrivain. Michel-Ange est peintre, architecte, sculpteur et poëte. Laurent de Médicis est grand seigneur, poëte et banquier ; lui, sera géologue, physicien, chimiste, écrivain, artiste, historien. Mécontent de l'enseignement de l'école, il rompra avec la tradition ; il étudiera dans le livre de la nature au lieu de consulter les écrits des philosophes. Il voudra « n'être aucunement imitateur de ses devanciers, » principe tout moderne, que mettront en pratique Bacon et Descartes. Il fera plus. A côté des chaires de l'État ; il élèvera une chaire particulière. Fier de sa raison et de ses connaissances, il convoquera à ses leçons les grands et les doctes. Et, comme on vit sur les bancs de l'Université de Paris, s'asseoir des écoliers à cheveux blancs, pour apprendre le grec que le professeur Georges Hermonyme, de Sparte, ne savait pourtant guère mieux que ses élèves[1], on verra un parent de Coligny, le président Henri de Mesmes, Ambroise

---

[1] *Græce balbutiebat*, dit Erasme, *Epistola* LVIII.

Paré, venir entendre le potier de terre enseignant les sciences naturelles. Dans son style se réuniront à la fois, le ton amer du sectaire, la bonhomie railleuse de l'homme du peuple et la mélancolie du rêveur. Enfin, pour dernier trait, il embrasse la religion de Calvin. Pour sa foi nouvelle il subit la persécution, la prison; et, grâce à la tolérance particulière qui vivait fort souvent à côté de l'intolérance dogmatique et légale, il échappe trois fois à la mort que lui avaient méritée, d'après les lois en vigueur, ses convictions religieuses et sa passion de prosélytisme.

Tel est, en quelques mots, l'homme que nous voudrions étudier au triple point de vue de l'art, de l'histoire et de la science. Cette division nous était d'avance indiquée et toute tracée par le sujet lui-même. Bernard Palissy n'est guère connu que comme potier, artisan, émailleur. Ceux qui ont pénétré plus avant dans sa vie, savent un peu qu'il fut aussi géologue, physicien, chimiste, agronome, écrivain. Nous voudrions compléter ce que l'on connaît de l'artiste, montrer les découvertes étonnantes que, sans s'en douter, lui doit la science moderne, et par suite faire voir où en étaient au quinzième siècle les sciences naturelles, enfin le révéler comme historien local d'un des événements les plus importants de son époque, la Réforme. Pour cela nous n'aurons qu'à suivre notre personnage. Cette division correspond assez exactement aux trois périodes caractéristiques de cette originale physionomie. Nous n'aurons donc pas besoin de nous écarter de la biographie pour l'apprécier comme ouvrier énergique, artiste créateur, comme narrateur exact, écrivain et penseur remarquable, enfin comme le père de la géologie et des sciences naturelles. Cet ouvrage, dont l'opuscule publié en 1864 n'était pour ainsi dire que la préface ou du moins les premiers chapitres, est né de la même pensée qui en ce moment même érige une statue à Maître Bernard. Nous voudrions qu'il en fût le complément, le commentaire, le livret développé. Une statue est une synthèse. Puisse ce volume être les bas-reliefs qui, faute d'argent, ne la décoreront pas !

Secrétaire de la Commission de la statue, j'ai pris mon rôle au sérieux, trop au sérieux peut-être, et cru que ces fonctions m'obligeaient, non pas seulement à écrire sous l'inspiration de la Commission quelques milliers de lettres et de circulaires, mais encore une vie de notre héros, examinée avec soin, et qu'on pourra étudier avec confiance. Tout en respectant le caractère et les mérites de Palissy, tout en lui conservant une sympathique admiration, je ne me suis pas condamné à tout louer chez lui; et, quand il a fallu, j'ai blâmé. C'est une étude, non un panégyrique que je faisais, une histoire, non une oraison funèbre. Palissy paraîtra donc débarrassé d'une auréole menteuse qui sera, je l'espère, remplacée par une couronne plus solide, et dégagé d'une foule de légendes qui peu à peu transformaient le penseur saintongeois en un héros mythologique. Des documents nouveaux ou récents m'ont aidé à renverser bien des hypothèses données comme des vérités par les précédents biographes et acceptées comme paroles d'évangile par le public. Livre sincère et de bonne foi, livre de longues recherches, je désire qu'il procure à mon personnage autant de gloire qu'il a coûté de travail à son biographe.

BERNARD PALISSY

CHAPITRE PREMIER

Bernard Palissy naît en 1510. — Lieu de sa naissance. — Incertitude des écrivains. — Agenois ou Saintongeois ? — Sa patrie prouvée par sa langue. — Misères de son enfance. — Il se fait verrier. — La noblesse verrière.

On ne nomme guère que trois écrivains qui aient, au seizième siècle, parlé de Bernard Palissy. Ce sont Théodore Agrippa d'Aubigné, né à Saint-Maury, près de Pons, en Saintonge, le 8 février 1552 ; La Croix du Maine, né au Mans, la même année ; enfin Pierre de l'Estoile, grand audiencier de la chancellerie de France, né à Paris en 1540. Palissy était plus âgé qu'eux d'une trentaine d'années au moins ; ils avaient pu entendre parler de lui ; cependant ils n'en ont dit que quelques mots. Le premier le fait naître en 1499 ; le second, après 1515 ; et le dernier en 1510. Et pourtant d'Aubigné était son quasi-compatriote ; l'Estoile fut son ami, et La Croix du Maine, cataloguant les écrivains antérieurs à l'an 1584, semblait devoir être tenu à l'exactitude.

Si les contemporains ont si peu fait coïncider les dates, les biographes modernes pouvaient-ils être d'accord ? Aussi adoptent-ils un de ces millésimes, au hasard ; ou bien ils fixent des limites extrêmes si vastes qu'on peut faire naître Bernard Palissy au moment qu'on désire, la même année que Calvin ou en même temps que François Ier. L'opinion qui me paraît la plus probable, et à laquelle je me range, est celle de Pierre de l'Estoile. L'auteur du *Journal de Henri III* avait, comme il le dit lui même, « aimé et soulagé en sa nécessité » le pauvre artiste, et Palissy reconnaissant lui avait en mourant laissé comme souvenir quelques minéraux curieux. L'Estoile est donc un témoin qu'on peut croire, à défaut de documents authentiques.

Ainsi Bernard Palissy est né en 1510.

Il est moins difficile de fixer la date que le lieu de sa naissance. Les familles praticiennes conservent religieusement leur filiation, et, quand elles le négligent, les généalogistes se chargent pour elles de ce soin. Les familles bourgeoises ou populaires ne prennent en général pas tant de souci. Les registres paroissiaux, du reste, seules archives des petits, où l'on pourrait retrouver leur origine et leur descendance, quand ils ont été régulièrement et partout tenus avant le concile de Trente (1545-1563), qui fit une obligation de ce qui était déjà un usage, ont disparu de ce sol bouleversé par tant de révolutions. Quand le temps et les insectes les ont épargnés, la main des hommes les a lacérés et brûlés. On en a fait un immense auto-da-fé; en haine des classes nobiliaires, il a détruit ce qui intéressait surtout le peuple. Où trouver maintenant un registre de baptême du commencement du seizième siècle, et partant l'acte de naissance de Bernard Palissy?

L'incertitude est grande. Où naquit-il? Sept villes se disputaient Homère; Ravenne et Florence, Dante Alighieri; trois provinces réclament Palissy, non pas comme le Périgord et le Bordelais pour Michel Eyquem de Montaigne, parce que la demeure féodale où il naquit en 1536 se dresse sur les frontières indécises de ces deux provinces; ou bien comme le Périgord et le Quercy pour l'auteur du *Télémaque*, parce qu'on ignore de quelle juridiction relevait le château de Fénelon en la paroisse de Sainte-Mondane, lieu de sa naissance, mais bien parce qu'on ne sait dans laquelle de ces trois provinces placer son berceau. Les biographes lui font indifféremment voir le jour en Agenois, en Périgord, en Saintonge, quelque fois même en Limousin. Cette rivalité généreuse se comprend. L'auréole qui couronne le front d'un grand homme laisse toujours tomber quelques-uns de ses rayons sur le coin de terre où il est né. On veut donc s'éclairer à sa gloire et s'illustrer à son génie.

Pourtant dans ces quatre provinces qui s'attribuent Palissy, il y en a bien trois au moins qui se trompent, peut-être quatre. S'il est vrai que chacun dit volontiers du mal de son pays parce qu'il l'aime beaucoup et en connaît mieux les défauts, le Limousin prétendrait avec plus de raison à l'honneur d'avoir entendu son premier cri. Maître Bernard médit tant de ses habitants qu'il pourrait bien être leur compatriote, témoin ce Limousin dont il parle. « Grand mixtionneur et grand augmentateur de drogues, » il vendait de la sciure de bois pour du poivre. J'ajoute que les émailleries de Limoges auront fait concevoir à quelque érudit local la pensée que le potier aurait bien pu étudier là son métier de céramiste. C'est une pure hypothèse, et qui trouve peu de créance.

Il existe dans le département de la Dordogne, à 36 kilomètres sud-est de Bergerac, un chef-lieu de canton de douze cents âmes nommé Montpazier. Petite ville jadis assez forte, que fonda en 1284 Édouard Ier, duc d'Aquitaine, elle montre encore des tours, des murs d'enceinte, attestant son ancienne importance. Près de là se trouve Biron, antique demeure des Gontaut, barons, puis marquis de Biron. Le village voisin, la Chapelle, ou la Capelle, lui a emprunté son nom, et s'est appelé la Chapelle-Biron. Or la Chapelle-Biron, située dans le canton de Montflanquin, est du département de Lot-et-Garonne. Les historiens indigènes font naître Palissy en cet endroit et l'envoient étudier à Montpazier. De la sorte, il sera Périgourdin par Montpazier, et Agénois par la Chapelle-Biron, comme Descartes est à la fois Poitevin, Breton et Tourangeau. Agen et Périgueux pourront lui ériger une statue comme Bordeaux et Périgueux l'ont fait pour Montaigne.

Une raison a déterminé le choix de la Chapelle-Biron. « M. de Saint-Amans, racontent les *Mémoires de la Société royale des antiquaires de France*, t. II,

p. 396, et après eux la *Biographie universelle* de Michaud, et la foule des biographes, M. de Saint-Amans qui a visité, il y a peu d'années, les tuileries de Palissy, nous apprend que la famille de ce nom existe encore aux environs du village de Biron, près de Montpazier, sur les limites du Périgord et de l'A-genois. » Cette phrase est vague. M. Louis Énault est plus précis : « Il y a quelques années encore, dit-il, on voyait à la Chapelle-Biron une tuilerie avec cette enseigne : *Tuilerie de Palissy*. Le voyageur en chercherait vainement la trace. » Je n'ai pas à vérifier l'exactitude de ces détails. Ils sont vrais, admettons-le, bien que les écrivains indigènes n'en soufflent mot. Que prouvent-ils? L'existence à la Chapelle-Biron d'une tuilerie sous le vocable de Bernard Palissy et la présence en ce village d'une famille portant son nom? Or le premier potier venu peut, en l'honneur du maître, baptiser ainsi son fonds; et des descendants, des parents de l'artiste ont pu s'établir là-bas aussi bien qu'ailleurs.

La Saintonge offre les mêmes titres. Elle a une famille Bernard qui prétend avoir des preuves de sa filiation avec Bernard Palissy. Nommons le plus fameux; c'est Adrien-Antoine Bernard, dit Bernard des Jeuzines ou plutôt *Pioche* Bernard, prénom qu'il échangea en 1793 contre ses noms de baptême. Président au tribunal de Saintes, député à l'Assemblée législative, représentant à la Convention, où il vota la mort de Louis XVI, il fut envoyé en mission dans la Côte-d'Or et la Charente-Inférieure, élu secrétaire puis président de la Convention, nommé juge sous l'empire, exilé sous la restauration, et mourut en 1817 aux États-Unis.

Saintes en outre possède une *rue Palissy*, un *quai Palissy*, une *rue de l'Aubarée*, souvenirs des aubiers où l'émailleur se promenait. Faut-il en conclure qu'il est né dans cette rue ou sur ce quai? Enfin, et la coïncidence est à remarquer, comme l'Agenois, la Saintonge a une commune qui s'appelle la Chapelle, et une autre qui se nomme Biron. Les historiographes ont-ils confondu ces différentes localités, et placé sur les bords du Lot et de la Garonne ces villages situés sur les rives de la Charente et de la Sévigne? On est porté à le croire, à la façon dont se fabriquent les légendes. En tous cas, il n'y a rien jusqu'ici qui milite en faveur de l'Agenois, plutôt que de la Saintonge.

Pour que l'argument tiré de la *Tuilerie de Palissy* eût une valeur sérieuse, il faudrait que cette tuilerie eût appartenu au père de maître Bernard. Cette opinion est difficile à soutenir, Les paroles de Palissy lui-même sont formelles. Il dit[1] : « Ie n'avais nulle connaissance des terres argileuses. » Et, page suivante : « Ie n'avais jamais veu cuire de terre. » Ailleurs (p. 314), il ajoute : Ie me mis à faire des vaisseaux, combien que je n'eusse cogneu terre. » Il travaille donc à « chercher des esmaux comme un homme qui taste en ténèbres. » Je le demande : peut-on faire naître potier et fils de potier, près d'un four et d'une tuilerie, un homme qui, jusqu'à trente ans, n'a ja-

[1] *OEuvres complètes de Bernard Palissy*, page 314, édition de P.-A. Cap. Paris, Dubochet, 1844.

mais vu cuire de vase et ne distingue pas l'argile de la terre ordinaire?

Ces diverses dénominations, qui révèlent le désir de perpétuer le souvenir d'un grand artiste, ne doivent pourtant pas être tout à fait dédaignées. Elles sont loin d'être des preuves ; elles sont des présomptions. En effet, on ne donne pas indifféremment une qualification ; et si rien d'ailleurs ne la contredit, on est bien forcé d'en tenir compte. Or, Bernard Palissy, qui nous a si souvent parlé de lui, n'a jamais indiqué le lieu de sa naissance. La Saintonge et l'Agenois ne peuvent rien arguer de ses paroles. Mais son silence est significatif. Presque à chaque page de ses écrits il est question de la Saintonge. Il a bien des fois mentionné Saintes. Cite-t-il la province comme sa contrée natale? Nullement. Il la nomme seulement, et à deux reprises (p. 311 et 325) « pays de mon habitation. » L'expression est importante. S'il y eut vu le jour, n'aurait-il pas dit plutôt : « pays de ma naissance? » N'aurait-il pas essayé de rappeler par ce seul mot tous les doux souvenirs qu'il évoque, un père, une mère, des frères, des sœurs, les jeux et les amitiés de l'enfance, les amours de la jeunesse ?

Palissy n'a pas dit qu'il était d'Agen, mais il n'a pas dit non plus qu'il n'en était pas, tandis que le qualificatif qu'il accole à la Saintonge, « pays de mon habitation, » me paraît exclusif. Rien de semblable quand, une fois par hasard, il est question de l'Agenois ; il le nomme tout simplement.

Les contemporains donnent raison à cette conjecture. Sans s'arrêter au mot de Rémond de Saint-

Mard[1] qui appelle Palissy « un paysan de Xaintonge, » ni à l'épithète de « Xaintongeois » que lui
décerne Venel[2], ou à cette ligne du libraire Fouet
en 1636 : « Bernard Palissy, de Xaintes, » ou bien
au passage du *Théâtre d'agriculture et Ménage des
champs* dans lequel, d'après la *Biographie Saintongeoise*, Olivier de Serres, en 1604, le nomme le
« paysan de la Saintonge, » phrase que j'y ai inutilement cherchée ; ou bien enfin, aux diverses biogra-
phies qui le disent alternativement de Saintes ou
d'Agen, quelquefois simultanément comme le Dictionnaire de Bouillet, tous écrivains postérieurs, toutes
expressions qui peuvent s'appliquer au long séjour
de Bernard en Saintonge et ne décident rien pour l'endroit de sa naissance ; on doit remonter aux sources,
s'en rapporter aux livres publiés de son vivant, aux
écrivains qui l'ont pu entendre. En voici un. François
Grudé, sieur de La Croix du Maine, imprime en 1584,
à Paris, chez l'Angelier, sa *Bibliothèque françoise* où
il passe en revue les écrivains. C'est l'année même
où le potier professait publiquement à Paris. Il écrit :
« Bernard Palissy, natif du diocèse d'Agen, en Aquitaine, inventeur des Rustiques Figulines ou Poteries
du Roy et de la Royne sa mère, philosophe naturel et
homme d'un esprit naturellement prompt et aigu. Il
a écrit quelques traités touchant l'agriculture ou
labourage, imprimés l'an 1562, ou environ..... Il
florit à Paris, âgé de soixante ans et plus, et fait des
leçons de sa science et profession. » Ces paroles, qui

[1] Dans ses *Éclaircissements sur les dialogues des Dieux*, I, p. 737.
[2] A l'article *Chimie* de l'*Encyclopédie*. Paris, 1753.

montrent l'état qu'on faisait alors de l'artiste orateur, si elles ne sont pas suffisantes pour les dates,
sont précises pour le lieu de naissance. « La Croix du
Maine savait probablement que son personnage avait
passé de longues années en Saintonge. Le soin qu'il
prend d'indiquer quand il n'est pas sûr : « l'an 1562
ou environ, » puis « soixante ans et plus, » doit
inspirer toute confiance quand il affirme. Jusqu'à
preuve contraire il faut maintenir son assertion pour
le pays natal.

Quatorze ans plus tard, en 1598, Philbert Mareschal, sieur de la Roche, prêtre, met dans son livre
in-8° : *la Guide des arts et des sciences*, imprimé à
Paris : « Bernard Palissy, Agenois, inventeur des
Rustiques Figulines du Roy. »

Ainsi les deux seuls écrivains contemporains qui
citent la patrie de maître Bernard, nomment le diocèse d'Agen. Il faut les croire. La tradition s'accorde
avec eux. Donc, Palissy est né dans le diocèse d'Agen
et peut-être à la Capelle-Biron. Ce dernier point est
plus problématique.

La forme même du mot *Palissy* pourrait donner
lieu à quelques débats. Ce nous a tout l'air d'un vocable italien francisé. Il n'y a pas loin de *Palizzy* à
Palissi et *Palissy*. Le nom de notre artiste vient-il de
Palizzy, mot italien, ou de *Palice*, vieux nom français? Est-ce un génitif latin qui sera resté dans notre
langue ? Est-ce le mot français auquel le potier ou sa
famille aura ajouté la désinence *y* qui pouvait faire
croire à une origine italienne, dans un temps où l'on
était engoué de l'Italie? ou bien encore un dérivé du mot

palisse ou *palice*, pour *palissade*, fort usité à Saintonge ? Question qu'il est plus facile de poser que de résoudre.

Si Bernard Palissy est venu au monde dans le diocèse d'Agen , il le quitta bien jeune pour la Sain--tonge. La Saintonge est tout entière dans ses livres, les minéraux qu'elle cache en son sol, les poissons qu'elle nourrit dans ses eaux, les plantes qu'elle produit, les villes dont elle est fière. Il la connaît et il l'aime. En revanche, l'Agenois n'obtient de lui qu'une mention vulgaire. Il parle quelque part des fruits qu'on y récolte et notamment des figues. Évidemment, il a dû lui dire de bonne heure adieu, puisqu'il n'en a gardé qu'un souvenir confus et banal.

On veut qu'il n'ait paru en Saintonge qu'à l'âge de trente ans. Nous croyons que cela est impossible. Artisan, il n'a point fréquenté beaucoup les écoles ; il n'a point appris à lire dans les ouvrages grecs et latins. L'enfant du peuple parle la langue de sa mère ; et cette langue de la jeunesse, on la conserve dans l'âge mûr. Il n'est point facile de se défaire des provincialismes ; et l'accent natal subsiste en dépit des continuels efforts. Si Bernard a passé dans l'Agenois trente ans de sa vie, vingt ans même, ces premières années où impressions et idées se gravent si profondément dans l'esprit, il parlera la langue de l'Agenois. Ce sera un homme du Midi. Dans ses mots, dans ses pensées, on retrouvera un goût de terroir, un parfum du cru. Or, tout en lui est Saintongeois, à part peut-être son énergie, mais surtout son style. Il dira *alize ;* c'est la galette faite du résidu de la pâte et peu levée, régal des enfants ; un *pilot*, pour un tas ;

une *palice*, d'où sans doute *Palici*, *Palissy*, pour une haie; *chaumenir* (page 47) pour *moisir*; *meler* (page 75) pour *sécher*, en parlant des fruits ; *aller penader* pour *aller courir*, *se promener*, *se divertir*; la *prée*, pour le *pré*, la *prairie*; un *journau* pour un *journal* ; un *terrier*, c'est une butte de terre; *se raler* pour *se tapir*, en courant comme le râle. Voici une de ses expressions : *Je te quitte pleurer ; il le quitta aller ; nous le quittâmes venir*. Un homme qui, pour la première fois, à trente ans, entend ce mot, s'étonne et ne comprend pas ; s'il apprend que cela signifie *laisser pleurer*, *laisser venir*, *laisser aller*, l'emploi du verbe *quitter* dans le sens de *permettre* fera sur lui une assez vive impression pour qu'il ne se croie point autorisé à s'en servir. Ces expressions, qui attirent l'attention de l'étranger, passent inaperçues pour l'indigène. Pour que Palissy en ait fait usage, il faut qu'il y ait été accoutumé dès l'enfance, et par conséquent qu'il ait été apporté fort jeune en Saintonge, peut-être au maillot. Il y a certainement balbutié ses premières syllabes et épelé ses premières lettres.

Comment y vint-il ? Il y a une légende. Certain arpenteur passe à la Capelle-Biron, voit l'enfant, est charmé de sa mine éveillée, de sa gentillesse, de ses réponses habiles et de son intelligence précoce ; il l'emmène avec lui et lui apprend son métier. Ce n'est là qu'un roman.

Il est une hypothèse aussi naturelle et plus vraisemblable. Les Gontaut, barons de Biron en Agenois, étaient, au seizième siècle, et jusqu'à la révolution, seigneurs de Brisambourg en Saintonge. Ils ont pu, mieux que l'arpenteur apocryphe, amener sur les bords de la Charente le petit Bernard, né sur leurs domaines d'Agenois. De Brisambourg à Saintes la distance n'est que de 4 lieues. C'est à Saintes, ville alors importante, capitale de la province, que l'enfant acquerra les premières notions des lettres et des arts. Malheureusement la première mention que j'aie pu trouver des Gontaut-Biron en Saintonge date de 1559 seulement. A cette époque, la seigneurie de Brisambourg, érigée plus tard en marquisat, entre dans la maison des Gontaut par le mariage de Jeanne de Gontaut avec Pierre Poussard, chevalier, seigneur de Brisambourg, mort sans lignée. Peut-être étaient-ils déjà dans la province ; car il n'est guère admissible que Pierre Poussard soit allé prendre femme si loin. En tout cas, l'existence de Bernard Palissy a été assez enjolivée de fables, assez travestie, pour que je ne vienne pas la charger encore d'un détail hypothétique.

On a raconté que les parents de Bernard Palissy étaient dans l'indigence. La misère au berceau des hommes remarquables est un thème, un beau prétexte à déclamations. Comme on maudit la pauvreté, cette marâtre qui étrangle le génie dans ses rudes étreintes ! — C'est une dure nourrice, il est vrai ; mais elle n'étouffe ordinairement que l'enfant qui n'était pas né viable. Le génie, pressé par les nécessités de la vie, ressemble à l'eau qui, serrée dans un étroit canal, jaillit plus fort en gerbes plus étincelantes. Palissy, il est vrai, s'est appelé[1] « une per-

----

[1] Page 3, éd. Cap.

sonne fort abjecte et de basse condition; » et a parlé[1] de sa « petitesse et abjecte condition. » Mais c'est dans une préface « au lecteur » et dans une dédicace « à monseigneur le mareschal de Montmorency, chevalier de l'ordre du roi, capitaine de cinquante lances, gouverneur de Paris et de l'Isle de France. » Il est convenable qu'un auteur parle de lui avec modestie ; mais d'ailleurs, en s'adressant à un si haut personnage, au fils du connétable de Montmorency, il était permis de se dire, sinon de se croire, de basse extraction, et peut-être d'exagérer l'humilité de sa naissance.

Ce n'est pas toujours en ces termes que s'exprime Bernard Palissy sur son propre compte. Un curieux document, publié par M. Fillon dans ses *Lettres écrites de la Vendée* nous montre l'ouvrier parlant de lui-même dans une pièce authentique.

C'est un acte notarié relatif à une fabrique de poteries fines, établie, en 1558, à Fontenay-le-Comte sous les auspices de maître Bernard.

« *Ajourd'huy haut et puissant Jehan Girard, cheva-*
« *lier, seigneur de Bazoges, Moricq et la Guignardière,*
« *pannetier ordynaire du roy nostre Sire, demeurant au*
« *dict lieu de la Guignardière, paroise d'Apvrillé, a*
« *vendu et vend par ces présentes à honorable homme*
« *maistre Bernard Palissy, peintre, demeurant en la*
« *ville de Sainctes, sçavoir est le nombre et quantité*
« *de trois milliers de mayrain, bon marchand et recep-*
« *vable au compte de la Rochelle, et rendable en icelle*
« *ville, et ce moyennant la somme de cinquante quatre*

« livres tournois, que le dict Bernard Palissy a baille
« et compté au dict seigneur de Bazoges, en escus, tes-
« tons et douzains du poids de l'ordonnance.

« Faict et passé en la maison de noble homme mon-
« sieur maistre Michel Tiraqueau, escuyer, senéchal de
« Fontenay-le-Comte, par devant nous N. Misere et Mar-
« chandeau, notayres royaulx en la cour du scel estably
« aux contracts au dict lieu de Fontenay-le-Comte pour
« le Roy nostre Sire, le vingt deux février mil cincq cent
« soixante. »

La date est quelque peu incertaine, ajoute M. B.
Fillon : car le bas du papier sur lequel est écrit l'original se trouve en fort mauvais état.

Il faut remarquer dans cette pièce la qualification
d'honorable homme prise par Palissy. On la donnait
alors aux magistrats, aux hommes importants par
leur position, leurs fonctions ou leur naissance, aux
bourgeois notables. Elle était pour la classe intermédiaire ce que le titre de monseigneur était pour la noblesse. A une époque où chacun s'attachait avec tant
de ténacité à ses priviléges et à ses prérogatives, est-
il croyable que, dans un acte authentique, passé par
devant le sénéchal de Fontenay et deux notaires, on
eût consenti à laisser prendre cette qualité à un ouvrier nomade, tombé comme du ciel en Saintonge,
pauvre, dédaigné, sans considération héréditaire ou
personnelle? D'autre part, il apprit à lire, à compter,
à écrire; il sut la géométrie. On doit d'après cela
supposer que ses parents étaient en état de faire quelques sacrifices et qu'ils lui purent donner une certaine instruction assez étendue pour l'époque. Aussi

admettrais-je volontiers avec M. Cazenove de Pradines
« que l'illustre potier appartenait à une famille bour-
geoise ou tenant de près à la bourgeoisie. »

Plusieurs écrivains ont prétendu qu'il était noble.
Beaucoup écrivent encore : « Bernard *de* Palissy. »
M. Massiou a même[1] écrit cette phrase singulière :
« Bernard *de* Palissy : car sur la fin de sa vie il avait
été pourvu de lettres d'anoblissement... » Ces assertions ne supportent pas l'examen. Les lettres patentes
d'anoblissement sont un rêve de l'historien saintongeois : l'édit de Blois, en 1576, mettait obstacle à
l'anoblissement par l'achat de fiefs, remarque M. Sauzay, et les assujettissait à des lettres patentes royales.
Un potier de terre était, malgré l'illustration toute
personnelle de l'inventeur des rustiques figulines, un
trop mince personnage pour que, au moment même
de la promulgation de l'édit, on se fût écarté du ri-
gorisme de la nouvelle loi. D'une part, maître Bernard était trop pauvre pour acheter un fief qui lui
donnât droit de noblesse, quand même l'édit n'eût
pas empêché ces velléités seigneuriales ; de l'autre,
il était protestant. En ce temps, au lendemain de la
Saint-Barthélemi, à la veille de la Ligue, on brûlait
les hugenots ; on ne les anoblissait pas. Celui qu'on
épargnait s'estimait heureux, et ne recherchait pas des
distinctions honorifiques.

Quoiqu'il ne fût pas noble, l'émailleur saintongeois
aurait pu s'appeler Bernard *de* Palissy. Beaucoup de
roturiers ont eu et ont encore cette syllabe que le
préjugé commun fait aristocratique. Jamais il n'a

[1] *Histoire de la Saintonge*, II, 541.

pris cet article. Dans ses actes authentiques, dans ses livres, il écrit toujours *Bernard Palissy* simplement.

Le portrait qu'on grave de lui n'est pas non plus très-authentique. Achille Deveria, qui avait commencé l'œuvre de l'artisan saintais avait, raconte M. Sauzay, réuni dans un recueil, « acquis depuis par la Bibliothèque impériale, plusieurs portraits présumés de maître Bernard.» On a adopté celui qu'a publié X. Villemin. Il est pris sur une plaque de faïence émaillée qui fait partie de la collection de M. le baron Anthony de Rothschild, à Londres. Ce n'est pas celui d'un seigneur ou d'un personnage éminent du temps : on l'aurait reconnu à ses traits. D'ailleurs le costume est assez simple et conviendrait à la condition de l'artisan, à ses habitudes austères. Malheureusement il ne s'accorde pas avec la chronologie et les modes de l'époque. La bordure qui encadre le portrait date des dix ou douze dernières années du seizième siècle. Le long col de la chemise qui entoure le visage se retrouve dans le portrait d'Olivier de Serres à cinquante-cinq ans, c'est-à-dire en 1594. Antoine Carron, dernier peintre en titre de Catherine de Médicis, le porte sur celui où Thomas de Leu, son gendre, nous le représente à un âge avancé. Henri III avait le même col le jour où il fut assassiné. A ce moment, vers 1590, Bernard Palissy était fort âgé, sinon déjà décédé. Eh bien, la figure du personnage émaillé de M. de Rothschild indique quarante-cinq ou cinquante ans au plus. On ne peut voir là le visage de maître Bernard, qui devait être amaigri par les souffrances et la vieillesse. « C'est d'ailleurs, dit M. Fillon, manquer pres-

que de respect à la mémoire de Palissy que de lui
prêter cette physionomie ennuyeuse et busonne qui
sent d'une lieue le hobereau ou l'échevin prenant
un air grave pour poser devant la postérité. Si le potier de Saintes nous eût légué sa portraiture, la bonne
opinion qu'il avait de sa personne l'eût empêché de
se défigurer ainsi et lui eût fait mettre sur son visage
un reflet de ce qu'il avait dans le cœur. Nous aurions
dès lors sous les yeux une tête austère et vigoureuse,
comme celle d'Ambroise Paré, gravée par Étienne de
l'Aulne, mais empreinte du génie moderne, comme
celle de Mélanchthon par Durer. »

Il est un autre portrait qui s'accorde mieux avec le
costume et l'âge du personnage. C'est celui qu'ont
gravé le *Magasin pittoresque* et d'autres recueils. Palissy y porte la fraise, comme un grand nombre de
ses contemporains, et une espèce de houppelande à
brandebourgs. La calvitie et les rides révèlent une
soixantaine d'années. Ce serait le moment où Palissy
travaillait aux Tuileries. De plus, M. Du Sommerard,
en 1865, a acquis pour le musée de Cluny un portrait,
cette fois authentique, de l'artiste saintongeois. Il est
sur vélin. Le nom s'y trouve en toutes lettres; et au
bas est inscrite cette sentence :

> Nulle nature ne peut produire son fruit sans estrème
> travail, voire et douleur.   Palissy.

Le costume est riche. On n'en sera pas étonné,
puisque l'émailleur fréquentait alors la cour. Les
tuyaux de la fraise sont dorés. Le crâne est chauve;
la barbe descend en pointe. Les traits sont fatigués.

L'œil est vif, intelligent. L'ensemble est empreint de noblesse, de bonté et de fermeté. C'est une figure sympathique et belle. Voilà Palissy, tel qu'on le concevait ; tel que ses livres le révélaient. Aussi la *Monographie de l'œuvre de Bernard Palissy*, après avoir, dans ses premières livraisons, donné comme véritable la plate figure de la terre cuite en relief de M. de Rothschild, s'est empressée, à la fin, de lithographier la peinture de l'hôtel de Cluny ; et l'artiste, chargé de sculpter la statue pour la ville de Saintes lui a demandé des inspirations. On doit donc rejeter parmi les curiosités apocryphes ce prétendu type de Palissy que nous livre le plat de M. de Rothschild, et que la gravure semble vouloir populariser.

Bernard Palissy eut une enfance laborieuse. Il apprit la science, l'alchimie comme il l'appelle, « avec les dents. » Et cette énergique expression montre à la fois les difficultés qu'il y rencontra et la ténacité qu'il y apporta. Il sut lire et écrire. Ce n'est rien pour nous ; pour le seizième siècle c'était beaucoup. Cette instruction du jeune Palissy, fort étendue pour le temps, ne serait-elle pas une nouvelle preuve que sa famille n'était pas réduite à la misère ? Outre la lecture et l'écriture, l'artisan posséda le dessin, les mathématiques, et la géométrie assez bien pour devenir arpenteur. Il avoue (page 51), en parlant des traits et lignes de géométrie, qu'il n'était « point du tout despourveu de ces choses. » En présence de ces connaissances, fort vastes relativement, il ne faut pas prendre à la lettre ce qu'il nous raconte de son ignorance : « Ie ne suis ne Grec, ne Hébrieu, ne Poëte, ne Rhétoricien; ains un simple artisan bien pauvrement instruit aux lettres, » dit-il (p. 5) au connétable de Montmorency. Et ailleurs (p. 269) : « l'eusse « esté fort aise d'entendre le latin, et lire les livres « des dits philosophes pour apprendre des uns et « contredire aux autres. » Il ne s'agit là que de l'antiquité grecque et latine, et encore, quoiqu'en certains endroits il affecte un peu de mépris, trop déclaré pour être bien sincère, à l'égard des Latins et des Grecs, il aimait, il appréciait leur littérature ; il avait même quelque teinture de la langue de Virgile et de Cicéron. Il lisait les écrits des anciens dans les traductions, et les cite volontiers. Qui sait ce qu'une éducation vraiment littéraire, la connaissance approfondie des deux littératures antiques, eût évité de tâtonnements au philosophe naturaliste, ajouté de charmes, d'éloquence et de génie à l'écrivain ?

Soit qu'il eût perdu ses parents de bonne heure, soit qu'ils n'aient pu jusqu'au bout pousser les sacrifices nécessaires, Bernard dut renoncer à une carrière libérale. Il fallut prendre un métier. « Jeune, dit M. de Lamartine, il pétrissait la terre grasse, et cuisait ses briques dans la tuilerie de son père, au village de la Chapelle-Biron, dans le Périgord. » Non : car il résulte des paroles de Palissy qu'il choisit le métier de verrier.

La verrerie avait cela d'agréable pour une intelligence ouverte et déjà cultivée, qu'elle n'était pas seulement un métier. Il ne faudrait pas, en effet, voir dans le vitrier du seizième siècle, l'humble ouvrier qui, sédentaire ou nomade, est chargé maintenant de réparer les dégâts des orages et les coups de pierre des polissons. La vitrerie consistait alors à colorier le verre, à le découper en losanges nuancés et à former ainsi ces mosaïques transparentes qui attirent encore notre attention. C'est Palissy qui nous apprend ces détails. « Les vitriers faisoyent les figures ès vitraux « des temples. » (P. 208.) Il va même jusqu'à dire (page 307), et ce fut longtemps une croyance : « L'estat est noble et les hommes qui y besongnent sont nobles. » De là l'expression de *gentilshommes verriers*. De là aussi l'opinion de quelques-uns que sa famille comptait dans cette classe. Un de ses plus prolixes historiens, M. Morley, dit en propres termes qu'il appartenait à la petite noblesse et que son père était gentilhomme verrier. Double erreur : Palissy n'était pas noble, on l'a vu, et s'il était verrier, ce que rien ne prouve, il ne s'ensuit pas qu'il fût gentilhomme. Les verreries furent longtemps dans les dépendances des exploitations forestières, à cause du bois qui leur était nécessaire. Les forêts appartenaient aux seigneurs. Ils ont dû demander de bonne heure la permission de fonder des verreries sans déroger. Car les édits défendant à la noblesse de se livrer au commerce étaient formels ; il y en a un de Charles IX, en 1561, qui rappelle les ordonnances antérieures. Et avec raison pour le temps ; l'aristocratie avait des priviléges ; il était juste d'en attribuer quelques-uns au tiers-état ; on lui réservait le monopole du commerce et de l'industrie.

Des lettres patentes du 14 septembre 1647 accordent au duc d'Anville, qui le céda au maréchal de Villeroy, le privilége général pour l'établissement des verreries, glaceries et émailleries dans tout le royaume.

Elles déclarent qu'en 1525 François Ier, et Charles IX en 1565, afin de rendre plus estimable l'art de la verrerie, avaient permis d'y travailler sans déroger, et même l'avaient choisi pour servir d'une retraite honorable aux gentilshommes, ainsi du reste qu'au dix-neuvième siècle, on dispose de certaines fonctions ou places pour les officiers et les soldats qui se retirent du service. Il y a des concessions de verreries faites à des roturiers; et jamais, dit M. Augustin Cochin [1], comme cela avait lieu pour l'ordre de Malte, le cordon du Saint-Esprit ou l'entrée dans quelque chapitre, on n'a exigé des quartiers de noblesse pour souffler des bouteilles ou polir des glaces.

Du reste, pour nous représenter ce qu'était le verrier à l'époque de Palissy, examinons les splendides vitraux de la Sainte-Chapelle à Champigny-sur-Veude, les verrières de Saint-Étienne de Bourges, de Saint-Gatien de Tours, je ne parle pas de celles de la Sainte-Chapelle de Paris. Évidemment ceux qui les ont dessinées sont d'éminents artistes, quoique inconnus pour la plupart, et ceux qui les ont peintes sous leur direction sont plus que des artisans. La vitrerie était sœur cadette de la verrerie; et le peintre verrier qui connaissait le dessin, le modelage, un peu de sculpture, ne peut certes pas être mis au rang des manœuvres.

[1] *Correspondant* du 25 novembre 1865.

CHAPITRE II

L'apprentissage terminé, Palissy partit. Il s'en allait faire ce que nous appelons aujourd'hui le tour de France. A cette âme avide de connaître il fallait des horizons plus larges et plus variés. Si, comme je le crois, il avait passé sa jeunesse en Saintonge, il ne devait pas y trouver un champ assez étendu pour son besoin d'études. Là le pays est plat; point de montagnes; à peine de légères ondulations de terrain; partant point de ces perspectives grandioses comme en offre la nature alpestre ou pyrénéenne; des sites charmants, un sol plantureux, une rivière au cours capricieux, de vastes prairies où de grands troupeaux de bœufs paissent l'herbe haute; des échappées gracieuses entre deux vertes collines vêtues de pampre : tout ce qui fait la joie d'un paysagiste, tout ce qui suffit aux désirs peu ambitieux des habitants; ce n'était

pas assez pour développer un génie observateur. « Les
voyages de Palissy, dit M. Camille Duplessy[1], furent
pour lui une sorte d'émancipation. En changeant continuellement de régions, il s'arrachait involontaire-
ment sans doute, mais du moins utilement, au joug
de l'école ; et nul doute que, s'il se fût établi à poste
fixe dans quelque ville, il eût payé bientôt le tribut
de sa présence à quelque succursale de l'alchimie ou
de la scolastique. Une fois engagé dans ces entraves,
qui sait s'il en fût jamais sorti. » En voyageant, il
visitait les laboratoires des chimistes et les cabinets
des savants. Dans son traité *des Métaux*, il nomme plusieurs doctes gens qui lui montrèrent des objets curieux d'histoire naturelle. La divergence qu'il remarqua dans leurs doctrines philosophiques, leurs théories
scientifiques, leurs systèmes, ne contribua pas peu,
sans doute, à lui inspirer cette défiance baconienne,
ce doute cartésien qui ne s'en remet qu'à l'expérience
et n'ajoute foi qu'à l'évidence. Ce scepticisme provisoire et inquiet, admirable méthode dont se sont servis
avec tant d'avantages pour découvrir la vérité, Bacon
dans les sciences naturelle, Descartes dans la philosophie, et qui est bien différent du doute tranquille et
satisfait de Montaigne, fut le point de départ de Bernard
Palissy pour ses étonnantes découvertes en géologie et
en physique. C'est par là qu'il fut le véritable prédé-
cesseur de Bacon et de Descartes. Aussi peut-on affirmer que, si les voyages n'ont pas créé Palissy, ils l'ont

---

[1] *Études sur la vie et les travaux de Bernard Palissy*, page 440
du *Recueil des travaux de la Société d'agriculture d'Agen*, t. VII.

formé. Ses facultés naturelles s'y sont développées au
contact de mœurs différentes, à la vue des accidents
divers de la nature, comme la pépite d'or que la main
du mineur tire des entrailles de la terre et fait briller
aux regards enchantés.

Il partit, comme partent les ouvriers, légers d'argent, riches d'espoir, avides de voir et de connaître. On
marche un peu à l'aventure, sans aucun souci du lendemain. Dieu est grand ; la terre est vaste ; on a deux
bons bras. La jeunesse sait si bien dorer l'avenir ! Les
lueurs éclatantes voilent les difficultés de la route et
les misères du présent. Qui doute ? en a-t-on le
temps ? Chaque jour apporte son travail, quelque
chose à apprendre et des merveilles à admirer. Tel
nous aimons à nous représenter Palissy parcourant
la France, en gagnant le pain de chaque jour. C'est le
désir de connaître qui le guide ; c'est aussi l'instinct
de la jeunesse qui le pousse.

A la même époque, un autre savant, moins recom-
mandable, mais esprit aussi curieux que Palissy,
Théophraste Bombast de Hohenheim, né en 1493, à
Einsiedeln, dans le canton de Schwitz, parcourait
l'Allemagne en guenilles. C'est celui qu'on connaît
sous le nom de *Paracelse*, qu'il prit selon la mode du
temps pour indiquer qu'il voulait aller plus loin que
ses contemporains et ses devanciers. Maître Bernard s'est moqué, dans le traité de *l'Or potable*, de
ses prétentions thaumaturgiques, de ses extrava-
gances médicinales, et de ses fourberies thérapeu-
tiques. Mais alors tous deux faisaient de même. C'est
l'esprit du seizième siècle qui les poussait ainsi à leur

insu. Ils ne voulaient plus se contenter des vieilles formules scientifiques ; ils essayaient de rompre les lisières d'Aristote et de l'école.

Où Palissy dirigea-t-il ses pas ? Son itinéraire serait difficile à retracer exactement. Mais si nous ignorons sa marche, nous savons au moins les contrées qu'il visita. Il ne rend, comme il le dit (page 247) « témoignage sinon des pays qu'il a fréquentés. » On peut donc lui imaginer un itinéraire sinon vrai, du moins vraisemblable.

Il y a lieu de croire qu'il prit la route du Midi. C'est la partie de la France dont il parle avec le plus de plaisir, sans doute parce que les beautés de la nature méridionale frappèrent les premières ses regards et ainsi se fixèrent plus profondément dans son esprit. Il n'est question que du Midi dans son livre de 1563 ; le Nord n'apparaît que dans les *Discours admirable* de 1580. Or l'homme du Nord est poussé vers le Midi et réciproquement. Ces courses préférées de Palissy en Provence, en Languedoc, en Guienne, ne sont-elles pas une nouvelle présomption en faveur de mon opinion ? ne prouvent-elles pas que Palissy n'a point passé son enfance en Agenois, mais bien en Saintonge, pays intermédiaire entre le Nord, que le potier ne connut guère qu'en 1564, et le Midi, qui l'attirait comme l'inconnu, et dont il parle si souvent dans son premier ouvrage ? Les erreurs nombreuses que contient la *Recepte véritable* à propos du Midi attestent encore qu'il le vit jeune, inexpérimenté, peu habitué à l'observation. Suivons-le donc dans ses pérégrinations. Nous verrons ce qu'il vit, nous remarquerons comment il débrouille ce chaos de théories ridicules et de faits vrais dont se composait la science d'alors; nous assisterons à l'éclosion lente mais continue de ce génie remarquable.

La province qui se trouve limitrophe à la Saintonge vers le sud est la Guienne. Palissy alla donc dans la Guienne et le parcourut. Le voilà au confluent·de la Dordogne et de la Garonne. Ce sol du bec d'Ambez (p. 187) est si mobile, qu'en secouant un peu, le voyageur faisait branler tout autour de lui, comme si c'eût été un plancher. Aux mois d'août et de septembre, ajoute-t-il, les terres y ont de telles fentes, que souvent la jambe d'un homme y pourrait entrer. La cause, il la voit, mais à tort, dans un air renfermé au sein de notre globe qui tendrait à s'échapper. C'est tout simplement la contraction, sous l'influence de la chaleur. Le même phénomène se produit dans tous les terrains d'alluvion, au bec d'Ambez comme aux embouchures du Dnieper et du Volga, dans les marais de Brouage en Saintonge comme dans les pampas de Buenos Ayres.

L'observateur ne se trompe pas moins dans l'explication (p. 184) « du mascaret qui s'engendre au fleuve de Dourdongne, en la Guienne. » Palissy ne veut pas admettre le système du flux, qui est pourtant le vrai. Il objecte que ce phénomène se produirait aussi bien dans les autres saisons qu'en automne, et dans la Loire et la Charente comme dans la Gironde. Il ne savait pas que la Seine éprouve aussi le mascaret, et que le savant voyageur de la Condamine, en 1745, le signalerait dans bien d'autres pays.

L'erreur de Palissy ne vient-elle pas de son inexpérience et de son peu d'habitude d'observation? Un homme accoutumé à mieux remarquer les faits, à ne pas se contenter des apparences et d'une explication improvisée, n'eût certainement pas commis cette bévue. Le mascaret doit être le premier ou un des premiers phénomènes naturels qui attirèrent son attention. Plus tard il vit la Seine, mais non pas aux époques où il se fait sentir; et la première impression subsista.

Outre la Garonne, Bernard Palissy visita les bords du Lot et du Tarn. C'est sur les rives de ces deux charmantes rivières qu'il aurait aimé à placer son *Jardin délectable*; site admirable pour une aussi fantaisiste création. En Armagnac, il rencontre pour la première fois de la marne, terre calcaire et argileuse, ordinairement blanche, qu'on trouve quelquefois à fleur du sol, dit-il, quelquefois à plus de 5 ou 6 toises. On la place en piles sur les champs; puis on l'étend comme le fumier. Le guéret est ainsi fertilisé pour dix, douze et même, prétend-on, pour trente années, suivant les régions. La marne a été l'objet de ses plus chaudes recommandations; il ne lui connaît rien de supérieur pour l'amendement des terres. L'agriculture moderne a été de cet avis.

Aux environs de Toulouse, en Gascogne, dans l'Agenois, dans le Quercy, ce qui le frappe (p. 247), c'est le nombre des enfants victimes des vers. D'après lui, les fruits savoureux et doux de ces pays engendrent ces insectes malfaisants. Mais il n'avance cette explication que sur la foi des médecins de Paris; ils lui ont affirmé avoir vu rarement des vers aux enfants de la capitale. Il est vrai que dans les Ardennes, Palissy attribue leur abondance au beurre et aux laitages dont on y fait usage. En retour dans ce pays d'Agenois et lieux circonvoisins, il trouve (p. 255) une grande quantité de figuiers, dont les fruits, avant la maturité parfaite, ont un suc si corrosif, qu'il fend les lèvres de qui en mange ; et les petites figues coupées rendent aussi clair qu'eau de fontaine le blanc d'œuf dont les peintres se servent pour détremper leurs couleurs.

Voici notre ouvrier à Tarbes ; il y résida quelque temps. De là il fait des courses dans les Pyrénées. « Les sites pittoresques de ces montagnes, dit M. A. Matagrin[1], cette nature tourmentée, grandiose, imposante, le spectacle de ces merveilles semées à profusion sous les pas des voyageurs, la poésie de l'inconnu, ce charme irrésistible qui attire et domine les intelligences d'élite, durent exercer une puissante influence sur l'imagination de Palissy. » En effet, on reconnaît, sous la description fort brève qu'il en fit, quelque chose de Fénelon. L'auteur du *Traité de l'existence et des attributs de Dieu* a écrit au chapitre II de la première partie : « Les rochers, qui montrent leur cime escarpée, soutiennent la terre des montagnes, comme les os du corps humain en soutiennent les chairs. » N'est-ce pas là la pensée que cent ans auparavant Palissy exprimait dans son livre *Des eaux et fontaines* (p. 165) : « Tout ainsi que l'homme est soutenu en sa hauteur et grandeur à cause des os, et sans iceux,

---

[1] *Bernard Palissy, sa vie et ses ouvrages*, page 11.

l'homme seroit plus accroupy qu'une bouze de vache, en cas pareil si ce n'estoit les pierres et les minéraux qui sont les os de la forme des montagnes, elles seroyent soudain converties en vallées. » L'archevêque de Cambrai n'a peut-être jamais lu le potier saintongeois. Mais le rapprochement m'a paru utile à signaler.

Ce n'est pas tout. Des vapeurs s'élèvent de ces montagnes, ou sortent en fumée épaisse des cavernes qui y sont creusées. Bernard remarque, avec les habitants du pays, que c'est l'annonce de pluies prochaines ; et il en conçoit sa théorie que les eaux produites par les vapeurs les produisent à leur tour : « Car toutes les eaux qui sont (p. 162), seront et ont esté, sont créées dès le commencement du monde. Et Dieu ne voulant rien laisser en oysiveté, leur commande aller et venir et produire. Ce qu'elles font sans cesse, comme i'ay dit que la mer ne cesse d'aller et venir. Pareillement les eaux des pluyes qui tombent en hyver, remontent en esté pour retourner encore en hyver, et les eaux et la réverbération du soleil et la siccité des vents frappans contre terre fait eslever grande quantité d'eau : lesquelles estant rassemblées en l'aër et formées en nuées, sont portées d'un costé et d'autre comme les héraults envoyés de Dieu. »

Le phénomène que notre voyageur observe sur les Pyrénées a une explication bien simple. L'air de la vallée plus chaud monte sur les flancs de la montagne, le Canigou, par exemple. Arrivé au sommet, il rencontre une température plus froide. Alors, il se condense en vapeur d'eau et produit un brouillard qui peut se résoudre en pluie ou former un nuage.

Les eaux minérales des Pyrénées attirèrent son attention. Il voit « au pays de Bigorre (p. 148).....
grand nombre d'hommes et femmes qui ont la gorge grosse comme les deux poings. » Et comme on n'a jamais vu un étranger habiter la contrée sans y prendre les fièvres, il en conclut que les fièvres et les goîtres ne sont causés que par la mauvaise qualité des eaux bues. En effet, dit-il, la terre n'est pas plus oisive à l'intérieur qu'à l'extérieur. Tandis qu'elle produit au grand jour arbres, fleurs et fruits, elle forme secrètement des minéraux et des métaux. Quand un filet d'eau a traversé une mine de cuivre, par exemple, elle est chargée de molécules de vitriol. Comment donc s'étonner que certaines eaux rendent goîtreux ou fièvreux ? Palissy ajoute cette idée remarquable que les eaux de source sont toutes plus ou moins altérées par les minéraux ou les substances des terrains qu'elles ont à traverser.

Cauterets, Bagnères ont des eaux chaudes. Depuis des siècles, ces eaux gardent la même température. Qui peut ainsi les échauffer ? Certainement un feu souterrain. Ce feu, raisonne Palissy, alimenté par quatre substances : soufre, charbon de terre, mottes et bitume, allumé par quelque étincelle d'un caillou, dure à jamais, tant qu'il trouvera des matières. Or, l'eau filtrant à travers le sol arrive à l'endroit où brûle le feu. Le feu et l'eau produisent la vapeur. Cette vapeur a une telle force qu'elle secoue la terre qui est au-dessus et soulève montagnes, rochers et maisons. Elle trouve ordinairement quelque voie pour s'échap-

De bonne heure il avait arrêté ses regards sur les forêts et compris leur importance dans l'économie générale de l'univers. Il les aime parce qu'elles sont l'œuvre du Créateur et l'ornement de la terre. Il s'indigne
qu'on coupe, qu'on déchire ces hautes futaies, qu'on
les arrache, sans songer au dommage qui en résultera
pour l'avenir. Cette destruction est un malheur
(p. 89) et une malédiction pour toute la France.
Car enfin, quand tous les bois seront coupés, il faudra
que « les artisans s'en aillent paistre l'herbe comme
fit Nabuchodonozor. » Il n'y a pas un seul état qui
se puisse exercer sans bois ; quand il n'y aura
plus de bois, on devra cesser de naviguer et de
pêcher.

Palissy voudrait qu'on fût contraint de semer de
glands, de noyers, de châtaigniers, certaines parties de la terre, ce qui serait un bien public et un revenu considérable. On ne verrait pas ici les gens se
chauffer avec les excréments de bœuf desséchés, là
faire bouillir leur pot avec de la paille. Nos grands,
dit-il, « mangent leurs revenus à la suite de la cour
en bravades, despenses superflues, tant en accoustre-
ment qu'autres choses. » Qu'il leur seroit « plus utile
de manger des oignons avec leurs tenanciers, et les
instruire à bien vivre, monstrer bon exemple, les accorder de leurs différens, les empescher de se ruyner en
procès, planter, édifier, fossoyer, nourrir, entretenir, et, en temps requis et nécessaire, se tenir prests
à faire service à son Prince, pour défendre la patrie. »
Ah ! cette maladie-là n'est donc pas nouvelle ! Le remède indiqué par le grand observateur du seizième

siècle serait encore excellent, si l'on consentait à l'employer.

Palissy a un si vif amour pour l'agriculture, qu'il s'irrite contre les bûcherons qui mettent peu de soin à tailler les arbres. On sent dans cette page toute la tendresse d'âme d'un Virgile, et toute l'émotion d'un véritable poëte. Ces bûcherons de Saintonge (p. 25) « en couppant leurs taillis, laissoient la seppe au tronc qui demeuroit en terre tout fendu, brisé et esclatté, ne se souciant du tronc, pourveu qu'ils eussent le bois. » Il « s'esmerveille que le bois ne crie d'estre ainsi vilainement meurtry. » On croirait entendre le cri vengeur de Ronsard contre la destruction de la forêt de Gastine. (Élégie xxx.)

> Escoute, Buscheron (arreste un peu le bras) :
> Ce ne sont pas des bois que tu jettes à bas ;
> Ne vois-tu pas le sang, lequel dégoute à force,
> Des Nymphes qui vivoyent dessous la dure escorce ?

Le voyageur agronome ne comprend pas (p. 90) l'indifférence que les laboureurs montrent pour leurs instruments aratoires, quand ils les devraient avoir en plus grande considération que les plus précieuses armures, et ce dédain des nobles pour la charrue poussé à un tel point que, fussent-ils endettés jusqu'aux oreilles, ils se croiraient déshonorés s'ils y mettaient la main.

Il voulait que le roi érigeât « certains offices, estats et honneurs à tous ceux qui inventeroient quelque engin » nouveau ou perfectionneraient quelque instrument rural, bien assuré qu'on s'y jetterait avec plus d'empressement que les soldats français à l'assaut d'une ville. N'a-t-on pas exaucé ses vœux ? Une même récompense, la croix d'honneur, met au même rang les services agricoles et les services militaires.

Mais tous les vices qu'il a signalés ne sont pas détruits. En quels termes énergiques il se plaint (p. 86) « d'un tas de fols laboureurs, que soudain qu'ils ont un peu de bien, qu'ils auront gagné avec grand labeur en leur jeunesse, ils auront après honte de faire leurs enfants de leur estat de labourage, ains les feront du premier jour plus grands qu'eux mesmes..... et ce que le pauvre homme aura gagné à grande peine et labeur, il en despendra une grand' partie à faire son fils Monsieur, lequel Monsieur aura en fin honte de se trouver en la compagnie de son pere, et sera desplaisant qu'on dira qu'il est fils d'un laboureur. Et si de cas fortuit le bon homme a certains autres enfans, ce sera ce Monsieur-là qui mangera les autres, et aura la meilleure part, sans avoir esgard qu'il a beaucoup cousté aux escholes pendant que ses autres freres cultivoient la terre avec leur pere. »

Il serait trop long de raconter tous les faits qu'il recueillait dans ses voyages. Il passait dans les champs, dans les villes, l'esprit attentif, regardant, examinant, s'informant, scrutant.

Les petits faits, les anecdotes, il ramasse tout. Ici c'est un médecin sans malades, partant sans argent. Il jette dans les puits de la ville qu'il habite des drogues dont tout le monde est grandement incommodé. Grande joie pour le praticien! Enfin il avait des malades. Mais pour les guérir il usait d'un remède bien simple : sous forme de médecine il leur administrait du vin qu'ils payaient bien cher. Le vin réparait les dégâts causés par l'eau, et le docteur s'enrichissait.

Ailleurs, il a connu à Luçon en Poitou un autre médecin, Baptiste Galland, dit Marcou, « aussi peu sçavant qu'il y en eut dans tout le pays (p. 228), et toutes fois par une seule finesse il se faisoit quasi adorer. » A la seule inspection d'urines qu'on lui apportait chez lui il faisait le diagnostic et indiquait le remède. Ébahissement du consultant ! admiration pour une telle science ! Mais il ne s'apercevait pas qu'adroitement questionné par la femme du docteur, il avait indiqué tous les symptômes de la maladie, et que le mari était là caché qui écoutait tout.

À Nantes, l'artiste voyageur observe que les piliers des ponts sont protégés (p. 173) contre la violence du courant par une grande quantité de bois placés en avant. De même, il faut des arbres aux montagnes ; ils brisent la violence des torrents qui tombent de leurs sommets ; ils les empêchent de dénuder leurs flancs, de les raviner profondément, et, laissant peu à peu à travers leur feuillage filtrer lentement les eaux pluviales, ils conservent un gazon frais pour les troupeaux, des réservoirs secrets pour les fontaines, et fournissent à l'humus les sels végétaux de mille détritus, précieux engrais pour les plantes. Que fait-on aujourd'hui ? N'est-ce pas sous l'influence de ces idées qu'on propose de reboiser les montagnes, que la spéculation a découvertes complétement ?

Le voici à Brest (p. 219), en basse Bretagne, où le maître maçon des fortifications du port lui affirme qu'il y a aux environs de la ville « grand nombre de coquilles de poisson qui, pour avoir croupi quelque temps dans les eaux metalliques sont reduites en metal sans perdre leur forme. » Les cadavres d'animaux, on le sait, ou les végétaux déposés dans un gîte métallique, exposés à des eaux chargées de pyrites de cuivre, par exemple, perdent peu à peu leurs molécules, qui sont instantanément remplacées par des parcelles de métal. Il en faut dire autant de ce que l'on appelle à tort pétrifications. Il n'y a pas de métallisation ni de pétrification à proprement parler ; il y a seulement des substances dont les parties constitutives font place à des métaux ou à des silices, tout en conservant exactement et absolument les formes premières de l'objet.

Palissy franchit l'Anjou (p. 343). Dans la capitale de cette province (p. 284), un maître orfèvre, Marc Thomaseau, lui montre « une fleur reduite en pierre, chose fort admirable, d'autant que l'on voit en icelle le dessous et dessus des parties de la fleur les plus tenues et les plus deliées. » Selon toute apparence, cette fleur était un polype de mer à bouquet, pétrifié.

En Poitou, en Bretagne, il voit les vitres des églises incisées par les intempéries des saisons. Les vitriers disent (p. 50) : « C'est la lune qui ronge ainsi ces verres. » Lui, prétend, et avec raison, que les pluies sont la seule cause de ces dégâts : car, ajoute M. Cap, « le verre est un silicate qui, dans certaines conditions, est susceptible de s'altérer au contact de la chaleur et de l'humidité. » On a pu voir de ces fioles ou urnes de verre qu'on avait trouvées dans la terre, détériorées, mais revêtues d'une légère pellicule présentant à la lumière le phénomène de l'irisation.

Par le Poitou, maître Bernard rentra en Saintonge, et s'établit de nouveau à Saintes, plus riche d'idées et d'observations, ayant déjà le germe du penseur qui allait se développer.

CHAPITRE III

Séjour de Palissy à Saintes. — Sa maison. — Son atelier. — Logé dans une tour de la ville. — Palissy peintre-verrier. — Géomètre. — Arpenteur. — Expert-juré. — La gabelle. — Vexations. — Exactions. — Les greniers à sel. — Soulèvements. — Le roi fait lever le plan des marais salants. — Palissy est chargé de ce travail.

Bernard Palissy séjourna de longues années à Saintes. Il a donc paru intéressant de chercher où il avait habité. La tradition placé sa maison au faubourg actuel des Roches. Une assez pauvre rue, depuis une vingtaine d'années seulement, y porte son nom, et le quai, qui, de la *place Blair* ainsi nommée de l'intendant Louis-Guillaume de Blair (1745-1755), qui la créa, conduit au *Quai des Roches*, est connu de temps immémorial comme le *Quai de Palissy*. C'est la tradition qui lui a imposé cette dénomination. La tradition a son importance, et les faits la corroborent.

« Pour me recreer, dit Palissy, je me pourmenois le long des aubarees, et, en me pourmenant sous la couverture d'icelles, j'entendois un peu murmurer les eaux du ruisseau qui passoit au pied desdites aubarees, et d'autre part j'entendois la voix des oiselets qui estoyent sur les dits aubiers. »

Cette topographie est exactement celle d'aujourd'hui. Le plan de Saintes, en 1560, montre ce qu'a décrit maître Bernard. On y voit le ruisseau qui sort encore de la Grand-Font et se jette près de sa source dans la Charente ; les aubarées y figurent, remplacées maintenant par une rue, qui, en avril 1864, sur mes instances, a repris son nom d'*aubarée*, métamorphosée depuis bien longtemps en *Eau-Barrée*.

Le texte de la *Recepte véritable* est clair. La maison du potier était aux Roches. Voilà pourquoi cet endroit était le but ordinaire et préféré de ses promenades. Quand, après une longue journée de fatigues, on veut respirer un peu l'air frais des champs, on ne cherche pas loin. La rue qui mène le plus vite au dehors de la ville est celle qu'on prend. Si l'émailleur allait aux Roches, c'est qu'il n'en était pas loin.

Autres considérations. Palissy avait un jardin et même assez vaste : « Je n'ay, dit-il, en ce monde (p. 83), trouvé une plus grande delectation que d'avoir un beau jardin. » Puis, pour ses fours, il lui fallait de l'espace. Saintes était une ville fortifiée, et l'on sait avec quelle parcimonie le terrain était mesuré dans les cités du moyen âge. Les rues étroites qu'on y voit encore en sont la preuve. Or, « un beau jardin, » dans une ville ceinte de remparts, est un luxe bien grand pour un pauvre potier. Enfin tolérait-on mieux qu'aujourd'hui l'établissement, dans une ville, d'une fabrique qui pouvait causer de fréquents incendies ? Toutes ces raisons feront facilement admettre à qui voudra réfléchir que Palissy habita au faubourg des Roches, et lui démontreront la vérité de la tradition.

Mais pendant les vingt-cinq années de séjour dans la capitale des Santones, maître Bernard n'eut-il qu'un domicile? Ce n'est guère probable. Aussi est-il établi par un acte authentique qu'il eut une demeure, ses fours certainement, au *Quai* actuel *des Récollets*, sur l'emplacement qu'occupe aujourd'hui le *café de la Couronne*. M. Dangibeaud, mort en 1849, juge au tribunal civil de Saintes, l'a démontré[1]. La pièce fondamentale de son argumentation et de ce débat est une requête adressée, au mois de mars 1576, par un nommé Bastièn de Launay, au maire et aux échevins de la ville de Saintes. Nous croyons devoir reproduire de nouveau ce document[2]. Le voici fidèlement copié sur les registres des délibérations de la maison commune de Saintes. Je me contenterai de jeter çà et là quelques virgules, de mettre des accents sur les *e* et des points sur les *i*.

A nos Seigneurs les maire et eschevins de la ville de Xaintes.

Bastien de Launay vous remonstre que par cy-deuant vous auriez donné et arranté audit de Launay une place et tour scize près la maison de maistre Bernard Pallicis, pour le prix et somme de cinq soulz de rente que led. suppliant a tousiours payé depuis à lad. maison commune, fors depuis quelque temps en ça qu'il

---

[1] Dans un mémoire qu'il lut, le 10 février 1843, à la Société archéologique de Saintes et que M. de la Morinerie a publié en 1863 dans l'ouvrage *Saintes au* xvi⁰ *siècle.*

[2] Il a été défiguré, notamment par la *Monographie de l'œuvre de B. Palissy*, et M. Dangibeaud a omis deux ou trois lignes qui ont leur importance, entre autres, la phrase où il est question du connétable de Montmorency.

3.

auroyt cessé de paier lad. rente au moyen de ce que led. maistre Bernard a occuppé lad. place et tour pour l'estendue de son œuvre comme ung chacung scayt, qui appartient à monsieur le connestable, et ce pendant et devant laquelle occuppation par led. M° Bernard faicte comme dict est, monseigneur le séneschal, par provision et jusqu'à ce que led. œuvre fust enlevé de lad. ville et lieu occuppé, il auroit baillé à icellui suppliant une autre tour appellée vulgairement la tour du Bourreau pour l'exécusion et vacation de l'art dudit suppliant, laquelle tour il auroyt ce néantmoings faict racoustrer à ses propres couts et despens, d'aultant qu'à présant le dict œuvre dudict M° Bernard est paraschevé, qui estoit enlevé pour estre conduict au lieu où il plaira au roy ou mondict seigneur le connestable, et que ladicte place deviendra innutille et de laquelle aulcung n'en payroyt rente, ce considéré, il vous plaise, et que le reuenu de ladicte ville ne soict diminué, de vos grâces continuer ledict suppliant à paᵘᵉʳ la dicte rente, et ce faisant, le restablir en la dicte tour et place...

La fin de cette pièce, rongée par l'humidité, a disparu. Quelle suite eut la supplique de Bastien de Launay? A ce moment, maître Bernard était installé à Paris ; rendit-on au suppliant la place et la tour désormais inutiles pour les émaux du connétable ? Il m'a été impossible de le savoir.

D'après ce document on voit que l'atelier du potier avait été établi aux frais d'Anne de Montmorency, et qu'il était situé près d'une tour primitivement louée à de Launay. La tour était une des vingt qui entouraient la cité Santone, et comme il n'en existait pas dans l'intérieur de la place, elle s'élevait près des remparts. Or, le 13 décembre 1575, le lieutenant du roi en Saintonge, M. de la Chapelle, réglant le service de la garde de la ville entre les habitants et les soldats de la garnison, disposait qu'un capitaine « estendra les sentinelles, et les metra depuis la tour de l'Espingolle jusqu'à la tour qui est entre le corps de garde et la bresche appelée la tour de maître Bernard. » Et comme il continue à assigner les autres parties des remparts, il est facile de fixer le point précis où se dressait « la tour de maître Bernard. » La brèche, la seule qui fût aux murailles, avait été faite par le canon de Scipion Vergano, lorsqu'au mois d'août 1570, René de Pontivy, chef des calvinistes, vint attaquer et prendre la ville de Saintes, que défendirent héroïquement les habitants sous les ordres de Jean de Beaufort, marquis de Canillac, et que livra le gouverneur, le comte de Coconasso. Les malheurs du temps n'avait pas permis de la réparer. D'un autre côté, Palissy parle (page 112) d'une place où « se venoient journellement assembler... certains petits enfans de la ville, » près du lieu où il se tenait caché, s'exerçant à son art. Le plan de 1560, fort exact, qu'a gravé Georges Braun [1] ne contredit point ce passage, et laisse derrière le rempart apercevoir un espace libre qui pourrait bien être la place dont il est question.

Installé à Saintes, Bernard Palissy continue quelque temps son métier de peintre-verrier. On nous le représente peignant des vitraux pour le chapitre de

[1] *Urbium præcipuarum mundi theatrum quintum*, n° 17.

Saint-Pierre. Le fait est possible. Saint-Pierre reconstruit sur la vieille basilique romane de Pierre de Confolens par les trois Rochechouart, Guy, Louis et Pierre, successivement évêques de Saintes, de 1426 à 1503, pouvait fort bien n'avoir pas encore reçu toute son ornementation ; et peut-être les chanoines ont profité du séjour près d'eux d'un artiste habile pour achever de décorer leur cathédrale de vitraux de couleur. On sait combien furent en honneur, du treizième au dix-septième siècle, les vitraux peints. Toutes les églises s'en décoraient. Les chapitres rivalisaient avec les monastères. Noble émulation qui produisait des chefs-d'œuvre ! Nos vieilles cathédrales prouvent encore à quel rare degré la perfection en était portée au quatorzième siècle. Mais au milieu du seizième siècle, la peinture sur verre se mourait. Le vent néo-païen qui soufflait alors l'Italie, desséchait cet art éminemment catholique et français. Les luttes et les ravages de la réformation n'étaient guère propres à lui rendre son éclat qui s'affaiblissait. Les protestants qui renversaient les églises, brisaient aussi bien les saints dessinés sur le verre que les statues sculptées dans la pierre. En outre, les vitraux peints coûtaient fort cher et étaient fort incommodes. Fixés au mur, on ne pouvait les ouvrir. Les maisons particulières qui employaient aussi les vitraux trouvaient que ces petits morceaux de verre, chargés de couleurs, enchassés dans des longs losanges de plomb, soutenus par des armatures de fer, dérobaient le jour. Les guerres d'outre-monts avaient rapporté d'Italie, comme autrefois les croisades d'Orient, le goût du luxe et l'amour du bien-être. Les vitraux plaisaient moins. Nous avons pour témoin de cette décadence Bernard Palissy lui-même; il nous apprend qu'« on commençoit à les délaisser au pays de son habitation. » Par suite « la vitrerie n'avoit pas grande requeste. »

Heureusement, à cette occupation, Palissy joignait la *pourtraiture*. Ce n'était pas l'art de faire des portraits, mais de tracer les plans figuratifs des propriétés. « L'on pensoit, dit-il (page 308), en nostre pays que je fusse plus scavant en l'art de peinture que je n'estois, qui causoit que je estois plus souvent appelé pour faire des figures pour les procès. » Ces fonctions d'arpenteur-géomètre-juré lui rapportaient beaucoup. C'est son habileté bien constatée qui attira sur lui, en 1544, l'attention des commissaires du roi chargés d'établir la gabelle au pays de Saintonge. L'incident est fort important dans la vie de notre personnage. Il mit ses qualités en lumière, lui procura quelque argent dont il avait grand besoin, lui donna l'occasion de se livrer à l'étude des phénomènes de la nature, et, s'il lui causa quelques désagréments, lui valut de puissantes protections.

On sait l'importance qu'avait la gabelle dans notre ancienne législation et les plaintes qu'elle excitait chez les populations. L'impôt du sel, d'abord temporaire et local, ne tarda pas, avec Philippe le Bel et Philippe de Valois, à devenir général et perpétuel. On en exempta cependant quelques corps; et c'est ce privilége qu'on appela *franc-salé*. Ainsi les provinces riveraines de l'Océan, Poitou, Saintonge, ville et gou-

vernement de la Rochelle, îles de Ré et de Marans,
n'étaient point soumises à la gabelle proprement
dite. Elles payaient cependant le quart denier de la
vente qui était de 5 sols par livre. Sous Louis XII, le
droit fut élevé à un quart et demi. La charge ne laissait pas d'être lourde. La Saintonge, à elle seule, possède 24,582 livres de marais salants, dont chaque
livre équivaut à 50 ares et 20 aires, et donne annuelle-
ment 150 millions de kilogrammes de sel. Il en ré-
sultait que la livre de sel gris qui, dans les grandes
gabelles, coûtait 12 ou 13 sous, ne valait qu'un sou
et demi dans les provinces franches ; et souvent ces
provinces étaient limitrophes. De là, murmure de la
part du peuple, qui ne comprenait pas la raison d'une
aussi énorme différence ; de là, excitation à la fraude,
puisqu'en franchissant la limite qui séparait deux
pays, on pouvait gagner 10 ou 11 sous par livre de sel,
somme considérable à une époque où le mercenaire
en recevait 8 pour le salaire d'une journée. Il fallait
une armée pour empêcher la contrebande, 18 à
20 mille hommes, des peines rigoureuses contre les
faux sauniers, 100 ou 300 livres d'amende, et en cas
d'insolvabilité, les galères. On comptait 1,200 lieues
de barrières intérieures, plus de 1,400 visites domi-
ciliaires, 1,000 procès-verbaux de saisies, 13 ou
1,400 emprisonnements, et 500 condamnations à
des peines capitales et afflictives. On comprend combien pesait cette charge. Véron de Forbonnais, dans
son livre *Recherches sur les finances de la France*, en
1758, montre les hommes « forcés d'acheter chère-
ment une denrée que les faveurs de la Providence

entretiennent à un vil prix; » les pauvres ne la pouvant même pas recevoir en pur don; les délinquants punis des plus rigoureux supplices; « les animaux même languissants faute de sel et écartés des bords de la mer où les mène l'instinct de la conservation. » Avant lui, Vauban, dans son *Projet de dixme royale*, avait déjà voulu procurer au peuple, à meilleur marché, « cette manne dont Dieu avait gratifié le genre humain. » Et Buffon dira un peu plus tard que l'impôt du sel fait plus de mal à l'agriculture que la grêle et la gelée.

Dès le règne de François Ier, les plaintes étaient vives. Aussi songea-t-on dès lors à les apaiser par une plus équitable répartition des taxes. En 1541, raconte Jean Bouchet dans ses *Annales d'Aquitaine*, « on remontra au roi les abus, fautes et malversations qui se commettaient chaque jour dans la perception de la gabelle, non-seulement au préjudice de ses droits, mais au détriment du peuple. Il résolut d'y remédier.... Et à cet effet, auroit commis certains commissaires; et entre autres pour le païs de Poictou, Xaintonge, ville et gouvernement de la Rochelle, messire Francois de la Trémoille, chevalier de l'ordre, vicomte de Thouars et gouverneur de Poictou : qui pour ce faire se seroit transporté avec d'autres ès dits païs et entendre ceux lesquelz y avoient intérest dont il auroit fait rapport au Roy. »

Les habitants du littoral furent émus de ces mesures qui ne leur présageaient rien de bon. Et ce n'est pas sans motif.

La cour était à Châtellerault en Poitou, le roi, la

reine, le dauphin, le duc d'Orléans, le connétable, l'amiral, le cardinal de Lorraine. Dans le but de l'attacher à la France, par des liens solides, on unissait au duc de Clèves la fille unique et seule héritière du roi Henri d'Albret et de Marguerite, sœur de François Ier, cette Jeanne d'Albret qui, le 22 octobre 1548, à Moulins, devint, par l'annulation de son premier mariage, l'épouse d'Antoine de Bourbon, duc de Vendôme, et par suite la mère de Henri IV. Ce n'était que liesse, fêtes et tournois. Le roi songea à faire participer son peuple à l'allégresse de la cour. Par une ordonnance du 1er juin 1541, il supprima les greniers à sel, et décida que tous pourraient vendre du sel en payant certaine somme par chaque muid comme droit de gabelle de quart et demi-quart. Des officiers étaient chargés de faire vendre et distribuer le sel par tout le royaume, afin que chacun pût s'approvisionner.

Cette mesure était équitable. Ce n'était pas cependant le compte des riverains de l'Océan. L'égalité pour les autres était pour eux l'inégalité. En effet, les pays de gabelle qui payaient 45 livres tournois par muid se trouvaient grandement soulagés. Mais ceux qui n'étaient sujets qu'au quart et demi-quart étaient surchargés. Ajoutons à cela que les tailles étaient plus élevées dans ces derniers pays, et que l'édit de 1541, qui augmentait pour eux la gabelle, ne diminuait nullement la taille. Il y eut explosion de murmures. « Ceux du Poitou, Xaintonge, gouvernement de la Rochelle et des Isles y adiacens, et des Marais furent mal contens, voire aucuns contre-

disans d'obéir aux dites ordonnances : disans que le
sel leur coustait presque deux fois autant qu'il avait
accoustumé. » Les Rochelais surtout étaient irrités ;
ils songeaient qu'anciennement ils étaient exempts
de tous impôts sur le sel fait dans leurs marais, droit
de gabelle ou autres ; que Louis XI, en cédant leur
ville au duc de Guyenne, avait, par lettres patentes
du 12 juin 1472, formellement reconnu et confirmé
ce privilége ; que c'était bien assez d'avoir été depuis
assujettis au droit du quart, porté, en 1537, au quart
et demi.

Cependant le roi voulait être obéi. Il envoya donc
au mois d'août 1541, le général des finances, Boyer
— que M. Massiou[1], transforme en général de cavalerie — avec ordre de lever les taxes. Mais pour assurer
le succès de l'opération, il le fit accompagner d'un
corps de cavalerie que commandait le gouverneur du
Poitou, prince de Talmont, comte de Taillebourg et
baron de Royan. C'était — dit son contemporain, le Poitevin Jean Bouchet — un « prince vertueux, aymant
et craignant Dieu, bon serviteur du roy et amateur du
bien public et bien aimé de ses subiects. » Peut-être
aurait-il pu apaiser le mécontentement des populations océaniennes ; mais il mourut le 5 janvier suivant, âgé de trente-neuf ans, laissant un fils, Louis III
de la Trémouille, qui eut pour fille Charlotte de la
Trémouille, grand'mère du prince de Condé.

La vue des commissaires, ce déploiement de forces
ne firent qu'exciter les mutins... « Les manans et habitans des Isles de Marennes, Oleron, Saint-Fort, Saint-

[1] *Histoire de la Saintonge*, page 435.

Jean-Dangles, Saint-Just, Bourg, Libournes, Bordeaux, Saint-Machaire, Langost et autres, ou la pluspart d'iceux prindrent les armes contre les officiers et commissaires du roy en grand assemblée de gens, au moyen de quoi le roi fit assembler son ban et arrière-ban du Poictou pour contraindre les habitans des lieux susdits à obéir; mais ils n'en tindrent grand compte. » François Ier, qui avait d'autres occupations sur les bras, temporisa.

L'année suivante — 30 décembre 1542 — il entra lui-même avec toute sa cour et un régiment de lans-quenets à la Rochelle, la ville qui était la tête de la sédition. Par son ordre, les principaux révoltés de Ma-rennes, des îles d'Oléron et de Ré, lui furent amenés « liés et enferrés, tous montez sur chevaulx et con-duictz par les archers du roy. » Ils furent enfermés dans la tour de la Lanterne. On leur fit leur procès. Mais le roi pardonna. Les Rochelais, charmés de sa clémence et de ses manières courtoises, lui firent une ovation splendide ; et François Ier, en quittant la cité, le 2 janvier, peut dire au corps de ville : « Je pense avoir gaigné vos cœurs, et foi de gentilhomme, je vous assure que vous avez gaigné le mien. »

Hélas ! ces bonnes dispositions durèrent peu. Les expéditions lointaines, les dépenses excessives avaient appauvri le trésor. On chercha le moyen de se pro-curer des fonds. La gabelle dut les fournir. Déjà un édit daté de Tonnerre en avril 1541, dont les lettres patentes du 23 mars 1542 ordonnèrent l'exécution, disposait que les marchands, en prenant le sel au marais, payeraient pour tous droits de gabelle 24 livres tournois. La quittance délivrée devait en outre mentionner le lieu où avait été acheté le sel et celui où il serait vendu. Bientôt l'édit de Saint-Germain en Laye — 29 mai 1543 — enregistré à toutes les cours, augmente encore ces droits qu'il porte à 45 livres; et celui de Saint-Maur-des-Fossés, en juillet 1544, assujettit à l'impôt commun le Poitou, l'Aunis et la Saintonge, qui jusqu'alors en avaient été exempts. En conséquence, les magasins à sel furent rétablis. Le conservateur du sel en Saintonge, et son greffier, s'installèrent à Saintes, où l'on n'avait jamais vu de pareils officiers. Déjà, l'année précédente, comme le prouve une lettre de François Ier à Guy Chabot de Jarnac, gouverneur de la Saintonge, on s'était occupé de faire cadastrer les marais salants de la côte. On avait même essayé d'employer à ces travaux « un maistre Charles, peintre fort excellent. » Mais ce géomètre-artiste n'avait rapporté qu'une figure informe, un indéchiffrable grimoire. Les commissaires du roi jetèrent les yeux sur Bernard Palissy, dont on leur avait parlé avec éloge. On le chargea de cette commission. L'occasion était belle. Maître Bernard partit. Son expérience, son habileté le servirent. Il réussit complétement.

CHAPITRE IV

Tout en levant ses plans, Palissy, esprit essentiellement observateur, ne négligeait pas l'étude. Dans ses courses au bord de la mer, il fit encore plus ample moisson d'idées et d'observations. A Saint-Denis, extrême limite nord de l'île d'Oléron, il prend une vingtaine de femmes et d'enfants pour lui ramasser des oursins (*echinus*), « des *hérissons*, » comme il dit. Quelque temps après, un avocat de Saintes lui montre des oursins fossiles. La comparaison lui donne la théorie des coquilles pétrifiées.

Les marées, plus fortes en mars et en juillet sur la côte Santone (page 161), lui font concevoir la pensée que ce n'est pas l'eau de la mer qui alimente les sources. Et il a pour exprimer sa théorie les images les plus gracieuses, les plus poétiques et les plus justes en même temps. Dieu, dit-il, a marqué ses limites à la mer qu'elle ne peut dépasser. Bien des endroits de la terre sont plus bas que la mer. Aussi,

regardez-la, deux fois par vingt-quatre heures, s'é-
lancer contre le rivage qu'elle veut submerger. C'est
alors le bruit d'une nombreuse armée qui viendrait
combattre la terre. Elle bat impétueusement les rochers et la côte, et le bruit est si violent, qu'il semble
qu'elle va tout détruire. Mais on ne s'effraye pas. On
a même songé à profiter de cette fureur. Des canaux
ont été creusés, par où le flot s'engouffre. La mer en
ouvre elle-même les portes, et, docile, va faire mou-
dre le moulin. Et quand elle s'en veut retourner,
comme une diligente servante, elle ferme la porte
du canal afin de le laisser plein d'eau. Or, si toutes
les sources venaient de la mer, il faudrait que toutes
les sources fussent salées, que la mer fût plus haute
que les plus hautes montagnes, afin qu'elles se retirassent avec elle quand elle revient d'escarmoucher
la terre, et partant restassent à sec comme le sable
de la grève avec les coquillages qui s'y enfoncent. De
plus, la mer est aussi haute en été qu'en hiver. Or,
si c'était à ses mamelles que se vinssent allaiter les
fontaines de la terre, on ne verrait pas tarir les sources pendant les mois de juillet, août et de septembre.

En allant de Marennes à la Rochelle, au retour de
l'île d'Oléron, il aperçoit un immense fossé récem-
ment creusé, dont on avait extrait plus de cent char-
retées de pierres toutes pleines de coquillages. Et
ces coquilles (page 37) étaient « si près à près, qu'on
n'eust sceu mettre un dos de cousteau entre elles
sans les toucher. » Cette vue le frappe ; il chemine
rêveur le long de cette route qui se déroule sans fin
à travers le marais, de Marennes à Hiers, d'Hiers à

Brouage, de Brouage à Moëze, de Moëze à Soubise, de Soubise à Rochefort. L'idée qui se présente la première est que ces débris ont été jetés par les habitants de quelque maison voisine qui entassaient là les débris de leurs repas. C'est l'explication qu'adopta plus tard Voltaire, lorsqu'il faisait, au sommet des Alpes, dîner d'huîtres et de sourdons les dévots qui se rendaient à Saint-Jacques de Compostelle en Espagne, ou bien tomber là précisément les coquilles dont ornait ses vêtements « cette foule innombrable de pèlerins et de croisés qui porta son argent dans la terre sainte et qui en rapporta des coquillages. » Maître Bernard était trop observateur pour persévérer dans cette erreur. Des examens répétés, des méditations plus attentives lui révélèrent la vérité. Et plus tard, il soutiendra la doctrine de la formation sur place avec toute l'ardeur d'un néophyte. Ce n'en est pas moins un spectacle intéressant que de suivre les évolutions de cette pensée qui se cherche elle-même.

A Soubise, « ville limitrophe de la mer » (page 276), aujourd'hui gros bourg sur la Charente, à 8 kilomètres de l'Océan, il voit un rocher coquillier dont il fait couper un morceau qui lui servira plus tard pour ses démonstrations géologiques. Ce rocher avait été, selon lui, et avec raison, couvert par l'eau de la mer; la mer, en se retirant, a laissé à sec une grande quantité de poissons; le tout, vase et poissons, s'est pétrifié. Jean-Cécile Frey, médecin suisse à Paris, dans un livre[1] (page 372), où du reste se trouvent

---

[1] *Admiranda Galliarum*, les Merveilles de France, in-8°, Paris, 1628.

des fables et des prodiges qui prouvent la crédulité de l'auteur, cite une eau qui durcit tellement, qu'elle forme des pierres dont on a construit un pont. C'est le même fait que rapporte ailleurs Palissy du pieu trouvé en Auvergne. En 1595, un avocat au parlement de Bordeaux, Jean de Champaignac, dédiait à Jacquette de Montbron, dame des vicomtés de Bourdeilles et d'Aulnay, et des baronnies d'Archiac et de Matha, une *Physique française*, où il parle, (page 293), d'une certaine boue en Sicile « laquelle estant extraite de dedans la terre vient à s'endurcir et former en pierre, tout ainsi que la boue du Tibre. »

Palissy est sûr de ce retrait de la mer; il l'a vérifié. Les indigènes lui ont affirmé que la tour ruinée, gigantesque débris, qui domine encore la presqu'île de Broue, avait été bâtie pour protéger le pays contre les pirates; qu'autrefois ils avaient vu le canal de Brouage, qui a pris son nom de l'îlot de Broue, venir jusqu'au pied de la tour; qu'au contraire (page 377), non loin du dangereux pas de Maumusson, ils allaient de l'île d'Arvert en l'île d'Oléron sans difficulté; tandis qu'aujourd'hui c'est le chemin des navires qui se rendent de Bordeaux à la Rochelle, en Bretagne et en Angleterre; preuve que la terre, se diminuant d'une part, s'accroît de l'autre. On sait que l'Océan [1], qui s'avançait jusqu'à 10 kilomètres de Saintes, à Corme-Royal, en est maintenant éloigné de plus de 40 dans cette direction. Du haut de l'élégant clocher

---

[1] On pourra consulter avec fruit à ce sujet la savante *Notice* de M. l'abbé Lacurie *sur le pays des Santons à l'époque de la domination romaine*, Saintes, 1857.

de Marennes, on reconnaît parfaitement la falaise, et, dans ce grand golfe des Santons, mentionné par Ptolémée, Strabon, et les autres géographes, tous ces monticules semés çà et là, collines aujourd'hui, terres flottantes jadis, et que, malgré leur changement d'état, les habitants qualifient encore du nom d'îles.

Des ferrements de navires qu'on a trouvés dans le golfe de Sithieu, nom primitif de Saint-Omer, prouvent que les Flandres, l'Artois et la Hollande étaient sous les eaux, lorsque la Manche n'existait pas encore, et que l'Angleterre était unie au continent par un isthme. Un curieux livre, imprimé d'abord à Poitiers en 1520, chez Enguilbert de Marnef, puis en 1560 à la Rochelle, chez Barthélemy Berton, *le grand Routier, Pilotage et Encrage de mer*, que l'auteur, Pierre Garcie, dit Ferrande, né en 1483 à Saint-Gilles-sur-Vie (Vendée), dédia à son filleul, Pierre Imbert, un de ces Imbert que connut Palissy, atteste que le potier-hydrologue ne se trompait guère. Il comptait entre Douvres et Calais 25 brasses. La profondeur est aujourd'hui plus considérable ; mais en retour, les côtes ont gagné du terrain sur l'Océan.

Cette action de la mer sur la rive Santonique que signalait maître Bernard se continue, plus puissante sur ce littoral que partout ailleurs. Ailleurs, à l'embouchure du Rhône, pour ne pas sortir de la France, se forme l'immense delta de la Camargue ; par contre, la Biscaye française est continuellement rongée. Qu'est devenu le golfe de Poitou ? De l'entrée jusqu'à Niort, il y avait 50 kilomètres. Il fallait, pour aller en ligne directe d'Aigrefeuille à Luçon, faire par mer un trajet de 42 kilomètres, qu'on peut à présent accomplir en entier par terre. Luçon, Maillezais, Niort, Aigrefeuille, entourés au treizième siècle par l'Océan, en sont maintenant à 12, 29, 48, et 22 kilomètres. Ce phénomène géologique si rapide a-t-il pour cause l'envasement ? Ne serait-ce pas plutôt une révolution semblable à celle qui s'opère en Scandinavie, où les côtes s'élèvent d'un côté par un mouvement régulier et lent qu'on a pu mesurer ? « Cette question, dit M. de Quatrefages en ses *Souvenirs d'un naturaliste*, est d'autant plus permise, que des faits positifs attestent sur quelques points l'action récente de ces forces géologiques qui modifient sans cesse la mince pellicule appelée *terre ferme*. » Les bancs d'huîtres, moules et peignes de Saint-Michel-en-l'Herm, placés à 8 et 13 mètres au-dessus du niveau des plus fortes marées, prouvent évidemment des soulèvements locaux. Ajoutons aux inductions de la science le fait que raconte un chroniqueur, Pierre de Maillezais, je crois. Une nuit de Noël, au douzième siècle, les barques qui étaient autour de l'abbaye furent laissées à sec, et jamais l'eau ne reparut.

En Saintonge et en Aunis, l'Océan agit de même. Il démolit les pointes avancées et remblaie les golfes tout à la fois. Il travaille ainsi chaque jour à raser les promontoires et à combler les baies. Il a abandonné l'ancien golfe des Santons ; et, à Esnandes, une digue contre les grandes marées, construite il y a quarante ans, est aujourd'hui un chemin vicinal à 2 kilomètres de la mer. La vase poussée par le flot se tasse, s'élève peu à peu au-dessus des marées, se dessèche, se couvre de plantes ; elle est perdue pour la mer qui ne peut plus la reprendre. On compte qu'en certains endroits, l'envahissement de l'eau est d'un mètre par an. Demandez ce que sont devenues ces villes puissantes, Montmeillan, Chatel-Aillon, dont le souvenir seul est conservé. Elles ont croulé avec les falaises qu'elles dominaient. Chatel-Aillon, capitale de l'Aunis, fondée par Jules César, dit-on, fortifiée par Charlemagne, avait, en 1430, *quatorze belles et fortes tours.* En 1630, s'écroula le donjon qu'Amos Barbot, le premier historien de la Rochelle, avait vu presque tout entier dans l'année 1625. Sept tours qui faisaient jadis face à la campagne, surplombaient encore .la base en 1660. Les tempêtes de l'hiver les emportèrent ; et les terribles ouragans de 1709, au dire du P. Arcère, anéantirent les derniers vestiges de Chatel-Aillon. « Aujourd'hui, ajoute M. de Quatrefages (tome II, page 343), un modeste corps de garde de douaniers a succédé à ces forteresses de deux âges, mais il ne repose pas sur leurs débris. Sur cette falaise qui manque sous eux, tours et bastions n'ont pas le temps de laisser des ruines ; et, comme des soldats frappés à leur poste, ils tombent tout entiers. » Et encore devant la marche sans cesse envahissante de la mer, devant l'érosion continuelle de la côte par les eaux, les douaniers, de temps en temps, sont-ils forcés de reculer leur poste.

Bernard Palissy, familiarisé avec tous ces divers endroits de la Saintonge, ne les a pas oubliés. Tels il les a décrits, tels ils sont de nos jours. Les brandes de Saint-Sorlin, près de Marennes, s'étendent encore telles qu'il les a parcourues; les marais salants (page 258), dont l'établissement a plus coûté d'argent « qu'il ne faudroit pour faire une seconde ville de Paris, » produisent encore le fameux sel saintongeois. Comme de son temps, on multiplie encore les surfaces afin de suppléer par une évaporation plus rapide à l'ardeur du soleil, moins vif que dans le Gard ou l'Hérault.

Au pied de la tour de Broue, jaillit encore la fontaine où se venaient approvisionner d'eau douce les écumeurs de mer; les manouvriers y extraient encore l'argile pour fabriquer des tuiles. C'est dans cette carrière qu'il vit des marcassites ayant la forme de gouttelettes de cire brûlante qui se seraient refroidies en tombant, ce qui lui prouve certainement qu'elles avaient été liquides. Mais la belle église carolingienne du neuvième siècle, qui s'élevait sur cette pointe avancée, n'y paraît plus. Au mois de septembre 1863, le propriétaire en démolissait le dernier mur pour en construire un four à briques. Il en reste un pan de 3 mètres qui attend semblable destinée.

La Saintonge, on peut le dire, est tout entière dans le livre de Palissy, les minéraux qu'elle cache dans son sol, les poissons qu'elle nourrit dans ses eaux, les plantes qu'elle porte, les villes qu'elle montre. Voici le salicor (page 247), « herbe salée dont on fait les plus beaux verres. » Voici la fameuse absinthe appelée « Xaintonnique à cause du pays de Xaintonge, » *Artemisia maritima*, ou vulgairement *Sanguenite*, vantée par Discoride, Galien, Gesner et d'autres. Elle a « telle vertu que, quand on la fait boullir, et prenant de sa décoction, on en destrempe de la farine pour en faire des bignets fricassez en sein de porc ou en beurre, et que l'on mange des dits bignets, ils chassent et mettent hors tous les vers qui sont dans le corps » (page 247). Voici les vignes (page 246), « apportant d'un genre de raisins noirs qu'ils appellent chauchetz,... si fertiles qu'une plante de vignes apporte plus de fruit que non pas six de celles de Paris. » Et pourtant ce cépage, quoique donnant de très-bon vin, a presque complétement disparu de la province, remplacé partout par d'autres plus productifs. Il cite encore les ceps de la Foye-Monjault, entre Saint-Jean-d'Angely et Niort, qui donnent un vin « qui n'est pas moins à estimer que hyppocras. »

Voici Brouage, dont le nom, dit-on, vient du celte *brou*, qui signifie *marécage*. Fondé en 1555 par Jacques de Pons, après avoir été un boulévard contre les Anglais, avoir eu amirauté, arsenal, hôpital, magasins de vivres, siége royal, bureau des fermes, cure et couvent, Brouage·n'est plus même une commune. La centaine d'habitants qui y végète encore achève d'y mourir de fièvre et d'ennui. Déjà, au temps de Palissy, la ville avait beaucoup souffert de la soif en 1570, lorsqu'elle fut attaquée par les protestants. En 1585, les protestants rochelais coulèrent, à l'entrée du havre, plusieurs gabarres chargées de pierres qui l'obstruèrent. Richelieu et le gouverneur François d'Espinay Saint-Luc, dépensèrent 300,000 fr. pour réparer cet accident. En vain ; mais la leçon ne fut pas perdue, et Richelieu, un jour, en construisant sa digue, rendra aux Rochelais ce qu'ils avaient fait à Brouage.

Palissy — ce qui sans doute a fait dire à Lesson, *Lettres sur la Saintonge*, que « Palissy prend quelque-fois le titre d'hydraulicien du roi Henri II » — avertit le gouverneur et les habitants qu'ils pouvaient, à peu de frais, se procurer de l'eau potable. Tout près est Hiers, situé sur un point plus élevé. Hiers a de l'eau en abondance. Il ne s'agit que d'emboîter des tuyaux de bois les uns dans les autres et d'y laisser couler l'eau. Le projet de maître Bernard fut réalisé sous Richelieu. Aujourd'hui encore, les rares habitants de Brouage pourraient bénir le nom de Palissy, si les tuyaux de plomb de l'aqueduc n'avaient été enlevés et les conduits comblés. Il leur reste pour consolation de contempler à Hiers l'ancien château d'eau.

Voilà le fruit des explorations de maître Bernard sur la côte océane ; voilà quelques-unes des observa-tions qu'il rapporta de ces courses au bord de la mer. En outre, cette commission lui valut une assez forte somme. Elle était la bienvenue. L'argent, en effet, était rare chez lui. Palissy s'était marié, et en Saintonge certainement ; M. Morley dit : « séduit par les beaux yeux d'une Saintongeoise. » Du reste, avec une discrétion de bon goût, l'écrivain a peu parlé de son épouse. Il en a dit assez pour nous révéler un de ces esprits qu'on appelle positifs, aimant le solide et le réel, épris de la raison, n'accordant que fort peu à l'imagination, rêvant, s'ils rêvent, de fortune, d'éta-blissement durable et un peu d'opulence. Or, ce por-trait-là est pris sur nature. Rien n'empêche pourtant de croire que la femme de l'artisan, si elle ne comprit rien aux aspirations sublimes de son époux, fut une mère exemplaire et dévouée.

Dans un humble ménage d'artisans, chaque jour amène son pain, et chaque année un enfant. Palissy fut bientôt chargé de famille. Il avait ordinairement deux enfants aux nourrices. D'autre part, les travaux de géomètre-arpenteur, parce qu'ils n'étaient point continuels, n'offraient qu'une ressource précaire ; et la peinture sur verre ne pouvait suffire aux besoins toujours croissants de la maison.

Il était dans cette situation pleine d'inquiétudes, et avec la perspective d'un avenir sombre, lorsqu'il lui tomba entre les mains une coupe de terre émaillée. L'époque de cet événement est incertaine. On peut cependant la fixer en 1539 ou 1540 ; car, en 1544, lorsqu'il fut chargé de lever le plan des marais salants, il y avait déjà plusieurs années qu'il l'avait sous les yeux.

D'où venait-elle? Sans doute d'où est venue la poudre de terre blanche qui, en 1707, saupoudra d'un poids inaccoutumé la perruque d'un chimiste allemand, Botticher, faisant déjà des recherches pour le compte de l'électeur de Saxe, et qui, expérimentée par lui au feu, donna la porcelaine. Elle venait d'où est venue le filet de vapeur de la marmite bouillante qui révéla à Denis Papin, de Blois, la force de la vapeur; de la pomme tombant d'un arbre qui inspira à Newton l'idée de la gravitation universelle; des contractions qu'en 1790, Galvani remarqua aux membres d'une grenouille écorchée, attachée par un fil de cuivre à un balcon en fer, et qui lui firent découvrir l'électricité; ou enfin, des mouvements d'une lampe suspendue au plafond qui donnèrent à Galilée les oscillations du pendule. Le hasard est bien souvent le nom que l'on donne à la Providence.

CHAPITRE IV

L'émail, *smalto* en italien, *maltha* en latin, est,
comme on sait, une espèce de vernis coloré par des
acides métalliques et rendu opaque par l'introduction d'une certaine quantité d'étain. Il est fixé sur
un corps appelé *excipient*, et qui a varié suivant les
époques. On réserve ordinairement le nom d'*émaux*
pour les ouvrages de ce genre où l'excipient est un
métal. C'est un art qui de bonne heure fut cultivé en
Gaule. Dès le troisième siècle de l'ère chrétienne,
on constate sa présence dans notre pays. Saint Co-
lomban donna, l'an 600, à l'église d'Auxerre, la croix
d'or du roi lombard Agiluf, ornée de lettres émaillées,
en bleu. La crosse de l'évêque de Chartres, Ragen-
froid, mort l'an 960, montre des dessins émaillés.
Le musée du Mans garde le portrait sur émail du duc
d'Anjou, Geoffroi Plantagenet. Dès le douzième siècle,
Limoges est célèbre par la fabrication des émaux
qu'on nomme *opus de Limogia, Labor Limogiæ, Opus*

Lemoviticum. Le musée de Cluny en possède plusieurs de cette époque. Ils étaient recherchés jusqu'en Italie : car une charte de donation, en 1197, à une église d'Apulie nomme *duas tabulas æneas superauratas de labore Limogiæ.* Les tombeaux des enfants de saint Louis, Jean et Jeanne, à l'abbaye de Royaumont, sont les plus beaux spécimens de l'émaillerie au treizième siècle. Au quatorzième, Montpellier rivalise avec Limoges, mais pour peu de temps. Limoges a tout son éclat au seizième siècle. Raphaël, Jules Romain, Primatice, maître Roux, Léonard de Vinci, Holbein et Jean Cousin dessinent pour ses manufactures ces vases, aiguières, candélabres et portraits qui ont porté si loin et si haut sa réputation. Comme il y a un Léonard de Vinci, il y a un Léonard Limousin; il fut le premier directeur de la fabrique qu'y établit François Ier. Ses premières œuvres datent de 1532. Après lui viennent Pierre Courtois, Courtin, Courteys, ou Court, dit Vigier, son successeur, Jean et Susanne Courtois, Jehan Limousin, Pierre Raymond, les plus connus. Pierre Courtois travailla à la décoration du château de Madrid, le château de faïence, comme on l'appelait, bâti au bois de Boulogne par François Ier, achevé par Henri II, détruit de fond en comble par la révolution.

L'émail cependant a une plus haute antiquité. Il nous vient d'Orient. Des objets trouvés à Babylone, à Ninive, les mosaïques de Perse et d'Arabie nous les révèlent dès les temps les plus reculés. L'Égypte revêtait la terre d'un vernis monochrome vert ou bleu, c'était l'enfance de l'art. Jusque-là l'excipient unique était la poterie. La Grèce, puis Rome, y ajoutèrent le métal. Mais l'émail s'appliquait en creux. Ce ne fut qu'au quatorzième siècle, en Italie, qu'un orfévre siennois, Ugolino Vieri, renonçant au vieux procédé d'incrustration, étendit ses couleurs sur le métal lui-même. La méthode fut aussitôt et uniquement adoptée. :

Pline, dans son *Histoire naturelle*, liv. XXX, ch. xii, nous donne le nom du premier qui songea à exprimer en relief les objets au moyen de l'argile : c'est Dibutade, de Sicyone, potier établi à Corinthe. Mais avant lui Corœbus, d'Athènes, avait inventé la poterie, et Talus le tour à potier, préliminaires indispensables. De plus, un autre Sicyonien, Lysistrate, père de Lysippe, trouva l'art de prendre des empreintes dans un creux composé d'une pâte propre à calquer fidèlement l'effigie et à devenir moule en séchant. A Sycione donc peut revenir l'honneur d'avoir découvert la céramique artistique. Un exilé corinthien, Démarate, qui fut père de Tarquin l'Ancien, importa l'art en Étrurie, au troisième siècle avant Jésus-Christ. Mais déjà sans doute, cette argile était vernie. Les Phéniciens, à qui on attribue le verre, paraissent avoir connu l'émail. Les Hébreux le connaissaient certainement. Ézéchiel en parle. L'Étrurie le possédait au temps de Porsenna. Rome ne tarda pas à en faire usage. Il se transmit en Gaule. Philostrate, de Lemnos, au troisième siècle, indique, dans ses *Tableaux*, traduits en 1614 par Blaise de Vigenère, que les Gaulois étendent sur l'airain des couleurs que le feu y fait adhérer en les rendant inaltérables. Le secret qu'allait chercher Palissy a des origines bien reculées.

Les Italiens, toutefois, ne connaissaient que l'émail à base de plomb ; Lucca della Robia, le premier en 1552, employa l'émail stannifère. Un spécimen apparaît alors au-dessus des portes de bronze du baptistère de Florence. Mais Lucca tenait tellement à son secret que, selon la légende, il en cacha la recette dans la tête d'une de ses madones « défiant en quelque sorte l'avenir de porter la main sur le chef-d'œuvre auquel il a confié son précieux dépôt. » Toutefois, ses frères et ses neveux, héritiers de son secret et de son génie, transmirent sa découverte à toute l'Italie. Partout s'élevèrent des fourneaux céramiques et des légions d'artistes qui ne les laissèrent pas chômer. Il y en a à Urbino, à Pesaro, à Faenza, d'où, selon les uns, vient le mot *faïence*, qui dérive mieux, selon les autres, de *Faventia, Fayentia,* ancienne cité romaine de César, aujourd'hui Fayence, chef-lieu de canton du département du Var. Il y en a à Pise, à Gênes, à Forli, à Naples, à Padoue, à Ferrare, à Imola. Il est bien probable que, attiré en France par la magnificence éclairée de François Iᵉʳ, quelque transfuge italien sera venu chez nous fabriquer l'émail. Ainsi s'expliquerait la fameuse date de 1542, gravée avec le nom de Rouen sur un pavé émaillé du château d'Écouen. Ainsi pourrait s'expliquer cette coupe tombée providentiellement entre les mains du potier saintongeois.

Les hypothèses ne manquent pas. « Cette coupe de terre tournée et émaillée » ne serait-elle pas un vase romain rencontré dans quelques débris sur ce sol des Santons où, à chaque pas, le pied heurte un souvenir des conquérants du monde? Brongniart et Riocreux croient qu'elle était allemande. Mais à ce moment Palissy n'avait pas encore fait ses excursions dans les provinces rhénanes. Il est difficile qu'une pièce d'outre-Rhin soit venue jusque dans les prairies de la Charente. Enfin l'opiniâtreté que met l'artisan à vouloir obtenir l'émail blanc fait penser que ce devait être la couleur de la coupe. Or, la fabrique de Nuremberg ne produisait que des teintes sombres. Les majoliques italiennes étaient au contraire blanches. N'aurait-il pas vu ce merveilleux ouvrage chez Antoine de la Rovère, évêque d'Agen, qui avait longtemps habité la Toscane, ou bien chez Jules-César Scaliger, établi dans cette ville depuis 1525? Scaliger, qui parle dans ses ouvrages des majoliques italiennes, dit M. Tainturier, ne quitta pas la Toscane, sa patrie, sans emporter avec lui à Agen quelques-unes de ces poteries si fort en honneur à cette époque. Palissy et Scaliger, tous deux protestants, tous deux amateurs de sciences et d'art, habitant la même ville, ont dû nouer quelques relations. — Ce sont ces relations qui ne sont pas du tout établies, non plus que le séjour simultané à Agen. La supposition est tout à fait gratuite. On a voulu y voir encore une des faïences de Venise ou de Valence qui se trouvèrent, en 1452, dans un vaisseau capturé par des corsaires rochelais. Le vaisseau fut conduit au port de la Rochelle à l'époque où François Ier fit un assez long séjour dans cette cité, c'est-à-dire en dé-

cembre 1542, et en janvier 1543. « Il y avait, dit
Amos Barbot, un grand nombre de terres de Valence et
plusieurs coupes de Venise. Le roy commanda qu'on
luy en apportast; ce qu'ayant fait, jusqu'au nombre
de grands coffres pleins, il en donna à plusieurs
dames de la Rochelle, et, pour la grande beauté qu'il
y trouvoit, il retint tout ce qui restoit de la dite vaisselle, qui estoit vingt grands coffres qu'il fit payer, et
commanda qu'on les fist charger pour les porter à
Rouen ou à Dieppe. » (Arcère, II, 481.)

A cette date (1542), Palissy était déjà à l'œuvre. Les
faïences de la Rochelle ne purent donc avoir sur lui
qu'une influence : l'encourager et épurer son goût.

Il y a une autre version ; c'est à celle-là que je
m'arrête. La coupe venait bien d'Italie, mais elle avait
passé par Pons.

Avant d'être un modeste chef-lieu de canton du
département de la Charente-Inférieure, cette ville fut
le siége d'une puissante sirerie de la province de
Saintonge. Les sires de Pons, que les rois de France
qualifiaient de cousins, étaient suzerains de deux
cent cinquante fiefs. Ils avaient établi là une véritable petite cour. Pons avait son imprimerie, ses poëtes,
ses littérateurs. Il y avait des fêtes, des jeux, des
tournois. Les vassaux étaient heureux; ils n'étaient
tenus qu'à une redevance annuelle de deux sous ou
une anguille, et la Seugne leur fournissait ce poisson
en abondance. Le plus fort impôt était quatre chapons blancs : et encore les habitants de la ville, s'ils
payaient, riaient au moins, pour leurs chapons. Car
le payement de cette taxe en nature donnait lieu à

une cérémonie bouffonne, le jeu des coqs qu'on lançait le lundi de Pâques dans toutes les directions et que les huissiers devaient attraper. Hélas! ces amusements n'étaient que trop souvent troublés par le bruit des armes.

Le sire de Pons était alors Antoine, comte de Marennes, baron d'Oleron, seigneur de Pérignac, Plassac, Royan, Mornac et autres lieux, qui fut plus tard conseiller du roi, chambellan du roi, chevalier des ordres du roi, gouverneur de Montargis, de Saintes et de la Saintonge. Antoine de Pons, le dernier de la branche des sires de Pons à propos de qui l'on disait :

Si roi de France ne puis, sire de Pons voudrais être,

mot qui rappelle la devise des Rohan, Antoine de Pons, né en 1510, avait été, en Italie, chevalier d'honneur de Renée de France, fille de Louis XII, qui, mariée à Hercule II d'Este, duc de Ferrare, avait, en septembre 1528, quitté sa patrie pour celle de son mari. Il y connut Anne de Parthenay-l'Archevêque, fille de la douairière de Soubise, Michelle de Saubonne, première dame d'honneur de la duchesse; et, épris de cette jeune fille, un des ornements de la petite cour, il l'épousa en 1533. Ferrare, grâce à la duchesse qui y avait recueilli Calvin, était devenue un foyer de protestantisme. Michelle de Saubonne, sa fille Anne de Parthenay, son gendre Antoine de Pons, avaient embrassé l'hérésie. Le pape Paul III se fâcha. Le duc pria madame de Soubise de se retirer. La fille dut suivre la mère et le mari son épouse. La séparation fut douloureuse.

Écoutons ce qu'en dit Catherine de Parthenay, petite-fille de Michelle de Saubonne, dans ses mémoires manuscrits malheureusement incomplets, qu'elle a laissés sur sa propre famille. « Ces pratiques hayneuses des méchants conseillers du duc, sous couleur de rayson d'Estat, n'empeschèrent pas madame la duchesse de ne se pouvoir rézoudre au departement de la dame de Soubize et de sa fille, madame de Pons, qu'elle n'envoya en France que les esquipages combles de présents, et le cœur plein d'elle. Lui semblait-il encore, pauvre délaissée, la sienne patrie partir avec ! »

Ces « esquipages combles de présents » contenaient le portrait de Renée de France, peint par Sébastien del Piombino. Mais ne pouvaient-ils pas contenir aussi quelques majoliques italiennes? Le duc Alphonse Ier, beau-père de la duchesse, avait établi, à Ferrare, une fabrique de faïences émaillées, célèbres même en Italie, au dire de Piccolpasso dans son livre *Arte di terra;* et quelques-uns de ces produits durent être offerts comme souvenirs indigènes à madame de Pons, et apportés par elle en Saintonge. Palissy nous apprend qu'il vit souvent Antoine de Pons après son retour d'Italie et s'entretint avec lui de science et d'art. « J'eus, lui dit-il (page 130), bon tesmoignage de l'excellence de vostre esprit, dés le temps que retournastes de Ferrare en vostre chasteau de Ponts. » Antoine ne lui montra-t-il pas les vases façonnés à Ferrare? On ne peut en douter. Évidemment la coupe émaillée venait de la Péninsule, et probablement de la manufacture d'Alphonse d'Este.

Que ne l'éloignait-il de sa vue? Que ne la brisait-il

en mille morceaux ? De ce jour il n'eut plus de repos; il entra en dispute avec sa propre pensée (page 311). C'est dans son traité de l'*Art de terre* qu'il faut lire le récit pathétique de ses tribulations, de ses craintes et de ses espoirs, de ses déchirements, de ses luttes avec la nature, avec ses voisins, avec sa famille. Qui n'a été ému de compassion pour les infortunes de l'artiste, et saisi d'admiration pour son opiniâtreté ? Pour moi, je m'étonne que dans ces recueils destinés aux élèves de nos colléges, et nommés, mal à propos si souvent, *Morceaux choisis*, nul éditeur n'ait songé à placer près de Ronsard et de Marot, entre Montaigne et Agrippa d'Aubigné, cette page étonnante du potier saintongeois, une des bonnes pages de la littérature française. Je ne lui connais de comparable que ce passage où Théodore Jouffroy a peint la soirée de décembre dans laquelle il découvrit que la foi s'était éteinte en lui, et qu'il était devenu sceptique. C'est la même émotion et la même angoisse.

Nous sommes en 1545 ou 1550 dans la capitale des *Santons*, ce *Mediolanum Santonum* dont le passé n'est pas certes sans gloire. La ville est un peu comme elle est maintenant, tortueuse; mais elle a encore sa forte ceinture de murailles qui l'enserrent et que la population, depuis, a brisée, comme sur ses coteaux, à l'approche du printemps, le bourgeon de la vigne qui veut sortir fait éclater « son corset vert. » Saint-Pierre élève encore son énorme môle tronqué; peut-être même a-t-il déjà sa peu gracieuse calotte de plomb. A Sainte-Marie, chantent les bénédictines dans cette magnifique église romane, où ont henni

longtemps les chevaux d'un régiment de cavalerie,
et sous ces cloîtres qui retentissent maintenant des
refrains des troupiers. Saint-Vivien qui n'avait pas
encore, dans les monuments religieux de Saintes,
importé le style néo-grec, a pour prieur — 1559 —
Jean-Baptiste de Bourdeilles, seigneur de Brantôme,
et un peu plus tard son jeune frère Pierre de Bourdeilles, l'historien Brantôme, l'auteur des *Dames
galantes*. Saint-Eutrope lance dans les airs cet élégant
clocher que Louis XI avait bâti. Près de là, dans le
vallon, se cachent les Arènes. Le Capitole est encore
là-haut, debout et mutilé, muet témoin des guerres
et des combats, tombé un jour, non comme un vieux
soldat sous les coups des ennemis, mais sous la pioche
de ses enfants démolisseurs. Vingt-cinq ou vingt-six
édifices religieux se dressent à chaque point de la
cité. Ici Sainte-Colombe, devenue un bazar, et depuis
peu rendue au culte; tout près Saint-Michel, un chais;
les Récollets, une halle aux bouchers; plus loin,
Saint-Maur, un atelier de tonnellerie; là, les Jaco-
bins, une écurie. Un pont antique joint le faubourg
à la cité, et sous ses arches qui ont résisté à tous les
orages, trace sa voie à la molle Charente. Un jour,
hélas! on s'avisera qu'il empêche l'eau de couler,
et on le jettera bas. L'Arc de triomphe le domine,
ruine grandiose; on l'ira reconstruire ailleurs.

Précisément, presque en face de ce monument aujourd'hui remis à neuf, est une maison d'assez pauvre
apparence. Une porte s'ouvre. C'est le soir. Un homme
sort furtivement. Il est hâve, maigre, décharné. Ses
vêtements sont des haillons. Accoutré comme un

homme qu'on aurait traîné par tous les bourbiers de la ville, il excite la compassion des uns, les risées du plus grand nombre. Les commères, sur le pas de la porte, si elles voient passer ce grand corps délabré, haussent les épaules et se signent presque à son approche. « Voilà maître Bernard ! il fait mourir de faim sa femme et ses enfants. On dit qu'il fabrique de la fausse monnaie. C'est un homme dangereux ! » Bien dangereux, en effet, et malfaiteur émérite ! D'abord il n'a pas un sou, et il a beaucoup de dettes; puis il cherche un secret bien criminel ; il veut être utile. Il passe, l'œil oblique, inquiet, évitant la rencontre d'un homme. Cet homme ne peut-il pas être un créancier ? Il fuit sa maison. Il a besoin d'un peu de calme. D'autres trouvent au foyer domestique ce tranquille asile où la voix affectueuse d'une épouse, les baisers sonores des bambins ramènent la sérénité dans leur âme et la joie sur leur visage. Pour lui, ce qu'il rencontre dans sa maison, ce sont des persécutions et des déboires. Sa femme lui reproche de s'obstiner à la recherche d'une chimère et de négliger son gagne-pain. Le chais est vide, l'armoire est vide, la huche est vide. Certes, la maison n'est pas gaie, quand les marmots en haillons grelottent, et qu'on n'a pour eux ni bois flambant dans l'âtre, ni habits en réserve; quand ils demandent du pain, et qu'on n'a rien à leur donner. Il fuit donc, et les lamentations de son épouse, et les cris affamés de ses enfants, et les doléances méchantes de ses voisins, et les réclamations pressantes de ses créanciers. Mais parfois s'il rencontre une troupe de gamins, — « cet âge est sans pitié » — il est assailli de brocards et d'injures; on le poursuit de huées : « C'est maître Bernard le fou! » Oui c'est un fou : car tous les bienfaiteurs de l'humanité n'ont-ils pas été des fous pour leurs contemporains, avant d'être des héros par la postérité? Et le stoïque potier supportait tout, avanies de ses proches, calomnies de ses voisins, la pauvreté qui « empesche les bons esprits de parvenir. » Il avait foi en Dieu et confiance en soi.

C'est le récit de ses tribulations qu'il nous a fait et que nous allons suivre.

Un auteur moderne a écrit : « On croit qu'Auguste Hirschwogel, né en 1488, mort en 1560, fut le maître de Palissy, revenu en Allemagne [1]... » D'abord Palissy n'alla qu'une fois en Allemagne. Où est la preuve de ce second voyage? Ensuite, est-il croyable qu'un homme intelligent comme Palissy, aussi perspicace, aussi pénétrant, n'ait pas du premier coup deviné le secret du maître, compris ses procédés, et qu'il lui ait fallu quinze ou seize ans pour arriver à la découverte de l'émail qu'il avait vu fabriquer? Il règne un tel accent de vérité dans la narration de ses épreuves et de ses essais, qu'on n'en peut suspecter la sincérité. Puis, était-il donc si facile de pénétrer les secrets des émailleurs, porcelainiers et vitriers? On sait avec quel soin les della Robia cachaient leurs procédés. La première manufacture de porcelaine qui s'établit en Saxe, au seizième siècle, celle d'Albrechtsburg, était une véritable forteresse. Une herse, des ponts-

[1] M. Demmin, dans ses *Recherches sur la priorité de la Renaissance Allemande.* — Paris, chez Renouard, 1862, page 60.

levis la défendaient et en interdisaient l'accès à tout étranger. Chaque mois on écrivait sur la porte de chaque atelier ces mots terribles : « Secret jusqu'au tombeau ! » En effet, les ouvriers coupables d'indiscrétion étaient condamnés à une prison perpétuelle dans le château fort de Kœnigstein. A Venise, les peines les plus graves étaient prononcées contre toute révélation. « Si quelque ouvrier ou artiste transporte son art en pays étranger, disait l'article 26 des *Statuts de l'inquisition d'État*, il lui sera envoyé l'ordre de revenir. S'il n'obéit pas, on mettra en prison les personnes qui lui appartiennent de plus près, afin de le déterminer à l'obéissance... S'il s'obstine à demeurer chez l'étranger, on chargera quelques émissaires de le tuer. » Une loi du 8 novembre 1291 relègue dans l'île de Murano toute l'industrie verrière pour mieux emprisonner ceux qui s'y livraient, et, le 8 juin 1295, on défendait aux ouvriers de sortir de la ville sous peine d'amende, de bannissement et de mort. Les effets suivaient ces menaces. M. Cochin cite [1] une pièce des papiers des inquisiteurs d'État, à la date du 3 août 1754, ainsi conçue :

« Pris la résolution d'enlever du monde, *di togliere « dal mundo*, Pietro de Vetor, fugitif, qui est à Vienne, « et Antonio Vistosi, qui est à Florence. En consé- « quence ordre est donné à Missier, de trouver deux « hommes propres à ce dessein, *atte a tale effetto*, « et on lui a remis deux doses de poison.

« 7 du même mois. Étant trouvés par Missier les « deux hommes dont il s'agit, à celui qui doit aller à

[1] *Correspondant* du 29 novembre 1865, page 629.

« Florence furent donnés, pour son voyage, son sé-
« jour et son retour, 80 sequins; à celui qui doit
« aller à Vienne, 50.

« On a promis à l'un et à l'autre 100 sequins, une
« fois la chose faite, *all'opera fatta*, et à chacun fut
« donnée la chose propre à enlever du monde, *togliere*
« *dal mundo*, lesdits hommes. »

Les risques à courir étaient considérables. On
comprend très-bien que l'ambassadeur français à
Venise, chargé de débaucher des artisans pour une
manufacture de glaces, écrivit à Colbert qu'il s'exposait à se faire jeter à la mer.

Enfin, en supposant que Palissy eût pu facilement
apprendre en Allemagne ou en Italie, sans tant de
frais, de temps et de peines, le secret qu'il mit quinze
ans à découvrir, encore fallait-il faire ce voyage. Or,
maître Bernard ne le pouvait. « Chargé de femme et
d'enfants, » il devait pourvoir à la subsistance de
chaque jour. Que fût-il advenu s'il eût planté là son
« mesnage pour aller apprendre le dit art en quelque
boutique » (page 310)? La nécessité l'attachait au
logis. Il dut donc tout faire, tout créer par lui-même,
sans « aucuns seruiteurs qui pussent faire quelque
chose pour l'amener au chemin de l'art susdit. »
Examinons en effet la marche qu'il suit, les moyens
qu'il emploie; et nous y remarquerons les tentatives
exactement définies d'un inventeur qui cherche et
qui « taste en ténèbres. »

Palissy ne connaît aucune des matières dont se
compose les émaux; il n'a même jamais vu de terres
argileuses. Il prend donc toutes les substances qu'il

imagine, les mêle et les broie. Il achète des pots de
terre, met sur chacun d'eux dûment numéroté une
matière différente qu'il note avec soin. Il a besoin
d'un four et le construit à sa guise. Mais il n'a jamais
vu cuire la terre, et ne sait quel degré de chaleur le
four doit avoir; une fois le feu trop fort brûle ses
drogues; une autre fois trop faible, il ne peut les
fondre. C'est aux matières qu'il attribue ces insuccès;
il en cherche d'autres. Peut-être étaient-elles bonnes!
Plusieurs années se passent ainsi; le pauvre artisan
gémit, soupire, s'afflige, mais ne se décourage pas.

Un jour, il s'avise qu'il ne sait pas conduire le feu,
et que des hommes du métier sauront mieux que
lui diriger la cuisson de ses substances. C'est d'ailleurs une dépense de combustible de moins, et l'argent se fait rare à la maison. Il achète de nouveaux
vases, en couvre trois ou quatre cents d'émail; et
prie les potiers de la Chapelle-des-Pots de les
enfourner avec leurs vaisseaux. Les potiers de la
Chapelle, un peu par complaisance, beaucoup par
curiosité, acceptent très-volontiers. Mais la fournée
cuite, ils assaillent de brocards leur outrecuidant ca-
marade. Rien n'est bon.

Palissy, qui ne voit pas que le feu des potiers n'est
pas assez violent, ou qu'ils n'ont pas enfourné ses
épreuves en temps convenable, achète de nouveaux
vases, prépare de nouvelles drogues, adresse aux potiers de la Chapelle de nouvelles pièces. On cuit une
seconde fois, puis une troisième, puis une quatrième.
Les frais sont grands; la perte de temps est immense;
la confusion qui résulte de ses échecs répétés l'acca-

ble, et la tristesse, conséquence de tant de déboires, l'envahit.

Il cesse !...

Il cesse parce qu'il n'y a plus de pain à la maison et qu'il en faut à des bouches affamées. La femme se plaint ; mère, elle pleure ; les enfants crient. Palissy reprend son métier d'arpenteur. C'est alors que les commissaires, députés par le roi pour ériger les gabelles au pays de Saintonge, arrivent à Saintes, et qu'il est envoyé sur la côte pour dresser le plan des marais salants.

La commission achevée, il revient chez lui avec un peu d'argent ; il y retrouve la coupe émaillée, son désespoir et sa joie, cause de ses souffrances et but de ses efforts. Le voilà de nouveau à la recherche de l'émail.

Les expériences antérieures n'avaient point été perdues. Palissy soupçonna que les fours des potiers n'étaient point assez chauds. Il résolut d'en essayer d'autres. Il existait alors à une lieue et demie de Saintes, sur la route de Saint-Jean-d'Angely, une verrerie qui a donné son nom au village nommé aujourd'hui la *Vieille-Verrerie*. L'artisan, voyant qu'il n'avait pu réussir, ni à ses propres fourneaux, ni à ceux des potiers, eut recours à ceux des verriers. Il rompt trois douzaines de pots. Trois cents tessons sont couverts de diverses substances à émail qu'il étend au moyen d'un pinceau. Plus de cent compositions différentes étaient étendues sur ses lopins d'argile. Il les porte lui-même à la verrerie et surveille la cuisson. Nuit d'angoisses, d'espoir et de crainte ! Le lendemain, quand on tira ses épreuves du feu, il vit, avec une joie indescriptible, qu'une partie de ses drogues avait fondu. Enfin, une lueur paraissait dans ses longues ténèbres : c'était l'aube précédant le jour ; c'était le phare, dans la nuit, annonçant le port, ou bien cette branche de lierre garnie de feuilles vertes, flottant sur l'Océan, qui signala enfin à Christophe Colomb l'approche du nouveau monde !

Maître Bernard avait obtenu un résultat, faible, il est vrai, mais encourageant. Son rêve n'était donc plus une illusion ! Il poursuit ses essais avec une ardeur plus vive et un espoir plus assuré. Pendant deux ans il ne fait qu'aller et venir de Saintes à la verrerie, y transportant des vases, et en revenant chaque fois un peu moins content ! deux ans de travaux sans relâche ! deux ans ajoutés à tant d'autres ! C'était plus qu'il n'en fallait pour éteindre la plus robuste foi en soi-même. Aussi après deux nouvelles années, il s'arrête effrayé, découragé, n'en pouvant plus. Dieu semble pourtant le regarder d'un œil plus doux. Il va tenter un dernier coup et puis renoncer à des tentatives dont l'inutilité lui sera désormais démontrée.

Il se rend à la verrerie ; il a avec lui un homme chargé de plus de trois cents sortes d'épreuves. Au bout de quatre heures de fourneau, une des épreuves fond, blanche, polie, admirable. Quelle joie pour l'ouvrier ! En voyant ce tesson sortir du four couvert du vernis cherché; il ne se sent pas d'allégresse. Il nous le dit lui-même : « Ie pensois estre deuenu nouvelle créature. »

Dès lors le voile impénétrable que la nature met

tait devant lui était soulevé ; il avait entrevu le but
de ses désirs. Il fallait maintenant régler, d'après
des principes fixes, les procédés de la fabrication
de l'émail, déterminer exactement les éléments qui
devaient entrer dans une opération régulière.
Jusque-là l'expérimentation avait été un peu conduite au hasard. L'épreuve tentée sur un têt n'avor-
terait-elle pas sur un vase ? Ce débris de pot pouvait
n'attester qu'une fusion fortuite. Palissy veut essayer
sa trouvaille en grand. Mais pour des vases entiers
et nombreux, il ne peut plus user des fours complai-
sants des potiers ou des verriers. Il se construira lui-
même un fourneau.

Le voilà maçon, briquetier, gâcheur, goujat. Que
dis-je ? bête de somme. Pas d'argent, pas de manœuvre. Il va quérir la brique sur son dos ; il tire
lui-même son eau du puits ; il détrempe son mortier ;
il maçonne tout seul. Le four achevé, et avec quelles
fatigues pour un homme peu habitué à ces sortes
d'ouvrages ! il a besoin de vases. S'il lui manque
quelques livres pour payer un aide, il n'en a pas
davantage pour acheter ses pots. Il les fabriquera
lui-même. Auparavant, il apprendra ce que c'est que
l'argile et qu'un tour de potier. Ce qu'il lui fallut
endurer de labeurs est vraiment effrayant.

Au bout de huit mois son four est prêt, ses pots
sont prêts ; mais les matières à émail ne le sont pas.
Au lieu de se reposer, il se remet au travail. Nuit et
jour pendant plus d'un mois, il est autour de son
mortier ; nuit et jour il pile les substances qui lui
avaient donné l'émail blanc au four des verriers ;

nuit et jour, pendant un mois, il broie; il espère, il doute, sans repos, sans sommeil. Enfin, il enfourne les vaisseaux; le feu est mis au four par les deux gueules, comme il l'avait vu faire aux verriers. Le moment est solennel. Là dans ce four est tout son avenir. Là est le fruit de neuf mois de fatigues surhumaines. Six jours et six nuits, seul, sans soutien, sans conseil, il se tient devant son fourneau, jetant du bois par les deux gueules. L'émail ne fondait pas. Désespéré, il s'imagine qu'il n'a pas mis dans son émail assez de substances fusibles, il écrase, il met en poudre de nouveaux ingrédients, courant de son four à son mortier; l'émail ne fondait pas. Il n'y a plus à hésiter; il prend le dernier écu, achète des pots, les enduit de l'émail qu'il vient de composer, et jette le tout au four. L'œil fixé sur la fournaise, il guette la fusion avec terreur. Encore quelques instants, la gloire est à lui, la richesse est à lui; l'émail sera trouvé. Mais, horrible déception, affreux supplice! il s'aperçoit que le bois va lui manquer. C'était à rendre fou! Éperdu de douleur et de désespoir, haletant, couvert de sueur, il jette à son four ce qui lui tombe sous la main. Au feu les étais de ses treilles! au feu les arbres de son jardin! au feu sa table, ses chaises, tous ses meubles! au feu le plancher de sa chambre! La ruine est complète! Les voisins vont criant par la ville qu'il met le feu à sa maison, et qu'il est devenu insensé. Heureusement l'émail a fondu: le secret est trouvé; Palissy est sauvé; l'artisan est devenu artiste; le fou est passé génie.

CHAPITRE V

Procédés de fabrication. — Moulage. — Perfectionnements. — Déboires. — Échecs répétés. — La gravure et Palissy. — L'encastage. — Il rend les émaux fusibles au même degré. — Railleries et persécutions. — La femme de Palissy. — Succès définitif. — Reproche de M. Brongniart. — Conditions de l'art pour Palissy.

Bernard Palissy songea à utiliser sa merveilleuse invention. Faire une coupe ou un plat enduit du précieux vernis, c'était beaucoup; un simple chercheur s'en fût contenté. Maître Bernard était artiste. Il créera. Il enrichira son émail. La simple argile se couvrira d'arabesques et de personnages. Ce sera un tableau, mais un tableau vivant et durable. Il voulut réaliser ce que racontait la fabuleuse antiquité de Xeuxis et de Parrhasius. Il aura donc des lézards si habilement moulés et peints, que les vrais lézards « les viendront souuent admirer » (page 64). Les figures humaines « seront esmaillées si près de la nature » que ceux qui les verront pour la première fois, « se découvriront » pour les saluer (page 75). Il se mit à l'œuvre. Pour être plus « près de la nature » et ne pas s'égarer dans une imitation plus ou moins réussie, il se servit de la nature elle-même. Ce sont des êtres réels, des coquilles véritables, des branches naturelles qui furent chargées d'orner son argile. Il les moulait. Le procédé a été indiqué dans un recueil sans titre de la fin du seizième siècle, d'où M. André Pottier l'a extrait pour la page 67 du tome II de ses *Monuments français inédits*.

« On se servait, pour préparer le motif de la composition, d'un plat d'étain sur la surface duquel on collait, à l'aide de térébenthine de Venise, le lit de feuilles à nervures apparentes, de galets de rivière, de pétrifications, etc., qui constitue le fond ordinaire de ces compositions ; puis sur ce champ on disposait *les petits bestions* (comme les appelle le naïf compilateur), qui devaient en former le sujet principal ; on fixait ces animaux, reptiles, poissons et insectes au moyen de fils très-fins qu'on faisait passer de l'autre côté du plat, en pratiquant à ce dernier de petits trous avec une alène, et enfin l'ensemble ayant reçu tous ses perfectionnements par l'exécution d'une foule de détails variables, suivant les circonstances, on coulait sur le tout une couche de plâtre fin, dont l'empreinte devait former le moule. On dégageait ensuite avec soin les animaux de leur enveloppe de plâtre, et rien n'empêchait qu'on ne les fît servir immédiatement à recomposer un nouveau motif. » Tel fut le procédé de Palissy. On s'explique ainsi que des exemplaires du même ouvrage soient de bien moindre valeur, selon que la matrice avait été déjà plus fatiguée. Un très-grand nombre de ses moules étaient restés en Saintonge. Le dernier possesseur, il y a quelque trente ans, ennuyé de voir son grenier encombré de ces objets inutiles, les jeta tous parmi des déblais.

Bernard Palissy avait réussi, mais non pas complétement. Ce succès pouvait l'engager à continuer; il ne suffisait pas à fermer la bouche de ses détracteurs. L'émail doit être pour lui ce rocher que Sisyphe roulait toujours jusqu'au sommet de la montagne et qui retombait aussitôt. Il fera une nouvelle fournée. Mais il est endetté de tous côtés. Ses enfants qu'il faut nourrir, ses créanciers qu'il faut payer, ses voisins méchants et jaloux qu'il faut convaincre, sont pour lui des tracas plus pénibles que ses recherches céramiques. Sa femme résiste de toutes ses forces aux entreprises désespérées de son mari. Mère, elle songe à l'existence de ses enfants plutôt qu'à la gloire problématique de leur père. Était-ce sa faute, si elle ne comprenait rien aux rêves élevés du pauvre potier? Tant d'autres s'y trompaient! tant d'autres ne voyaient qu'un fou dans ce chrétien misérablement nippé qui, pour s'occuper de la grande œuvre, oubliait sa maison et négligeait son métier lucratif! Heureux l'homme de labeur ou d'étude qui trouve dans sa compagne un appui pour les jours d'orage, un encouragement dans la prospérité, parfois un conseil utile pour ses travaux !

Le repos était nécessaire. On s'étonne même que l'artisan n'ait pas succombé à tant de fatigues et à tant de douleurs. Mais ce n'était qu'une halte dans ce long voyage, une étape de sa pénible route. « Quand ie me fus reposé vn peu de temps (page 316) auec regrets de ce que nul n'auoit pitié de moy, ie dis à mon âme : Qu'est-ce qui te triste, puisque tu as troūué ce que tu cherchois? Trauaille à présent et tu rendras honteux tes detracteurs. » Mais mon esprit disoit d'autre part. « Tu n'as rien de quoy poursuyure ton affaire; comment pourras-tu nourrir ta famille et acheter les choses requises pour passer le temps de quatre ou cinq mois qu'il faut auparauant que tu puisses iouir de ton labeur. » Or, ainsi que i'estois en telle tristesse et debat d'esprit, l'esperance me donna vn peu de courage. »

La persévérance ne manquait pas au rude artisan. Il entreprend une fournée nouvelle. Cette fois, pour hâter le succès et gagner du temps, il loue un potier, et lui fait exécuter un nombre suffisant de vaisseaux, tandis que lui s'occupe de mouler quelques médailles qui recevront aussi l'émail. Mais sa table est si frugale, sa femme voit avec tant de déplaisir ses épreuves infructueuses, qu'il n'ose faire partager à son ouvrier les privations de sa vie et les rebuffades de son épouse. Il le nourrit dans une hôtellerie voisine, et encore à crédit.

Six mois se passèrent à façonner les vases. Au bout de ce temps le tavernier, qui ne touchait aucun à-compte, refusa de nourrir le potier qui ne recevait pas plus de salaire. Maître Bernard dut renvoyer son manœuvre. Mais il fallait rétribuer son travail. Probe jusqu'au scrupule, au fort de la plus extrême indigence, Palissy lui donna ses vêtements: ainsi l'ouvrier aura au moins un payement.

Est-ce assez de misères? Pas encore. Il faut un four; mais la chaux manque, les briques manquent. Qu'importe? Bernard ne s'embarrasse pas de si peu. Il démolira l'ancien fourneau; et des matériaux il en construira un autre. Mais il ne s'attend pas à un nouvel obstacle. Un feu d'enfer, chauffant pendant six jours et six nuits les parois du four, a liquéfié le mortier et les briques ; c'est du verre. En démaçonnant, il se coupe les doigts, se meurtrit les mains, tellement qu'il peut à peine tenir « une cuiller pour manger son potage. »

Après avoir démoli, il devait reconstruire ; et il le fait, allant chercher lui-même l'eau, le mortier, la pierre. Pour abréger, il broie ses drogues à un moulin à bras. Deux hommes robustes pouvaient à peine le virer. L'énergie, l'ardeur doublera ses forces ; il fera des choses qu'il croyait impossibles. La première cuisson a lieu sans encombre. La seconde, l'importante, sera bonne ; il le faut : car il a emprunté les matériaux qui ont construit son four, le bois qu'il l'a chauffé, le pain qui l'a nourri lui-même. La fournée lui a coûté « six vingts escus, » quinze cents francs environ. Il comptait bien en retirer quatre cents livres, valeur de l'époque, et apaiser par là ses dettes les plus criardes. Ses créanciers attendent avec mauvaise grâce. Par ses promesses chaleureuses, par sa conviction du succès prochain, il a pu ajourner leurs exigences. Mais leur patience s'est lassée ; ce jour est le dernier délai qu'obtiendra l'infortuné débiteur, le terme fatal après lequel il y a la prison, la ruine et l'infamie.

On ouvre le four. O comble de désespoir ! l'émail a bien fondu ; mais sous la violence du feu, les cailloux dont le mortier était plein avaient volé en éclats. Plats et médailles étaient incrustés de débris de silex. Tout était gâté. Et cependant ces vases étaient si beaux, ces médailles avaient un tel éclat que plusieurs lui en voulaient acheter. Vendre une œuvre imparfaite, au rabais, à vil prix ! Sa fierté s'indigne. Il sait que son dénûment est absolu ; qu'il n'a plus moyen de subvenir aux besoins de sa famille ; on lui offre huit francs, c'est quelque chose ; c'est du pain au moins ! Il refuse. Ces ouvrages manqués l'eussent décrié ; son amour-propre d'artiste en eût souffert, et sa réputation, et son œuvre ! Il brise vases et médailles. Sublime effort ! dignité du génie, glorieuse et volontaire pauvreté !

C'est en ce moment que l'a représenté M. Hector Vetter, dans une toile qui a été fort remarquée à l'exposition de 1861.

Ce tableau, que la gravure de M. Thielley a popularisé, porte pour épigraphe ces paroles de Palissy : « Le bois m'ayant failli, ie fus contraint de brusler les estapes qui soustenoyent les tailles de mon iardin, lesquelles estant bruslées, ie fus contraint de brusler les tables et planchers de ma maison... l'estois en vne telle angoisse que ie ne scaurois dire... encore pour me consoler on se moquoit de moy et m'estimoit on estre fol. » Et aussi ces bizarres lignes de M. de Lamartine : « Palissy, c'est le patriarche de l'atelier, le poëte du travail des mains, la parabole faite homme pour ennoblir toute profession, qui a le labeur pour mérite, le progrès pour mobile, Dieu pour fin. »

Ce soin de briser toutes les pièces défectueuses que nous représente heureusement le tableau de

M. Vetter, explique la rareté des premiers ouvrages
de maître Bernard. C'est la période des essais. On a
quelques-uns de ces plats, mais en très-petit nombre.
M. Fillon en cite un, ovale, de 0^m,55 sur 0^m,43,
aux Sables-d'Olonne, en Vendée, chez mademoiselle Benoist, dont la famille, originaire de Fontenay-
le-Comte, le conserve depuis plusieurs générations.
« L'émail est assez beau, mais fort peu transparent :
et les reliefs n'ont pas la netteté qu'ils ont eue plus
tard. » Je possède moi-même quelques fragments des
premières poteries de l'artiste, recueillis à la Chapelle-
des-Pots, par M. le comte Pierre-René-Auguste de Bremond d'Ars, mort en 1842, un des premiers qui ait
demandé une statue pour Palissy.

A bout de force, d'énergie, de patience, maître
Bernard se couche, épuisé, inerte. Mais à cette âme
active le repos ne pouvait longtemps convenir; après
avoir demeuré quelque temps au lit, il considéra
« qu'vn homme qui seroit tombé en vn fossé, son
debuoir seroit de tascher de se releuer. » Il se relève
donc et se remet à son métier de peintre-verrier, depuis trop d'années négligé. Les pinceaux, son premier gagne-pain, sont entre ses mains; il assemble,
comme autrefois, les verres coloriés; mais sa pensée
est toute à ses chers émaux.

Après avoir gagné quelque argent, il revient à son
fourneau, à son mortier, à ses travaux de prédilection. Il se disait que toutes ses pertes et hasards
étaient passés; que rien ne le pouvait plus empêcher
de faire d'excellentes pièces. Rien? en est-il bien
sûr? La fournée suivante fut endommagée par les

cendres que la violence de la flamme avait soulevées
et qui s'étaient mêlées désastreusement aux émaux.
C'était une perte ajoutée à tant d'autres. Pour prévenir
désormais ce malheur, il inventa des espèces de lan-
ternes de terre destinées à enfermer ses vaisseaux
au four. C'est l'*encastage* actuel. Ces espèces de cap-
sules cylindriques sont encore employées aujourd'hui
sous le nom de *cazettes, casettes* ou *manchons*, et servent à préserver les poteries des accidents qui firent
la douleur de Palissy.

Cependant l'œuvre marche, non sans obstacle.
A peine a-t-il appris à se préserver d'un danger qu'il
lui en survient un autre. Un jour, sa fournée est trop
cuite; le lendemain, elle ne l'est pas assez. Aujour-
d'hui ses vases sont brûlés par devant, seulement;
hier, ils l'étaient par derrière. Une fois, les émaux
sont trop clairs; une autre fois, ils sont trop épais.
Il faut surveiller attentivement le feu, rendre la cuisson régulière, connaître enfin le degré de température nécessaire. Bernard s'éclaire peu à peu; ses
échecs l'instruisent.

Mais le grand obstacle est la composition des
émaux divers et la fusion à une même température.
Jusqu'alors il n'a que l'émail blanc, et encore! Il s'a-
git de trouver les émaux de couleur. Il se fera chimiste. Pour cela il faut qu'il y ait une chimie. Problème ardu qui arrêterait tout autre inventeur. Quelles
combinaisons employer? Et quand il a harmonisé
toutes ses couleurs, quand il en a bien combiné tous
les éléments, il en fait l'essai. Des pièces rustiques,
c'est-à-dire des bassins, des jattes, des plats, où il a

représenté des animaux sauvages, des reptiles, des poissons peints de couleurs naturelles, sont mises au four. Nouveaux ennuis ! « Les ayant fait cuire, dit-il (page 319), mes esmaux se trouuoyent les vns beaux et bien fonduz, autres estoient bruslez, à cause qu'ils estoient composez de diuerses matieres qui estoient fusibles à diuers degrez ; le verd des lezards estoit bruslé premier que la couleur des serpents fut fonduë, aussi la couleur des serpens, escreuices, tortues et cancres, estoit fondue auparauant que le blanc eut receu aucune beauté. Toutes ces fautes m'ont causé vn tel labeur et tristesse d'esprit, qu'auparauant que i'aye eu rendu mes esmaux fusibles à vn mesme degré de feu, i'ay cuidé entrer iusque à la porte du sépulchre : aussi en me trauaillant à tels affaire, ie me suis trouué l'espace de plus de dix ans si fort escoulé en ma personne, qu'il n'y auoit aucune forme ni apparence de bosse aux bras ny aux iambes : ains estoyent mes dites iambes toutes d'vne venue : dé sorte que les liens de quoi i'attachois mes bas de chausses estoyent, soudain que ie cheminois, sur les talons avec le résidu de mes chausses. Ie m'allois souuent pourmener dans la prairie de Xaintes, en considérant mes miseres et ennuys. Et sur toutes choses de ce qu'en ma maison mesme, ie ne pouuois auoir nulle patience, n'y faire rien qui fust trouué bon. I'estois mocqué et mesprisé de tous. »

Quel navrant tableau ! Selon son énergique expression, en se trompant lui-même par sa manière défectueuse de procéder, comme les *bateleurs* et les histrions abusent de la crédulité publique par des tours de force, il « bastela » ainsi l'espace de quinze ou seize ans. Mais chaque pas l'approchait du but. Ainsi que les grands artistes, toujours mécontent du succès présent, il voulait *passer plus outre*, et arriver à la perfection. L'argent qu'il retirait de la vente de ses pièces l'aidait à poursuivre ses expériences. Quelle opiniâtreté et quelle misère ! Il travaille à la belle étoile, exposé à toutes les intempéries de l'air, à toutes les injures d'un climat pluvieux. Un jour, une ondée arrive, noie ses pots qui n'étaient pas encore séchés ; le vent en brise une partie ; la gelée achève les dégâts du vent et de la pluie.

« l'ay esté plusieurs années, dit-il (page 321), que n'ayant rien de quoy faire couurir mes fourneaux, i'estois toutes les nuits à la mercy des pluyes et vents, sans auoir aucun secours, aide ni consolation, sinon des chats-huants qui chantoyent d'un costé et les chiens qui hurloyent de l'autre. Parfois il se leuoit des vents et tempeste qui souffloyent de telle sorte le dessus et le dessouz de mes fourneaux que i'estois contraint quitter là tout auec perte pour mon labeur ; et me suis trouué plusieurs fois qu'ayant tout quitté, n'ayant rien de sec sur moy, à cause des pluyes qui estoyent tombées, ie m'en allois coucher à la minuit ou au point du iour, accoustré de telle sorte, comme un homme que l'on auroit traisné par tous les bourbiers de la ville ; et en m'en allant ainsi retirer, i'allois bricollant sans chandelle, et tombant d'vn costé et d'autre, comme un homme qui seroit yure de vin, rempli de grandes tristesse : d'autant qu'apres auoir longuement trauaillé, ie voyois mon labeur perdu. Or en me retirant ainsi soüillé et trempé, ie trouuois en ma chambre vne seconde persecution pirc que la premiere, qui me fait à présent esmeruseiller que ie ne me suis consumé de tristesse. »

Un autre écrivain, plus tard, rentrera aussi chez lui, venant, non pas d'un atelier, mais des salons du grand monde. Jean-Jacques Rousseau trouve dans son taudis Thérèse, l'expiation. Elle lui redemande ses enfants qu'il a portés à la boîte. Ici la souffrance, là le remords. Le lot de Palissy est encore le meilleur.

Pour parer aux intempéries des saisons, il s'abrite d'abord sous des berceaux faits de lierre et de feuillage. Bientôt celui-ci ne suffit pas. Force est de construire un hangar. Sa femme prétend qu'il n'a pas besoin d'outils. Des voisins plus charitables lui prêtent quelques planches, un peu de tuiles, des lattes et des clous.

Mais comme l'espace est étroit, pour une nouvelle construction, il est contraint d'abattre l'ancienne. « Chaussetiers, cordonniers, sergens et notaires, vn tas de vieilles, tous ceux cy sans auoir esgard que mon art ne se pouuoit exercer sans grand logis, disoyent que ie ne faisois que faire et desfaire? » Et ils le blâmaient de ce qui aurait dû exciter leur compassion. Le malheureux ! pour mettre ses vases à l'abri, il se privait de nourriture; et ce qu'il accordait à son art, il le prenait sur sa santé !

Au milieu de toutes ces tortures physiques et morales, il était parfois obligé d'être gai. Fallait-il montrer aux personnes qui venaient le voir un visage découragé? Au contraire. « Ie faisois, dit-il, mes

6

efforts de rire, combien que interieurement ie fusse
bien triste (page 320). » C'est la même pensée qu'exprimait en vers Clément Marot, dans son épître à
François 1er.

> Et en pleurant tasche à vous faire rire.

Telle est en raccourci la narration que Palissy nous
a faite lui-même. Nulle part on ne trouvera plus
d'obstination, plus de persévérance, plus de confiance en soi; nulle part on ne lira un morceau
plus intéressant et plus éloquent. Dans ces pages,
c'est le cœur qui parle. Chaque ligne est un soupir, un
sanglot, un déchirement. Mais aussi son caractère sortit
de ces épreuves, épuré, inaltérable, ferme et solide,
comme ses émaux eux-mêmes du four incandescent.

Quand on voit tout ce que maître Bernard a sup-
porté pour obtenir l'émail qu'il cherchait, on se
prend à se demander pourquoi M. Chevreul, dans le
Journal des savants, 1849, lui a reproché de n'avoir
pas révélé son secret. M. Alexandre Brongniart va
plus loin; il dénie presque tout mérite à l'héroïque
potier. « Si, dit-il, (page 64, tome II), si Palissy eût
fait connaître ses observations sur les argiles, les
pierres, les terres, les sels et les eaux, sur la fabrication des poteries et des émaux; qu'il n'eût accompagné la description de ces faits d'aucune hypothèse,
mais seulement de quelques déductions théoriques
(eussent-elles été incomplètes et même fausses par
défaut d'un nombre de faits suffisants); s'il eût
rapporté avec des détails techniques la suite des tentatives faites pour avoir les beaux émaux qu'il est

parvenu à mettre sur la faïence ; qu'il nous eût fait connaître les difficultés qu'il a dû éprouver pour faire tenir sur une pâte, presque exempte de chaux et très-fortement cuite, de semblables émaux sans qu'ils écaillent ; qu'il eût décrit la composition de chacun de ses émaux, la forme de ses fours, etc., comme il eût fait alors autrement que ses contemporains, comme il eût devancé son siècle par cette sagesse et avancé l'art de la faïence par sa communication, Bernard Palissy eût été un grand homme et un homme utile. » Si Palissy eût composé un *Traité des arts céramiques*, et que, arrenté par le gouvernement d'alors, il eût été sûr de ne jamais manquer de pain, peut-être lui pourrait-on adresser d'aussi injustes blâmes. Ennemi de la théorie, il n'enseignait pas ; il montrait la pratique. Il avait des élèves, des disciples, des ouvriers ; que n'ont-ils transmis les procédés de fabrication? Ne confondons pas l'utile avec le beau. L'art n'est pas l'industrie. A quoi peuvent servir les plats de Palissy? L'humanité eût-elle beaucoup progressé, si elle eût connu deux siècles plus tôt comment il faisait « tenir, sur une pâte presque exempte de chaux et très-fortement cuite, de semblables émaux sans qu'ils écaillent? » Ce serait un anachronisme que de supposer à maître Bernard cet amour platonique de la science, si vanté et si rare même de nos jours, une passion désintéressée de l'art pour l'art, la recherche de l'idéal, beau mot qui sert de prétexte à tant de déclamations. Il veut être utile, mais il ne faut pas oublier qu'il cherchait dans l'émail un moyen de vivre et d'entretenir sa famille.

Or, s'il divulgue son secret, le fruit de tant de travaux est à peu près perdu pour lui. Ce secret est le seul héritage qu'il peut laisser à ses enfants; doit-il les en frustrer? « Un bon remède, dit-il à la page 306, contre la peste, ou autre maladie pernicieuse ne doit estre celé. Les secrets de l'agriculture... les hasards et dangers de la nauigation... la parole de Dieu... les sciences qui servent communément à toute la république ne doyuent estre celées. » Mais il n'en est pas de même de son art. « Cuides-tu, ajoute-t-il, qu'vn homme de bon iugement veuille aussi donner les secrets d'vn art qui aura beaucoup cousté à celuy qui l'aura inuenté? »

Combien, en effet, de charmantes inventions ont été avilies pour être devenues communes! Combien de choses précieuses qui n'ont de mérite que par la rareté! Palissy aurait pu citer les diamants; il cite le verre « deuenu à vn prix si vil que la pluspart de ceux qui le font viuent plus mechaniquement que ne font les crocheteurs de Paris (page 307); » les émaux de Limoges vendus au rabais, parce que « ceux qui les inuenterent ne tindrent pas leur inuention secrette; » la sculpture arrivée à un tel mépris, grâce aux mouleurs, « que tout le pays de ..aGascongne et autres lieux circonuoisins estoyent tous pleins de figures moulées de terre cuite, lesquelles on portoit vendre par les foyres et marchez, et les donnoit on pour deux liards chascune; » les gravures d'Albert Durer, « histoires de nostre Dame imprimées de gros traits, » tellement multipliées par la typographie « qu'on donnoit pour deux liards chacune des dites histoires, combien que

la pourtraiture fust d'vne belle inuention. » Et selon lui,
« il vaut mieux qu'vn homme ou vn petit nombre
facent leur proufit de quelque art en viuant honnes-
tement, que non pas si grand nombre d'hommes, lesquels s'endommageront si fort les vns les autres qu'ils
n'auront pas moyen de viure, sinon en profanant les
arts, laissant les choses à demi faites (page 309)... »

Après ces explications, on ne peut vraiment pas
être aussi sévère pour le potier que M. Brongniart. A
quoi, encore aujourd'hui, nos brevets d'invention
servent-ils, sinon à protéger l'inventeur contre les
contrefaçons, et à lui assurer pendant quelques années au moins le fruit de ses labeurs, le bénéfice de
sa découverte? Même quand l'utilité générale y est
intéressée, ne voit-on pas l'État intervenir et acheter
à beaux deniers comptants le secret, propriété de
l'inventeur?

Palissy semblait hors de la misère. Ses argiles
émaillées qu'il appela *figulines*, mot dérivé du sub-
stantif latin FIGULUS, *qui travaille l'argile*, *potier* dans
Ausone, ou même *sculpteur de terre* dans Pline, et
briquetier dans Juvénal ; ou plutôt abréviation de
l'adjectif, FIGULINUS, FIGLINUS, *de terre*, *de potier*, et
qu'il ne faut pas confondre avec FIGURINES, *petites figures*, *statuettes*, étaient recherchées avec empressement. On vantait ses talents, on célébrait sa persévérance, on achetait ses statuettes, ses médaillons et
ses vases. Un événement vint le tirer de l'oubli et
attirer sur lui l'attention des plus grands personnages.

CHAPITRE VI

Émeutes en Saintonge. — Soulèvements en Guienne. — Les Pitaux.
— Bordeaux au pillage. — Le connétable de Montmonrency châtie
les villes révoltées. — Le maréchal de Vieilleville à Saintes. — Abo-
lition de la gabelle. — Le connétable et Palissy. — Écouen. — Ce
qui est de Palissy à Écouen.

La tentative de révolte, provoquée par l'impôt de
la gabelle en 1542, avait été facilement comprimée
en Saintonge. Mais cet impôt, pénible par lui-même,
excitait encore les plaintes des populations par la rigueur avec laquelle il était perçu. Amendes, confisca-
tions, emprisonnements, on employait tout pour
habituer le peuple à payer la taxe. Il ne s'y habituait
pas. Les traitants et sous-traitants se livraient aux
plus honteuses exactions. Ils avaient acheté leur
charge fort cher; ils voulaient en solder le prix et
faire quelques petits bénéfices. Tout métier doit nourrir son maître. Bouchet nous le dit : « Encores furent
plus indignez ceux de toute la Guyenne, pour la multitude des officiers créés et commis pour lever le dit
sel, en si grande multitude, et qui abusoient de telle
sorte qu'en deux ou trois ans, lesdits officiers et leur
commis devenoient riches de trois ou quatre mille
livres des biens du pauvre peuple; qui tousiours
murmuroit, non-seulement pour la perte de leurs

biens, mais pour la vexation de leurs personnes et
tellement que chacun s'ennuioit de plus vivre. »

Il y a un terme à tout, même à la patience des provinces pressurées. En 1547, à Consac en Saintonge,
le peuple avait massacré huit officiers du grenier à
sel. Périgueux avait chassé les commis. On faisait
courir le bruit que les garde-sel mettaient dans leur
marchandise du sable et du gravier. On refusa en
quelques endroits d'aller prendre le sel aux magasins.

En 1548, les laboureurs poussés à bout s'assemblent en armes à Jurignac en Angoumois. Les curés,
indignés de voir leurs paroissiens ainsi maltraités,
les encouragent. Les commis de la gabelle se réfu-
gient à Cognac. Le mouvement s'étend. Blanzac,
Jonzac, Berneuil, se soulèvent. Toutes les cloches
sonnent le tocsin. Le roi de Navarre, Henri d'Albret,
gouverneur des provinces maritimes d'Aquitaine,
envoie contre les mutins trois cents cavaliers. Ils sent
forcés de se retirer, et se cachent à Barbezieux où le
seigneur du lieu, Charles de la Rochefoucauld, les
reçoit. Bientôt, craignant de tomber au pouvoir de
l'insurrection menaçante, ils se replient vers Montlieu d'où ils regagnent le Béarn.

Les révoltés qu'on nommait Pitaux — en langage
populaire *gens misérables, hommes de peu de valeur*,
PITEUX, *qui fait pitié* — prennent pour chef un gentilhomme des environs de Barbezieux, le sire de
Puymoreau. Sous son titre de grand *courennal* ou colonel de Saintonge, il range les couronnaux des diverses paroisses, bourgeois mal famés ou paysans

grossiers, un Cramaillon, faux-saunier, un Bouillon, boucher, Châteauroux, bourgeois de Saintes, le forgeron Boismenin dit Galafre. Sa troupe, forte de quatre à cinq mille hommes, délivre à Châteauneuf les faux-sauniers prisonniers. Bouchonneau, directeur général des gabelles en Guienne, est surpris à Jarnac. On lui fait endurer mille tourments; puis on lie son cadavre à une planche et on le jette à l'eau avec cet affreux jeu de mots : « Va, méchant gabelou, va saler les poissons de la Charente. » La Charente se chargera de le transporter à Cognac. Et cette vue déterminera peut-être la ville à se soulever.

Le 3 août, la troupe est à Archiac. Elle brûle le château du seigneur d'Ambleville, qui avait voulu résister et pris quelques mutins. On rase ses autres maisons. Cet exploit accompli, le grand couronnal convoque, le dimanche suivant, toutes les paroisses à Baignes pour le mercredi. Quarante ou cinquante mille hommes s'y trouvèrent, venus de Barbezieux, Chevanceaux, Montlieu, Montguyon, Montendre, Jonzac, Ozillac, Vibrac, Meux, Saint-Magouy, Montauzier, Saint-Germain de Vibrac, et autres lieux. Un marchand, François Roullet, refuse de s'enrôler. On met le feu à sa maison. Pareil traitement était réservé à Jean de Sainte-Maure, seigneur de Chaux, qui avait refusé de leur donner un capitaine. Son frère puîné, Jacques de Sainte-Maure, intercéda et le sauva. Il obtint même que les bandes des paroisses de Chaux — aujourd'hui Chevanceaux — de Montguyon, de Montlieu, seraient renvoyées dans leurs foyers. Les autres seigneurs de la contrée furent contraints de laisser passer le torrent.

Une bande de 16,000 hommes se dirigea vers Saintes sous les ordres de Puymoreau. A Belluire, près de Saint-Genis, un prêtre, Jean Béraud, accusé par un « bon homme » de lui avoir dérobé une jument de six écus, fut attaché à un arbre et percé de flèches jusqu'à ce que mort s'ensuivit. A Pons, la maison d'un bourgeois, nommé Reugeart, fut saccagée. Fortifiés de la bande de Pons, les Pitaux arrivent sous les murs de Saintes où les viennent rejoindre ceux de Marennes, d'Arvert et de la Tremblade. La ville était trop faible. Elle laissa entrer. Plusieurs habitants, soupçonnés d'être contraires aux faux-sauniers, furent égorgés, entre autres un riche marchand nommé Lachuche. Les prisons furent ouvertes, et les contrebandiers mis en liberté. Un gabelou fut tué. On se contenta de saccager les maisons des autres, faute de mieux. Ils s'étaient au commencement réfugiés au château de Taillebourg ; on essaya bien de les aller chercher derrière les murailles de la forteresse ; il fallut bientôt renoncer au siège.

Saintes fournit son contingent à la bande ; six à sept mille bourgeois, prêtres, marchands, artisans, suivirent les Pitaux. Puymoreau, apprenant qu'une de ses bandes sous le commandement de Châteauroux, venait d'être horriblement taillée en pièces par vingt-cinq lansquenets, à un combat qu'on appela la *Journée des bâtons*, du grand nombre de bâtons laissés sur le terrain par les vaincus en fuite, et trompé par de fausses lettres qui lui annonçaient l'approche d'un corps de cavalerie, se dirigea vers Cognac. La ville résista ; c'était la seule qui, avec Saint-Jean d'Angely, n'eût point pris part à l'insurrection. Elle fut enlevée de force et livrée au pillage. Puymoreau prit ensuite la route d'Angoulême. François de la Rochebeaucourt, grand sénéchal de l'Angoumois, y instruisait le procès de quelques couronnaux dont Saint-Séverin s'était emparé à Saint-Amand-de-Boixe, après avoir, avec quelques hommes, mis en déroute une troupe de dix-sept mille Pitaux qui avaient pillé Rufféc. Puymoreau, à la tête de vingt mille furieux, réclama les prisonniers. Pour éviter un horrible saccagement, la cité les lui rendit.

Bordeaux fut sommé d'ouvrir ses portes. Les principaux refusaient d'obéir. La population s'ameuta. Douze heures durant, le tocsin sonna à la grosse cloche de la maison commune. Tristan de Moneins, lieutenant du roi, qui s'était renfermé au Château-Trompette, fut attiré, sous promesse d'être respecté, à l'Hôtel de ville par le président la Chassaigne, et traîtreusement massacré. Puymoreau livra la ville au pillage pendant plusieurs jours. Ce fut un massacre épouvantable.

Henri II était à Turin. Le dur connétable, Anne de Montmorency, lui proposa de châtier d'une manière exemplaire, ou plutôt d'exterminer ces indociles populations de la Saintonge, et d'y transplanter de nouveaux habitants. Le jeune roi préféra la clémence. Ses lettres, lues en septembre à Bordeaux, à Saintes, à Angoulême, arrêtèrent la révolte déjà lasse d'elle-même et effrayée de ses propres excès. Toutefois,

Henri II chargea le connétable de rétablir l'ordre et de punir les auteurs de l'insurrection.

Malgré les humbles supplications et la soumission des jurats, le connétable entra dans Bordeaux comme en une ville conquise, par une brèche faite exprès, avec dix-huit pièces d'artillerie et toutes ses troupes, dont le défilé dura de six heures du matin à quatre heures du soir. Bordeaux, par sentence du mois de novembre, fut déclarée déchue de tous ses priviléges. La maison de ville devait être démolie et faire place à une chapelle expiatoire où l'on prierait pour le lieutenant général massacré. L'amende de la ville s'éleva à deux cent mille livres. Les jurats et cent vingt notables durent déterrer avec leurs ongles le cadavre en putréfaction de Tristan de Moneins, le porter à l'hôtel du connétable, son beau-père, et lui faire des funérailles magnifiques. Cent cinquante personnes de distinction furent condamnées à mort, et, comme le raconte, liv. II, chap. xi, dans ses *Mémoires*, écrits par Carloix, son secrétaire, François de Scépeaux, sire de Vieilleville, qui avait pris part active à la répression de ces troubles, « exécutés en diverses sortes de supplices, comme de pendus, décapités, roués, empalés, desmembrés à quatre chevaux et brûlés, mais trois d'une façon dont nous n'avons jamais ouy parler, qu'on appelait *mailloter*, car on les attachoit par le mytant du corps sur l'eschaffauct, à la renverse, sans être bandés, ayant les bras et les jambes délivrés en liberté ; et le bourreau, avec un pilon de la même longueur et grosseur et façon que ceux des ferreurs de fillace, mais de fer, leur rompit et brisa les membres, si bien qu'ils ne les pussent plus mouvoir ny remuer, sans toucher à la teste ny au corps, supplice à la vérité fort cruel ; puis le bourreau les jeta tous trois dedans ung feu là préparé et à demi morts, prononçant tout hauct (ainsi était porté leur arrest) : « Allez, canaille enragée, rostir les poissons « de la Charente que vous avez sallés des corps des « officiers de vostre Roy et souverain seigneur. »

Partout en Guienne, en Saintonge et en Angoumois, les chartes des communes furent lacérées ; les cloches qui avaient sonné le tocsin furent fondues. Le grand prévôt de la connétablie, maître Jean Baron, natif de Pontoise, exécuta les arrêts prononcés. A Marmande, il fit étrangler et pendre au clocher huit habitants qui avaient sonné le tocsin. A Angoulême, il brûla le vicaire de Cressac, Jean Méraud, qui avait assemblé la commune contre le roi. Il mit à la roue, avec une couronne en tête, Puymoreau, Talemaigne, Galafre, Bouillon et Châteauroux, les chefs du soulèvement.

Les provinces ainsi pacifiées, Anne de Montmorency, avec le duc d'Aumale, quitta Bordeaux le 9 novembre, après un séjour de trois semaines, et se dirigea vers Poitiers.

Ce fut François de Scépeaux, sire de Vieilleville, créé plus tard maréchal de France par Charles IX, en 1562, qui vint à Saintes prendre garnison avec la compagnie de lansquenets du maréchal de Saint-André. Il y fut si bien accueilli qu'il écrivit au connétable en faveur de la ville. Montmorency pardonna. Et en quittant les bords de la Charente, Vieilleville leur

put laisser une bonne nouvelle. A Saint-Jean-d'Angély, il fut aussi accueilli avec acclamations. C'était à
lui et à leur compatriote, Amaury Bouchard, chancelier du roi de Navarre, que les habitants, dénoncés
comme Pitaux, devaient l'exemption des peines portées contre les autres villes de la Saintonge. Plus
tard, en octobre 1549, par lettres datées de Compiè-
gne, le roi rendit aux cités leurs priviléges et leurs
revenus, amnistia les mutins et mit à néant les amendes. Puis, sur l'avis du connétable lui-même, Henri II,
confessant les abus et les vexations de la gabelle,
voulut en décharger les populations selon sa promesse. Par lettres patentes données à Fontainebleau,
le 20 du mois de décembre 1553, il vendit donc aux
habitants des pays de Poitou, Saintonge, ville et gouvernement de la Rochelle et des îles de Marennes,
Oleron, Hiers, Ré et autres adjacentes qui le demandaient, ce droit de quart et demi, moyennant la
somme d'un million quatre-vingt-quatorze mille livres
tournois, payable, la moitié au mois de mars suivant
et l'autre en juin. Le commerce du sel devenait donc
parfaitement libre à partir de janvier.

Ainsi, l'on finissait par où il eût été peut-être plus
sage de commencer : on vidait sa bourse. Mais que
de sang répandu sans profit pour le roi, au grand détriment des populations ! Le souvenir de toutes les
vexations endurées, des douleurs et des craintes
éprouvées, les châtiments supportés, se conserva
longtemps dans les contrées du littoral. « Dieu nous
garde des patenôtres de monsieur le connétable ! »
ont pu répéter les Saintongeois. Aussi, comme le ter-

rain était merveilleusement préparé quand les réformateurs luthériens et calvinistes y vinrent jeter la semence des nouvelles doctrines! Comme ces contrées étaient disposées à entendre prêcher contre les abus! Ce fut certainement une des causes du facile établissement du calvinisme en Saintonge, en Angoumois, en Poitou, comme nous le dirons plus tard.

Pour Palissy, ces événements furent heureux. Ils lui donnèrent occasion de connaître Anne de Montmorency. Comment lui fut-il présenté? Peut-être par quelque seigneur saintongeois, Coucis ou Jarnac, Pons ou la Rochefoucaud. Il a pu voir à Saintes François de Scépeaux et l'intéresser. Il a pu être reçu à Poitiers ou à Bordeaux par le duc lui-même. Toujours est-il que de cette époque datent les relations du potier et du connétable.

Anne de Montmorency, disgracié en 1540 par François Ier pour lui avoir conseillé de laisser passer en France Charles-Quint, s'était retiré dans ses terres. Las des honneurs, fatigué des intrigues de la cour, il chercha dans la culture des beaux-arts l'oubli des grandeurs. C'était l'époque des constructions splendides. François Ier avait élevé Fontainebleau que décorèrent le Rosso, André del Sarte, Léonard de Vinci; puis Saint-Germain, et Chambord, œuvre de Pierre Nepveu, rival heureux des architectes italiens. Henri II allait construire Anet pour Diane de Poitiers, et Bullant édifier l'hôtel Carnavalet. Partout, sous l'influence des idées apportées d'Italie, l'architecture se modifiait. Aux forteresses féodales succédaient des palais. Le connétable choisit dans ses domaines, sur un haut mamelon, un de ces vieux châteaux du moyen âge, hérissé de créneaux et de mâchicoulis, bardé de fer comme les guerriers qui l'avaient habité, défendu et attaqué. On l'appela *Écouen.* Ce nom lui vient, dit-on, d'une inscription qu'à la porte d'entrée et sur les murs de l'habitation fit graver Anne de Montmorency, comme allusion à son exil, qu'il supportait avec dignité, et comme un souvenir d'Horace, son cher poëte, compagnon de sa solitude et consolation de son isolement :

AEQVAM MEMENTO REBVS IN ARDVIS
SERVARE MENTEM

Souviens-toi de conserver une âme égale dans les revers...
Livre II, ode III.

Le premier mot du vers latin *Æquam* fut francisé, et devint le nom de baptême de la ville et du château d'*Écouen.* Ce qui n'est guère croyable ; car, dès le treizième siècle, des Montmorency sont qualifiés seigneurs d'Écouen. Anne aura voulu simplement reproduire peut-être le nom du village dans le vers d'Horace qu'il choisissait. Jean Bullant, disciple de Vitruve, artiste jusqu'alors inconnu, fut l'architecte du connétable. Dans son monument il introduisit les principes de l'architecture grecque et latine. Écouen offre un mélange assez bizarre de gothique et d'ionique, de dorique et de corinthien. Des toits aigus y surmontent des vitraux d'église. La position, du reste, est bien choisie. Le château domine la ville et une vaste plaine qui s'étend jusqu'à Luzarches ; de la terrasse on a le plus splendide point de vue.

Jean Goujon sculpta la chapelle, Paul Ponce divers morceaux, et Bullant sans doute les figures de la Foi, l'Espérance et la Charité, vulgarisées par la gravure ; Bernard Palissy fut l'émailleur et l'ornementateur. On ne sait trop ce qui est du potier saintongeois à Écouen. Peiresc, qui visita le château en 1606, dit : « Les Galleries et le château renferment plusieurs marbres précieux, et de ces belles poteries inventées par Maître Bernard des Thuilleries. Il y a deux Galleries toutes peintes fort doctement par un maestro Nicolo, qui avait été au service du cardinal de Chastillon. Aux verrières, les fables qui y sont le mieux représentées, c'est celle de Proserpine à l'une, et celle du banquet des dieux, celle de Psyché à l'autre. Le pavé d'icelles est aussi de l'invention du susdit maître Bernard. » Or il est à remarquer que les quarante-cinq sujets tirés de la fable de Cupidon et Psyché, exécutés d'après la composition de Raphaël, ainsi que le *Connétable au milieu de ses enfants*, avec deux tableaux en faïence représentant des batailles datent de 1541 à 1544. Le Rosso qui, d'après Sauval en son *Histoire et recherches des antiquités de Paris*, aurait dessiné la légende de Psyché, dont M. Lenoir a publié quarante-cinq estampes, mourut en 1541, chanoine de la Sainte-Chapelle et surintendant des travaux de Fontainebleau. Outre les verreries de Psyché, dont vingt-deux exposées sous l'empire au musée des Petits-Augustins à Paris, ont été, en 1848, transportées en Angleterre par le duc d'Aumale, outre les trois vitraux représentant l'un le connétable armé, agenouillé sur un prie-Dieu, derrière lui sainte

Anne, saint Joachim et la sainte Vierge ; l'autre
Madeleine de Savoie, sa femme, avec ses quatre filles ;
le troisième, l'aîné des fils du connétable avec ses
quatre frères et leurs patrons, tous exécutés d'après
les dessins de Jean Bullant, M. Tainturier cite encore,
d'après Lenoir et Du Sommerard, mais en faisant de
fort sages réserves, deux vitraux en grisaille représentant, celui-ci la Nativité et la Circoncision d'après
le Primatice, celui-là le martyre de saint Étienne ; un
autre portant au centre, dans un médaillon, le chiffre
du connétable, entouré au-dessus d'un amour nu
assis sur un massacre de cerf, et de deux grands
satyres enguirlandés, sur les côtés de fruits soutenus
par des génies ailés, puis d'oiseaux et de fleurs ; enfin
un vitrail, qui est au musée de Cluny, montrant le
blason, la salamandre et la couronne de François Ier,
avec un entourage d'arabesques et la date de 1544.
Or, à ces dates de 1541 et 1544, Palissy n'était qu'un
ouvrier verrier inconnu, et tâtonnait encore pour
trouver l'émail.

Ce qu'on peut lui attribuer sûrement, ce sont d'a-
bord quelques panneaux sans sujets, dont quelques-
uns sont au musée de Cluny, nommés panneaux
d'ornements, portant la devise que Gabriel Simeoni
inventa pour le connétable : ΑΠΛΑΝΟΣ, *sans erreur* ;
et celle-ci que lui donne Jean Leféron : Sicvt erat in
principio ; puis celle des Montmorency : *Dieu aide au
premier baron chrétien*, et les armes *l'or à la croix de
gueules cantonnée de seize alérions d'azur* ; enfin
d'autres panneaux historiés possédés aujourd'hui
par M. le duc d'Aumale, qui fut propriétaire d'É-

couen, comme héritier du prince de Condé, dans la maison duquel, comme on sait, le château était passé par le mariage de Charlotte de Montmorency, sœur du dernier duc décapité en 1632. Faujas de Saint-Fond, après les vitres de la sacristie, de la chapelle et de tout le château, qu'il affirme avoir été peintes par maître Bernard dans le genre de ses faïences, nomme le pavé de la sacristie représentant des scènes de l'Écriture sainte, d'une belle couleur et les têtes fort joliment dessinées; puis, « *la Passion de Notre-Seigneur* en seize tableaux réunis dans un seul cadre d'un émail parfait, d'après Albert Durer, » et appliqués aux parois de la chapelle. Enfin M. Schœlcher, dans la *Revue de Paris* 1834, mentionne « une salle toute pavée de carreaux aux armes du connétable, que l'empire — en 1807, à l'époque où Napoléon, après Austerlitz, établit à Écouen, sous la direction de madame Campan, ancienne femme de chambre de Marie-Antoinette, une maison d'éducation pour trois cents jeunes filles des membres de la Légion d'honneur — a fait briser et bouleverser pour planter au beau milieu un de ces énormes N dont il marquait tous les monuments de la France, comme un bourgeois marque ses couverts. »

CHAPITRE VII

Bernard Palissy fut aussi chargé par le connétable de lui construire une grotte. Ce mot *grotte* ne signifie pas une caverne naturelle ou un antre fait de main d'homme, comme on le pourrait croire. Dans la langue de Palissy et de ses contemporains, il a un sens particulier et ne nous révèle pas de prime abord ce qu'il signifie. Au seizième siècle, les fouilles exécutées en Italie, et surtout à Rome, montrèrent des chambres entières ensevelies sous les décombres. On y descendait pour les visiter comme dans une grotte. De là le nom qui leur fut donné et qui fut donné aussi aux constructions qu'on éleva sur leur modèle dans les jardins et dans les parcs. Les arabesques délicates, les dessins dont elles étaient ornées, prirent d'elles l'épithète de *grotesques*, dont la signification a bien changé. Les grottes dont il est si souvent question dans Palissy n'étaient pas habitables. C'était un orne-

ment de pure fantaisie, comme ces chalets que le
goût moderne bâtit dans un coin de parcs anglais;
on les visitait, on s'y reposait un instant, on les devait admirer surtout : car l'artiste ne négligeait rien
pour attirer l'attention sur ces inutiles, coûteux et
bizarres caprices.

Outre celles qu'on a trouvées dans les fouilles de
Pompéi, on a constaté l'existence de ces constructions
antiques recouvertes extérieurement de coquillages
naturels avant le seizième siècle. Aux portes d'Angers, les travaux du chemin de fer de Nantes ont mis
à nu des débris de revêtements de murs, garnis de
buccins, de moules et de palettes, raconte M. Fillon.
Les architectes du seizième siècle et Palissy n'ont donc
pas eu beaucoup de frais d'imagination à faire pour
en avoir l'idée.

Ronsard, dans sa mᵉ *Églogue* à propos du mariage
(5 février 1558) de Charles de Lorraine et de madame
Claude de France, fille de Henri II, a chanté la grotte
de Meudon. Elle avait été construite peu avant cette
époque : car c'est en 1556 que Philibert Delorme
éleva Meudon pour Charles de Guise, cardinal de Lorraine, archevêque de Reims, principal ministre de
François II et oncle de Marie Stuart. L'épithalame du
poëte est plein d'éloges pour

. . . . .la Grotte de Meudon,
La Grotte que Charlot (Charlot de qui le nom
Est saint par les forests) a fait creuser si belle
Pour être des neuf Sœurs la demeure éternelle :

. . . .
Pour venir habiter son bel Antre esmaillé,

Vne loge voustee en vn roc entaillé.

. . . .

Ils furent esbahis de voir le partiment
En vn lieu si desert d'vn si beau bastiment,
Le plan, le frontispice et les piliers rustiques,
Qui effacent l'honneur des colonnes antiques;
De voir que l'artifice auoit portraict les murs
De divers Coquillage en des rochers si durs;
De voir les cabinets, les chambres et les salles,
Les terrasses, festons, guillochis et ouales,
Et l'esmail bigarré, qui ressemble aux couleurs
Des prez, quand la saison les diapre de fleurs,
Ou comme l'Arc-en-ciel qui peint à sa venue
De cent mille couleurs le dessus de la nue.

Un voyageur, au milieu du dix-septième siècle, a décrit en prose cette même grotte de Meudon. Voici le passage extrait d'un voyage en France conservé dans les manuscrits du fonds Saint-Germain, n° 944, tel que le donnent les *Lettres écrites de la Vendée :*

« A deux lieues de Paris est Meudon, où se voit dans le bois une admirable et merveilleuse grote, enrichie d'appuis et d'amortissemens de pierre taillée à jour, de petites tourelles tournées et massonnées à cul de lampe, pavée d'un pavé de porphire bastard, moucheté de taches blanches, rouges, vertes, grises et de cent couleurs différentes, nétoyée par des esgouts faits à gargouilles et à muffles de lyon. Il y a des colonnes, figures et statues de marbre, des peintures grotesques, compartimens et images d'or et d'azur, et aultres coulleurs. Le frontispice est à grandes colonnes cannelées et rudentées, garnies de leurs bases, chapiteaux, architraves, frises, corniches et moulures de bonne grâce et juste proportion; le vase et taillour soustenu sur les testes des vertus, approchantes à la moyenne proportion des colosses, enrichies de feuilles d'acante et de branche-ursine pour souter.ir la pleinte du bastiment, très-bien conduit et bien achevé ; mais les troubles y ont fait d'irréparables ruines, et surtout aux tuyaux qui ont été rompus. »

Comparons cette description à celle que maître Bernard nous fait d'une grotte en perspective : « Vn peu plus haut dudit rocher, y aura plusieurs trous et concauitez, sur lesquelles y aura plusieurs serpents, aspics et viperes, qui seront couchees et entortillees sur lesdites bosses et au dedans des trous : et tout le residu du haut du rocher sera ainsi biais, tortu, bossu, ayant un nombre d'especes d'herbes et de mousses insculpees, qui coustumierement croissent és rochers et lieux humides... Au dessus des dites mousses et herbes, il y aura vn grand nombre de serpents, aspics, viperes, langrotes et lezars, qui ramperont le long du rocher, les vns en haut, les autres de trauers et les autres descendans en bas, tenans et faisans plusieurs gestés et plaisans contournements, et tous les dits animaux seront insculpez et esmaillez si pres de la nature que les autres lezars naturels et serpents les viendront souvent admirer, comme tu vois qu'il y a vn chien en mon hastelier de l'art de terre, que plusieurs autres chiens se sont prins à gronder à l'encontre, pensans qu'il fust naturel. »

On retrouve bien dans la grotte de Palissy et dans celle de Philibert Delorme, les rochers, les coquillages, l'émail diversement coloré. Mais où sont dans celle du potier « le frontispice à grandes colonnes cannelées... les architraves, frises, corniches et moulures, » surtout ces « images d'or et d'azur? » Maître Bernard veut se rapprocher le plus possible de la nature. Les métaux précieux en sont loin. Il y a dans la construction de Meudon le faire des Della Robbia.

Palissy a certainement élevé plusieurs de ces édifices rustiques. On nomme ceux du château de Reux, en Normandie, de Chaulnes et de Nesle en Picardie. Gobet, au dix-huitième siècle, dit qu'on montrait dans ce dernier une superbe tortue appelée *le vase de Palissy*. Le seul fragment de tous ces beaux ouvrages qui nous reste est un chapiteau de colonne énorme, à Sèvres. Par ce débris, il est bien difficile de juger exactement de l'ensemble.

Nous sommes donc assez pauvres en renseignements sur la grotte d'Écouen. Maître Bernard ne lui a consacré qu'une ligne : « Ce premier rocher, dit-il (page 63), sera fait de terre cuite, insculpee et esmaillee en façon d'vn rocher tortu, bossu et de diuerses couleurs estranges, ainsi que ie fay la Grotte de Monseigneur le Connétable, non pas proprement d'vne telle ordonnance, parce que ce n'est pas aussi vn œuvre semblable. » Ces mots, qui ne peuvent remplacer une description ou un dessin, nous donnent seulement l'époque approximative de la construction. La grotte est postérieure à 1548, date du voyage du connétable en Guienne, et très-peu antérieure à 1563, année de la publication de la *Recepte véritable*, puisque à ce moment elle n'était point achevée. Il en résulte que le château d'Écouen, qui ne fut commencé que vers 1540, n'était point achevé, au moins quant à l'ornementation, vingt ans plus tard. Tout ce qu'on sait de la grotte, c'est qu'elle ne ressemblait à rien de ce qui existait ; « telle besongne, écrit d'elle Palissy, n'a oncques esté veue » (page 4) ; ensuite qu'elle se trouvait dans une allée du jardin et recevait de l'eau de deux sources placées sur la hauteur de la montagne. Près de là était la fontaine Madame. Mais la destruction avait été si rapide que, construite vers 1563, elle ne laissait déjà plus de traces au dix-septième siècle.

Non content de lui commander des travaux importants, le duc de Montmorency lui fit construire un atelier à Saintes, et sans doute c'est à ses sollicitations que, comme nous l'avons dit, le maire lui céda une des tours pour l'agrandissement de son œuvre. Dès lors il put donner carrière à son imagination et perfectionner son talent. Le secret était trouvé ; le temps des essais était passé. Il n'a plus qu'à produire ses œuvres si recherchées et si admirées. C'est la belle époque de l'artiste. Nous y rapportons les pièces de la seconde période, les seules réellement originales.

On reconnaît facilement les ouvrages de cette série qui n'est que le développement heureux de la première. Ce sont les vraies rustiques figulines. Les émaux sont de couleurs très-foncées. Les reliefs y sont abondants. Animaux, végétaux et minéraux y sont jetés à profusion. C'est un charmant fouillis. Tous ces êtres-là vivent en paix sur le sein de la mère nature. Ils courent, glissent, rampent çà et là jusque sur les bords du vase. Tout le monde a vu quelqu'un de ces curieux bassins, précieuses inutilités dont l'art fait tout le mérite. Un des plus beaux en ce genre et des plus parfaits appartient au musée industriel de la ville de Lyon. M. Tainturier et M. Delange lui ont donné chacun le premier rang dans leurs planches qui présentent pourtant quelques différences. Acquis en 1788, à la vente du mobilier du maréchal de Richelieu, par M. Aynard, riche négociant et amateur lyonnais, ce remarquable ouvrage passa dans la collection de M. de Migieu, à Dijon, où il fut racheté par un marchand de Lyon, et cédé vers 1806 à la ville pour le musée qu'Artaud s'occupait de former. Il ressemble à une nacelle. Au milieu s'enroule une couleuvre qu'environnent poissons, grenouilles, tortues et mollusques, tels que peignes, bucardes, vénus, troques, buccins. Sur les bords s'allongent deux couleuvres, deux lézards entourés de crabes, ables et salamandres. Tout cela est d'un effet ravissant. Puis vient une grande aiguière dont le fond est formé de coquilles fossiles, reptiles, lézards, grenouilles, écrevisses; l'anse est recouverte de coquilles agglomérées. Elle appartient à M. le duc d'Uzès. Les émaux peu brillants et mal vitrifiés ont fait penser qu'elle pourrait bien, ainsi que l'autre, être un des premiers ouvrages du Maître. M. Charrier, juge de paix à Saintes, possède un de ces plats qui, de temps immémorial, est dans sa famille. Le fond est garni de la couleuvre dévorant un crapaud; autour d'elle nagent dans une rivière divers poissons. Sur les bords montent une branche de chêne avec des glands, la scolopendre, la fougère, le laurier, tandis que rampent le lézard, la salamandre, la grenouille, la rainette, l'écrevisse, le chancre et une foule de coquillages. C'est un des plus beaux morceaux en ce genre.

Il est un autre plat que j'ai vu au village de Mauriac, près de Marennes. Le bord de ce grand plat ovale présente l'ornementation des rustiques : scolopendre, fougères, feuilles de chêne avec glands, puis une grenouille, une salamandre, un gros lézard vert, des coquillages. Ce qu'il y a de singulier, c'est que le fond offre une scène de la Bible : Daniel dans la fosse aux lions. Le buste de Daniel est entouré de sept à huit mufles d'animaux. A part la tête de Daniel, qui est fort bonne, le reste est médiocre de dessin ; l'émail vert est très-beau ; les autres couleurs sont faibles. Est-ce une œuvre de la troisième période, venue de Paris à Marennes? Ne serait-ce pas un essai de sa troisième manière tentée en Saintonge? J'opterais assez volontiers pour cette dernière opinion, quoique l'authenticité de la pièce ne me soit pas clairement démontrée. Une partie du rebord a été brisée, ce qui rend l'ouvrage encore plus défectueux.

Un autre bassin, à M. le baron de la Villestreux, n° 3 du recueil Delange, offre un fond jaune. La couleuvre enroulée au centre est cantonnée de deux poissons, une écrevisse et un lézard vert. Les bords sont décorés de lézards, rainettes, anguilles. Puis, partout des coquilles et des plantes.

Nous ne décrirons pas toutes les pièces de cette série. Elles se ressemblent par quelques endroits. Pour l'œil inattentif, ce sont toujours des couleuvres, des lézards et des coquilles. Mais quelle variété

de poses, de sujets, d'espèces même y découvre
l'observateur! Quelle richesse d'effets avec le peu
de couleurs dont dispose la palette du peintre!
Quelle fécondité dans son imagination! D'abord
les fonds changent, ce qui donne au plat un aspect tout autre. Puis la distribution des ornements
est faite tantôt avec parcimonie, tantôt avec largesse,
toujours avec une grande habileté. Il veut éviter des
ressemblances. Ce sont bien là ces sœurs jumelles
dont parle Ovide :

> . . . . Facies non omnibus una
> Nec diversa tamen, qualem decet esse sororum.

Aussi voit-on ces bassins rustiques, qui pourraient
être considérés comme des épreuves retouchées d'un
même exemplaire, atteindre, quand ils sont de
moyenne grandeur, 300 et 500 francs; et jusqu'à
600 francs, ceux de grande dimension. Qui, en effet,
ne désirerait posséder une de ces œuvres naïves,
vraies comme la nature, belles comme l'art? C'est
un raccourci du monde fluvial que nous avons sous
les yeux. « On dirait, dit M. de Lamartine, qu'une
ménagère, en lavant son dressoir, a enfoncé un de
ces plats dans le lavoir, et l'a retiré rempli jusqu'au
bord de sable, de coquilles, de débris d'herbes et
d'animaux aquatiques. » Le pêle-mêle est complet, et
tout ce que produit le marécage est là. Les savants
ont noté les espèces suivantes de coquilles presque
toutes fossiles : vénéricardes, limnées, patelles, tur-
ritelles, peignes, bucardes, buccins, murex, troques,
chrysostome, etc. Les végétaux sont le chêne, le lau-

rier, la vigne , le fraisier, la ronce, le lierre, la pim-
prenelle, qui croissent dans les champs, dans les bois,
dans les haies de la Saintonge, l'olivier, le mûrier du
Midi; différentes sortes de fougères, faux capillaire,
langue de cerf ou scolopendre, rue des murs. Parmi les
animaux, on trouve la couleuvre commune et la couleuvre à collier, l'anguille, l'orvet, la vipère, la salamandre, puis le rouget, la tanche, l'able, le goujon, puis la
raie, la tortue, l'écrevisse, le homard, les lézards,
gris ou verts, la grenouille, la rainette, puis le han-
neton, le papillon, l'hélice des jardins, etc. Tout cela
vit, grouille, croît, rampe, végète, court dans les
marais, dans les ruisseaux, dans les prés de la Saintonge; tout cela appartient aux terrains tertiaires
dont est formé le bassin de la Gironde. C'est bien sur
les bords de l'Océan, sur les rives de la Charente,
qu'il a pris plantes et êtres pour les fixer sur la terre
cuite. Un jour d'été, il a aperçu le tableau vivant ; il
l'a reproduit par l'émail. Autant la nature est multiple dans ses créations, autant l'artiste, qui a pris la
nature pour modèle, mettra de diversité dans ses
compositions. La couleuvre est le héros de ses dra-
mes, le personnage important de toutes ses petites
scènes. Les décors sont des fragments de rochers,
des branches de feuillages tranchant par leur éclat
sur le fond le plus souvent monochrome, bleu, jaune
ou brun. La couleuvre ici s'ébat; on la voit glisser
dans les herbages, entre les pierres ; elle rampe à la
chasse de quelque crapaud pour son repas. Là, elle
est au repos, voluptueusement enroulée sur elle-
même; elle dort en digérant. Parfois un lézard la lu-

tine. Mais gare à la vipère. Encore qu'elle ne soit pas aussi venimeuse que dans les pays chauds, où le suc des plantes fournit abondamment à ses méfaits, il ne faudrait pourtant pas s'y fier. Les autres animaux le savent ; ils ne s'en approchent qu'avec crainte. Les mollusques, eux, se mettent partout. Ils n'ont rien à craindre. Ni la couleuvre, ni l'anguille ne les écraserait sous leur poids. Pour l'anguille et les poissons, ils ont plaisir à nager. A les voir s'ébattre dans l'eau limpide, on éprouve leur propre bien-être. Mais, hélas! le flot les a laissés à sec, ou la main féroce du pêcheur les a déjà jetés dans le plat pour le repas futur. Regardez-les ; couchés sur le flanc, ils cherchent de leurs nageoires entr'ouvertes l'onde absente, et ne trouvent que l'air ; ils agonisent. La grenouille grise ou verte tantôt s'élance, tantôt marche, tantôt nage. Le lézard aux vives couleurs d'émeraude, court ; sa tête mobile épie le vent. Son regard est vif. Alerte, inquiet, toujours vigilant, il guette le péril. La couleuvre se repose parfois ; lui chemine sans cesse ; et pourtant comme il aime le farniente, paresseusement étendu sur une pierre que chauffe le soleil! L'écrevisse est souvent moitié dans l'eau, moitié sur terre. Sa carapace sombre luit au milieu des feuilles vertes. La grenouille aide au contraste. De ses grands yeux à fleur de tête, elle cherche vague, indécise, tout et rien. La voilà qui plonge ; le bruit cesse, elle reparaît lentement, puis saute à la place quittée, parmi les ajoncs, sous les touffes d'herbes qui la garantissent, parasol naturel, des trop vives ardeurs de ce chaud soleil qu'elle cherche pourtant. O les doux êtres! Ne craignez pas. Ils sont tous innocents et placides. La vipère même est de l'espèce la moins méchante. Vous n'y trouverez pas l'ignoble crapaud. Rien de repoussant dans ce monde inférieur.

On a voulu reprocher à Palissy ses choix. Pourquoi prendre des serpents, des grenouilles, des lézards, ces reptiles dont la vue inspire l'effroi et le contact glace d'horreur? — C'est un blâme que je crois immérité. Le préjugé est vivace, je le sais; mais tous ces animaux sont très-bénins. La langue à triple fourche de la couleuvre n'a piqué personne. Le lézard ouvre bien la gueule; efforts impuissants, colère inutile! Il ne peut même de ses dents émoussées effleurer l'épiderme. La grenouille, mets excellent, n'a dévoré âme qui vive, et si l'écrevisse se nourrit de chair, ce n'est que de viande morte. Quand maître Bernard n'aurait cherché qu'à détruire une sotte croyance, il aurait droit encore à nos remerciements.

Gardons-nous cependant d'ériger cette hypothèse en une théorie absolue. N'allons pas d'un artiste qui s'inspire de son imagination et de son caprice faire un rêveur philanthropique épris de chimères démocratiques, ou du protégé des rois et des grands, qui témoigne en tant d'endroits son mépris pour les « cordonniers, chaussetiers, vieilles gens, » un philosophe humanitaire. « Dans tout ce qu'il choisit, a-t-on dit, Palissy préfère l'humble et le dédaigné... De là cette sorte de sympathie pour ces bannis malheureux que, le premier, il eut la hardiesse de tirer de l'exil et d'introduire jusque dans les splendides réunions de la cour de France. » Maître Bernard, je crois, en moulant des fougères, des oursins ou des crabes, n'avait pas de si orgueilleuses visées. Il avait parcouru les campagnes, foulé les prairies, pataugé dans les marais. La nature sous-marine et paludéenne lui était familière. Il représentait ce qu'il avait sous les yeux. Puis il moulait ses objets. Or, il est plus facile de mouler un sourdon, une anguille ou un gland qu'une figure humaine, la tête d'un cheval ou un chêne. Il avait les originaux de ses plats sous la main et en abondance. L'un détruit, un autre était trouvé.

Il y a peut-être, outre ces motifs, une cause générale. On n'échappe pas à l'influence de son siècle, pas plus qu'il n'est facile de respirer un air autre que l'air ambiant. La réaction est fatale et la loi des contrastes s'impose. François Ier, en appelant en France les artistes italiens, avait développé prodigieusement le goût des somptueux palais, des riches tableaux, des métaux précieux travaillés. Primatice, le Rosso et Cellini bâtissent, peignent et cisèlent en même temps. Les artistes ultramontains sont toujours dans les régions élevées, ciel ou Olympe, Olympe surtout. Les héros et les dieux, les princes et les rois, voilà leurs compagnons, leurs commensaux, leurs idoles. Le grandiose est dans leurs conceptions; la majesté dans leurs compositions, l'histoire et la mythologie dans leurs inspirations. La simple nature est délaissée. Le monde, l'univers pour eux, c'est la cour, princes, prélats, guerriers, maîtresses. Aussi après eux, il y eut tendance à la simplicité. C'est aux époques de troubles qu'on vante les douceurs de la paix, dans les siècles de luxe raffiné qu'on célèbre la simplicité heureuse de l'âge d'or, dans les temps de dévergondage et de décadence qu'on aime les bergeries et qu'on entonne l'hymne au progrès. Au temps de Charles IX, la guerre civile sévissant, on rêvait le calme et l'union ; on était fatigué de l'opulence artistique. L'art, en se faisant idyllique, en s'exerçant sur l'argile, à qui il donnait ainsi une valeur vénale, plaisait au goût du moment, et satisfaisait les penchants de la foule. Maître Bernard, sans s'en douter, entra dans la voie que lui traçait l'engouement du jour. Par lui l'art allait retrouver un peu plus de naturel et de vérité.

Une autre raison, plus particulière et plus décisive, c'est que déjà peut-être sous l'influence de ces idées flottant vagues autour de lui, il avait lu un ouvrage dont il parle dans la dédicace de la *Recepte véritable* au maréchal de Montmorency. Il écrit en effet (page 4), à propos de son projet de jardin : « Ie say qu'aucuns ignorants, ennemis de vertu et calomniateurs, diront que le dessein de ce iardin est un songe seulement, et le voudront peut estre comparer au *songe de Polyphile*. » C'est un roman érotico-allégorique sur les destinées de la vie humaine, qui exerça une grande influence sur les arts de la Renaissance. Publié pour la première fois en 1499, à Venise, par Alde Manuce, il fut réimprimé en 1545, puis traduit en français par un chevalier de Malte, l'année suivante. Une nouvelle édition de cette traduction parut en 1561. Béroalde de Verville la reproduisit en 1600 avec quelques changements, et l'intitula *Tableau des riches inventions*. L'ouvrage fut lu, médité, consulté; ces nombreuses réimpressions le prouvent. Palissy certainement l'eut entre les mains.

Voici ce qu'on lit au verso du folio 26 de l'édition parisienne de 1561 : « Le pavé du fond au-dessoubz de l'eau estoit de mosaïque assemblé de menues pierres fines, desquelles estoient exprimées toutes sortes et manières de poissons. L'eau était si nette et si claire que, en regardant dedans icelle, vous eussiez jugé ces poissons se mouvoir et frayer tout au long des siéges où ils estoient portraits au vif; savoir est : carpes, brochetz, anguilles, tanches, lamproies, aloses, perches, turbotz, solles, raies, truictes, saulmons, muges, plyes, escrevisses et infiniz autres, qui sembloient remuer au mouvement de l'eau, tant approchoit l'œuvre de la nature..... »

Plus loin, au folio 30 il y a : « Là estoit un petit espace, et après une autre courtine plus jolie que la première diversifiée de toutes sortes de couleurs, et de toutes manières de bestes, de plantes, d'herbes et de fleurs... »

Et encore, à la page 71 : « La vigne emplissoit toute la concavité de la voulte par beaux entrelacz et entortillements de ses branches, feuilles et raisins, parmi lesquelz estoient faits des petits enfants, comme pour les cueillir, et des oiseaux voletans à

l'entour, AVEC DES LÉZARDS ET COULEUVRES, MOULÉS SUR LE
NATUREL. »

Ces extraits, que j'emprunte au livre de M. Fillon
où, pour la première fois, a été fait ce rapprochement,
montrent clairement que Bernard Palissy s'est inspiré
de François Colonna. Il faut donc être très-sobre d'éloges à ce sujet, et ne pas porter l'artiste aux nues pour
avoir créé une chose qu'il a eu seulement le mérite
d'exécuter. Sa gloire est assez grande d'ailleurs pour
qu'il ne soit pas nécessaire de lui attribuer ce qui
appartient à un autre.

L'idée de fabriquer en relief des animaux coloriés
de taille naturelle est même plus ancienne que le
Discours du songe de Polyphile, et si Palissy n'avouait
pas qu'il avait lu ce livre, on pourrait admettre qu'il
s'est inspiré des anciens. Athénée[1] nous apprend, en
effet, qu'on offrait à la déesse Atergatis pour se con-
cilier ses bonnes grâces des poissons d'or et d'argent. Pline raconte un fait plus curieux. Varron,
disait-il, avait connu à Rome un certain Pasis (Possi-
donius) qui faisait des fruits et des raisins — une
leçon dit *pisces*, des poissons, au lieu de *poma* —
avec tant d'art qu'on ne pouvait les distinguer des
naturels[2]. Pour qu'ils pussent être pris pour les
objets eux-mêmes, remarque M. A. de Montaiglon, il
fallait donc qu'ils fussent coloriés.

Mais si la pensée première n'est pas de lui, mai-

---

[1] *Deipnosophistarum*, liv. VIII, ch. VIII.
[2] M. Varo tradit sibi cognitum Romæ Pasim nomine a quo facta
poma et uvas ut non posses adspectu discernere a veris. (*Hist. natur.*,
Liv. XXXV, ch. XII, *De l'Art de la poterie.*)

tre Bernard l'a rendue sienne par la manière dont il
l'a appliquée. Quoi que l'on dise, il est vraiment l'inventeur des rustiques figulines. C'est là son titre à la
gloire d'artiste; et nul ne le lui peut ravir.

Ces travaux n'empêchaient pas Palissy de courir çà et là. Mais toujours il profitait de ses voyages. Même quand il fut fixé à Saintes, il visitait les
provinces limitrophes. Dans son livre publié en 1563,
il dit (page 91) : « Il n'y a pas long temps, que j'estois
au pays de Béarn et de Bigorre; » et en passant il se
met en colère contre la folie et l'ignorance des laboureurs qui ne s'ingénient pas à changer contre de
plus légers leurs lourds instruments aratoires, lorsque tant de petits maîtres s'étudient bien « à se faire
decouper du drap en diuerses sortes estranges. » En
Périgord, comme en Limousin, Saintonge et Angoumois, l'état déchu de verrier excite sa verve indi-
gnée : (page 307). « Les verres sont mechanizez en
telle sorte qu'ils sont venduz et criez par les villages,
par ceux mesmes qui crient les vieux drapeaux et la
vieille ferraille, tellement que ceux qui les font et
ceux qui les vendent trauaillent beaucoup à viure. »
A Limoges, il admire les émaux qui ont fait la célébrité de cette ville. Mais il s'irrite du discrédit dans
lequel ils sont tombés (page 307).

« Considere vn peu, dit-il, les boutons d'esmail (qui
est vne inuention tant gentille), lesquel   commencement se vendoient trois francs la douzaine...
Il sont venus à tel mespris qu'auiourd'huy les hommes ont honte d'en porter, et disent que ce n'est
que pour les belistres, parce qu'ils sont à trop bon

marché. As-tu pas veu aussi les esmailleurs de Limoges... leur art est deuenu si vil qu'il leur est difficile de gaigner leur vie au prix qu'ils donnent leurs œuures. Ie m'asseure avoir veu donner pour trois sols la douzaine des figures d'enseignes que l'on portoit aux bonnets, lesquelles enseignes estoyent si bien labourées et leurs esmaux si bien parfondus sur le cuiure, qu'il n'y auoit nulle peinture si plaisante. » (Page 308).

La date de sa visite à Tours est certaine ; il parle lui-même (page 47) des grands jours de Tours et d'un vicaire de l'archevêque de Tours, abbé de Turpenay qu'il vit à cette époque « homme philosophe et amateur des lettres et des bonnes inuentions. » Il y eut des grands jours à Tours en 1534 du 10 septembre au 10 novembre, et en 1547. Mais on ne trouve quelqu'un qui ait réuni les deux titres qu'à cette dernière date. C'est Jean de Selve, fils de Jean de Selve, premier président au parlement de Rouen, et non pas, comme le veut Gobet, Thomas Gadagne, son successeur immédiat sur le siége abbatial. Jean de Selve que Palissy, peut-être par erreur, fait en outre maître des requêtes de la reine de Navarre, montra au voyageur en son cabinet plusieurs pierres ayant la ressemblance de dragées de diverses façons. Quelques jours après il le mena à son abbaye de Turpenay, à deux lieues de Chinon ; et, en passant par un village, le long de la Loire, lui fit voir, sous une grande caverne, l'eau qui, suintant par gouttelettes de la voûte, produisait ces espèces de dragées, matières stalagmites en petits grains, dont le physicien par erreur at-

tribue la formation à une vertu congélative de
l'eau.

Mais de tous les endroits qu'il a visités ou parcou-
rus, nul ne lui a laissé de plus vifs souvenirs que
Saintes. La capitale de la Saintonge a surtout été son
séjour de prédilection. M. Morley l'appelle une ville
aux rues étroites comme l'esprit de ses habitants.
Palissy en parle avec plus de justice et d'affection. Cette cité fut sa patrie d'adoption; et cette pa-
trie-là, parce que nous l'avons librement choisie,
nous serait-elle moins chère que celle où le hasard
a seul placé notre berceau ? Nulle part dans son livre
il n'est question de l'endroit où il vint au monde.
Saintes le lui avait fait oublier. Aussi signale-t-il
avec empressement tout ce qui contribue à la richesse,
à la beauté, à l'ornement de son pays d'habitation.
Il rappelle (page 143) ses « deux arcs triomphans...
fondez dedans l'eau, » l'arc de Germanicus qui
s'élevait, il y a quelque vingt ans, sur un pont
antique, et se montre aujourd'hui sur une place
voisine, en belles pierres neuves pour la plupart.

C'est sur les bords de la Charente, dans les prairies qui bordent ce fleuve, qu'il allait promener ses
rêveries fécondes, et se délasser par le spectacle ras-
sérénant des beautés de la nature et des bontés du
Créateur. Pourquoi travaille-t-il? Pour la gloire?
Non; il veut être utile. « I'eusse esté bien aise, écrit-
il au début de son traité *Pour trouver et connoistre la
terre nommée Marne* (page 325), i'eusse esté bien aise
de laisser quelque profit ou faire quelque seruice au

pays de mon habitation. » Et voilà un sentiment qui nous fait encore plus admirer le grand artisan.

Il a souffert à Saintes, et beaucoup; cette bonne ville lui a fait endurer mille tourments. Palissy ne lui en a pas conservé rancune. Au contraire, il semble s'être attaché plus profondément à elle, comme ces mères qui ont une tendresse plus exquise pour les enfants qui leur ont le plus coûté de douleurs.

CHAPITRE VIII

Ce que Palissy doit à la Réforme. — Le protestantisme. — Premiers cris de guerre. — La Réforme dans la noblesse; — dans la bourgeoisie; — dans le peuple. — Pourquoi la Réforme s'introduisit en Saintonge.

Tout, au loin et au près, souriait dès lors au potier saintongeois. Il avait de puissants protecteurs et des amis dévoués; ses vases bien vendus le mettaient à l'abri du besoin; sa prospérité fermait la bouche à ses détracteurs; on l'admirait, lui qu'on avait dédaigné. Il eût pu vivre honoré et paisible. Malheureusement, cette activité d'esprit qu'il avait déployée dans ses recherches céramiques, il l'avait mise dans des questions plus scabreuses; de là de graves embarras, de nouvelles épreuves, des périls qui menacèrent ses jours et où cent autres à sa place eussent laissé leur vie. De là aussi des succès, une renommée, une certaine auréole même qu'il n'aurait pas osé espérer et qu'il n'eût pas aussi facilement obtenus, s'il fût resté simplement catholique comme il était né. Ses malheurs le rendirent intéressant. On n'était pas alors plus insensible qu'à présent à l'infortune courageusement supportée. Maître Bernard fut merveilleusement servi par les circonstances. Les persécutions, fort bénignes du reste, qu'il eut à endurer, contri-

buèrent à mettre en relief son talent et sa fermeté.
On admira ce potier de génie que la loi condamnait
au bûcher, que la prison saisit un moment, et que
sauvait la bienveillance du roi. Même pour nous que
serait Palissy, s'il n'avait pas un peu souffert? Sans
la scène du four et la mort à la Bastille, la postérité,
notre temps ne se fût pas donné la peine de se souvenir de lui.

C'est vers ce temps-là — 1545 — que les idées de
Luther et de Calvin pénétrèrent en Saintonge et peu
à peu se répandirent dans les provinces de l'Ouest.
Bernard Palissy nous a fait le récit de l'introduction
de la Réforme à Saintes, et dans la contrée dont cette
ville était la capitale. Sa narration est importante,
puisqu'il fut témoin oculaire des événements qu'il
rapporte, qu'il y prit une part active, et qu'il en subit le contre-coup. Aussi bien que le héros de Virgile,
il a pu dire :

> . . . . . . Quæque ispse miserrima vidi
> Et quorum pars magna fui.

« Ce sont des faits déplorables que j'ai vus, et dont
j'ai été la victime, avant d'en être l'historien. »

La Réforme tint une grande place dans sa vie. Il ne
faudrait pas pourtant rapporter à son calvinisme tous
ses talents, son énergie, ses découvertes, son génie,
et prétendre, comme n l'a fait, que, s'il se mit en
1539 à trouver l'émail, c'est qu'il se convertit au
protestantisme en 1546, ou que déjà son âme était
pénétrée des idées de Calvin. Mais l'influence qu'eut
la Réforme sur sa destinée fut considérable, puisque

tous ses malheurs découlèrent de là, et que trois fois il faillit périr de male mort. Il sera bon, en outre, après avoir étudié le potier, l'artisan, l'émailleur, d'examiner l'historien, l'écrivain, le narrateur. C'est un point de vue sous lequel on a complétement négligé de considérer Palissy.

Des abus nombreux s'étaient, par la suite des siècles et par les vices inhérents à l'humanité, glissés dans le christianisme. Ils n'étaient pas la religion; mais ils étaient ceux qui prêchaient la religion. Par une fausse association d'idées très-ordinaires, on remontait de l'homme à la chose; et l'on rendait le catholicisme responsable des fautes de ses ministres. Il se faisait une espèce de trafic scandaleux des choses saintes. Depuis que l'élection des évêques avait été enlevée aux chapitres, et celle des abbés aux communautés, les dignités ecclésiastiques n'étaient que trop souvent la proie des ambitieux, la récompense de l'adulation, les fruits de l'intrigue et l'apanage fréquemment héréditaire des grandes familles. Les rois créaient abbés ou évêques leurs courtisans. A leurs poëtes, faiseurs de madrigaux et entremetteurs lettrés, à leurs artistes ils donnaient les revenus de prieurés où ils ne mettaient jamais les pieds; leurs maîtresses recevaient d'opulentes abbayes où elles n'apportaient pas toujours l'édification claustrale. Calvin, à douze ans, était chapelain de la Gésine dans la cathédrale de Noyon, et à dix-huit ans, curé de Saint-Martin de Marteville; Théodore de Bèze fut prieur de Longjumeau; le Primatice fut abbé de Saint-Martin; Lescot, de Clagny; de l'Orme, de Saint-Serge

et de Saint-Éloy; Ronsard, curé d'Évailles en Vendo-
mois; mais au lieu de la messe il célébrait la belle
Saintongeoise, Hélène de Surgères. Rabelais fut curé
de Meudon; Joachim du Bellay, chanoine de Paris et
presque archevêque de Bordeaux; Pontus de Thiard,
évêque de Châlon-sur-Saône; Octovien de Saint-Gelais,
évêque d'Angoulême; son neveu ou son fils, Mellin
de Saint-Gelais, est aumônier du dauphin; Jean de
Guise, premier cardinal de Lorraine, à quatre ans
(1501), recevait d'Alexandre VI des bulles de coadju-
teur de l'évêque de Metz, Henri de Lorraine-Vaude-
mont, son grand oncle; Des Portes est abbé de Tyron;
Brantôme, prieur de Royan et de Saint-Vivien de Saintes. La liste peut être continuée. C'étaient exactement
les abus qu'un siècle plus tard la Réforme nous mon-
trera à son tour en Angleterre, où règne partout cette
opulence scandaleuse du clergé qui avait provoqué
la colère de Luther; où Laurent Sterne, par exemple,
le Rabelais irlandais, publiait immédiatement après
Tristram Shandy, un recueil de sermons qui ajoutait
à son bénéfice de Sutton l'excellent presbytère de
Coxwold (1768); où Jonathan Swift, l'auteur indé-
cent du *Conte du Tonneau*, avait la prébende de Kilroot
et le doyenné de Saint-Patrick qui lui donnait trente
mille livres de revenu; où le R. Robert Moore, décédé
le 9 septembre 1865, avait des bénéfices qui lui ont
rapporté, non compris les intérêts composés, dix-huit
millions huit cent quarante-un mille francs pendant
sa vie.

Le mot *Réforme* fut prononcé. Il le fut par l'Église
elle-même. Le concile de Constance avait demandé

que le corps entier, tête et membres, fût réformé. *Reformatio in capite et in membris.* Comment cette phrase devint-elle un cri de guerre, un signe de ralliement contre le catholicisme? Comment tourna-t-on contre lui son propre aveu, et se fit-on une arme de ce qu'il préparait pour se guérir? C'est ce qu'on comprendra en voyant avec quelle facilité l'esprit humain passe des idées de réforme à celle de révolution. Les premiers prédicants respectèrent le dogme. Ce qu'ils poursuivaient de leurs invectives, c'étaient les scandales qui sont de tous temps, et les vices propres à l'époque. Plaintes contre les abus, déclamations contre le clergé, voilà ce qu'on entend au début. Le catholicisme n'est pas en cause. Ils n'attaquent ni les sacrements, ni Jésus-Christ, ni même l'autorité du pape. On veut une réformation, non une rénovation. C'est un retour vers le passé plutôt qu'un élan vers l'avenir. Aussi, au commencement, beaucoup ne virent, dans le protestantisme, qu'un catholicisme débarrassé de la rouille des siècles et des abus qui s'y étaient engendrés. Ils auraient pu dire ce que Jeanne d'Albret, reine de Navarre, écrivait, le 18 août 1563, au cardinal d'Armagnac : « Je n'ay point entrepris de planter nouvelle religion en mon païs, sinon y restaurer les ruines de l'ancienne. »

Dès 1517, année où Luther tonna contre les indulgences, dès 1512 même, époque où Jacques Lefèbre d'Étaples prêchait la justification par la foi seule, et 1535, date de la publication de l'*Institution chrétienne* de Jean Calvin, la rupture avec l'Église établie était sans doute flagrante; mais pour ceux-là seulement qui étaient en état d'examiner et de réfléchir, les lettrés, les théologiens, par exemple. Ceux-là purent voir l'abîme, et s'ils s'y jetèrent, ce fut sciemment. Mais parmi la foule, combien ont suivi, combien ont marché au seul mot de *Réforme*? Combien se sont précipités dans le schisme de bonne foi, croyant n'aller qu'à un catholicisme épuré! Que d'âmes ont été sincères en abjurant la religion de leur enfance et se sont trompées avec candeur! Quand la hardiesse devint plus grande avec le succès, les novateurs entonnèrent l'hymne de l'infaillibilité de la raison. Le sens intime se substituait à la tradition, et l'autorité cédait la place à la liberté. Il y avait dans cette doctrine de quoi séduire bien des imaginations. Cette permission de décider soi-même, de ne relever que du moi, et de juger tout d'après son propre criterium, charmait les lettrés et les charmera encore longtemps. Les esprits cultivés embrassèrent avec ardeur le luthéranisme ; « surtout, dit Florimond de Rémond, conseiller du roi au parlement de Bordeaux[1], surtout les peintres, orlogeurs, imagiers, orfèvres, libraires, imprimeurs et autres qui, en leurs mestiers, ont quelque noblesse d'esprit, furent les premiers aisez à surprendre. »

Ils ne remarquaient pas que la liberté absolue d'examen était un principe essentiellement dissolvant, et qu'une fois la souveraineté de la raison admise en tout, il est impossible de lui rien imposer. Aussi, immédiatement après leur rupture définitive

---

[1] *Histoire de la naissance, progrès et décadence de l'hérésie*, liv. II, p. 935.

avec l'Église de Rome, les protestants, infidèles à leur propre enseignement, voulurent-ils établir un corps de doctrines, fixer le dogme et régler la discipline. Ils fulminèrent même les anathèmes contre les dissidents et firent appel au bras séculier. Débarrassés de l'autorité morale du pape, ils s'empressèrent de reconnaître, même dans l'ordre religieux, la suprématie des puissances civiles et leur demandèrent protection. Jeanne d'Albret, par son ordonnance du 26 novembre 1571, régla les moyens de prévenir l'hérésie et, au nom sans doute de la liberté, ordonna le mariage à tout Béarnais qui n'aurait pas reçu le don de continence. Luther demandait la proscription des anabaptistes, et faisait chasser de Wittemberg son disciple Carlostadt, qui avait enseigné sur la présence réelle une opinion contraire à la sienne. On connaît le joug de fer que fit peser Calvin sur la malheureuse Genève, et comment il punit des femmes qui avaient porté des rubans à leur bonnet. Je ne parle pas du bûcher de Michel Servet, coupable d'avoir mis en pratique la théorie du libre examen. C'est pourtant à ce despotisme qu'aboutit fatalement la souveraineté proclamée de la souveraineté individuelle. C'est l'enivrement du moi, l'absolu établi par une intelligence, hélas ! faillible, l'imagination éprise d'une chimère qu'elle poursuit partout, l'orgueil humain qui se grise de ses propres idées et ne connaît aucun obstacle. Aussi voyons-nous que, née d'un accès de colère contre la corruption du clergé, la Réforme, qui devait épurer les mœurs, n'épura rien et détruisit le dogme. L'admirable unité du catholicisme s'émietta en une infinité de sectes dont chacune retint une parcelle du *Credo* primitif, dilution qui chaque jour s'étend davantage.

A ces grandes causes de l'établissement de la Réforme il en faut joindre d'autres secondaires, il est vrai, mais qui ont pourtant leur importance dans ce mouvement intellectuel et dans les luttes sanglantes dont il fut l'occasion.

Il ne faut pas oublier quelle large place les questions d'influence et d'intérêt, les haines et les rivalités particulières ont prise dans ces guerres prétendues religieuses. Le peuple resta catholique; c'est lui qui fit la Ligue, réaction démocratique contre l'aristocratie du calvinisme. Les gens simples qui, parmi la foule, adoptèrent la doctrine nouvelle, n'y furent pas tous amenés par un désir plus vif de perfection et un plus ardent amour de Dieu. En leur prêchant contre le luxe, en leur vantant l'austérité, en déclamant contre l'immoralité des grands, les richesses du clergé, ne flattait-on pas le secret sentiment d'égalité qui fermente toujours dans les masses? Ne se sentaient-ils pas doucement attirés vers une religion qui se donnait exclusivement pour la religion des pauvres, des humbles, des continents? Que de laboureurs ne virent dans le protestantisme que la faculté de garder désormais dans leur escarcelle ce qu'ils donnaient à leur curé!

La bourgeoisie éclairée donna le plus d'adhérents à la Réforme. Elle voyait d'autant mieux les abus qu'elle n'en profitait pas. Puis, déjà émancipée dans les communes, elle y avait appris l'usage et l'avantage de la liberté. Dans cette noble pratique, elle avait conçu des idées plus hautes; ses aspirations allaient plus loin que l'organisation présente. Le protestantisme flattait agréablement ses idées d'indépendance. On a souvent pris le moyen pour le but. Selon les historiens, par exemple, la Rochelle fut le boulevard du calvinisme, et sa longue défaite n'a été qu'un suprême et malheureux effort pour la liberté de conscience. C'est une erreur. La lutte était si peu religieuse que Richelieu vainqueur, entrant par la brèche dans une ville dépeuplée, maître et maître absolu, ôta aux cinq mille quatre cents Rochelais, reste de vingt-huit mille, non leurs temples, leurs pasteurs, leur droit de réunion, mais bien leurs franchises municipales dont ils étaient si fiers. Avant la Réforme, la Rochelle n'avait-elle pas fréquemment résisté à l'autorité royale et lutté pour ses priviléges? Sous Louis XI et François Ier, avant toute conversion religieuse, n'avait-il pas fallu dompter l'esprit d'indépendance de ces hardis et riches marchands? La résistance sérieuse au roi avait commencé en 1536, quand François Ier, par l'édit de juillet 1535, rendit perpétuelle la mairie, chaque année élective, et réduisit à vingt les cent membres du corps de ville; elle se continua à l'occasion de la gabelle, en 1541 et 1542; elle éclata le jour où l'épée de Montmorency trancha devant Charles IX le cordon de soie que ses prédécesseurs n'avaient vu couper par le maire de la cité, qu'après avoir prêté le serment, toujours tenu, de respecter la charte de la commune. La passion religieuse fut le levier dont se servit l'indépendance municipale, « Ce peuple, dit l'auteur de *la Rochelle protestante*, M. Callot, ce peuple qui, après avoir avoir joui pendant trois siècles et demi des droits les plus étendus, voyait s'écrouler ses libertés, ses franchises... se jeta avec ardeur dans l'unique opposition alors à sa portée, dans cette opposition religieuse qui ne tarda guère à dégénérer en véritable révolte...» Les Rochelais eux-mêmes, en n'acceptant qu'avec des précautions minutieuses et souvent offensantes, les secours des Anglais, leurs coreligionnaires, montrèrent que le maintien de leurs libertés locales leur tenait plus au cœur encore que le succès définitif de leurs opinions religieuses. Aussi voyons-nous Richelieu, un cardinal de l'Église romaine, faire passer avant l'intérêt catholique l'intérêt de l'État. Est-ce que d'ailleurs, en Allemagne, il ne soutenait pas Gustave-Adolphe et les protestants? Plus tard, Mazarin, sollicité de prendre des mesures contre les huguenots, répondra : « Je n'ai point à me plaindre du petit troupeau; s'il broute de mauvaises herbes, du moins il ne s'écarte pas. » Louis XIV laissa à l'Alsace la liberté de conscience. Charles IX protégea les Gueux des Pays-Bas. Faits et paroles qui montrent bien dans le gouvernement depuis François Ier la pensée de ne poursuivre les protestants que comme parti politique.

Les seigneurs, eux, voyaient avant tout dans la lutte qui s'engageait, l'agitation, le mouvement, la bataille. L'émancipation graduelle et déjà presque complète des serfs, l'établissement général des communes, l'appel fréquent que leurs justiciables faisaient de leurs baillis ou sénéchaux aux gens du roi, avaient diminué notablement, presque anéanti leur influence. La guerre leur donnait la puissance que la force et l'épée ont toujours dans les temps troublés. Le protestantisme « fut un prétexte à leur ambition, dit M. Dumesnil-Michelet ; ils en firent une conspiration contre le pouvoir central, contre l'unité de la patrie. » La faiblesse des princes de cette triste époque permettait beaucoup à qui osait. En 1574, André de Bourdeilles, seigneur de Brantôme et d'Archiac, sénéchal de Périgord, écrivait au duc d'Alençon cette phrase significative à propos des chefs de la Réforme en Saintonge : « Si le roy n'y met ordre, je vois la couronne de France fort basse et le pauvre peuple fort mangé. » Guidés par un vrai sentiment religieux, ils eussent mieux mis d'accord leur conduite et leur croyance. Les articles du symbole les inquiétaient assez peu. Aussi quand l'ordre extérieur se rétablit, quand, dit M. Ch. Weiss, « l'édit de Nantes, en donnant une constitution légale au parti protestant, eut mis naturellement ce parti sous la direction de ses assemblées dans lesquelles les ministres avaient toujours une influence prépondérante, les grands seigneurs, dont les ancêtres s'étaient jetés dans ce parti pour satisfaire ce besoin d'indépendance féodale qui fermentait encore au sein de la noblesse, éprouvèrent, dès lors, pour lui, un attachement moins vif. Ils abjurent. Une partie fut sincère. Mais beaucoup changèrent avec une facilité trop prompte pour être bien

---

[1] Livre III, chap. xiii de son *Histoire universelle*.

vraie. On cessa d'être calviniste quand on n'y trouva plus d'intérêt. Fut-on d'abord très-bon catholique? Je n'ai point à le chercher. Hélas! la spéculation ramenait au catholicisme ceux qui l'avaient quitté par motif d'ambition ou espoir de lucre. En sommé, pour ceux qui avaient rêvé l'indépendance et qui se voyaient forcés d'y renoncer, autant valait l'autorité du roi que celle des ministres réformés. Rohan, en 1623, avait donné pour beaucoup.le mot de la situation, lorsqu'il disait à Faucher et aux autres : « Vous tranchez du souverain ; vous êtes des républicains. Vos peuples sont des séditieux. Pour moi, j'aimerais mieux conduire un troupeau de loups qu'une tourbe de ministres. »

Les circonstances particulières jouèrent aussi un grand rôle dans ces conversions subites, quelquefois alternatives. Guillaume d'Orange, né luthérien, se rend papiste pour être agréable à Charles-Quint. Tant qu'il ne prétend que diriger un parti dans l'État, il reste romain; il se fait huguenot du jour où il aspire à changer la forme du gouvernement. A peuple nouveau, il veut foi nouvelle. Beaucoup de religieux, de prêtres, embrassèrent la réforme. Avaient-ils tous en vue une vie plus austère? Le plus grand nombre, comme plus tard en 1791, cherchèrent, en fuyant le cloître ou l'ombre du sanctuaire, l'existence plus active du monde, l'affranchissement d'une règle qui leur pesait et les joies interdites du ménage. Pour cela les cénobites sautent par-dessus les murs de leur couvent, les ecclésiastiques laissent là leur soutane. « A leur exemple, dit Florimond de Rémond, plu-

sieurs nonains incontinentes prennent la clef des
champs pour prendre un mari ou faire pis... Bref,
en plusieurs lieux tout se débauche. » Luther avait
donné l'exemple. Le cardinal de Chastillon et l'évêque
de Nevers, Jacques Spifame, l'imitent. Antoine de
Bourbon et Antoine de Pons changent deux fois de
religion chacun, et cela par caprice matrimonial.

On doit se poser une autre question. Pourquoi le
protestantisme prêché partout s'est-il établi ici plutôt
que là? Les prédicants ne réussirent pas partout.
A Noyon, patrie de Calvin, il n'y a pas un seul calviniste. Sans doute, les magistrats, en appliquant avec
rigueur les édits, furent en certains pays pour quelque chose dans cet insuccès. Mais les supplices font
bien souvent des prosélytes; et le moyen de répandre
une idée, c'est parfois de la persécuter.

La Réforme s'introduisit plus facilement dans certaines régions où des circonstances de lieux et de
temps avaient préparé la voie. Elle ne put s'implanter
dans les petites républiques de l'Italie, ni en Espagne,
ni dans ceux des cantons suisses qui avaient été le
berceau de la liberté helvétique, selon la remarque
de Chateaubriand. Mais elle s'établit facilement dans
les États où régnait la volonté d'un maître, Suède,
Saxe, Danemark, Allemagne, Angleterre. En ce qui
concerne la province dont s'occupe Bernard Palissy,
je crois que d'une part les rigoureuses exécutions du
connétable de Montmorency en 1548, après la révolte
des *Pitaux* en Aquitaine, de l'autre, cet impôt du sel
qui écrasait tout à coup, comme nous l'avons vu, les
populations du littoral océanien, ne furent certaine-

ment pas sans influence sur les dispositions que montrèrent l'Angoumois, la Saintonge, l'Aunis et le Poitou, à accueillir favorablement la doctrine nouvelle. Elles souffraient. Dans cet état on écoute même les empiriques. Or, les prédicants déclamaient contre l'opulence du clergé et les abus de l'Église. Si la foule ne comprit pas d'abord toute leur théologie, elle y vit clairement qu'elle n'aurait plus à entretenir désormais le luxe des moines et des prélats. En proie aux exactions des gabelleurs et des traitants, elle aurait de moins à payer la dîme des curés ! On lui promettait en retour le royaume du ciel. C'était double profit.

Et cela est si vrai que l'Angoumois, malgré les prédications de Calvin lui-même, eut un nombre bien moindre de huguenots que la Saintonge, et que les Églises réformées se trouvèrent en majeure partie sur la côte et dans les îles où, du reste, par suite de la distance, la vigilance des pasteurs et des magistrats ne se pouvait exercer avec autant de facilité.

CHAPITRE IX

Palissy huguenot. — Pourquoi il embrassa le calvinisme. — Calvin à Angoulême; — en Saintonge; — à Poitiers. — Louis du Tillet. — Premiers prédicants. — Antoine de Pons et Calvin. — Les Parthenay, les d'Aubeterre et Palissy. — Philebert Hamelin prêche la Réforme. — Le cardinal de Bourbon, évêque de Saintes. — Premiers supplices. — Hamelin et Palissy.

Palissy fut une des âmes honnêtes que séduisit un prétexte de réforme. Homme de mœurs pures, il vit uniquement dans les premiers apôtres du calvinisme quelques chrétiens de la primitive Église. L'ardeur qu'ils montrèrent, la foi qui les animait, le nom de Dieu qu'ils invoquaient sans cesse, la régularité de vie de trois ou quatre néo-convertis, qui contrastait avec les déportements d'un plus grand nombre de catholiques, inévitables dans une agglomération de dix à quinze mille âmes, et faut-il le dire? peut-être les persécutions qui les assaillirent, et qu'ils supportèrent avec l'orgueil et le courage des néophytes, frappèrent le modeste artisan et lui firent illusion.

En ce moment, rien encore n'indiquait pour lui une révolution radicale; les apparences de l'orthodoxie étaient sauvées ; le schisme était discrètement voilé; l'hérésie habilement dissimulée. Aussi dans le récit que maître Bernard nous a laissé des commen-

‑ements de la Réformation à Saintes, que voyons-nous ?

3 moines apostats qui tonnent contre les abus
(page 100); des prêtres qui résistent parce qu'ils
possèdent « quelque morceau de benefice (page 100)
qui aidoit à faire bouillir le pot ; » de braves gens
qui eurent « les yeux ouverts et cogneurent beaucoup d'abus qu'ils avoient auparavant ignorez; « des
prédicants qui découvrent « les abus assez maigre-
ments ; » un chanoine de Saintes, nommé Navières,
théologien, qui a « commencé à descouurir les abus »
(page 101), mais qui se rétracte parce qu'il a peur
d'être privé de sa prèbende ; « le peuple déceu en ses
biens » (page 103); un procureur, greffier criminel,
qui ne faisait les prières et n'allait à la messe « que
pour auoir (page 111) les gerbes et fruits des laboureurs ; » des paysans qui refusent la dîme (page 110);
les laboureurs qui « commencent à gronder en payant
les dixmes » (page 8).

M. Damesnil-Michelet, qui a écrit sa Vie au point
de vue démocratique, le reconnaît : « La question
se réduisait pour Palissy, comme pour le peuple, à
une réforme purement morale du clergé, à une di-
minution des charges dont les propriétaires de bénéfices, par leurs fermiers, accablaient les paysans,
et nullement aux controverses théologiques de hié-
rarchie et de dogme. Les modifications dans le dogme
ne vinrent que plus tard. Luther et Calvin n'impo-
sèrent leurs systèmes que lorsque les esprits, aigris
par les luttes, furent rejetés par la persécution dans
les partis extrêmes. »

Fait étrange ! les noms de Luther ou de Calvin ne

se trouvent pas dans les livres de maître Bernard!
Il raconte les débuts de la Réforme; il nomme d'infimes prédicants; il narre par le menu tout ce qui se
dit ou se passe, jusqu'aux pommes de terre que mangeait un ministre, et il omet le nom de Luther! il
ne dit pas non plus celui de Calvin! Tous ces
pasteurs qu'il entretient à Saintes viennent de Genève; ils ont dû lui parler du maître, de sa doctrine;
et Palissy n'a pas un mot pour lui! Ce silence est
digne de remarque. Aussi fournit-il un argument de
plus à ceux qui prétendent que maître Bernard n'a
jamais été réellement hérétique, mais seulement un
de ces hommes modérés qui ont des sympathies pour
un parti sans s'y enrôler, et, en temps de révolution,
souffrent même pour des opinions qu'ils n'ont pas.

On ne peut trouver chez Palissy un seul mot, montrant que d'abord il avait vu, dans un changement
de religion, une rupture avec l'Église catholique. Ce
n'est que peu de temps avant 1557, dit-il, que quelques-uns (page 104) « tacitement et avec crainte
detractoyent de la papauté. » Auparavant « l'Eglise
réformée... (page 103) n'avoit aucune apparence
d'Église. » Mais alors il y avait dix ans au moins que
Palissy était huguenot.

D'après son récit, on peut rapporter à l'année 1546
son abjuration. Les idées de réforme ne pénétrèrent
qu'assez tard en Saintonge et dans la région de
l'Ouest. C'est Calvin lui-même qui les y apporta.
Avant son voyage, on ne reconnaît nul indice de
la doctrine nouvelle; après lui, les prédicants parcourent le pays.

Calvin, né à Noyon en Picardie, le 10 juillet 1509, un an avant Palissy, après avoir étudié en 1527 la jurisprudence à Orléans, sous Pierre de l'Estoile, puis à Bourges, sous l'Italien André Alciati, et appris avec Théodore de Bèze, son futur historien, le grec que leur enseigna Melchior Wolmar, vint, fuyant Paris où ses idées luthériennes avaient failli le faire arrêter, se réfugier, sous le nom de Charles d'Espeville, à Angoulême au commencement de 1534. La rue de Genève en cette ville doit, dit-on, son nom au séjour qu'il y fit. Il se lia avec un chanoine de la cathédrale, curé de Claix, Louis du Tillet, d'une famille riche et distinguée, et frère de Séraphin du Tillet, chevalier, valet de chambre de François Ier, de Jean du Tillet, greffier en chef du parlement de Paris en 1521, par la démission de Séraphin et de Jean, qui fut évêque de Saint-Brieuc, en 1553, puis de Meaux, en 1565.

Louis du Tillet donna à Calvin l'hospitalité dans la maison paternelle où Jean du Tillet avait réuni trois ou quatre mille volumes rapportés de ses voyages. Il en reçut des leçons de grec, et aussi les premières notions d'hérésie. Ils composaient ensemble de courtes exhortations, que le curé de Claix et peu à peu ses confrères des paroisses voisines débitaient aux prônes du dimanche, et qui accoutumaient sans bruit le troupeau à prendre les erreurs de son pasteur.

Calvin lui-même conservait les formes extérieures du culte dont il avait au fond renié le dogme. Il assistait aux cérémonies de l'Église. Appelé trois fois à prêcher en latin dans la cathédrale d'Angoulême, il garda devant le clergé assemblé les apparences de la plus pure orthodoxie. Mais il se dédommageait bien vite de cette crainte hypocrite, et poussait en trois-nois à la révolte le prieur de Boutteville, Antoine Chaillou; l'abbé de Bassac; puis Charles Girault d'An-queville; puis Hélie de la Place, seigneur de Torsac, qui fut maire d'Angoulême en 1561, et était frère du célèbre Pierre de la Place, président à la cour des aides de Paris, assassiné à la Saint-Barthélemi. Ce furent là ses premières recrues. Il les réunissait se-crètement à Girac en la paroisse de Saint-Michel d'Entraigues, maison aux portes d'Angoulême, qu'habitait ordinairement Antoine Chaillou, et leur lisait les chapitres de son *Institution chrétienne* qu'il publia l'année suivante 1535. Du Tillet les attirait aussi à sa cure de Claix, et plus tard logea le maître lui-même à Saint-Saturnin.

Pendant son année de séjour à Angoulême, Calvin fit plusieurs voyages. Peut-être vint-il en Saintonge. Plusieurs traditions locales le font prêcher à la Ro-chelle et à Saint-Jean-d'Angely. Ce sont de purs on-dit qui n'ont rien de sérieux. Une vigne nommée la Calvine et une partie d'assez vastes bâtiments ap-pelés la *Chambre de Calvin*, près de l'église actuelle de Saint-Saturnin, *les Grottes de Calvin*, en la pa-roisse des Trois-Palis, sont les seules traces réel-les du passage de Calvin qui soient restées dans la mémoire des habitants.

Calvin quitta Angoulême en 1535. Il était accom-pagné de Louis du Tillet, qui le suivit même hors de France quand il fut contraint de sortir du royaume.

9.

Disons ici que Louis du Tillet fut si peu édifié de ce qu'il vit à Genève où, selon Théodore de Bèze, toute la Réformation ne cons~ ~ait guère que dans la cessation du culte catholique et la disparition des images et statues de saints, qu'il abandonna son maître. Il fit abjuration publique en 1539, reprit ses fonctions ecclésiastiques, et parvint plus tard à la dignité d'archidiacre d'Angoulême.

En laissant Angoulême, Jean Calvin, ou Charles d'Espeville, s'était rendu à Poitiers pour y voir la bibliothèque « tant fameuse et tant renommée, » qui fut brûlée plus tard par ses sectateurs, et pour y visiter un docteur régent de l'université, Charles Le Sage, originaire de Noyon, comme lui. Il y fut hébergé par François Fouquet, prieur des Trois-Moustiers en bas Poitou, et chez Rénier, lieutenant général de la sénéchaussée, rue des Basses-Treilles. C'est de là que, sur l'ordre de l'apôtre, partirent les missionnaires de la foi nouvelle. Calvin les réunissait sur les bords du Clain, à une grande lieue de Poitiers, près du joli bourg de Saint-Benoît, dans les grottes des Croutelles et de Saint-Benoît. Une d'elles, nommée *Grotte de Calvin*, servait ordinairement de temple; elle fut témoin de la première cène calviniste. Ainsi préparés se mirent en route Jean Vernou pour les campagnes du Poitou, Albert Babinot, docteur en droit, pour Toulouse, et Philippe Véron, procureur, sous le sobriquet de Ramasseur, pour l'Aunis, la Saintonge et l'Angoumois.

Sous François Ier, l'hérésie n'avait jeté dans la contrée que quelques étincelles. Le sol n'était pas propre à les recevoir; mais les mécontentements provoqués par l'impôt du sel et par les troubles des Pitaux leur allaient fournir un aliment inespéré et puissant. Sous Henri II, l'incendie commence; ce n'est bientôt qu'un vaste embrasement.

Un de ceux qui introduisirent la Réforme en Saintonge et qui en furent les ardents propagateurs, fut certainement Antoine de Pons. Antoine, sire de Pons, comme nous l'avons vu, avait été en Italie chevalier d'honneur de la duchesse de Ferrare. Renée de France, qui avait déjà accueilli dans son palais Clément Marot, y donna asile en 1535 à Calvin et à Louis du Tillet. Pendant quelques mois de séjour, le réformateur acheva de gagner à sa cause l'âme hésitante de la princesse. Par ses prédications secrètes il fit embrasser sa doctrine d'abord à madame de Soubise, puis à sa fille Anne de Parthenay, puis à son fils Jean de Parthenay, seigneur de Soubise. Antoine de Pons, sous le charme de sa jeune, belle et savante épouse Anne de Parthenay, n'eut pas de peine à adopter ses opinions religieuses. Ainsi la cour de Ferrare se trouvait presque entièrement protestantisée.

Ces importants changements dans la maison de la duchesse ne purent passer inaperçus. Le pape Paul III les allégua comme un des motifs qui lui faisaient refuser à Hercule d'Este l'investiture de son duché de Ferrare, concédé à la maison d'Este par Alexandre VI. Pour ôter tout prétexte, madame de Soubise dut avec ses enfants quitter Ferrare en 1538. Elle y était depuis dix ans, raconte le grand mathématicien François Viète, précepteur de Catherine de Parthenay et conseiller de la maison de Soubise, dans ses *Mémoires* inédits de la *Vie de Jean l'Archevesque*, que possède M. B. Fillon, elle y était « autant aimée et honorée que jamais dame française qui y fust, mesme du duc Alphonse, qu'on tenoit pour le plus grand personnage d'Italie ; lequel disoit n'avoir jamais parlé à une si sage et si habile femme, et ne venoit de fois à la chambre de madame de Ferrare, qu'il ne l'entretinst deux et trois heures, disant qu'il ne parloit jamais à elle qu'il n'y apprist quelque chose. »

De retour en Saintonge, le comte et la comtesse de Marennes s'empressèrent de prêcher le calvinisme à leurs vassaux, et firent quelques prosélytes dans les cinquante-deux paroisses composant leurs domaines. Deux ou trois de leurs officiers et plusieurs habitants de Pons se laissèrent gagner pour plaire à leur maître. Yves Rouspeau, qui fut plus tard pasteur de Saujon et de Pons, et qui a laissé un recueil poétique, *Poesmes sacrez du Saint-Sacrement de la Cène*, et un autre ouvrage, prose et vers, *Traicté de l'office des malades*, — à Pons, chez Portau, — fut envoyé à Genève pour s'y instruire. Palissy fut-il un de ceux-là ? On peut l'affirmer sans crainte. Curieux, chercheur, le potier se lia avec le grand seigneur qui arrivait d'Italie, la terre désirée. Ils causèrent de sciences, d'art, c'est maître Bernard qui nous l'apprend, et aussi sans doute de religion. La famille de Pons et celle de Parthenay témoignèrent à l'artisan une bienveillance et une protection constantes. Or, cet intérêt ne s'adressait pas à l'artiste. En 1549, Palissy n'était pas l'émailleur célèbre que nous admirons ; il en était encore à ses

essais. Eh bien , c'est à cette date que madame de
Pons, mourante à Paris, cinq jours avant sa mère,
Michelle. de Saubonne, recommanda maître Bernard
à sa famille et à ses coreligionnaires. Est-ce au lit de
mort qu'on songe si vivement à un indifférent, à un
étranger ou simplement à un homme qui annonce
d'heureuses dispositions ? Palissy était certainement
un des néophytes de madame de Pons et de son mari.
De plus, en 1555, le 22 décembre, Jean d'Aubeterre,
seigneur de Saint-Martin-de-la-Couldre, près de Saint-
Jean-d'Angely, écrit de Saint-Marsault à sa sœur, Antoinette d'Aubeterre, mariée à Jean de Parthenay,
seigneur de Soubise, l'un des hommes les plus influents du parti et habitant alors le Parc-Soubise,
paroisse de Mouchamp, en bas Poitou, résidence habituelle de la famille, une lettre citée par M. B. Fillon, où il est question de Bernard Palissy.

Antoinette d'Aubeterre, belle-sœur de madame de
Pons et mère de la célèbre Catherine de Parthenay,
poëte tragique, comique et élégiaque, est cette Antoinette d'Aubeterre qui, en 1562, montra tant de courage lorsque, menacées d'être poignardées, elle et sa
fille, si son époux, assiégé dans Lyon, refusait de livrer
la ville qu'il commandait au nom du prince de Condé,
lui écrivit de les laisser périr plutôt que de trahir sa
cause. Elle était alors en discussion avec ses vassaux.
Son frère lui mande que, selon ses ordres et les avis
de son homme de confiance, M. de Lyadières, tout est
maintenant arrangé. C'est Bernard Palissy et Philebert
Hamelin, l'apôtre du protestantisme en Saintonge,
qui ont été chargés de régler le différend. « Mon'

Hamelin et Palissy, y est-il dit, ont besoigné cinq jours durant et esté d'avys qu'il fut faict ainsy que partout l'on a accoustumé faire. Par le devys que a dressé Palissy verrez ce qui raisonnablement est desparty à ceulx de Soubize, et comme iceluy Palissy et Hamelin sont hommes entendus dans ceste affaire, et aultant portez de justices qu'aultres hommes justes, devez estre asseurez que procez ne s'en suyvra. » Plus loin, Jean d'Aubeterre montre ses ardentes convictions : « Je voudrois avoir parlé à vous, pour vous faire tout le discours de ce et de l'advancement de la moisson de l'Église de Dieu en cest quartier et devers les maroys de par delà. »

Pour être associé à un ministre protestant dans une affaire aussi délicate, Palissy ne devait pas être un simple arpenteur ou potier, ou même un grand artiste, mais quelque zélé huguenot. « Ce que n'eût peut-être pas obtenu l'homme de génie, dit M. Fillon, fut accordé au sectaire. » D'après cela, il est clair que, avec la coupe émaillée qui décida la vocation du peintre-verrier, dans les fourgons de voyage d'Antoine de Pons, se trouva le protestantisme qui fit de Palissy un adepte et une victime.

Toutefois les Pons et les Parthenay ne furent pas les seuls à prêcher maître Bernard. Il semblerait même qu'il fut redevable de son abjuration définitive à Philebert Hamelin. Il parle de lui tant de fois et avec tant d'éloges, qu'on est porté à le croire le vrai convertisseur du potier plutôt que les Pons. C'est en 1546, à Saintes, qu'il connut Hamelin. Il ne devait pas y avoir longtemps qu'il était lié avec les seigneurs

de Pons ; car Antoine et sa femme ne revinrent d'I-
talie en Saintonge qu'en 1538 ou 1539. Phileberi
Hamelin était de Chinon en Touraine. « Il s'estoit
despresté, nous apprend la *Recepte véritable* (page
104), et fait imprimeur... et s'en alloit ainsi par le
pays de France, ayant quelques serviteurs qui ven-
doyent des bibles et autres livres imprimés en son
imprimerie. » Florimond de Rémond nous raconte
comment se colportaient ces écrits : « Plusieurs compagnons des imprimeurs de la France et de l'Allemagne, au bruit du profit qu'on leur présentoit, y
accouroient, lesquels après s'écartoient partout pour
débiter ces bibles, catéchismes boucliers, marmites,
anatomies et autres tels livres. Surtout les petits
Psalmes, quand ils furent rimez, dorez, lavez et
réglez. Leur seule joliveté convioit les dames à la
lecture, et comme les avares marchands, au seul
flairer du gain, ne craignent de seillonner les mers
et prendre le hasard de mille et mille fortunes et
tempestes, en cette mesme sorte des compagnons
d'imprimerie, à l'appétit du gain qui leur avoit donné
le premier goust, et pour avoir plus facile accez ès-
villes et sur les champs, dans les maisons de la noblesse, aucuns d'entre eux se faisoient colporteurs
de petits affiquets pour les dames, cachans au fond
de leurs balles ces petits livres dont ils faisoient présent aux filles, mais c'estoit à la derrobée, comme
d'une chose qu'ils tenoient bien rare, pour en donner le goust meilleur. »

Florimond ajoute que ces porte-balles essayaient
de gagner moines et nonnes. « On jettoit, dit-il, des

petits buletins et des livrets propres pour les séduire
par dessus les murailles de leurs cloistres, ou, par le
moyen de colporteurs, on leur faisoit tomber en main
ce qu'on jugea propre à telles amorces. » Quand,
attirés par les riantes perspectives qu'on leur offrait,
quelques religieux et religieuses avaient fui leur
couvent et s'étaient mariés, « la pauvreté les assail-
loit. » Alors ils demandaient leur existence au métier qui la leur avait enlevée. « Ils se faisoient colporteurs de livres, quinquailleurs, regens, ministres. »
(Liv. VII, page 916, 917.)

Philebert Hamelin, qui avait été gagné en Touraine
ou en Poitou par quelque disciple de Calvin, était
venu en Saintonge dès l'année 1546. Avec trois prêtres ou religieux qui avaient, comme lui, jeté le froc
aux orties, il avait parcouru le littoral. Tous ils fei-
gnaient un métier ou « regentoyent en quelque village (page 100), et parce que les isles d'Olleron, de
Marepnes et d'Alleuert, sont loin de chemins publics,
il se retirera en ces isles là quelque nombre desdits
moines, ayans trouvé divers moyens de vivre sans estre
cogneus; et ainsi qu'ils frequentoyent les personnes,
ils se hazardoyent de parler couuertement iusques à
ce qu'ils fussent bien asseurez qu'on n'en diroit
rien. »

Parfois, quand ils voyaient les laboureurs aux
champs, rangés autour de la modeste écuelle de leur
repas, ou prêts à prendre, à l'ombre d'une haie, le
repos de midi, ils s'approchaient, feignant aussi d'a-
voir besoin de faire la sieste; ils se mêlaient à la
conversation, et essayaient d'endoctriner les braves

gens. On les écoutait. Mais les paysans ont la tête dure et le poing solide; et ceux-là étaient Saintongeois. Ils se courrouçaient maintes fois en comprenant où en voulaient venir les prédicants. La fuite seule sauvait Hamelin et ses compagnons des horions peut-être qui les eussent transformés en martyrs. Cependant, favorisés secrètement par un grand vicaire, ils obtinrent de prêcher dans les églises. Mais l'émoi que leurs propositions jetèrent dans ces populations fut si grand, que le bruit en arriva à Saintes.

L'évêque de Saintes était alors (1544-1550) Charles, cardinal de Bourbon, frère d'Antoine, roi de Navarre, le même qui fut, en 1589, élu roi par la Ligue sous le nom de Charles X, au mépris de la loi salique et au détriment de son neveu, Henri IV. Il se trouvait alors à la cour. Le procureur fiscal de Saintes, Collardeau, lui écrivit que son diocèse était plein de luthériens. Il alla lui-même le trouver, et obtint de lui une commission, du parlement de Bordeaux une bonne somme de deniers pour rechercher les fauteurs d'hérésie. On arrêta à Saint-Denis-en-l'île-d'Oléron, le frère Robin, moine défroqué; à Arvert, sur la côte, un autre appelé Nicole; et à Gemozac, bourg à cinq lieues de Saintes, un troisième dont le nom est resté ignoré, qui « tenoit eschole la semaine et preschait les dimanches. » Philebert Hamelin fut aussi saisi. Ils furent tous quatre amenés à Saintes.

Hamelin, plein de repentir, reconnut sa faute et fut relâché. Navières (peut-être Pierre Navières, Limousin, dont parle Théodore de Bèze, I, page 85, à l'année 1563), Navières, chanoine de la cathédrale de Saintes et habile théologien, essaya en vain de convertir les autres. Ils s'obstinèrent et furent condamnés à être dégradés. Collardeau se chargea d'exécuter la sentence. Puis ils furent jetés en prison jusqu'à ce qu'on les conduisit à Bordeaux, où le parlement était chargé de connaître des causes d'hérésie. Robin, lui, lime ses fers; et, une nuit, après avoir exhorté ses codétenus à l'imiter, s'échappe de la geole de l'évêché où il était sous la garde de quelques chiens. Ses malheureux compagnons qu'il avait si peu généreusement abandonnés, furent condamnés par le parlement de Bordeaux, et « bruslez, l'vn en cestte Ville de Xaintes (page 103); l'autre à Libourne, à cause que le Parlement de Bourdeaux s'en estoit là fuy, pour raison de la peste, qui estoit lors en la ville de Bourdeaux. »

D'un autre côté, Nicolas Clinet, né en Saintonge, qu'on poursuivait parce que, sous prétexte d'apprendre la croix-de-par-Dieu aux marmousets, il prêchait à leurs parents la doctrine de Calvin, fut brûlé, mais seulement en effigie.

En 1547, Guillaume Oubert, de Saint-Claud en Angoumois, fut aussi condamné au feu. On le conduisait à Angoulême pour le supplice. Il s'échappa en route.

A la Rochelle, le 10 mai 1552, périssent dans les flammes Pierre Constantin dit Castin et Mathias Couraud dit Gaston Deschamps, convaincus d'hérésie. Un autre habitant, Lucas Monjeau dit Manseau fut seulement battu de verges et banni à perpétuité du royaume. On dit que le président Claude d'Angliers, seigneur de la Saussaye près de la Rochelle, qui prononça la sentence et assista à cette exécution, fut si frappé de la fermeté des patients, qu'il se fit réformé.

La capitale et la Saintonge furent cependant tranquilles pendant une dizaine d'années. Palissy ne nous a narré aucun événement jusqu'en 1557. A cette époque, on voit reparaître sur la scène religieuse Philebert Hamelin. Il avait quitté le catholicisme pour le calvinisme, puis le calvinisme pour le catholicisme; il quitta une seconde fois le catholicisme pour le calvinisme. A Genève, où il était aller puiser la pure doctrine évangélique, il avait fortifié sa foi chancelante. Calvin, le 12 octobre 1553, le renvoyait prêcher en Saintonge, et le recommandait comme un « homme craignant Dieu, qui a conversé, disait-il, avec nous saintement et sans reproche. » Il arriva à Arvert en septembre 1555, et se mit à parcourir le pays.

Hamelin avait établi à Genève une imprimerie pour y multiplier les exemplaires de la Bible, traduite par Pierre Olivetan, aidé de Calvin, et publiée pour la première fois en 1535 à Neufchâtel; on a aussi de lui une édition de l'*Institution chrétienne* (1554) « translatée en françois » par Calvin lui-même. Il cheminait toujours suivi de plusieurs serviteurs pourvus de ces Bibles ; et il vendait ainsi à travers les campagnes de la Saintonge les produits de son établissement. Selon Palissy, le métier était assez lucratif.

Au bout de deux ans de prédications et de débit de Bibles, à Saintes, et encore avec l'aide de Palissy, le pasteur typographe avait « au plus sept ou huit auditeurs. » Aussi un jour, à Arvert, son zèle l'emporte:

un scandale aura peut-être plus d'effet qu'un sermon : il fait sonner la cloche, monte en chaire, s'élève contre l'Église romaine et baptise un enfant, le fils de Jean du Vaux. Les magistrats, qui avaient peut-être dissimulé jusque-là, sont, devant cet éclat de fougue, contraints d'intervenir ; ils l'arrètent à une lieue de Gemozac, dans le château du seigneur de Périssac, où il avait essayé d'échapper aux poursuites. On l'amena à Saintes.

Palissy, avec un dévouement digne d'éloges, et malgré le péril où il s'exposait, implore pour son ami six des principaux juges et magistrats ; il va les trouver en leurs maisons, leur affirme que Philebert Hamelin est un excellent homme ; il y a onze ans qu'il le connait, et il l'a toujours vu mener une vie irréprochable. Les juges écoutent ses prières avec bienveillance ; et, sur sa recommandation, le prisonnier fut l'objet des plus grands égards pendant tout le temps qu'il demeura à Saintes. Il y avait division entre les magistrats sur l'application des peines. La sévérité était odieuse ; on laissait souvent dormir les édits, ou bien on les interprétait avec douceur. Les juges de Saintes poussèrent la tolérance jusqu'à désirer qu'on ouvrit au captif les verrous de sa prison, pourvu qu'ils n'en sussent rien, et ils se chargeaient volontiers de ne rien voir.

Tout était disposé pour une évasion. Un avocat avait acheté le geôlier trois cents livres. On ne pouvait faire plus. Hamelin refusa de fuir. Les juges, hésitant entre leur compassion pour l'obstiné et les devoirs de leur charge, car les édits étaient formels, s'avisèrent qu'il était prêtre, et qu'en pareil cas, c'était à un tribunal supérieur que ressortissait la cause. Ils l'envoyèrent à Bordeaux.

Le parlement montra plus de rigueur à son égard. Ayant un jour renversé les objets destinés à la messe qu'on voulait célébrer dans sa prison pour essayer de le ramener une autre fois au culte catholique, Hamelin fut condamné à mort; le 18 avril 1557, il périt par la corde, et son cadavre fut brûlé.

CHAPITRE X

A l'époque où Hamelin périssait à Bordeaux, les calvinistes de l'île d'Oléron se soulevèrent, 14 novembre 1557. Déjà, en 1548, ils avaient pillé et saccagé les églises ; celle de la Péroche avait été particulièrement profanée. Leur audace croissant avec leur nombre, ils ne gardent plus de mesure. Ils prennent la grosse cloche de l'église Saint-Pierre et la font vendre à la Rochelle ; avec le produit ils achètent quatre pièces d'artillerie. L'année suivante, 1559, Charles de Clermont, dit la Fontaine, ministre de Marennes, et de la Rochelle en 1557, Léopard, ministre de la Rochelle en 1562 et 1572, Michel Mulot, pasteur de Soubise, envoyé à Pons en mai 1559 par la compagnie des pasteurs de Genève à son retour de Lyon, et Alexandre Guiotin, de Genève ; viennent successivement prêcher dans l'île le dogme nouveau ; et un ministre spécial pour Oléron, Bouquin, est expédié de Genève en mai 1560. En 1561, un moine apostat, nommé Jean Boisseau, natif de Chiron en Poitou, organise un consistoire au bourg de Saint-Pierre, et s'y marie avec une veuve de Marennes, Marie Renaudin, dont le fils Abraham Compagnon obtint le titre de diacre. Toutes ces prédications n'étaient pas faites pour calmer les passions. Aussi les protestants d'Oléron, appelant à leur secours leurs coreligionnaires de Marennes et d'Arvert, massacrent, sans provocation aucune, le prieur de Saint-Trojan à l'autel, les religieux de l'aumônerie de Saint-James, ceux de Saint-Nicolas, ceux de Notre-Dame et les cordeliers du Château. A la fin, les catholiques, las de tant d'avanies, effrayés de ces meurtres, se réfugièrent avec treize prêtres dans l'église de Saint-André à Dolus [1]. Assiégés bientôt par des forces supérieures, ils consentirent à se rendre, sous la promesse qu'il ne leur serait fait aucun mal. Une fois hors du lieu saint, ils furent tous massacrés, à l'exception de Pierre Collé, marchand de Dolus, et Jean Senné de la Gasconnière. Encore ne durent-ils leur salut qu'à l'intervention de quelques-uns de leurs parents qui se trouvaient parmi les égorgeurs [2].

A Saint-Pierre, raconte de Thou [3], les catholiques, qui s'étaient emparés du Château, furent bientôt chassés avec perte, « et il y eut un horrible carnage, quoique Jean Bouquin et Jean Bruslé, ministres, ne cessassent d'exhorter les habitants de l'isle à épar-

---

[1] Théodore de Bèze, liv. IX, t. II, page 822.
[2] *Abrégé historique de l'établissement du calvinisme en l'isle d'Olleron*, par Marc-Antoine le Berton, baron de Bonnemie, colonel général des milices de l'isle. — La Rochelle, 1660.
[3] Tome IV, page 262.

gner le sang de leurs concitoyens. » Ces excès ne
furent pas les derniers dont Oléron eut à gémir. Tous
les biens des églises furent confisqués et partagés
entre les protestants. Aidés des Rochelais en 1584,
ils se rendirent maîtres de toute l'île et mirent garnison au Château, sous le commandement du sieur
d'Aubigré, qui fit démolir le reste des édifices religieux. Le sieur de Saint-Luc, gouverneur de Brouage,
reprit le Château, et, par ordre du roi, en fit démolir
les fortifications. Les vexations n'en continuèrent pas
moins. Le 28 mars 1595, Laurent Baudier et Louis
Morpain, vont au nom des papistes, supplier Saint-Luc
de les protéger contre « les insolences, malversations,
injures et batteries que leur faisoient les dits religion-
naires. » Plus tard, les malheureux catholiques virent
encore profaner ce qui restait de leurs églises,
ravager leurs marais salants et leurs blés. Partout
où ils furent les plus forts, les calvinistes furent op-
presseurs.

L'évêque de Saintes faisait tout son possible pour
arrêter les ravages de l'hérésie. C'était, en ce temps-
là, Tristan de Bizet, né en Champagne, 1499, et de
moine à Clairvaux devenu aumônier de Henri II. Il
avait assisté au concile de Trente, convoqué en 1545
par le pape Paul III, et y avait pris la résolution de
combattre les erreurs nouvelles. En 1550, il avait
succédé au cardinal de Vendôme, nommé archevêque
de Rouen. Il parcourait son diocèse, exhortant, ras-
surant par sa présence les âmes fermes, raffermis-
sant les chancelantes et arrêtant la hardiesse des
huguenots. Efforts impuissants! au siége même de

son évêché, Palissy rassemblait dans sa maison quelques dévots, et, en l'absence de tout ministre, prêchait et lisait la Bible. C'est ce qui l'a fait mettre par Agrippa d'Aubigné au nombre des ministres de l'Église réformée à Saintes. « Cette réputation, dit Gobet (page 21), lui causa beaucoup de chagrin. On croit effectivement entendre un quaker vertueux qui va monter en chaire, lorsqu'il laisse entrevoir ses sentiments religieux. »

Palissy lui-même donna lieu à cette erreur. Voici ce qu'il raconte (page 106) : « Il y eust en ceste ville un certain artisan, pauvre et indigent à merveilles lequel auoit vn si grand desir de l'auancement de l'Euangile, qu'il le demontra quelque iour à vn autre artisan aussi pauure que luy et d'aussi peu de sauoir : car tous deux n'en sauoyent guere : toutesfois le premier remonstra à l'autre que, s'il vouloit s'employer à faire quelque forme d'exhortation, ce seroit la cause d'vn grand fruit ; et combien que le second se sentoit totalement desnué de sauoir, cela luy donna courage : et quelques iours apres, il assembla vn Dimanche au matin, neuf ou dix personnes, et parce qu'il étoit mal instruit ès lettres, il auoit tiré quelques passages du vieux et nouueau Testament, les ayans mis par escrit. Et quand ils furent assemblez, il leur lisait les passages ou authoritez. »

Il est probable que le narrateur se désigne lui-même par ces mots : « un artisan, pauure, indigent à merveille, qui avoit vn grand désir de l'avancement de l'Évangile. » Et, comme l'a remarqué Gobet, il a conservé dans ses ouvrages quelque chose de cette manie de citations bibliques, caractère général, du reste, des écrivains huguenots du temps. Les psaumes faisaient le plus clair de leur nouveau savoir religieux.

Un pasteur, André Mazière, de Bordeaux, qui se faisait appeler Pierre de la Place, vint de Paris relever Palissy de ses fonctions intérimaires de ministre *in partibus*. A ce moment, Philebert Hamelin était encore en prison à Saintes. Cette captivité d'un frère ne plut pas au nouvel arrivant, et l'effraya même un peu. Il laissa donc là Saintes, Hamelin et Palissy, et se dirigea vers Arvert, où il pensait trouver plus de sécurité. L'évêque y avait passé avant lui. Il ne trouva sur la côte qu'un seul huguenot, Jean Baudoin, procureur. Il se mit en route vers sa ville natale. Mais Palissy lui fit tant d'instance qu'il consentit à revenir à Saintes.

Pierre de la Place n'était guère propre à attirer et à convertir. « Censeur sauvage, zélateur outré, plein de ses idées et brûlant du feu qui domine dans sa patrie, dit Arcère, la Place était enthousiaste; » et *la France protestante* ajoute : « La conduite qu'il tint envers La Noue n'est malheureusement que trop propre à justifier ces reproches. C'est lui, en effet, qui, à la Rochelle en 1573, dans un conseil où *Bras de fer* démontrait la folie d'une résistance au roi contre des ministres qui poussaient le fanatisme jusqu'à prêcher dans des temples chrétiens « qu'il ne fallait accorder aucun quartier aux papistes, » s'exalta jusqu'à la fureur, et, irrité des avis pleins de modération du brave et fidèle capitaine que Charles IX

avait nommé gouverneur de la Rochelle, s'emporta
contre lui, et alla jusqu'à lui donner un soufflet. On
comprend qu'un tel énergumène devait avoir peu de
succès auprès de la placide population de Saintes.

Le zèle cependant ne lui manquait pas. Pour le
seconder, il fit venir Charles de Clermont ou de la
Fontaine, qui, nous l'avons déjà vu, était ministre à
la Rochelle. Ils se mirent tous deux énergiquement à
l'œuvre.

Pendant ce temps, un ancien carme et docteur de
Paris envoyé de Genève, Pierre Richer ou Richier dit
de l'Isle, qui revenait du Brésil (1559), prit à la
Rochelle la direction du troupeau que laissait temporairement Charles de la Fontaine. L'année précédente, février 1558, avait passé dans la capitale de
l'Aunis, le roi de Navarre, Antoine de Bourbon, alors
calviniste entre deux professions de foi catholiques.
Accompagné du prince de Condé et de plusieurs autres
personnages, il conduisait à Paris Jeanne d'Albret,
en ce moment papiste fervente. Le roi fit prêcher
sans surplis dans l'église Saint-Barthélemi un moine
apostat, Pierre David, qui depuis imita Antoine de
Bourbon et revint à l'orthodoxie. Les Rochelais, pour
remercier et réjouir leurs hôtes illustres, et achever
de renverser le vieux dogme, donnèrent une représentation scénique qui dut amuser beaucoup. Des
médecins cherchaient à rappeler à la vie une femme
débile, presque mourante. Ils y perdaient leur latin :
car c'était l'Église romaine. Lors un quidam s'approchait sans bruit, déposait un livre entre les mains
de la malade. Ô prodige ! la moribonde reprenait ses

couleurs, pleine de fraîcheur et d'embonpoint. Moralité : prenez la Bible.

Les miracles s'en mêlaient, moyen plus efficace, pour propager le culte évangélique, que la momerie rochelaise. Mal en prenait à qui voulait molester les néo-convertis. Ainsi à Cognac, 1er novembre 1558, arrive un des premiers pasteurs qu'ait eus cette ville. Le premier avait été Pierre Combes, envoyé de Genève, le 24 juillet 1556. Le soir même, une statue de la Vierge au portail de l'église de Saint-Léger est abattue. Quatre huguenots soupçonnés sont arrêtés. Mais voilà, raconte un ministre, que deux des persécuteurs, Odet, juge et prévôt de Cognac, et le prieur de Saint-Quentin, sont saisis de la fièvre et meurent, le premier huit jours après l'événement, et le second au bout de trois jours seulement. Devant cette évidente et immédiate manifestation de la colère divine, les deux détenus furent mis en liberté.

L'année suivante, quelque chose de semblable se passe à Arvert [1]. Au mois de mai, une jeune fille, Marguerite Baudouin, accusée d'avoir, avec Jean Lhoumeau, François Lacouche et autres, empêché la procession de la Fête-Dieu, répondit à un témoin qui menaçait de déposer contre elle : « Quelque jour je déposerai contre vous devant le juge des juges. » Ce mot causa le trépas du témoin. De ce pas il s'alla mettre au lit. Le lendemain on l'enterrait.

Un dernier exemple. A Saint-Just, près de Maren-

---

[1] *Histoire des Églises réformées*, par M. Crottet, pasteur à Genève, mort en 1864.

nes, en 1560, Charles Léopard veut, le jour de Pâques, célébrer le culte dans l'église. Jean Arquesson, catholique fervent, s'y oppose, et bat même le sacristain qui s'obstinait à sonner les cloches. Dieu venge les protestants. Une attaque d'apoplexie frappe Arquesson. La nuit suivante, il n'existait plus. Ce que voyant, ses enfants embrassèrent la religion de Charles Léopard. On comprend quel parti durent tirer les prédicants de ces morts plus ou moins soudaines, et comment ils les transformèrent en miraculeux châtiments.

Ces prodiges pourtant ne facilitaient pas la propagande de Pierre de la Place. Il était à Saintes dans une situation fort délicate. Aussi jugea-t-on à propos de le remplacer par Claude de la Boissière.

La Boissière sortait, le 28 mai 1558, tout frais émoulu des cours de théologie que Calvin professait à Genève. C'était un gentilhomme du Dauphiné. Il avait été quelque temps ministre à Aix. On a de lui deux lettres citées par M. A. Crottet[1]. La première adressée de Saintes à Calvin, le 6 mars 1561, apprend au réformateur genevois qu'il y a plus de trente-huit pasteurs en Saintonge, et qu'il en faudrait bien cinquante. Il parle du synode provincial tenu à Saintes le 1er mars de cette année. Il y en avait eu un autre, le 25 décembre 1561, à Tonnay-Charente. La seconde lettre adressée à M. de Collonges, nommé aussi François de Morel, et datée de Saintes, le 12 juin 1561, demande pour Cognac un pasteur instruit, parce que

[1] *Histoire des Églises réformées*, page 37.

« en la ville de Coignac sont gens de bonnes lectures, et qui s'arrêtent bien souvent à l'homme. »

Avec la Boissière arrivait en Saintonge, pour Saint-Jean-d'Angely, Lucas de Vedoque, originaire de la Bresse, plus connu sous le nom de Du Mont. Il avait été ancien à Paris. De la Fontaine fut placé à Marennes, avec la permission de prêcher dans l'île d'Oléron et lieux circonvoisins.

Pierre de la Place avait frayé avec la noblesse de Saintonge. A ce commerce il trouvait plusieurs avantages, entre autres celui de dîner : car enfin il fallait vivre. La sœur de François Ier avait bien, quelque temps avant sa mort (1549), envoyé quatre mille francs à Calvin. La duchesse de Ferrare, Renée de France, lui avait bien fait parvenir aussi une forte somme. Plusieurs seigneurs, des marchands, des dames y ajoutaient bien de temps en temps legs et dons. Ce n'était guère suffisant. Quant à la petite église de Saintes, en particulier, elle était pauvre. Ce n'était pas Palissy qui pouvait traiter un ministre, lui qui était contraint d'emprunter sa nourriture. Eh bien, malgré cette indigence, le parasitisme de Pierre de la Place auprès des grands avait déplu. Son successeur dut y renoncer : les fidèles craignaient « que cela ne fust le moyen de corrompre leurs ministres » (page 107). Aussi la Boissière, c'est Palissy qui le raconte (page 108), « bien souvent mangeoit des pommes, buvoit de l'eau à son disner, et par faute de nappe, il mettoit bien souvent son disner sur une chemise... »

Bien plus, pour l'empêcher de trop fréquenter les

gentilshommes, on imposa au pasteur l'obligation de solliciter de son troupeau un congé pour s'absenter, et encore fallait-il qu'il y eût urgente affaire. « Par tel moyen, ajoute maître Bernard, le pauvre homme étoit reclos comme vn prisonnier. » Tenu en chartre privée par ses ouailles, menacé par ses ennemis, et avec cela des pommes et de l'eau pour tout potage, la Boissière n'avait certes pas à Saintes une position commode. Pourtant il y resta plusieurs années ; il y était encore en 1565.

A la faveur de la tolérance pour le protestantisme qui suivit la mort de François II, 5 décembre 1560, au milieu des compétitions rivales pour la régence et des luttes d'influence au début du règne d'un roi de dix ans et demi, les huguenots, qui augmentaient de nombre, s'enhardissaient chaque jour. Les réunions jusqu'alors s'étaient tenues dans les maisons particulières, ou en des lieux retirés, « le plus souuent à plein minuit. » On entendait bien « passer par la rue » ceux de la religion; mais on laissait faire. Claude de la Boissière le premier osa, en 1564, prêcher publiquement sous la halle à Saintes. Grande rumeur! le maire accourt; c'est Pierre Lamoureux, médecin, sectateur non encore déclaré de la Réforme. Le grand vicaire l'accompagne : c'est Geoffroy d'Angliers, chantre et chanoine de Saint-Pierre. Déjà dans son prieuré de Mortagne-sur-Gironde, il disposait les esprits à accueillir favorablement les idées calvinistes qu'il leur fit entendre l'année suivante par Jean de Chasteigner, ministre de Saint-Seurin-d'Uzet.

« Deux des principaux chefs » — sans doute l'é-
vêque ou le gouverneur pour le roi et le lieutenant
criminel, — étaient en ce moment à Toulouse, où ils
restèrent deux ans, ajoute Palissy (page 109); « lesquels n'eussent voulu permettre nos assemblees
estre publiques; qui fut la cause que nous eusmes la
hardiesse de prendre la halle; ce que n'eussions seu
faire sans grands scandales, si les dits chefs eussert
esté en la ville. »

Le maire et le vicaire général, plus débonnaires,
demandent des explications. Le prédicant expose qu'il
enseigne la loi divine, qu'il exhorte le peuple à vivre
dans la crainte de Dieu, du roi et des autorités. Satis-
faites de sa réponse, les autorités municipales et
religieuses se retirent. La Boissière continua ses
prônes, et ses confrères l'imitèrent dans toute la
contrée.

C'est ce qui se fit notamment à Saint-Seurin-d'Uzet,
sur les bords de la Gironde. Le luthéranisme y avait
été importé en 1546 par un jeune homme, Jean
Frérejean, qui, ayant achevé son stage, y venait
exercer le notariat[1]. Il commença par décider son
père à supprimer le service funèbre qu'il faisait,
chaque année, célébrer par les curés de Saint-Seurin
et de Chenac, pour ses parents défunts. Sommé par
le vicaire Chabannes de dire s'il croyait au purgatoire, il écrivit à l'évêque de Saintes un long réqui-
sitoire contre les ecclésiastiques, qu'il accusait de

---

[1] M. Crottet l'appelle *frère* Jean et lui donne ainsi un air tout à
fait monastique qui n'était point dans ses goûts. J'ai vingt actes de
lui où il signe : **Frerejan**, *notaire royal*.

mauvaises mœurs. Un jour, à Chenac, il fait descendre de chaire un jacobin qui prêchait sur les prières
dues aux morts. Le père et le fils, arrêtés, furent
emprisonnés, le 8 janvier 1546, à la conciergerie de
Bordeaux. Après six mois, on relaxa le père; le fils
ne fut mis en liberté qu'au mois de décembre, après
avoir été condamné à payer cent livres d'amende et à
entendre en l'église de Chenac un sermon sur le
purgatoire. La somme était forte; mais le sermon
était excellent. Car le parlement de Bordeaux avait
poussé la gracieuseté jusqu'à lui envoyer « un nota-
ble prescheur. »

Maître Jean Frèrejean se tint coi un moment. Mais
bientôt, avec son père il se remit, discrètement
cette fois, à semer la doctrine de Calvin. Voilà même
qu'un jour le seigneur du lieu, Gabriel de la Mothe-
Fouquet, qui voulait, l'épée en main, pénétrer dans
une réunion tenue contre ses ordres, s'étant vu
refuser la porte par le père Frèrejean, fut si ému,
raconte M. Crottet, que deux ou trois jours après il
était, non pas décédé de mort violente, comme le
témoin d'Arvert, le dévot Arquesson de Saint-Just
ou le prévôt de Cognac, mais bel et bien converti
au protestantisme. Il y convertit sa femme Susanne,
fille de François Bouchard, vicomte d'Aubeterre,
seigneur de Saint-Martin-de-la-Couldre, et manda pour
prêcher Charles Léopard, ministre d'Arvert. L'audacieux Léopard s'empara du temple catholique
et constitua l'église de Saint-Seurin. Le tabel-
lion et garde-notes, maître Jean Frèrejean fut élu
diacre.

Près de là, à Mortagne-sur-Gironde, la Réforme levait aussi la tête. Geoffroy d'Angliers, qui favorisait Claude de la Boissière à Saintes, avait envoyé à Mortagne un ministre de Montrichard, réfugié à Saintes, Jean de Chasteigner. Le pasteur prêcha la première fois au château, le 2 août 1562. Il fut bientôt inquiété par les papistes de Talmont. Mais un des protecteurs de Palissy, le comte de Burie, par égard pour l'épouse du seigneur de Saint-Seurin, Susanne d'Aubeterre, sa petite-nièce, fit cesser les courses des catholiques. La peur cependant prit Jean de Chasteigner, maître Jean Frèrejean et autres, à la nouvelle que Monthue avait battu Duras, et que le duc de Montpensier marchait contre les réformés de Pons. Ils se mettent en route pour l'Angleterre, fuyant leur ingrate patrie. Arrivés à Marennes, ils se prennent à méditer, et, de réflexions en réflexions, s'en retournent à Mortagne. Le voyage avait duré quinze jours. Quand l'édit d'Amboise, du 19 mars 1563, permit aux seigneurs le libre exercice du culte nouveau dans l'étendue de leur juridiction, Gabriel de la Mothe-Fouquet fixa Chasteigner à Saint-Seurin. Le ministre stipula une certaine somme pour son traitement, et qu'on irait lui chercher sa femme à Montrichard. Frèrejean, diacre et notaire royal, se dévoua avec zèle. Il partit avec Léon Martinaux, et, à travers la Touraine, le Poitou, la Saintonge, il ramena « heureusement » l'épouse à son pasteur, le 3 mai. La Mothe logea le ministre et sa femme au château. Ainsi les assemblées, jadis secrètes, avaient lieu en plein jour, et jusque dans les édifices du culte catholique.

Bernard Palissy nous a laissé de Saintes sous Claude de la Boissière un petit tableau plein de fraîcheur et d'innocence. On pourrait l'appeler l'idylle aux bords de la Charente. Son imagination poétique a doré le paysage. Or, dans ce même temps, en Béarn, Jeanne d'Albret, pour se dédommager de sa ferveur catholique passée et pour la faire oublier, interdisait, sans doute au nom de la tolérance, l'exercice du culte romain d'une manière absolue, expulsait violemment tous les ecclésiastiques. De plus, elle soutenait devant la duchesse de Ferrare, qui le rapporte à Calvin, « qu'il étoit permis de mentir pour soutenir la religion, et que le mensonge étoit bon et salutaire en cet endroit, » fraudes pieuses que les calvinistes n'ont pas le droit de reprocher aux casuistes du catholicisme. A Saintes, suivant Bernard Palissy, la petite église, toute confite en dévotion, menait une vie pure, chaste, immaculée. Plus de procès. Dès qu'un de ceux de la religion en voyait poindre l'ombre chez son voisin, il arrangeait les deux partis. Plus de jeux, plus de danses, plus de rondes, plus de banquets! Adieu la joie et les plaisirs! La cité semblait, à en croire maître Bernard, devenue une espèce de grand couvent huguenot, où la psalmodie du chant grégorien était remplacée par les strophes de Marot. Les écoliers eux-mêmes, c'est Palissy qui parle, oubliaient de faire des grimaces à leurs camarades ou des cornes à leurs maîtres. Les femmes avaient presque renoncé à la coquetterie. Aucunes « superfluitez de coiffures et dorures. » Les magistrats aussi, voyant qu'on réformait, réformèrent. « Ils auoient , raconte

l'historien, policé plusieurs actions mauvaises qui
dependoyent de leurs authoritez. Il estoit defendu aux
Hosteliers de ne tenir jeux, ni de donner à boire et à
manger à gens domiciliez, afin que les hommes de-
bauchez se retirassent en leurs familles. » Je n'ai pas
les ordonnances des magistrats de Saintes à ce sujet,
qui reproduisaient vràisemblablement le célèbre édit
d'Orléans (31 janvier 1561), proscrivant les maisons
de jeu et de prostitution, l'usage des dorures sur
bois, sur plomb et sur fer, des émaux, de l'orfévrerie et de divers objets de luxe étrangers, pour les
manants et habitants des villes. J'ai celles de Saint-
Seurin-d'Uzet, où, comme je l'ai dit, le luthéranisme
avait de bonne heure pénétré.

Le 3 septembre 1550, le juge de la seigneurie, Charles Rigaud, licencié ès lois, avocat au siége de Saintes et
à la cour de Bordeaux, publia des « inhibitions géné-
rales » dont voici le texte inédit :

« Inhibitions et défenses ont esté faictes à tous les
manans et habitans de la présente chastellenie de non
jurer et blasphémer le nom de Dieu et de non jouer à
jeux desfenduz durant le divin service, les jours de
feates, tant le jour que la nuit.

« Aussi est faicte inhibition et défense aux hostes
de la présente seigneurie, à peine de cent solz d'a-
mende ne souffrir lesdits jeux en leurs maisons.

« Aussi est faicte inhibition et défense aux habitans de la terre et seigneurie de quelque estat ou qualité qu'ilz soyent, de ne tenir en leurs maisons femmes mal famées et paillardes de quelque manière que
ce soit, et ce, à peine de dix livres pour la première

foys. Et enjoignons auxdites femmes mal famées et paillardes que, incontinent après la publication de ces présentes, elles ayent à vuyder et bouter hors la présente chastellenie. Et ce sous peine du fouet... »

Pourtant, comme il fallait des distractions, le ministre de Saintes permettait la promenade et le chant des cantiques. On s'assemblait par troupes, mais en observant avec soin la séparation des sexes. Les prairies de la Charente étaient le Pré-aux-Clers des réformés saintongeois. La musique, devenue lascive, avait failli être proscrite des églises par le concile de Trente (1545-1565,) et sans Palestrina qui, à la prière de son illustre protecteur saint Charles Borromée, fit une messe, la célèbre messe dite du PAPE MARCEL dans un sens profondément chrétien, les Pères et Pie IV eussent définitivement expulsé de la maison du Seigneur, comme licencieux et immoral, l'art des Haydn, des Mozart, des Grétry, des Chérubini, des Choron. Au quinzième siècle, en effet, les compositeurs écrivaient un *Kyrie*, un *Credo*, un *Gloria*, sur les motifs de ponts-neufs ou des ariettes de taverne. François Ier, qui consacrait 2,596 livres par trimestre, soit environ 130,000 ou 140,000 francs par an de notre monnaie, à sa chapelle de musique, et seulement 656 livres à sa chapelle de plain-chant, peupla la première de gros Picards dont les voix de basse-taille ressemblaient à des voix de taureaux, *taurinæ voces*. On imita ce caprice royal. Mais on ne pouvait partout avoir de ces gros Picards. Un chanoine d'Auxerre, pour y suppléer, inventa le *serpent*, instrument qui, ayant complétement depuis perdu sa forme de reptile, continue pourtant à s'appeler *serpent*, mais en se cachant sous le nom grec d'ophicléide, *serpent à clefs*.

Les premiers chrétiens avaient emprunté ou improvisé leurs chants. La préface de la messe était la mélopée ou récitatif de la tragédie grecque. Le *Nœnia* du bûcher funèbre, chez les Romains, était devenu le *Libera*. Prêtres et fidèles, dans les occasions solennelles, entonnaient divers chants chacun comme il pouvait, *prout quisque poterat*. Les réformés firent comme eux. Clément Marot, par sa traduction des *Psaumes en français*, leur fournissait les paroles. Les chansons des rues et l'imagination de chacun donnèrent des airs. Ces vers de maître Clément, nous dit Florimond de Rémond[1], « ne furent pour lors mis en musique, comme on voit aujourd'huy, pour estre chantez au presche ; mais chacun y donnoit tel air que bon lui sembloit, et ordinairement de vau-deville. » La cour les avait très-bien accueillis. François Ier accepta la dédicace des trente premiers, traduits avec le secours de Vatable et publiés en 1541. Vingt autres parurent en 1543, imprimés par les soins de Calvin à Genève, où le poëte s'était réfugié par crainte de la Sorbonne. Théodore de Bèze, pendant son séjour à Lausanne, acheva de traduire le reste du psautier, qui fut terminé en 1553. Le tout parut à Genève en 1556, in-12, sous ce titre : *Setanteneuf Psaumes mis en rithme françoise*. François Ier engagea le poëte à les adresser à Charles-Quint. L'Empereur envoya à Marot deux cents doublons, et le pria de lui traduire de

---

[1] Ouv. déjà cité, liv. VIII, p. 1043.

même le psaume *Confitemini Domino, quoniam bonus,* qu'il aimait. Les musiciens de ces deux princes mirent en musique les vers du rimeur. Claude Goudimel, célèbre artiste du temps, composa la plus grande partie de ces airs avec Guillaume Franc et Bourgeois. Henri II les goûtait fort. Ils eurent une vogue singulière. Ce fut une lutte pour avoir en propre un de ces cantiques. Le roi en distribua à tout le monde. « Le roy Henry aymoit et prit pour sien le pseaume :

> Ainsi qu'on oyt le cerf bruire,

lequel il chantait à la chasse. » Malade à Angoulême, il fredonnait le cxxvm :

> Bienheureux est quiconque
> Sert à Dieu volontiers,

dont il avait lui-même composé la musique. Et les « lucs, viols, espinettes, fleustes, les voix de ses chantres parmi » l'accompagnaient. « Madame de Valentinois qu'il aymoit prit pour elle :

> Du fond de ma pensée,

qu'elle chantait en volte. La royne avait choisi :

> Ne veuillez pas, ô sire,

avec un air sur le chant des bouffons. D'autres fois elle redisoit :

> Vers l'Éternel, des oppressez le père,
> Je m'en iray, lui montrant l'impropère
> Que l'on me faict, lui feray ma prière
> A haulte voix, qu'il ne jette en arrière
> Mes piteux cris, car en lui seul j'espère.
>
> Ps. cxli.

« Le roi de Navarre, Antoine, prit :

> Revange-moi, prends la querelle,

qu'il chantoit en bransle de Poitou. Ainsi les autres. »

Le peuple, comme la cour, créa ses airs. Le dimanche « les compagnons de mestier » s'allaient « pourmener par les prairies, bocages ou autres lieux plaisans, chantans par troupes pseaumes, cantiques et
chansons spirituelles. Vous eussiez aussi veu les filles
et vierges assises par troupes es iardins et autres
lieux qui, en cas pareil, se delectoyent à chanter toutes
choses saintes. »

Les chanteurs n'étaient pas toujours habiles. Il
arrivait parfois qu'au prêche une partie chantait ce
verset-ci, l'autre ce verset-là, si bien. raconte Florimond, « que le pauvre ministre Malo, quoiqu'il tem-
pestast en chaire et battist de la main, ne les pouvoit
remettre à la mesure[1]. »

Bernard Palissy s'est plu à ces harmonies de voix
mâles et fraîches. Il aimait à les entendre ; il aime à
nous en parler. Voilà le chœur de nos jeunes Sain-
tongeoises, *gratiæ decentes*, comme dit Horace, sous
l'ombrage des aubiers, louant, exaltant le Seigneur
Dieu dans ce magnifique élan de David : *Benedic, anima
mea, Domino.* Elles disent :

« Bénissez le Seigneur, ô mon âme ! Seigneur,
mon Dieu, vous avez fait paraître votre grandeur
d'une manière bien éclatante !

« Environné de majesté et de gloire, revêtu de lumière comme d'un vêtement, vous étendez le ciel
comme un pavillon.

« Vous marchez sur les ailes du vent. Vous con-
duisez les fontaines dans les vallées pour abreuver

[1] Ouv. déjà cité, liv. VIII, p. 1010.

les bêtes des champs, les animaux sauvages, les oiseaux de l'air.

« Vous faites sortir le pain de la terre et le vin qui réjouit le cœur de l'homme, et l'huile qui répand la joie sur son visage.

« Un regard de vous fait trembler la terre ; vous touchez les montagnes, et les flammes et la fumée en jaillissent.

« Je chanterai les louanges du Seigneur, tant que je vivrai. O mon âme, bénis le Seigneur ! »

Et les oiselets font chorus. Ils célèbrent aussi le Seigneur Dieu ! Et les chevreaux sautent, et les agneaux bondissent, et les conils font mille tours et détours. Toute la création semble réunie pour adresser ses louanges au Créateur. Ne demandons plus où sont les sommets foulés par les vierges de Laconie ; où est le Sperchius ; où sont les grands arbres qui écartent les rayons du soleil. Tout cela vaut-il les filles de Saintes chantant les vers de Marot sous les aubarées de la Charente ? Tout cela est-il plus grand que cette pastorale ? Et si Palissy n'est pas Virgile, pourquoi les prairies de la Saintonge ne vaudraient-elles pas les vallées de l'Hémus ? Un écrivain l'a dit : *Si Galliam ovum statuas, Santones ovi vitellum sunto*; et Sully a répété : « Si la France était un œuf, la Saintonge en serait le moyœuf. »

CHAPITRE XI

L'édit de pacification donné à Saint-Germain-en-Laye, le 17 janvier 1562, par Charles IX, sous l'inspiration du chancelier de l'Hospital, n'était guère propre à rabattre l'audace toujours croissante des huguenots. Il les forçait à rendre aux catholiques les églises, maisons, terres, biens dont ils s'étaient emparés « en une infinité de lieux, » leur enjoignant de ne plus renverser à l'avenir les croix, images et statues. Il leur permettait, pourvu que ce fût hors de l'enceinte des villes, de tenir des assemblées que devaient protéger les officiers royaux ; de prêcher ce qu'ils voudraient, à la condition qu'ils n'avanceraient rien de contraire au symbole du concile de Nicée, qu'ils s'abstiendraient d'invectives contre les catholiques et les cérémonies de leur culte ; enfin de convoquer des synodes, colloques et consistoires auxquels assisteraient des officiers du roi. L'édit de Nantes fit plus tard disparaître cette clause de la présence des officiers royaux aux assemblées des réformés.

Les parlements refusèrent de publier l'édit de janvier, ou ne s'y décidèrent qu'après une longue résistance. Les catholiques furent irrités de ce que cet acte « approuvait deux religions. » De leur côté, les calvinistes ne furent pas pleinement satisfaits : ils avaient espéré davantage. L'édit fut donc lettre morte. Dans cette situation, le moindre incident pouvait mettre les armes aux mains des protestants. Le malheureux événement qu'on a nommé le massacre de Vassy, 1er mars 1562, fut le signal de la guerre civile.

François III, comte de la Rochefoucauld, fils de François II et d'Anne de Polignac, qui commandait pour le prince de Condé, Louis de Bourbon, chef des huguenots en Guienne, Saintonge et Poitou, lève des troupes et met garnison à Saint-Jean-d'Angely. Mais avant d'aller rejoindre son général à Orléans, il convoque, le 25 mars, à Saint-Jean-d'Angely, un synode où le plus fougueux des ministres d'Arvert, Charles Léopard, alors et en 1572 pasteur à la Rochelle, et les autres pasteurs de la Saintonge et de l'Aunis décident, en faveur des gentilshommes encore retenus par leur serment de fidélité au roi, que l'Écriture permet aux vassaux de lever la lance contre leur seigneur pour cause de religion. Le 3 avril, barons et chevaliers, délivrés de tout scrupule par cette déclaration, s'assemblent en armes à Brioux, entre Saint-Jean-d'Angely et Melle, et, sous le commandement de Jean d'Aubeterre, seigneur de Saint-Martin-de-la-Couldre, se dirigent vers Orléans, rendez-vous général des forces du parti.

La Rochefoucauld, avec son lieutenant François de Pons, baron de Mirambeau, marche contre Antoine sire de Pons. La ville de Pons est prise, 2 octobre, et livrée au pillage. Antoine, retiré dans la grosse tour carrée, fut forcé de se rendre à composition. Heureusement le duc de Montpensier vint le délivrer. Palissy était-il en ce danger auprès de son protecteur? On ne sait. Le 2 novembre 1568, nouvelle prise et sac de la ville après une longue résistance. Pendant le siége, les protestants avaient ruiné le couvent des cordeliers, tué ou dispersé les religieux. Les catholiques, redevenus les maîtres peu de temps après, leur firent payer cher leurs dévastations et leurs massacres. En juillet 1570, reprise de la ville par les calvinistes, qui la gardèrent deux mois. Quatre ans plus tard, les réformés la livrèrent, le 25 février, à Pontus de Pons, seigneur de la Caze et à Jean de Pons, seigneur de Plassac. La boucherie fut épouvantable. Le prieuré fut détruit; l'église Saint-Sauveur, renversée; celle de Saint-Martin, ruinée de fond en comble.

De leur côté, les Rochelais, affranchis désormais de tous scrupules de conscience, s'éprennent d'une exaltation fanatique; ils mettent, pour soutenir la guerre, à la disposition du prince de Condé, une somme de huit cents livres par mois, qui fut doublée peu de temps après. Ils ne s'en tinrent pas là. Le 1er mai 1562, après la cène publiquement célébrée en grande pompe, sur la place de la Bousserie, ils se

ruent dans les églises, pillent reliquaires et vases sacrés dont plusieurs s'enrichirent, renversent les autels, .brisent les images, fouillen' les tombeaux et
dispersent au vent les cendres des morts. Les religieux sont contraints de fuir. Vingt ou trente qui revinrent furent massacrés.

Six ans plus tard, toutes les églises elles-mêmes,
excepté la seule chapelle de Sainte-Marguerite, furent
démolies ; les clochers, qui pouvaient être utilisés
comme moyen de défense, subsistèrent seuls. Il en
fut de même dans toute la province. « La maladie d'a-
battre les images, dit Philippe Vincent, ministre à la
Rochelle, était quasi universelle et se communiqua
par contagion à ceux de cette ville. » A peine resta-t-il
quelques églises délabrées, des pans de murs noircis
par la fumée de l'incendie ou lézardés par le choc des
toits. Des quatre-vingt-sept églises du pays d'Aunis,
celle d'Esnandes seule conserva ses voûtes.

Ces exploits des Rochelais n'étaient malheureusement pas des faits isolés. Que de ruines accumulées
par toute la France ! Les mille figures du grand portail de Saint-Étienne de Bourges furent criblées d'ar-
quebusades. Le chœur splendide du Saint-Jean de
Lyon, construit de marbre, jaspe et porphyre, fut
démoli, et aussi les basiliques vénérables de Saint-
Just et de Saint-Irénée. Les fonts baptismaux étaient
livrés aux plus vils usages, les vases sacrés profanés,
les images du Christ et de la Vierge traînées dans la
boue. Les tombeaux ne furent pas à l'abri de cette
rage sacrilége. A Sainte-Croix d'Orléans, on brûle
le cœur du roi François II; à Bourges, on profane les

restes de Jeanne de France; à Cléri, le tombeau de Louis XI; à Rouen, ceux de Rollon, de Guillaume Longue épée et de Richard Cœur de lion. Les reliques de saint Irénée et de saint Martin de Tours furent jetées au Rhône et à la Loire. La statue de Jeanne d'Arc fut renversée du haut du pont d'Orléans. « Hélas! s'écrie dans son *Discours du sacagement des Églises de France*[1], le bénédictin Claude de Xaintes, tant de barbares, tant d'ennemis de Dieu et de la France ont-ils passé parmi nous et pardonné à ces morts, afin que les instruits et convertis à Jésus jetassent leurs cendres, plus de douze cents ans après leur mort, au feu et au vent. » Il est fâcheux qu'on ne trouve pas, chez Palissy, un regret semblable, un mot pour flétrir ces excès. Il en avait été le témoin, et puisqu'il les racontait, il les devait blâmer.

A Fléac, un prieuré de Chanceladais fut complétement ruiné, et, dit Florimond de Rémond, « on joua au rampeau avec des testes de prestres. » A Angoulême les sépulcres furent ouverts; les cadavres qui avaient encore quelques restes de chairs furent poignardés, et les os dispersés. Dans la cathédrale reposait le corps du grand-père de François Ier, Jean d'Orléans, comte d'Angoulême, mort, l'an 1467, en odeur de sainteté. Le plomb de son cercueil servit à faire des balles d'arquebuse, et ses restes furent mis en lambeaux[2]. A Saint-Jean-d'Angely, quelques jours avant la fête patronale (24 juin), maître Arnauld Rolland, maire et capitaine de la ville, suivi d'une troupe en

---

[1] *Archives curieuses*, IV, 398.
[2] Varillas, *Histoire de Charles IX*; de Thou, IV, 261.

démence, envahit l'abbaye, saccage l'église; brise chaire, autels, stalles, pupitres, croix, statues; brûle livres, bannières, images, ornements, reliques, la riche bibliothèque des bénédictins et les archives du monastère; défonce les tonneaux des caves et enivre la populace. Ce fut pendant quelques jours une orgie dégoûtante. A pleines voitures on chargea tout ce qui put être enlevé : blé, vin, cloches, linges, meubles et ustensiles. Des religieux, les uns furent liés comme des esclaves et livrés à d'infâmes tortures, les autres furent massacrés. L'abbaye devint le théâtre d'une véritable boucherie. Le curé de la ville, garrotté, fut promené par la ville au milieu des huées. Puis on l'étendit sur une couche de poudre; il expira dans les plus affreux supplices. Enfin son cadavre fut jeté dans les fossés de la ville, après avoir subi les plus indignes mutilations[1].

Quel châtiment fut infligé à l'auteur de toutes ces atrocités? L'année suivante, Arnauld Rolland fut condamné à mort par sentence du sénéchal de Saintonge Charles Guitard. Mais on trouva moyen de lui éviter la pendaison; et même, grâce à la protection du prince de Condé, qui attesta qu'Arnauld Rolland avait agi par son commandement et pour le service du roi, il fut réhabilité. Ainsi les chefs du protestantisme acceptaient la complicité morale des violences et des crimes de leurs partisans. Près de là, en Angoumois, l'abbaye de Saint-Etienne de Bassac, éprouva le même sort. Celle de Chastres fut complétement rui-

---

[1] *Recherches topographiques et historiques sur Saint-Jean-d'Angely,* par Guillonnet-Merville.

née. Cognac fut livré au pillage par le prince de
Condé.

A Saintes, les faits ne se passèrent pas autrement.
Palissy nous a bien redit toutes les misères qu'eurent
à subir ses coreligionnaires. Pourquoi n'a-t-il pas
été un historien impartial? pourquoi n'a-t-il pas
fait une mention quelconque de ce qu'avaient eu à
supporter ses adversaires religieux? Nous allons le
voir s'indigner contre la réaction catholique et tromper ses biographes, qui n'ont point assez contrôlé
ses affirmations. Mais pas un mot dans son récit des
excès huguenots de 1562 ; ils expliquent pourtant
les vexations dont lui-même fut la victime. Je m'é-
tonne, et regrette pour son caractère qu'il n'ait
pas au moins indiqué quelques-uns des faits dont les
calvinistes se rendirent coupables. On voit trop que
la passion l'anime, ce qui doit nécessairement nous
mettre en garde contre lui.

Pour suppléer à son mutisme, heureusement nous
avons l'histoire. M. Massiou a parlé, d'après les archives manuscrites de Saintes, des événements si mal à
propos passés sous silence par le potier historien.
Corroborons son témoignage par le récit inédit d'un
contemporain, François Tabourin, chanoine de Saintes.

Ceux de la religion prétendue réformée, ainsi du
reste qu'il résulte d'un procès verbal du 7 février
1564, pénétrèrent à Saintes en juin 1562. La trahison de Lamoureux leur avoit ouvert une porte, qu'on
appeloit la porte *Mouclier*, située entre la tour de Maître Bernard et l'ancien pont. Il est d'ailleurs à remarquer que trois fois la ville fut prise, trois fois par

trahison. « On estoit à la veille de la Pentecôte; et à la cathédrale on faisoit de l'eau bénite... Feu M. de Pérignat, de la maison de Pons, archidiacre de Xaintonge et chanoine de la dite église, faisoit ce jour-là la bénédiction qui fust abandonnée de tous messieurs, fors de M. Goumard et du diacre et soubz-diacre, mesme jusques aux choristes qui s'enfuirent à cauze de la grande alarme qui estoit en la ville, et quittèrent là le dit Pérignat qui ne bougea de parachever la dite eau bénite et de dire la grande messe. »

Les assaillants n'avaient pour armes que des bâtons ferrés. Ils s'en servirent : plusieurs prêtres furent assommés. La plupart des églises éprouvèrent des dévastations. Les portes de la cathédrale fermées furent enfoncées; les autels furent renversés, les tableaux déchirés ; les livres qui « estoient tous garnis d'argent, le couvercle et le dedans estoient escrits en velin, » les papiers, les titres du chapitre, brûlés. On avait eu soin de cacher les reliques ; elles purent échapper cette fois. Saint-Eutrope et Saint-Pierre furent transformés en temples; à l'entrée du chœur de Saint-Pierre, on dressa une estrade où vinrent pérorer les principaux de la troupe. C'est sans doute ce qui a donné lieu à cette assertion de Théodore de Bèze, que les deux cultes « en plusieurs lieux » de la Saintonge et de l'Angoumois vécurent fraternellement dans le même édifice, et que « les catholiques qui venoient d'ouïr chanter la messe, rencontrèrent les réformés qui se rendaient à l'exhortation. » Cela eut lieu à la Rochelle. Les papistes se servirent de la seule église dont on leur laissait la disposition

après le prêche pour ne point manquer de célébrer
le jour du Seigneur. On voit ce que devient cette en-
tente fraternelle.

Le premier moment de stupeur passé, les catholiques relevèrent la tête. « La fureur des huguenots, dit
M. Henri Martin[1], fournit à leurs ennemis de cruelles
armes ; la soif du sang et de la vengeance dévorait
les populations catholiques à l'aspect ou au récit de
tant de sacriléges ; l'indignation gagnait les hommes
les plus étrangers aux superstitions, les plus disposés naguère à seconder les novateurs contre les abus
de l'Église : une partie des gens du peuple, qui avaient
participé aux profanations par entraînement et par
esprit de désastre, eurent bientôt horreur de leur
ouvrage. La masse catholique, d'abord étourdie et
surprise, commençait de s'organiser à son tour. » Les
habitants de Saintes firent comme partout ; ils rejetè-
rent les apôtres armés qui prêchaient la liberté en op-
primant et la tolérance en massacrant. La Rochefoucauld avait mis dans leur ville une garnison ; ils la
forcèrent bientôt à déguerpir, et ouvrirent leurs
portes aux gens du sieur de Nogaret qui occupaient
le château fort de Taillebourg.

C'est alors que Louis de Bourbon, duc de Montpensier, qui avait succédé à Antoine de Navarre, mort le
17 novembre 1562 aux Andelys, dans le gouvernement
général des provinces maritimes d'Aquitaine, parut
en Saintonge. Il avait rejoint à Bergerac son lieutenant général Charles de Coucis, comte de Burie, qui

_____

[1] *Histoire de France*, IX, page 126.

venait de remplacer dans cette charge Frédéric de
Foix, comte de Candale et baron d'Estissac. De Barbezieux, où il avait espéré trouver Duras, il poussa
jusqu'à Saintes avec l'intention de remettre cette ville
au pouvoir de ses habitants. C'était fait. Il rendit
(octobre 1562) au culte romain les églises de Saint-
Pierre et de Saint-Eutrope, confisqua les biens des huguenots, et mit garnison dans la place.

C'est de la joie triomphante des papistes que parle
Palissy quand il dit (p. 111) : « Il sortit certains dia-
bletons du chasteau de Taillebourg qui faisoyent plus
de mal que non pas ceux qui estoyent diables d'ancienneté. Eux entrans en la ville, accompagnez de certains
prestres, ayans l'espée nue au point, crioyent : Où
sont-ils ? Il faut couper gorge tout à main. Toutefois,
il ne périt qu'un Parisien qui auait bruit d'auoir de
l'argent. »

On reconnaît bien l'écrivain huguenot dans cette
mise en scène. Ces cris ne l'effrayaient pas pour ses
coreligionnaires, car ils s'étaient tous enfuis, mais un
peu pour lui-même. Deux mois, il se tint prudemment
à l'écart, caché dans son atelier, travaillant à perfectionner l'émail déjà trouvé, et fort épouvanté, « voyant
que les portefaix et belistreaux estoyent deuenus seigneurs aux depens de ceux de l'Église reformee. »

Ce qui parut lui causer la plus grande inquiétude —
et qui ne pouvait pourtant être bien terrible — ce furent les simulacres de combat que, chaque jour, sur
la place près de laquelle était sa maison, se livraient
deux troupes de petits drôles ; « iectans des pierres les
vns contre les autres, ils iuroyent et blasphemoyent

le plus execrablement que iamais homme ouyt parler. »

Ces blasphèmes, dont se plaignait maître Bernard avec tant de frayeur, étaient sans doute quelque expression populaire. Ainsi on lit dans l'*Histoire ecclésiastique des églises réformées du royaume de France*, par Théodore de Bèze (II, 828), ce passage qui contient le terme dont se troublait l'âme timorée du pauvre Palissy : « Cette défaite et le soudain desportement de la Rochefoucauld estonnèrent merveilleusement tout le pays et notamment la ville de Xainctes, de laquelle estant sortis ceux de la religion et s'étant écoulés çà et là, un nommé Nogaret, tenant auparavant garnison à Taillebourg, homme très-détestable, portant en sa devise ces mots : Dovble mort Dieu a vaincv certes, entendant par ces mots ceux de la religion qui condamnent ces iurements et blasphèmes, y entra... ce qui fut cause de la mort de plusieurs, s'y employant entre autres le lieutenant particulier nommé Blanchard. »

Bernard Palissy ne dit pas, comme Théodore de Bèze, que l'entrée de Nogaret à Saintes « fut cause de la mort de plusieurs. » L'un était témoin oculaire; l'autre était loin. Si ce massacre eût eu lieu, nul doute que l'historien-potier n'en eût parlé. Sur ce point, il faut donc récuser le témoignage de Théodore de Bèze.

Au milieu de l'effervescence qui suit toujours la victoire, on se souvint que l'atelier de maître Bernard avait servi aux réunions politico-religieuses. Quelques propos menaçants furent sans doute profé-

rés contre lui. Aussitôt, avec une généreuse sponta-
néité, le duc de Montpensier lui donna une sauvegarde et de plus déclara son atelier lieu de franchise.

Les derniers·excès des protestants en Saintonge
avaient excité encore la sévérité du parlement de Bordeaux. En juin 1559, peu de temps avant sa mort,
Henri II à Écouen, chez le connétable de Montmorency, dans le château décoré par Palissy, avait
adressé aux magistrats des provinces des lettres patentes pour leur recommander la plus grande sévérité
envers les hérétiques, leur abandonner sans appel la
vie des accusés, et leur défendre de faire grâce ou
modérer la peine. On avait laissé dormir cet édit ; il
fut tiré de son sommeil. Le parlement de Bordeaux
ordonna qu'il serait exécuté dans tout son ressort.
Les juges de Saintes durent obéir. Palissy s'est dé-
chaîné contre eux ; il les accuse d'avoir apporté de
l'animosité dans son procès « parce qu'aucun desdits
juges (p. 8) estoyent parens dudit Doyen et Chapitre, et possèdent quelque morceau de benefice, lequel
ils craignent de perdre, parce que les laboureurs
commencent à gronder en payant les dixmes à ceux
qui les reçoyvent sans les mériter. »

La passion égare Palissy et il a tort d'attribuer aux
poursuites dirigées contre lui un motif aussi misé-
rable. La vénalité des charges de judicature, si elle
avait de grands inconvénients, avait au moins cet
avantage de mettre le magistrat dans une complète
indépendance. L'accusation, peu fondée en thèse générale, est dans l'espèce tout à fait fausse.

Le doyen du chapitre était Louis Guitard. Reçu

dans cette dignité le 5 décembre 1553, il avait deux fois représenté le clergé de Saintonge auprès du roi, et plaidé les intérêts de la religion romaine. Le zèle qu'il avait déployé dans ces missions lui valut la haine des dissidents ; plusieurs fois ils tentèrent de le faire périr. Il avait vu massacrer le neveu de son évêque, Jacques de Bizet, vicaire général, dans la surprise de 1562 ; lui, avait été assez heureux pour échapper à leurs coups. Il mourut le 24 avril 1584. Les registres du chapitre faisaient de lui le plus grand éloge. Peut-être la pensée du péril évité avait-elle augmenté sa haine de l'hérésie ; mais ce sentiment est trop naturel pour être blâmé, et rien ne prouve qu'il ait entraîné le doyen à un acte tant soit peu regrettable. Ce parent du doyen, juge au présidial de Saintes, dont parle Palissy, était son frère, Charles Guitard, seigneur des Brousses, dont les descendants subsistent encore à Saintes et en Angoumois. Charles Guitard, né en 1519, sénéchal de robe longue, était alors lieutenant criminel. En 1572, il devint lieutenant général et rendit à la province d'importants services. Après avoir exercé quarante ans la magistrature, riche, aimé de ses nombreux amis, il renonça au monde, se consacra tout entier à Dieu, et, pendant onze ans qu'il vécut encore, remplit avec la plus sincère piété les fonctions de doyen dans la cathédrale de Saintes[1].

---

[1] Quand il mourut, à l'âge de soixante-dix-neuf ans, 10 novembre 1598, le chapitre, pour reconnaître ses services et ceux de son frère, décida que la chapelle Saint-Thomas, aujourd'hui Saint-Michel, servirait désormais de sépulture à la famille. L'inscription qui rap-

Faut-il croire, d'après cela, à ce que maître Bernard insinue sur la complaisance intéressée du lieutenant-criminel? Et combien ne s'est-on pas trompé[1] lorsque, sur la foi de Palissy, on appelle ses juges « des juges prévaricateurs! » Palissy est juge et partie dans la cause. Les lois étaient mauvaises ; le tribunal fut juste. Le magistrat ne crée pas la loi; il l'applique.

Malgré la sauvegarde de Louis de Bourbon, Palissy fut appréhendé au corps. Il n'avait pas voulu fuir; il espérait que, le sachant chargé de commandes pour le connétable de Montmorency, et protégé par le gouverneur général de l'Aquitaine, on respecterait son œuvre et sa personne. Il n'en fut rien : les archers le saisirent ; il fut jeté en prison. Mais son arrestation fit voir encore plus clairement l'admiration que l'on avait pour son génie.

Dès que son emprisonnement est connu, tout ce que la province comptait de personnages influents s'émeut. Ils hâtent leurs démarches. C'est le lieutenant général pour le roi en la ville de la Rochelle et pays d'Aunis, maire perpétuel de Bordeaux et capitaine du château du Hâ, Guy Chabot, baron de Jar-

---

pelle ses titres est en latin ; elle est longue. Voici en français les deux distiques grecs qui la terminent :

Les biens dont on a joui mon heureuse existence,
Mourant, à mes parents je les ai tous laissés ;
Et cette tombe, abri de mes membres glacés,
Après tant de richesses est ma seule opulence.

C'est aux libéralités de Charles Guitard qu'est due la fondation du collége de Saintes, qui possédait encore trente mille livres de rente en 1789.

[1] M. Camille Duplessy, *Étude sur la vie et les travaux de Bernard Palissy*, p. 453.

nac, seigneur de Saint-Gelais, Montlieu, Sainte-Aulaye, etc., chevalier de l'ordre du roi, capitaine de quatre-vingts lances des ordonnances, premier gentilhomme de la chambre; Guy Chabot, que son duel avec François Vivonne de la Chasteigneraie, à Saint-Germain-en-Laye, a rendu célèbre, avait favorisé secrètement les protestants. Puis, mieux éclairé sur leurs intentions, il écrivait, le 8 juin 1561, de son château de Jarnac, à Catherine de Médicis et l'informait « qu'il est intervenu grande mutinerie et sedition pour la diversité des opinions différentes les unes des autres touchant la religion et jusqu'à s'entretuer ; » qu'en sa « terre de Jarnac, les ministres preschent publiquement. » Son fils Léonor Chabot avait abjuré devant trois mille personnes, et brisé les statues de l'église de Jarnac.

C'est ensuite François III, comte de la Rochefou-cauld, gouverneur de Guienne, Saintonge et Poitou, pour Louis de Bourbon, prince de Condé, chef de la réforme dans les provinces de l'Ouest. La Rochefou-cauld supplia pour le protégé du connétable de Mont-morency, son ennemi. C'est Louis II de Bourbon, pre-mier duc de Montpensier, prince de la Roche-sur-Yon, tige de la deuxième branche des Montpensier, et neveu du fameux connétable de Bourbon. Montpensier, au milieu des guerres qui remplirent sa carrière, ne né-gligea pas les arts. Il acheva la Sainte-Chapelle de Champigny, chef-d'œuvre commencé en 1508, par son père, Louis Ier de Bourbon, et qui, seul reste au-jourd'hui du château magnifique des Montpensier dé-truit par Richelieu, montre encore des vitraux de

Robert Pinaigrier, regardés comme les plus beaux
de tous ceux que nous a laissés la Renaissance. Il est
très-probable qu'il y employa l'artiste saintongeois.

C'est le valeureux comte de Burie, Charles deCoucis,
lieutenant général en Saintonge, que Charles IX qua-
lifiait de cousin. Il fit valoir son constant dévouement au roi et ses longs services militaires en Italie
et en France. C'est l'un des plus puissants gentilshommes du pays, Antoine, sire de Pons, comte de
Marennes, baron d'Oléron, seigneur de Pérignac, et
autres lieux. Son épouse, Marie de Montchenu, dame
de Massy et de Guercheville, qui avait ramené au giron
de l'orthodoxie Antoine de Pons, un moment gagné
à l'hérésie par la beauté et la science de sa hugue-
note première femme, Anne de Parthenay-l'Archevêque, joignit ses instances aux siennes. Malgré tant
de sollicitations et de recommandations, le présidial
fut sourd. Il ne se laissa pas fléchir par les prières et
par de si hautes influences. Mais, peut-être pour échapper à une pression qui aurait entravé l'action de la
justice, on fit, de nuit et par des chemins détournés,
partir le prisonnier. Il arriva à Bordeaux.

Le maître absent, on courut à sa maison. La curiosité poussait la foule ; elle voulait voir l'atelier où
s'élaboraient des chefs-d'œuvre jusqu'alors inconnus,
surprendre peut-être dans le four le secret de la fabrication de ses splendides émaux. Les portes étaient
fermées ; on les brisa. Toutefois à l'intérieur rien ne
fut endommagé. Palissy se contente de dire: (p. 9)
« Ils firent ouuerture et lieu public de partie de mon
hastelier. »

Le corps de ville fut plus rigoureux. Il décida que l'atelier du potier qui avait servi de réunion clandestine serait jeté bas, quoiqu'il eût été construit en partie aux frais du connétable.

Il serait bien intéressant d'avoir cette délibération de l'échevinage de Saintes. Mais les registres municipaux du milieu du seizième siècle ont pour la plupart disparu. Les autres archives, sous prétexte de classement, ont été transportées à la Rochelle, où les termites les dévorent [1].

Nous sommes donc forcés d'en croire Palissy sur parole. Et cependant à la tête de l'édilité saintaise se trouvait alors Pierre Goy, seigneur de la Besne, déjà maire en 1553. Pierre Goy, avocat, « bourgeois et échevin de cette ville de Xaintes, » mais poëte latin et français, était un ami de Palissy. C'est lui qui donna un jour à l'artiste (p. 58) des ammonites trouvées à sa métairie. Enfin Pierre Goy était zélateur de la Réforme. Il me paraît difficile qu'il ait pu consentir à laisser détruire ainsi l'atelier de son ami et coreligionnaire. Toutefois la délibération, si elle fut prise, n'eut aucun effet. Antoine de Pons et son épouse, Marie de Montchenu, prièrent le maire et les échevins de « n'exécuter leur intention. »

Les protecteurs du potier, en préservant son atelier de la ruine, ne négligeaient pas le soin de son propre salut. Le connétable Anne de Montmorency, apprenant que son artiste aimé, le décorateur habile de

---

[1] En 1865, vingt-quatre liasses attaquées ont dû être, le conseil général l'a constaté, brûlées pour préserver le reste. — *Délibérations du conseil général*, page 212, séance du 26 août 1865.

son château d'Ecouen, était détenu dans la prison de Bordeaux, employa son influence auprès de la reine mère. A sa recommandation, Catherine, aimant les arts comme une Médicis, fit délivrer à maître Bernard le brevet « d'inventeur des *Rustiques figulines du roi,* » titre fort semblable à celui de *faiseur des rustiques figulines du roi,* qu'un continuateur de Palissy obtint plus tard sous la minorité de Louis XIII. Désormais le potier faisait partie de la maison du roi ; il échappait ainsi à la juridiction du parlement de Bordeaux. Son procès était indéfiniment ajourné. Son art le sauvait une première fois. « Et vraiment, dit M. Duplessy, le connétable avait paré sa protection de toutes les grâces délicates d'une flatteuse attention en rendant à Palissy sa liberté au nom même et sur la prière de son talent. » Le potier fut reconnaissant.

La paix d'Amboise, du 19 mars 1563, acheva d'enlever toute crainte à l'émailleur délivré. Il put de nouveau cuire ses vases, et reprendre ses promenades sous les aubarées et dans les prairies de la Charente.

Ici s'arrêtent l'épisode de la persécution religieuse que Bernard Palissy eut à souffrir en Saintonge et le récit des commencements de la Réforme, dont il a été l'historien. Que de faits lamentables il y aurait encore à raconter, si l'on avait du goût pour le tableau rétrospectif des fureurs de cette sanglante époque ! Mais évitons les récriminations inutiles et les déclamations intempestives. Elles fomentent les haines, aigrissent les cœurs, entretiennent l'antagonisme, sans profit pour la charité. Aussi n'ai-je dit que ce qui était strictement nécessaire pour la clarté

du récit et la biographie de mon personnage. La vérité
a ses droits, si la modération a ses règles. Et puisque
Palissy s'est fait complaisamment l'historien des débuts de la Réforme à Saintes, il importait d'abord de
rechercher si tous les torts étaient du côté de ses
« haineux, » comme il les appelle, et ensuite, s'il
avait été narrateur fidèle, impartial, blâmant le mal
partout, n'exagérant pas les méfaits des catholiques,
et ne dissimulant pas soigneusement les crimes des
calvinistes. Mais Palissy a souffert; dès lors son
récit est passionné. Puis, c'est une apologie. Il a été
mis en prison; il sent que c'est là une tache; il
veut la laver. « Ie vous ai escrit, dit-il, toutes ces
choses afin que n'eussiez opinion que i'eusse été
prisonnier, comme larron ou meurtrier. » De là à
montrer qu'on n'a aucun tort, et que les vrais coupables sont ceux qui arrêtent et condamnent, il n'y a
qu'un pas. Maître Bernard le fait. Témoin sincère,
mais aigri, il faut discuter sa thèse, contrôler, éclairer son témoignage. C'est ce que nous avons voulu
faire.

CHAPITRE XII

Bernard Palissy, de retour en sa maison, put se livrer, tranquillement désormais, au perfectionnement de son art.

Il serait injuste de croire que, dans la capitale de la Saintonge, Bernard Palissy ne trouva que des persécuteurs ou des indifférents. Tant qu'il chercha, il eut le sort de tous les hommes qui marchent en avant de leur siècle; il subit les déboires de tous les inventeurs. Dès qu'on put croire qu'il ne s'acharnait pas à la poursuite d'un rêve, que ses travaux n'étaient point les efforts d'un esprit malade, et que, sous ce mépris apparent des lois de la société, il y avait au contraire un désir sincère d'être utile, alors on apprécia son caractère et on admira son talent.

Bernard Palissy, après sa découverte de l'émail, fut protégé et patroné. Tout ce que la province comptait d'hommes illustres, de seigneurs puissants, tinrent à honneur de lui prêter appui.

12

Pendant que s'étendaient sur sa tête la main puissante de Catherine de Médicis et l'influence du connétable et du maréchal de Montmorency, les plus grands personnages de la Saintonge, le comte de la Rochefoucauld, le baron de Jarnac, le sire de Pons, le seigneur de Burie, lui témoignaient une bienveillance qui lui dùt être une agréable consolation. En même temps, des amis plus voisins de sa modeste condition, et ainsi plus près du cœur, s'attachaient à lui procurer les douceurs d'un commerce familier et d'une intimité que ne troublaient pas les divergences d'opinion religieuse.

Là, dans son atelier paisible et agrandi, pendant qu'il pétrissait l'argile, modelait ses plantes, moulait ses médailles, dessinait ses reptiles et ses poissons, cuisait ses vases, ses amis venaient se ranger autour de lui, pour le voir à l'œuvre, et l'encourager de leurs conseils et de leur approbation, tous lettrés dont le goût s'était développé par l'étude des chefs-d'œuvre antiques.

Il serait intéressant de faire revivre ce petit cercle qui eut aussi son jour de célébrité, et dont, hélas ! les érudits seuls connaissent l'existence. Et encore !.. C'est d'abord un avocat fameux du temps. Ils s'appelait Babaud ; peut-être Pierre Babaud, maire de Saintes en 1524. Palissy a écrit de lui (page 30) : « Vn advocat, homme fameux et amateur des lettres et des arts. » En sa qualité d'amateur, Babaud était ignorant. Il prétendait que les fossiles étaient faits de main d'homme ; Palissy lui démontrait qu'ils étaient bel et bien naturels. Il soutenait le contraire.

Mais Bernard ne se fâchait pas trop de lui voir soutenir une mauvaise cause : il était avocat.

Près de l'avocat, le médecin Nicolas Alain est un
peu plus connu. Il a écrit un livre curieux et raris-
sime : *de Santonvm regione et illvstrioribvs familiis,
item de factura salis*, petit in-4° de 49 pages, imprimé
à Saintes, en 1598, avec la marque Nicolas Pelletier,
de Poitiers, par François Audebert, ou peut-être
Aubert, *Franciscus Audebertus, typographus*. L'opuscule de Nicolas Alain est précieux ; il cite les
grandes familles de la Saintonge, les Vivonne, les
Jarnac, les Pons, les la Rochefoucauld, les Parthenay-
Soubise, les Polignac, les Genouillac, les Bremond,
les Goumard, les Saint-Mégrin, etc. Parmi,' que de
noms éteints ou tombés ! Parfois, d'un mot il caractérise le représentant de la maison dont il parle.
Les productions de la province, les mœurs de ses
habitants, ses curiosités naturelles, ses édifices, il
passe tout en revue, mais assez brièvement.

Nicolas Alain et son fils, Jean Alain, éditeur du
de Santonum regione, trouvèrent des poëtes pour les
louer : Dominique Du Bourg, médecin et maire de la
ville; Grelland, conseiller du roi et échevin de Saintes; Merlat, conseiller au parlement de Bordeaux;
Turmet, Pierre Goy, Le Comte, tous trois avocats, et
Jacques Regnault, de Saintes. Plusieurs de ces poëtes
dont quelques-uns étaient aussi en relations littéraires avec André Mage de Fiefmelin, autre écrivain
saintongeois de ce temps, furent sans doute des amis
de Bernard Palissy.

Pierre Goy en fut un certainement. Pierre Goy,

Gaius, ou mieux peut-être Gay, dont nous avons déjà parlé, serait, d'après Gobet, qui se trompe, l'auteur des deux quatrains signés P. G. et placés en tête de la *Déclaration des abus* qui n'est pas de Palissy.

On a dit — c'est Faujas de Saint-Fond (p. 674), et après lui les autres — que Samuel Veyrel, le savant apothicaire et archéologue, mettait à la disposition de maître Bernard son cabinet d'objets antiques recueillis à Saintes dans les démolitions du Capitole. C'était assez difficile. Samuel Veyrel n'a publié qu'en 1635, à Bordeaux, chez P. de la Court, son volume in-4° : *Indice du cabinet de Samuel Veyrel, apothicaire à Xaintes, et observations sur diverses médailles.* De plus, né en 1575, il ne pouvait guère montrer à Palissy en 1562 des antiquités réunies seulement en 1609 et plus tard. On a donc évidemment confondu le père et le fils. Samuel Veyrel, l'antiquaire saintongeois, avait pour père Samuel Veyrel « maistre apothicaire de la ville de Xaintes, » auquel il succéda. Il est fort à croire que ce Samuel Veyrel faisait partie du petit cercle de l'artiste émailleur.

Pierre Sauxay était encore un des plus fidèles de la société. C'est lui qui mit à la fin de la *Recepte véritable* les stances dont voici quelques-unes :

> Un Architas Tarentin
> Fit la colombe volante.
> Tu fais en cours argentin
> Troupe de poissons nageante.

> Le lizard sur le buisson
> N'a point vn plus nayf lustre
> Que les tiens en ta maison
> D'œuure nouueau tout illustre.

Les herbes ne sont point mieux
Par les champs et verdes prees,
D'vn esmail plus precieux
Que les tiennes, diaprees.

La Gréce a receu l'honneur
De quelques Cariatides ;
L'Égypte pour la grandeur
De ses hautes pyramides.

Mais cela n'approche point
Des rustiques Figulines,
Que tant et tant bien à poinct,
Et dextremement imagines.

Le froid, l'humide et le chaud
Fait flestrir tout autre herbage.
Tout ce qui tombe d'en haut
Le tien de rien n'endommage.

Je me tayray donc, disant
Que la meilleure nature,
D'vn thresor riche à present
Nous donne en toy ouuerture.

A Dieu.

Pierre Sauxay, poëte, était apothicaire comme Samuel Veyrel, et même pasteūr ainsi qu'on l'a vn, l'un sans doute n'empêchant pas l'autre, à moins que de pharmacien il ne se soit fait ministre. En 1568, il avait passagèrement exercé à la Rochelle. Sa fille Suzanne reçut le baptême d'Yves Rouspeau, poëte de Pons et pasteur de Saujon. Sauxay figure sur divers actes religieux à Saintes... « Le 30ᵉ iour de may 1572, a été baptisé par Mᵉ Pierre Sauxay, ministre de la parole de Dieu, Daniel, fils de Nicolas Vallée, du Douhet... » Le 5 janvier de la même année a lieu le baptême de Pierre Veyrel « fait par Monseigneur Sauxay, ministre. « En 1576, le 8 avril, il signe encore sur un acte semblable, où fut marraine « Jeanne de Gontaulx de Biron, dame de Brisambourg. »

J'ai nommé Pierre Lamoureux; il était un des habitués de ce modeste cénacle d'esprits cultivés. C'est à cause de lui que Palissy (p. 55) serait marri de médire des médecins : « Car il y en a en ceste Ville, ajoute-t-il, à qui ie suis grandement tenu, et singulierement à M. l'Amoureux lequel m'a secouru de ses biens et du labeur de son art. »

Gobet écrit : « Il est bien glorieux à ce médecin, dont le nom est d'ailleurs ignoré, d'avoir été un des Mécènes et des amis de Palissy. » Lamoureux cependant n'a pas manqué d'une certaine notoriété. Maire de Saintes au commencement des troubles, il avait livré la ville aux huguenots, comme nous l'avons vu. En 1569, il fut condamné à mort par le parlement de Bordeaux. L'arrêt ne reçut pas d'exécution. Lamoureux aurait dû se tenir tranquille. En 1574, « il eut, dit *la France protestante*, copiant l'*Histoire et vray discours des guerres civiles*, de Pierre Brisson, il eut la mauvaise pensée d'écrire à Plassac, gouverneur de Pons, pour lui faire connaître combien il serait facile de surprendre la ville de Saintes. Le valet qui portait sa lettre fut arrêté. Mandé en présence du gouverneur, Lamoureux n'hésita pas à reconnaître son écriture et fut jeté en prison. Après une longue détention, le lieutenant-criminel qui était son beau-frère, le condamna à être pendu. L'arrêt fut exécuté en 1574.

Tels sont quelques-uns des familiers de Bernard Palissy, ceux dont il nous a conservé les noms. A ces figures restées dans l'ombre, et effacées par le temps, se joindront plus tard celles de personnages célèbres et historiques, galerie intéressante où se coudoient les talents les plus divers, les noms les plus opposés. Quand il sera tout à fait illustre dans la capitale, le potier de Saintes se souviendra de ses modestes amis demeurés là-bas au milieu des campagnes de la Saintonge. Il conservera leur souvenir, l'inscrira dans ses ouvrages, les sauvant peut-être, sans s'en douter, d'un complet oubli.

Ce fut sans doute à l'instigation de ses doctes amis, éloignés ou voisins, que Palissy se décida à publier quelques-unes de ses idées. Il chercha donc un imprimeur et le trouva à la Rochelle. On en a voulu conclure que maître Bernard avait habité la capitale de l'Aunis.

Palissy eut de nombreux amis à la Rochelle, peut-être autant qu'à Saintes. On en connaît quelques-uns. D'abord François Bauldouyn, sieur de l'Ouaille, conseiller du roi au présidial, pair et échevin. C'était un des hommes les plus honorés de son temps. Il jouissait d'une telle réputation que le médecin Olivier Poupard, dans son *Traité de la peste* (1583) l'appelle « un grand luminaire de littérature. »

Puis un bourgeois nommé l'Hermite, qui avait donné à Palissy « deux coquilles bien grosses. » Un autre bourgeois, François Barbot, marchand, qui lui prêta de l'argent. Il y connut certainement Louis de Launay, médecin pensionnaire de cette ville, dont les cures au moyen de l'antimoine l'avaient émerveillé, tellement qu'il se fit partisan de la drogue proscrite. En

1564, un an après la *Recepte véritable*, Louis de Launay publia un traité in-4° *de la Faculté admirable de l'antimoine*. C'était un peu la thèse soutenue à la fin du quatorzième siècle par cet alchimiste anonyme qu'on a appelé le bénédictin Basile Valentin, dans son *Currus triumphalis antimonii*. La riposte ne se fit pas attendre. L'année suivante, Jacques Grévin, médecin de Paris et poëte galant, imprima à Anvers un *Discours contre l'usage de l'antimoine et contre Launay*. Voilà la guerre allumée. Barthélemy Berton s'en réjouit : car il édita en 1566 la *Réponse de Louis de Launay au Discours de Jacques Grévin qu'il a écrit contre son livre* : DE LA FACULTÉ DE L'ANTIMOINE. Grévin ne se tint pas pour battu. Il revint à la charge par une *Apologie sur les vertus et les facultés de l'antimoine*. Le parlement de Paris intervint; et, en 1566, par un arrêt motivé, condamna l'antimoine à être et à rester un poison. L'emploi en fut défendu. Paulmier fut même, en 1579, exclu de la Faculté pour avoir contrevenu à cette décision ; et, plus tard, Guy Patin ne se gênait pas pour appeler empoisonneurs ceux qui se servaient en secret du remède prohibé. Palissy et de Launay ont appelé de ce jugement ; la postérité leur a donné raison.

Un autre bourgeois de la Rochelle qui eut certainement d'intimes relations avec Palissy fut Jacques Imbert, seigneur de Boislambert, avocat. Une de ses filles, Esther, fut aimée du roi de Navarre, dont elle eut un fils à la Rochelle. Henri voulut le donner à élever à d'Aubigné, qui refusa[1]. Le prince, pour ce

---

[1] *Mémoires*, page 80.

scandale, dut, le 29 octobre, avant la bataille de
Coutras, promettre, sur les observations du ministre
Chaudieu, qu'il réparerait sa faute. En effet, son
beau-père de la main gauche fut nommé grand bailli
du fief d'Aunis. Mais les satisfactions accordées ne
furent pas grandes. Jacques Imbert, plus tard, privé
de sa charge et voyant sa fille abandonnée avec son
enfant, partit avec elle en 1592 pour la Bourgogne,
où se trouvait Henri de Navarre devenu roi de France.
Esther fut, dit-on, empoisonnée par Gabrielle d'Es-
trées, et Jacques Imbert alla périr de misère à
Saint-Denis. Sur son journal de dépenses pour l'année 1564, on trouve, à la date du 11 août : « Quatre
escus baillez en prest à Palissis. » Maître Bernard eut
hâte de s'acquitter de la dette : car en marge Jacques
Imbert a écrit : « Receu le 30 aud. moys. »

Mais les amis ne font pas le logis, s'ils le remplissent. Je ne crois pas au séjour de Palissy dans la
Rochelle. On objecte que s'il y imprima son livre,
c'est qu'il y habitait. Ce n'est pas sûr ; il a pu faire
dans cette ville de fréquents voyages ; mais pouvait-il abandonner son atelier ou le transporter en
Aunis?

La Rochelle avait un typographe protestant ; à
Saintes, François Audebert, calviniste, n'avait pas
encore installé ses presses ; et comme l'ouvrage contenait un assez bon nombre de pages huguenotes,
l'auteur tenait à employer un coreligionnaire, à
défaut d'autre qu'il ne trouvait peut-être pas. Enfin,
à quelle époque placerait-on son séjour à la Rochelle?
Il quitta les bords de la Charente en 1565 ou 1566.

Or, son livre lui-même en 1563 dit : « Demeurant en la ville de Xaintes. »

C'est en 1563 que parut chez Barthélemy Berton le premier ouvrage authentique de maître Bernard. En voici le titre :

RECEPTE VÉRITABLE *par laquelle tous les hommes de la France pourront apprendre à multiplier et à augmenter leurs thrésors. Item, ceux qui n'ont jamais eu cognoissance des lettres, pourront apprendre une philosophie nécessaire à tous les habitants de la terre. Item, en ce liure est contenu le dessein d'un iardin autant délectable et d'vtile inuention qui en fut oncques veu. Item, le dessin et ordonnance d'une ville de forteresse, la plus imprenable qu'homme ouyt iamais parler, composé par maistre* BERNARD PALISSY, *ouurier de terre et inuenteur des rustiques figulines du Roy, et Monseigneur le duc de Montmorancy, pair et connestable de France, demeurant en la ville de Xaintes. La Rochelle, de l'imprimerie de Barthélemy Berton,* 1563 [1].

A l'exemple des grands imprimeurs d'alors, de Jean de Marnef, de Poitiers, par exemple, qui avait un pélican, ou d'Étienne Bichon, de Saintes, au dix-septième siècle, qui avait une biche mettant bas ses faons, Barthélemy Berton a placé pour marque une vignette sur le titre de ce livre. Cette vignette représente un homme dont le bras droit est lié à une lourde pierre qui le retient au sol, et dont le bras gauche, orné de deux ailes, semble voler vers Dieu, qu'on aperçoit dans un nuage. La légende est ainsi conçue :

[1] Il existe de cette édition un exemplaire à la Bibliothèque impériale et à la Bibliothèque de l'Arsenal.

Elle fait songer aux vers de Juvénal, satire III :

> Haud facile emergunt, quorum virtutibus obstat
> Res angusta domi.

« Ce n'est pas facilement qu'ils s'élèvent, ceux dont le mérite trouve pour obstacle la pauvreté [1]. »

La *Récepte véritable*, volume in-12 d'une centaine de pages, dont le titre énonce clairement le contenu, était certainement écrite quelques années avant sa publication. Elle doit avoir été retouchée sous l'in-

[1] De cette légende on a fait la devise de Palissy, et son emblème de cette marque d'imprimeur. Mais ni l'une ni l'autre ne lui appartiennent. Elles ne sont pas davantage à Barthélemy Berton. Celui-ci se les était tout bonnement appropriées. Le véritable inventeur reste encore inconnu. Cette marque figure sur les *Emblèmes d'Alciat*, édition de 1555, antérieure par conséquent de huit années à la publication Aunisienne. L'exemplaire que j'ai eu entre les mains est de 1589. Au chapitre *Emblema* cxx, page 433, on lit ce titre :

> Paupertatem summis ingeniis obesse ne proveniantur,

dont la traduction exacte est :

> *Pauvreté empêche les bons esprits de parvenir;*

puis ces deux distiques qui sont la description de la figure :

> Dextra tenet lapidem; manus altera sustinet alas;
> Ut me pluma levis, sic grave mergit onus.
> Ingenio poteram superas volitare per arces,
> Me nisi paupertas invida deprimeret.

> Vois ! aile à ma main gauche; à ma droite, une pierre!
> L'aile m'emporterait; le poids m'attache à terre.
> Je voudrais jusqu'au ciel m'élever; mais en vain :
> La dure pauvreté m'accable sous sa main.

J'ai constaté cette marque à la fin du tome Ier (page 365) de l'*Histoire universelle du sieur d'Aubigné*, imprimé à Saint-Jean-d'Angely avec la marque de Maillé « par Iean Movssat, imprimeur ordinaire du dit sievr, » en 1616. M. B. Fillon la signale avec la devise : *Spes sola dat vires — L'espoir seul donne des forces*, — au revers de la médaille de Jérôme de Villars, archevêque de Vienne, de 1601 à 1625, et sur un plat à relief de la fin du seizième siècle, provenant de la collection de madame de la Fayette.

fluence des persécutions que venait de subir l'auteur.

L'ouvrage se compose de deux parties. La dernière, *de la Ville de forteresse*, n'a que quelques pages. La première est de beaucoup plus considérable. Aussi Faujas de Saint-Fond l'a-t-il cru pouvoir diviser en quatre livres : l'*Agriculture*, l'*Histoire naturelle*, le *Jardin délectable*, avec un appendice intitulé *Histoire* ; le quatrième livre est formé de la seconde partie de l'ouvrage *Ville de forteresse*.

Mais cette division, fort exacte comme plan ou analyse, a le tort d'être arbitraire. Palissy écrit un peu au gré de son imagination. L'ordre lui fait complétement défaut ; c'était du reste dans les livres une qualité fort rare au seizième siècle. L'intérêt est varié, trop varié. Les idées s'y suivent et ne s'y enchaînent pas. Elles ressemblent à des ombres chinoises, à ces fantômes des panoramas dioramatiques ; à peine commencent-elles à prendre forme que déjà elles s'évanouissent, vagues, confuses, pour laisser la place à d'autres qui ne feront de même qu'apparaître et disparaître. M. Duplessy, plus indulgent (p. 477), a comparé l'ouvrage de maître Bernard « à ces causeries littéraires si fort en vogue de notre temps. Lui aussi a fait une sorte de causerie scientifique. L'imagination seule l'a conduit au milieu de ce dédale d'observations dont le décousu est encore un agrément et une ressource contre l'aridité de certaines démonstrations. Le caprice et la fantaisie lui ont tracé le plan de cette mosaïque agréable, quoique un peu confuse. Dans ce pêle-mêle de pensées, justes pour la plupart, et plus d'une fois poétiquement éloquentes, est, je le répète, l'originalité en même temps que le défaut de la *Recepte véritable*.

Puis, l'écrivain cherche à se reconnaître dans ce dédale : « On finit cependant, dit-il, par trouver un enchaînement possible, quoique un peu artificiel sans doute, dans ces explications sans ordre et sans lien. C'est un cadre fictif, je l'avoue, mais qui a du moins ce mérite de s'adapter parfaitement au livre de Palissy. » Et il voit dans ce volume, si complexe et si mêlé, trois parties. La première, réservée à la science, nous offre des conseils divers sur l'agriculture, l'explication de quelques problèmes de chimie théorique ou appliquée ; la seconde, la description de son fameux jardin, qui semble le sujet réel du livre entier. La troisième enfin renferme l'histoire de l'Église réformée de Saintes, et, comme corollaire, le plan de la ville de forteresse.

En tête de l'opuscule se lisent des vers. D'abord un huitain dédié par : « F. B. à M. Bernard Palissy, son singulier et parfait ami. Salut. » Puis vient un dizain qu'un biographe, sans plus de preuves, a mis sur le compte de Palissy. Je le crois du même auteur.

Quel est ce poëte qui se cachait discrètement sous ces deux lettres F. B.? C'est sans doute François Bauldouyn, qui prêtait volontiers le secours de sa plume aux écrivains de son temps. Dans le livre d'André Mage de Fiefmelin, *l'Image d'un mage*, à la page 71, il compose, en l'honneur du poëte oléronais, une ode à la manière antique, avec strophe, antistrophe et épode, signée *F. Bauldouyn, sieur de l'Œille*; et à

15

la page 75, il insère un sonnet, au bas duquel sont ces seules lettres : F. B. s. de L.

Mais plusieurs poëtes s'appelaient F. B. Aussi Gobel a-t-il mis en note à la page 462 : « Peut-être François Béroalde, sieur de Verville, contemporain et amateur de sciences comme Palissy. » Cap dit de même sans plus de fondement (page 4) : « Probablement François Béroalde de Verville, » son contemporain, auteur du *Moyen de parvenir*.

François Béroalde, né le 28 avril 1558, avait cinq ans à l'époque où parut la *Recepte véritable*. Si précoce qu'on suppose le sieur de Verville, il est peu probable qu'il ait à quatre ans composé des vers pour recommander Palissy au public, et qu'il se soit lui-même appelé « son singulier et parfait ami. » Il vaut mieux sous les initiales F. B. voir François Bauldouyn.

La part de la pose dans les préliminaires du livre est alors considérable. C'est d'abord une *Epistre* dédicatoire au fils du connétable de Montmorency, chevalier de l'ordre du roi, capitaine de cinquante lances, gouverneur de Paris et de l'Ile-de-France, plus âgé de vingt-six ans. L'auteur lui expose les idées principales de son travail, et s'excuse d'oser, modeste artisan, lui offrir ses services pour la construction d'une forteresse. Car, « s'il a plu à Dieu de lui distribuer de ses dons en l'art de terre, qui voudra prouver qu'il ne soit aussi puissant de lui donner d'entendre quelque chose en l'art militaire, lequel est plus apprins par nature au sens naturel que non pas par pratique? »

Ensuite c'est une lettre « à Ma très-chère et hono-

rée dame la Reyne Mère, » pour la remercier d'avoir
bien voulu à la requête du connétable employer l'autorité du roi, afin de le tirer des prisons de Bordeaux.
Il aurait voulu aller lui-même lui témoigner sa
gratitude ; son « indigence ne l'a voulu permettre, »
et aussi dédier son livre au roi : il a craint de paraître solliciter une récompense qu'on n'eût pas
manqué de lui accorder puisqu'on le fait à tous les
autres écrivains ou artistes; mais il a une façon de se
montrer reconnaissant, c'est de publier son livre,
qui tend à « multiplier les biens et vertus de tous les
habitants du royaume, » et de s'offrir à elle pour édifier
son jardin de Chenonceaux. Les mêmes sentiments de
dévouement sont exprimés dans la troisième épître,
« à Monseigneur le duc de Montmorency, pair et connétable de France. » Enfin il y a un avertissement au
lecteur.

Dans ces quatre pièces, où sont racontés avec
aigreur plusieurs faits relatifs à sa captivité momen-
tanée, se montre le plus vif désir d'être utile. « Que -
les simples, dit-il, soient instruits par les doctes, afin
que nous ne soyons redarguez à la grande iournée
d'avoir caché les talens en terre. » Dans ces dédicaces
où ordinairement la flatterie se donne carrière, Palissy montre son caractère : finesse de paysan, rudesse
et bonhomie, austérité du croyant et habileté d'un
homme qui connaît ses gens.

L'ouvrage est en forme de dialogue. Le style est
remarquable. Il est clair en des matières abstraites,
énergique sur des sujets souvent métaphysiques. Le
ton est naturel; le choix des termes toujours heureux.

« On à comparé, écrit M. Cap (p. 26), le style de Palissy à celui de Montaigne. Son expression, en effet, est presque toujours vive, primesautière, comme celle du célèbre sceptique. Il l'égale souvent par son tour ingénieux, par une certaine verve de logique, par une liberté de pensée et de langage qui n'exclut pas la finesse et la malice. »

Cet éloge déjà suffisant ne suffisait pas à M. de Lamartine. « Il est impossible, dit-il [1], il est impossible après avoir lu ses écrits, de ne pas proclamer ce pauvre ouvrier d'argile un des plus grands écrivains de la langue française. Montaigne ne le dépasse pas en liberté, J.-J. Rousseau en séve, la Fontaine en grâces, Bossuet en énergie lyrique. Il rêve, il médite, il pleure, il décrit et il chante comme eux. »

---

[1] Dans *le Civilisateur*, juillet 1852.

CHAPITRE XIII

La première partie de la *Recepte véritable*, comme l'a remarqué Faujas de Saint-Fond, est consacrée à l'agriculture. L'auteur y émet d'excellentes idées sur les engrais et la manière de les employer. Il faut restituer à la terre par les engrais les sucs que la végétation lui enlève; autrement l'humus, bientôt appauvri, deviendrait complétement stérile. Employez les détritus des végétaux, les matières animales. Rien n'est plus propre à accroître le développement des plantes.

Ce sont des idées que nos agriculteurs modernes savent parfaitement mettre à profit. Se doutent-ils qu'ils les doivent à Bernard Palissy?

Il recommande expressément de bien recueillir les eaux pluviales qui, passant à travers les fumiers, sont chargées des principes les plus fertilisants, et qu'on laisse perdre au grand détriment des récoltes, et aussi de la santé publique. Aujourd'hui les agronomes intelligents reçoivent avec beaucoup de soin, dans des réservoirs spéciaux ou des fosses disposées *ad hoc*, le purin des étables et les eaux des fumiers; ils en connaissent tout le prix. Mais dans combien de nos villages ne voit-on pas ces cloaques infects, ces mares fangeuses et stagnantes, où vont s'amonceler les débris du ménage et les litières des animaux, et d'où s'exhalent des miasmes fétides et empestés, foyer permanent d'épidémies et d'épizooties ! L'exploitation des forêts, la coupe des arbres l'occupent, et ici je ne résiste pas au désir de citer quelques lignes remarquables et par le style et par le sentiment.

« Va, dit-il (page 26), va à vn chirurgien et luy fay vn interrogatoire, en disant ainsi : Maistre, il est advenu à ce iourd'huy, que deux hommes ont eu chacun d'eux vn bras couppé, et y en a vn d'iceux à qui on l'a couppé d'vn glaive tranchant, d'vn beau premier coup tout nettement, à cause que le glaive était bien esguisé; mais à l'autre, on luy a couppé d'vne serpe toute esbrechée, en telle sorte qu'il luy a falu donner plusieurs coups, devant que le bras fust couppé : dont s'ensuit que les os sont froissez et la chair meurtrie, et lambineuse, ou serpilleuse à l'endroit où le bras a esté couppé. Ie vous prie me dire, lequel des deux bras sera le plus aisé à guérir. Si le Chirurgien entend son art, il te dira soudain, que celuy qui a eu le bras couppé nettement par le glaive tranchant, est beaucoup plus aisé à guérir que l'autre. Semblablement ie te puis assurer qu'vne branche d'arbre couppée par science, la playe de l'arbre sera beaucoup plus tost guérie que non pas celle qui par violence sera inconsidérément froissée. »

Dans la seconde partie, que Faujas de Saint-Fond, intitule *Histoire naturelle*, Palissy entre dans d'intéressants détails sur les sels végétaux qu'on peut extraire par combustion ou par enfouissement; et il émet sur l'action des sels dans la végétation, une idée féconde et hardie, dont la pratique servira dans la suite. C'est là qu'il essaye de montrer que la terre « produit continuellement des pierres. » Plus tard, dans ses conférences, il traitera plus longuement cette question. Mais il ne réparera pas son erreur; et son génie, trompé lui-même par l'énorme quantité de pierres chaque jour détruites, gâtées, réduites en poussière, et croyant que la nature doit fournir sans cesse à l'immense destruction de l'homme, trompera dans la suite un de ses compatriotes, Jean Bitaud, de Saintes, puis Étienne de Clave, docteur en médecine, et Antoine de Villon, dit le *Soldat philosophe.*

Leurs thèses devaient être soutenues à Paris, le 24 août 1624. Mais les partisans d'Aristote, de Paracelse et des cabalistes s'émurent. La faculté de théologie de Paris présenta requête au parlement contre les auteurs, le 18 août. La cour décida que les écrits des trois aspirants au bonnet de docteur seraient déchirés; que de Clave, Bitaud et Villon quitteraient Paris sous vingt-quatre heures; défense leur fut faite d'habiter ou d'enseigner dans les villes ou lieux du ressort. On voit que l'erreur était poursuivie avec presque autant d'ardeur que la vérité.

Cependant Étienne de Clave, après avoir vu déchirer ses thèses, le 8 septembre 1624, reparut quelques années après. On se radoucit à son égard. En 1635,

il publia à Paris, avec l'agrément du garde des sceaux,
Seguier, zélé protecteur des lettres, ses *Paradoxes ou
traités philosophiques des pierres ou des pierreries contre l'opinion vulgaire.* « Il était obscur dans ses écrits,
ajoute Gobet après ces détails; mais ses sentiments
sont les mêmes que ceux de Palissy, qu'il ne cite
point, quoiqu'il paraisse que lui et ses compagnons
aient été ses disciples. »

Ensuite Palissy explique l'origine des fontaines, et
examine avec détail les pierres calcaires, cherche
comment se forment les cristaux, les pierres précieuses, les métaux, et disserte un peu sur les
marnes. Tout cela se suit sans beaucoup s'enchaîner. Maître Bernard laissait un peu, comme
madame de Sévigné, sa plume courir, la bride sur le
cou.

C'est dans ce premier essai que se trouvent en
germe ses principales découvertes, en minéralogie,
en chimie, en physique. La réflexion et l'expérience
les mûrirent et leur firent porter des fruits.

« Bernard Palissy, dit M. Chevreul, est tout à fait
au-dessus de son siècle par ses observations sur l'agriculture et la physique du globe. Leur variété prouve
la fécondité de son esprit, en même temps que la manière dont il envisage certains sujets, montre en lui
la faculté d'approfondir la connaissance des choses.
Enfin la nouveauté de la plupart de ses observations
témoigne de l'originalité de sa pensée. »

L'amour de la nature, le goût de la solitude, une
certaine mélancolie causée par ses malheurs et ses
souffrances, lui inspirèrent le dessin d'un *Iardin*

délectable; et c'est la description de ce chef-d'œuvre qui occupe la troisième partie de son livre.

« Ie veux, dit maître Bernard (page 58), ériger mon iardin sur le Pseaume cent quatre, là où le prophète descrit les œuvres excellentes et merveilleuses de Dieu, et en les contemplant, il s'humilie devant luy, et commande à son âme de louer le Seigneur en toutes ses merveilles. Ie veux aussi édifier ce iardin admirable, afin de donner aux hommes occasion de se rendre amateurs du cultivement de la terre, et de laisser toutes occupations, ou délices vicieux, et mauvais trafics pour s'amuser au cultivement de la terre. »

Ce psaume civ, sur lequel Palissy revient souvent, se lit dans le psautier de Clément Marot et de Théodore de Bèze; c'est le cinr des recueils catholiques, un des plus beaux de ces chants, qui le sont tous :

BENEDIC, ANIMA MEA, DOMINO; DOMINE, DEUS MEUS, MAGNIFICATUS
ES VEHEMENTER.

On y retrouve toutes les merveilles de la création : le ciel, tente d'azur; les nuées, char rapide; les vents, messagers prompts; les bêtes sauvages qui viennent étancher leur soif dans les sources des vallons; les oiselets qui « font résonner leur voix sur les arbrisseaux plantez aux bords des ruisseaux courans; » les ruisseaux qui « passent et murmurent aux vallons et bas des montagnes, les chevres, daims, biches et chevreaux des dites montagnes, les

13.

conils iouans, sautans et penadàns[1] le long de la montagne. » Mais c'est dans les vers de Marot qu'il faut chercher les expressions dont se sert Palissy :

> Tu fis descendre aux vallées les eaux,
> Sortir y fis fontaines et ruisseaux,
> Qui vont coulant, et passent, et murmurent
> Entre les monts qui les plaines emmurent.
>
> Et c'est afin que les bestes des champs
> Puissent leur soif estre-là estanchans,
> Beuvant à gré toutes de ces breuvages,
> Toutes, je dis, jusqu'aux asnes sauvages.
>
> Dessus et près de ces ruisseaux courans
> Les oiselets du ciel sont demeurans,
> Qui, du milieu des feuilles et des branches,
> Font résonner leurs voix nettes et franches.
>
> Par ta bonté les monts droits et hautains
> Sont le refuge aux chèvres et aux daims ;
> Et aux conils [2] et lièvres qui vont vistes
> Les rochers creux sont ordonnez pour gistes.

La strophe de Marot est la paraphrase du verset de David ; le jardin de Palissy en veut être la traduction vivante.

Il règne dans toute cette description, un charme indéfinissable. L'écrivain qui dessine son jardin en comprend toute les beautés. Pendant que sa main en trace les allées, son cœur s'émeut à la vue des arbres et des animaux. « l'aperceu, dit-il (page 84), certains arbres fruitiers, qu'il sembloit qu'ils eus-

---

[1] *Penadans, penader,* prendre ses ébats. Ce mot s'est transformé en *panader* au siècle suivant.

> *Puis parmi d'autres paons tout fier se panada,*

dit la Fontaine du geai. Le verbe a encore changé au dix-neuvième siècle ; mais les geais se *pavanent* toujours.

[2] *Conil, counil,* du latin CUNICULUS, lapin vulgaire.

sent quelque cognoissance : car ils estoient soigneux de garder leurs fruits, comme la femme son petit enfant, et entre les autres, i'apperceu la vigne, les concombres et poupons qui s'estoient fait certaines feuilles, desquelles il couvroyent leurs fruits, craignans que le chaud ne les endomageast..... lesquelles choses me donnaient occasion de tomber sur ma face et adorer le viuans des viuans, qui a fait telle chose pour l'utilité et service de l'homme... Ie sortois du iardin, pour m'aller pourmener à la prée, qui estoit du côté du Sus; ie uoyois iouër, gambader et penader certains agneaux, moutons, brebis, cheures et cheureaux, en ruant et sautelant, en faisant plusieurs gestes et mines estranges; et mesmement me sembloit que ie prenois grand plaisir à voir certaines brebis vieilles et morueuses, lesquelles sentent le temps nouveau, et ayant laissé leurs vielles robbes, elles faisoyent mille sauts et gambades en la dite prée.»

Dans ce jardin seront neuf cabinets, ornés d'ouvrages en terre cuite et émaillé. Les dispositions naturelles du sol y seront encore embellies par des plantations d'arbres, et l'architecture y jettera ses merveilles. Partout des inscriptions, tirées de l'Écriture, y rappelleront la pensée du Créateur, au milieu des œuvres de l'homme; car il ne faut pas que, dans ce nouveau paradis terrestre, l'exilé puisse oublier la patrie véritable.

« Le jardin de Palissy, ajoute M. Duplessy, est une véritable œuvre d'art..... c'est le rêve d'un sensualisme grandiose et délicat, et qui, de la nature tant admirée, ne fait à l'âme qu'un marchepied pour s'élancer jusqu'à Dieu. »

Le rêve se fit-il réalité?

Palissy ne demandait pas mieux que d'exécuter sur le sol le plan de son jardin si poétiquement tracé sur le papier. Il proposa au maréchal de Montmorency de lui en construire un à Ecouen; il offrit à Catherine de Médicis d'aller lui transformer en jardin délectable son parc de Chenonceaux. On dit que les jardins du château de Chaulnes, en Picardie, furent dessinés sur le modèle de celui de Bernard. M. Duplessy prétend, mais sans preuve, qu'il en fut tout en semble « le dessinateur et l'entrepreneur. » Les allées du parc de Chaulnes ont été chantées par Gresset au début de sa *Chartreuse:*

> Je ne suis plus dans ces bocages
> Où, plein de riantes images,
> J'aimais souvent à m'égarer...

Elles virent aussi rimer l'abbé de Boismont, prédicateur du roi. Il ne leur manque plus que d'avoir été tirées au cordeau de Palissy.

Maître Bernard semble avoir ambitionné tous les genres de gloires. Jardinier ici, il va devenir là presque phrénologue. Après avoir devancé Le Nôtre, il annoncera Lavater, Gall, Spurzheim et le docteur Broussais. En ce génie se réunissent les contrastes les plus surprenants. Nous avons entendu l'idylle; écoutons maintenant la satire; Lucien après Théocrite; Juvénal après Virgile. Tout à l'heure il admirait la nature; il va s'emporter contre les hommes. Peut-être avait-il tant de compassion pour les animaux qu'il ne lui en restait plus guère pour ses semblables.

La première tête qui lui tombe sous la main est celle d'un Limousin un peu fripon. Il achetait trente-cinq sous la livre de bon poivre à la Rochelle, et la vendait dix-sept à la foire de Niort, et encore gagnait-il beaucoup à ce petit commerce. Ce n'est donc pas d'aujourd'hui que des sophistications se pratiquent. Peut-être ne serait-il pas mal, disait le spirituel auteur des *Guêpes*, ne fût-ce que pour être en progrès, de revenir à la vieille méthode; à savoir, de laisser faire le vin aux ceps, l'eau-de-vie au vin, le pain au blé, le moka au caféier, le lait aux vaches et le miel aux abeilles. Qui sait si, comme autrefois, elles ne s'en acquitteraient pas aussi bien que nous?

Le Limousin trompait sur la qualité de la marchandise; mais c'était uniquement pour devenir riche : car il prétendait « que les pauures n'estoyent en rien prisez, et qu'il ne vouloit estre pauure, quoi qu'il en deust aduenir. »

Palissy semble aussi avoir entrevu nos travers de costumes. Quelle élégante ne pourrait-on pas reconnaître dans cette femme d'un sénéchal de longue robe à qui il reproche d'avoir « prins une verdugale pour dilater ses robes en telles sortes, que peu s'en faut qu'elle ne monstrast ses honteuses parties. »

Dans son *Discours sur l'extrême cherté*, Jean Bodin écrivait : « En matières d'habits, on estimera toujours sot et lourdeau celui qui ne s'accoustera à la mode qui court. Laquelle mode nous est venue d'Espagne, tant ainsi que la vertugade que nous avons empruntée dex Mauresques, avec tel avantage que les portes sont trop étroites pour y passer; qui est bien loin de l'ancienne modestie de nos pères qui portaient des accoustrements unis et pressés sur le corps, rapportant la beauté et la proportion des membres. » On voit combien le publiciste ressemble au critique.

L'expérimentateur prend ensuite en main la tête du mari, et la palpe : voleur et pillard ! d'un jeune homme : vaniteux et insensé ! d'un chanoine : hypocrite et gourmand ! d'un juge : cupide et prévaricateur ! Tous passent par l'étamine. Palissy est bien le contemporain de Rabelais : il a sa malice, sa haine des moines et sa bonhomie gauloise.

Or, après avoir vu la folie et la méchanceté des hommes, et avoir montré les persécutions que les calvinistes eurent à subir à Saintes au commencement, il imagine un plan de ville et forteresse où ses coreligionnaires pourraient se retirer en cas de danger. C'est la quatrième partie de son travail.

Cette forteresse imprenable ne nous paraît qu'une bicoque. Nos canons rayés feraient bon marché de ces murailles construites à si grands frais d'imagination sur le papier. Rien n'est brutal comme un boulet; il renverse l'échafaudage des plus belles inventions et emporte, hélas ! sans pitié les rêves du pauvre utopiste, parfois l'utopiste lui-même.

Cette première publication se termine (page 122) par ces lignes qu'il faut citer : « Si ie cognois, ce mien second liure estre approuué par gens à ce cognoissans, ie mettray en lumière ce troisième liure que ie feray cy après, lequel traittera du palais et plate-forme de refuge, de diuerses espèces de terres, tant des argileuses que des autres : aussi sera parlé de la merle (marne) qui sert à fumer les autres terres. Item, sera parlé de la mesure de vaisseaux antiques, aussi des esmails, des feux, des accidents qui surviennent par le feu, de la manière de calciner et sublimer par divers moyens, dont les fourneaux seront figurez au dit liure. Après que i'auray érigé mes fourneaux alchimistals, ie prendray la ceruelle de plusieurs qualitez de personnes, pour examiner et sçavoir la cause d'vn si grand nombre de folies qu'ils ont en la teste, afin de faire vn troisième liure, auquel seront contenus les remèdes et receptes pour guérir leurs pernicieuses folies. »

Voilà où en était de ses projets littéraires maitre Bernard en 1563.

Ce livre sur la plate-forme de refuge, destiné à compléter son traité de *la ville de forteresse*, nous est inconnu. L'opuscule sur la mesure des vaisseaux antiques n'a pas vu le jour, non plus que celui qui devait indiquer les manières de sublimer et de calciner. Enfin les recettes, qu'il devait révéler pour guérir la folie dûment constatée par l'examen des cervelles, se sont bornées aux quelques paroles dont j'ai donné un résumé succinct. En retour, nous avons son travail sur la marne et les terres argileuses dans les *Discours admirables*.

Ce n'est pas le compte de Gobet. Ce « mien second livre, » qui n'est autre chose que le traité de la *Ville de forteresse*, complétement indépendant de la *Recepte véritable*, a induit en erreur l'éditeur de 1777. Il a réuni en un ces deux opuscules, puis s'est mis en quête du premier livre. Il l'a cru rencontrer dans un pamphlet intitulé :

Déclaration des abus et ignorances des Médecins, composé par Pierre BRAILLIER, *marchand apothicaire de Lyon; pour réponse contre Lisset Benancio, médecin à Lyon, pour Michél Jove.*

Cet assez médiocre ouvrage est dédié, le 1er janvier 1557, à « noble seigneur Claude de Gouffier, comte de Carnaz et de Mauleurier, seigneur de Roisy et grand écuyer de France, » nommé aussi marquis de Cararaz, d'où le dicton populaire : Marquis de Carabas. Claude Gouffier est un des constructeurs du magnifique château d'Oiron, où son père, Artus Gouffier, et sa mère Hélène de Hangest, tous deux protecteurs intelligents des arts, avaient établi cette célèbre fabrique d'où sont sorties ces splendides pièces nommées improprement *faïences de Henri II.* C'est peut-être ce goût éclairé des Gouffiers, et en particulier de Claude, qui appelait alors à son château d'Oiron, pour le décorer, tous les artistes, sculpteurs, peintres, céramistes, qui aura fait établir entre lui et Bernard Palissy des relations, probables mais non prouvées, et qui aura donné l'idée d'attribuer au potier saintongeois un opuscule dédié au comte de Maulevrier.

Il y a entre la *Déclaration* et la *Recepte* des ressemblances typographiques qui peuvent d'abord faire illusion : mêmes caractères italiques ou romains, mêmes vignettes, mêmes manières d'imposer les sommaires et les fins de matières, même papier. En faut-il plus pour montrer que Michel Jove n'est que

Barthélemi Berton, et que Lyon est mis pour la Rochelle? Le nom de l'auteur *Pierre Braillier* est une
nouvelle supercherie; P. B. sont les initiales de Bernard Palissy, interverties pour mieux dérouter les
recherches et ajouter créance au pseudonyme.

Gobet n'a pas remarqué les différences entre les
deux ouvrages. Qu'importent quelques analogies dans
la forme! Les ressemblances matérielles, qui sont
incontestables, prouveraient une origine commune.
Mais de ce que les deux livres sont sortis des mêmes
presses, faut-il en conclure qu'ils sont du même auteur? Palissy est vif, serré, pressant. Braillier est
lourd. Le style et les idées sont tout à fait contraires.
Bernard ne s'en rapporte qu'à l'expérience, et veut
voir pour croire; Pierre admet comme démontrés les
phénomènes les plus apocryphes. Un lecteur habile, un
observateur attentif ne se trompera pas; il rendra bien
à Palissy ce qui lui appartient, et à Braillier ce qui
est à Braillier, ou à quelque autre.

Si ces preuves ne suffisaient pas, il en existe d'autres. Au commencement du traité *Pour trouver et co-*
gnoistre la terre nommée Marne (page 325), Palissy met
dans la bouche de Théorique ces paroles :

« Il me souuient avoir veu vn petit traité que tu
fis imprimer durant les premiers troubles, auquel
sont contenus plusieurs secrets naturels, et mesme
de l'agriculture; toutefois combien que tu ayes am-
plement parlé des fumiers, si est-ce que tu n'as rien
dit de la terre qui s'appelle marne : bien scay ie que tu
as promis par ton liure de regarder s'il s'en pourrait
trouuer en Xaintonge et autres lieux. »

Ce petit traité imprimé durant les *premiers trou-bles* n'est autre chose que la *Recepte véritable*, publiée en 1563, après le massacre de Vassy, 1562, d'où l'on fait dater les guerres de religion, et la prise de Sain-tes par les huguenots, à laquelle peut-être il fait al-lusion. Reculât-on, avec le président Hénault, les pre-miers troubles jusqu'à l'année 1558, sous Henri II, ce qui va contre l'opinion commune, la *Déclaration des abus*, qui est de 1557, n'aurait pu dire qu'elle a été imprimée durant les troubles de 1563 ou même de 1558, date extrême. Ensuite, dans le premier ou-vrage de l'auteur et d'après lui, il est question d'agri-culture et d'engrais. La *Déclaration* n'en parle pas. Ce « premier ouvrage » promet encore de chercher de la marne en Saintonge. La *Déclaration* n'en souffle mot. Tout cela, au contraire, se trouve dans la *Recepte véritable*.

En 1557, Palissy vient de trouver l'émail ; il s'oc-cupe de perfectionner son art et de gagner un peu d'argent pour réparer ses pertes. Il travaille pour le connétable. En outre, il fait de la propagande calvi-niste, réunit chez lui ses prosélytes et dirige les pas-teurs. A-t-il le temps, a-t-il la liberté de se lancer dans une polémique étroite, dans une guerre de li-belle, dans une discussion de boutique ?

Qu'est-ce que cette dispute ? Un médecin de Fonte-nay-le-Comte, en Poitou, imprime une diatribe san-glante contre les apothicaires et barbiers de sa con-trée. Il signe *Lisset Benancio*. Grand émoi chez les apothicaires ! L'un d'eux, Pierre Baillier, de Lyon, répond et attaque les médecins. Pour preuve de sa victorieuse réplique, son imprimeur, Michel *Jove*, nom imaginaire, se représente sous la figure d'un Jupiter lançant le tonnerre.

L'année suivante, Jean Surrelh, de Langeac, en Auvergne, médecin, apothicaire lui-même, publia à Lyon une *Apologie des médecins contre les calomnies et grands abus de certains apothicaires*, qu'il dédia à Jacques de Puy, châtelain de Saint-Galmier. Réplique foudroyante sous ce titre : *Les articulations de Pierre Brailler, apothicaire de Lyon, sur l'*APOLOGIE *de Jean Surrelh, médecin à Saint-Galmier*. Ce Pierre Brailler est-il l'auteur de la *Déclaration des abus* ? Il se disait «élève du Collége de Monsieur maître Iean de Canapes » l'un des plus renommés médecins de Lyon. Peut-être était-ce Jean de Canapes lui-même. Qu'importe ? Quelle place y avait-il pour Bernard Palissy dans cette querelle de ménage ? « Purgon et Fleurant, dit M. Duplessy, ont fondé une maison anonyme pour l'exploitation en commun du public, cet Argan universel, dupe facile et éternelle des charlatans. Tout à coup l'un des deux, entraîné par je ne sais quel caprice jaloux, s'avise de rompre ce touchant accord, et de dévoiler les fourberies de son associé.» Le complice use de représailles, et dénonce son collaborateur. La colère les emporte l'un et l'autre; et pour se porter des coups réciproques, ils foulent aux pieds leurs véritables intérêts. Qu'on lise, si l'on peut, cette élucubration qu'on ose attribuer à Palissy, et l'on verra qu'elle ne peut être sortie que de l'officine d'un apothicaire.

À trois reprises différentes Pierre Braillier parle de la pharmacie comme de « l'estat où Dieu l'a appelé. » Palissy aurait pu peut-être dissimuler, mais non mentir. Lui qui d'ailleurs ne ménage guère les apothicaires, eût-il pu prendre ici leur défense? Et puis il dit qu'il ne médira pas des médecins : car il en existe plusieurs à Saintes, et notamment Lamoureux, à qui il a de grandes obligations. S'il n'a pas voulu dire du mal des médecins à cause de Lamoureux, pouvait-il publier un pamphlet contre le médecin Collin; qui, à son titre de docteur, pouvait ajouter celui d'ami de maître Bernard? On a cru, parce que Sébastien Collin avait publié à Poitiers un opuscule : *Bref dialogue contenant les causes, jugements, couleurs et hypostases des vrines, lesquelles adviennent le plus souvent à ceux qui ont la fièvre,* que c'était lui que désignait maître Bernard par ce médecin charlatan qui se vantait de découvrir le mal du patient à l'examen de ses déjections. On sait que le médecin aux urines était Baptiste Galland, de Luçon; ce qui montre sur quels fragiles fondements les éditeurs ont construit leur hypothèse.

Sébastien Collin, médecin, s'adonnait à l'étude des simples. En 1557, impatienté de l'ignorance et des fraudes des apothicaires et barbiers, il fit imprimer chez Enguilbert de Marnef, à Poitiers, bien que le livre indique Tours et Mathieu Chercelé, une diatribe sanglante intitulée : *Déclaration des abuz et tromperies que font les apothicaires, fort vtile et nécessaire à vng chascun studieux et curieux de sa santé, par maistre Lisset Benancio.*

Lisset Benancio est l'anagramme de Sébastien Collin; on peut s'en assurer.

Curieux et savant comme Palissy, Collin était en outre calviniste comme lui et comme lui lié avec Antoinette d'Aubeterre, dame de Soubise, à qui il dédia en 1558 son ouvrage imprimé par Marnef : *L'ordre et le régime qu'on doit garder en la cure des fièvres.* Des relations amicales s'établirent bientôt entre eux. Maître Bernard était allé en 1555 à Fontenay-le-Comte, à l'époque où la foire célèbre de la Saint-Jean y rassemblait la foule de toutes les provinces de l'Ouest. Sans doute, il y allait pour vendre ses faïences, qui étaient alors une nouveauté. On sait positivement qu'il y fut alors caution d'un certain Pierre Regnaud, marchand à Saintes. Il rencontra à Fontenay le sénéchal Michel Tiraqueau, fils du célèbre André Tiraqueau, et grand amateur d'objets d'art, d'histoire naturelle et d'antiquités. Il se lia avec lui et, quelques années plus tard, reçut l'hospitalité dans sa belle demeure de Belestat. Sébastien Collin, dans les entretiens qu'il eut avec le potier saintongeois, songea sans doute à l'imiter et à profiter de sa découverte.

« Palissy, dit M. Fillon [1], impénétrable pour tous quand il s'agissait des secrets de son industrie, fit-il une exception en faveur de Collin, ou se contenta-t-il de lui transmettre des procédés déjà répandus parmi les potiers des environs de Saintes? Toujours est-il que le médecin fontenaisien se mit à la tête d'une fabrication de vaisselle de terre. » L'acte d'association, passé à Fontenay-le-Comte le 28 septembre 1558, montre « sire Benoist Durand, maistre potier

---

[1] *Art de terre chez les Poitevins,* page 135.

en terre, et sire Gilles Cardin, maistre tanneur, pleige et caution dudict Durand ; Abraham Valloyre, potier d'estaing et Didier de Maignac, painctre verrier, natif de la paroisse de Bourganeuf, en la Marche, et de présent estably audict Fontenay, d'une part, et honorables hommes, M. Sébastien Collin, docteur en médecine, et Jacob Bonnet, physicien, d'autre part. » Nous y trouvons encore le notaire, Nicolas Misère, comme dans l'acte transcrit aux pages 13 et 14.

Est-il possible que Palissy, hôte probablement de Collin en 1555, ait, en 1557, attaqué son ami, son coreligionnaire, un médecin, peut-être son élève? Non sans doute. La *Déclaration des abus* ne peut donc être de l'écrivain saintongeois.

CHAPITRE XIV

Situation pénible de Palissy. — Charles IX et Catherine de Médicis parcourent les provinces. — Réception à la Rochelle. — Entrée à Saintes. — Palissy présenté au roi. — Il est appelé à Paris. — État de la capitale. — Il perd son protecteur, tué à la bataille de Saint-Denis.

Malgré le succès de ses émaux, Bernard Palissy était toujours besoigneux. Le 11 août 1564, il emprunte quatre écus à Jacques Imbert, bourgeois de la Rochelle, et les lui rend le 30. A ce moment un événement important allait le tirer de la gêne, l'arracher aussi à la demi-obscurité de la province, et le jeter sur un plus vaste théâtre. Je veux parler du voyage de Charles IX en Saintonge.

La cour partit, le 13 mars 1564, de Fontainebleau. Catherine de Médicis voulait montrer aux populations le jeune roi, étudier par elle-même la situation des provinces, rétablir l'autorité, et effrayer l'audace des calvinistes. Le 11 avril, la cour est à Troyes en Champagne : on y signe le traité par lequel Élisabeth d'Angleterre renonce à Calais. A Bar-le-Duc, Charles IX tient sur les fonts baptismaux le fils de sa sœur Claude et du duc Charles de Lorraine ; de là on se dirige vers la Bourgogne. A Dijon, on apprend la mort du grand réformateur Calvin. A Lyon, Catherine remplace le gouverneur comme favorable aux réformés, et construit une citadelle. Une ordonnance du 24 juin défend l'exercice du culte protestant dans toutes les villes où le roi séjournerait. Au château de Roussillon en Dauphiné, fut donné, le 4 août, un nouvel édit qui retirait aux huguenots une partie des concessions accordées par l'édit de pacification, malgré les efforts du chancelier de l'Hospital. Le 9 novembre, la cour est à Marseille. Le 1er février, elle entre à Toulouse; le roi y tient un lit de justice. Le 9 avril, il se rend à Bordeaux, où un nouveau lit de justice est tenu, le 12. L'Hospital, au milieu du parlement, prononça d'énergiques paroles pour le maintien des promesses royales. La présence du roi était nécessaire en Guienne pour calm. 'es esprits des catholiques et des calvinistes, prêts à en venir aux mains, malgré les efforts de Charles de Coucis. Après un assez long séjour à Bordeaux, le roi part pour Bayonne. Le 14 juin, il se rencontre sur la Bidassoa, avec sa sœur Élisabeth, reine d'Espagne, et le duc d'Albe. Puis il rentre en Gascogne, passe par Nérac, résidence habituelle de Jeanne d'Albret, et y rétablit le culte catholique que la reine de Navarre proscrivait rigoureusement. Au mois de novembre, la cour est en Saintonge.

Depuis 1561, les protestants rochelais avaient pu exercer librement leur religion. L'édit de janvier 1562 leur avait retiré l'autorisation de le faire dans l'enceinte de la ville. Mais Guy Chabot de Jarnac, leur gouverneur, s'étant fait calviniste, ils purent reprendre les églises Saint-Barthélemy et Saint-Sau-

veur. Bientôt ils en furent chassés de nouveau. Irrités, ils tiennent, le 12 mai, une assemblée où les
ministres Richer, Magnen, de Nort et de La Vallée,
les excitent encore. Ils se répandent en invectives
contre le roi, la reine mère, le conseil; ils crient
contre le voyage de Bayonne, l'entrevue avec la reine
d'Espagne qui ne leur présage rien que de fâcheux.
La sédition est flagrante; la révolte prochaine.
Charles IX et Catherine de Médicis changent leur itinéraire, et passent par la Rochelle.

Le jeudi 13 septembre, après avoir dîné à la Jarrie,
le roi, accompagné de son frère Édouard-Alexandre
duc d'Orléans, depuis Henri III, et du jeune prince de
Béarn, plus tard Henri IV, arriva au faubourg Saint-
Éloy, où l'attendaient le gouverneur Jarnac, le clergé,
le corps de ville. Le maire Michel Guy lui présenta
les clefs ; l'échevin Jean Blandin le harangua.
Charles IX remit au lendemain l'entrée solennelle,
parce que Catherine et la princesse Marguerite n'é-
taient pas encore arrivées. Le connétable de Montmorency était depuis la veille dans la ville. Le 14 septembre, le brillant cortége du 15 alla prendre le roi. A
la porté de Cougnes, il trouva le cordon de soie tendu
selon l'usage. Montmorency le fit voler en l'air avec
son épée. Le maire n'arrêta pas moins le cheval du
roi, priant Sa Majesté de respecter les franchises de
la cité. Charles répondit : « Soyez fidèles et loyaux
sujets, et je vous serai bon roi; » et il passa outre.

La réception fut splendide : arc de triomphe représentant les douze travaux d'Hercule, théâtres décorés de riches tapisseries, d'écussons, d'armoiries,

14

d'emblèmes, d'inscriptions latines, bosquets de fleurs et de verdure où se tenaient douze jeunes filles, « les plus belles qu'on eût pu trouver dans la ville. »

Le 15, le roi assiste à la messe dans l'église Saint-Barthélemy. On lui fit des présents. Les fêtes continuèrent [1]. Le 18, Charles quitta la Rochelle, et alla coucher à Mauzé; le 19, il dîna à Fontenay, et logea à Niort.

La splendeur et l'éclat de cette réception ont attiré l'attention des historiens locaux, et leur ont fait penser que c'était bien à la Rochelle qu'avait eu lieu la présentation de Bernard Palissy au roi et à la reine-mère par le connétable de Montmorency. Ils ignorent que la cour séjourna à Saintes ; j'en ai la preuve par ce passage inédit du chanoine François Tabourin.

«En l'an mil cinq cent soixante-cinq, le roy Charles fit son entrée en cette ville. Toutes les relicques furent mizes tant sur le grand autel que aux chapelles. Lequel M. de Xaintes, Tristan de Bizet, et tout le chœur du chapitre furent iceluy recevoir en procession jusques à la tour de Montrouble et le conduisirent jusques au canton de Saint-Michel, et puis le roy s'en alla tout le long de la grande rue, et M. de Xaintes et le chapitre s'en alla passer par la porte de l'églize qui estoit vers le simetière de l'eglize, et puis s'en allèrent rendre à la porte qui est vers l'évesché, là où il y avoit un grand tapis tendu par le dehors et l'autre par le dedans, et là luy fut présenté par M. le doyen une chape

<hr />

[1] On en peut voir les détails dans les *Éphémérides historiques de la Rochelle*, par M. E. Jourdan.

qui lui auoit été préparée devant le grand autel
au-dessus duquel siège il y auoit ung voile, et
n'y auoit point de bareaux ni d'entre-deux entre le
chœur et le dit grand autel, et auoient esté hostés
pour voir tout le long où le roy estoit agenouillé. »

Puisque Charles IX passa quelques jours à Saintes
avant de se rendre dans la capitale de l'Aunis, pendant lesquels Michel de l'Hospital alla visiter à trois
lieues le curieux aqueduc romain du Douhet, il est naturel de supposer que c'est là, et non à la Rochelle,
que Palissy attendit le cortège royal pour lui offrir ses
émaux, et que le connétable de Montmorency le présenta à Catherine de Médicis. Il ne pouvait abandonner la ville au moment où la cour y arrivait, et la
devancer à la Rochelle, où elle ne devait pas aller
primitivement.

A Saintes, le potier pouvait bien plus facilement
montrer ses belles faïences émaillées. Catherine de
Médicis, en voyant ses œuvres, comprit mieux le
génie de l'artisan, qu'elle n'admirait que par ouï-
dire, et dès lors résolut de mettre à profit ses talents
de céramiste.

Ce dut être à Saintes que maître Bernard présenta
à la reine un premier projet de grotte. M. Fillon
a trouvé sur ce sujet un manuscrit qui paraît bien
authentique, en 1861, à la Rochelle, chez un reven-
deur de vieilles ferrailles. La forme est celle du dialogue:

« La Royne mère m'a donné charge entendre si
vous lui sçauriez donner quelque devis ou portraict
ou modelle de quelque ordonnance et façon estrange

d'une grotte qu'elle a vouloir faire construire en quelque lieu delectable de ses terres, laquelle grotte elle prétend édifier, enrichir et aorner de plusieurs jaspes estranges, et de marbres, pourfires, couralz et diverses coquilles en la forme et manière de celle que monseigneur le cardinal de Lorraine a faict construire à Mudon.

— « S'il plaist à la Royne me commander luy fere service à tel chose, je luy donneray la plus rare invention de grotte que jusques icy aye esté inventée, et si ne sera en rien semblable à celle de Mudon. »

C'est exactement le ton et le style de Palissy. Il dit de même dans sa lettre à Catherine de Médicis :

« Il y a des choses escrites en ce livre qui pourront beaucoup servir à l'édification de votre iardin de Chenonceaux : et quand il vous plaira me commander vous y faire service, ie ne faudray m'y employer. Et s'il vous venait à grè de ce faire, ie feray des choses que nul autre n'a fait encore iusques ici. »

L'auteur des *Lettres écrites de la Vendée* qui a publié ce *Devis d'une grotte pour la Royne, mère du Roy*, estime qu'il date de 1564, et est la rédaction première du chapitre de la *Recepte véritable*, consacré au « dessin d'un iardin autant délectable et d'vtile invention qu'il en fut oncques veu. » Il croit en outre que les mots *Devis d'une grotte*, qui se lisent sur la feuille servant de couverture, sont de la main de Catherine de Parthenay ; hypothèse gratuite ! et que Jean d'Aubeterre, oncle de Catherine de Parthenay, servit à maître Bernard d'intermédiaire auprès de la reine :

car, en 1561, Jean d'Aubeterre, un des chefs des huguenots, eut de nombreuses entrevues avec Catherine de Médicis, qui feignait de vouloir embrasser le calvinisme pour endormir la vigilance du parti.

Jean d'Aubeterre a pu recommander son protégé et son coreligionnaire à la reine mère ; mais je crois que le connétable de Montmorency eut plus d'influence sur l'esprit de cette femme artiste et catholique pour la décider à prendre à son service Bernard Palissy. En 1561, la grotte d'Ecouen n'était pas achevée, puisque le potier y travaillait encore en 1565. Catherine n'a dû faire une commande à l'émailleur saintongeois qu'après l'avoir vue complète et réussie. La *Recepte véritable* adresse une prière timide et donne une description détaillée. Le *Devis de la grotte*, postérieur à cet ouvrage, devait agir plus fortement sur l'esprit de la reine, qui n'avait peut-être pas été frappé une première fois. L'artiste rassemble en quelques pages les traits épars dans le livre ; il résume ses idées, il accumule en une seule grotte ce qu'il avait réparti entre plusieurs, afin d'éblouir et de séduire l'imagination.

Il ne paraît pas que Catherine de Médecis ait cédé aussitôt. Des occupations plus urgentes lui firent-elles différer son dessein, et remettre à des temps plus heureux l'exécution du projet de l'artiste ? Peut-être. Pour employer Palissy, il fallait qu'elle fût à Paris. Elle n'y rentra qu'en décembre. Le 24 janvier suivant, elle en repartait pour tenir la célèbre assemblée de Moulins, qui dura jusqu'en mars.

Dès que Catherine de Médicis put donner quelques

instants carrière à ses goûts favoris, elles songea
activement au palais des Tuileries, son œuvre de
prédilection. Elle se souvint de Palissy, sans doute
sur la reccommandation nouvelle ou du connétable,
ou du duc de Montpensier, ou peut-être du chancelier
de l'Hospital qui avait pu connaître Palissy à Saintes.
Le potier fut mandé à Paris. Cette année même, 1566,
ou au plus tard au commencement de 1567, il quitta
pour toujours la Saintonge où il avait pensé finir ses
jours. Il laissait la province illustrée par le long
séjour qu'il y avait fait, par la découverte de l'émail,
trouvé enfin au prix de tant d'efforts, de déboires
qu'il y avait essuyés. Il laissait son cher secret, qu'il
cachait si soigneusement, le secret de ses faïences,
avec les ouvriers qui l'avaient aidé dans son œuvre et
qui, privés de l'influence fécondante du maître, firent
promptement dégénérer et périr son art merveilleux;
il y laissait un très-grand nombre de pièces rustiques
qu'on rencontre encore çà et là religieusement con-
servées par des familles, pour ainsi dire, autoch-
thones, et fabriquées toutes avec cette terre de
Saintonge qui devait porter sa statue. Il laissait la
contrée ravagée par ses coreligionnaires, foulée aux
pieds des combattants, divisée par deux ennemis
rréconciliables, toujours prêts à s'égorger. Dans son
voyage de Saintes à Paris par le Poitou, il put voir
es églises ruinées, les champs incultes, les paysans
en armes, les villes fermées et gardées militaire-
ment. Il put entendre le cris de désolation poussés
par les habitants. Partout l'image de la guerre civile
et les signes hideux dont elle marque son passage.

Comprit-il que la nouvelle religion dont il s'était fait le prosélyte, coûtait à la France bien des larmes, des ruines et du sang? Sans doute. Je constate, en effet, que, dans son second ouvrage publié en 1580, on ne trouve pas un mot pour les protestants, dont, en 1563, il célébrait les vertus avec tant d'empressement et d'amour.

L'aspect de Paris n'était point fait pour modifier les idées que Bernard Palissy avait pu concevoir en Saintonge. Là encore tout était trouble et inquiétude. Catherine de Médicis, toujours louvoyant, avait blessé tour à tour catholiques et protestants. Les protestants surtout étaient irrités contre elle. Un ministre, qu'on croit être Sureau du Rozier, osa publier, au commencement de 1563, un livre où il avançait que : « il est loisible de tuer un roi et une reine qui résistent à la réformation de l'Évangile[1]. »

Catherine était assaillie de lettres menaçantes. On lui annonçait le sort du duc François de Guise et du président Minard. Si la reine-mère dissimulait, le jeune roi laissait clairement voir son indignation. A la vue des exigences chaque jour plus grandes des reformés, il disait à l'amiral de Coligny : « Vous vous contentiez d'être soufferts par les catholiques; vous demandez maintenent à être égaux; bientôt vous voudrez être seuls et nous chasser du royaume. » Et, exaspéré par le silence de l'amiral : « Le duc d'Albe a raison ; des tête si hautes sont dangereuses

---

[1] Lacroix du Maine, *Bibliothèque*, p. 173.

dans un État; l'adresse n'y sert plus de rien; il faut
en venir à la force [1]. »

La veille, aux envoyés des provinces luthériennes
d'Allemagne, qui venaient, au nom et sur les instances
des calvinistes de France, réclamer quelques nouveaux
priviléges il répondait, choqué de cette intervention
étrangère : « Je conserverai volontiers l'amitié de vos
princes, quand ils ne se mêleront pas plus des affaires
de mon royaume que je ne me mêle de celles de
leurs États; » puis, il ajoutait : « Je suis vraiment
d'avis de les prier aussi de laisser prêcher les catholiques et dire la messe dans leurs villes. » C'étaient
les bruits sourds précédant l'orage. Les huguenots
amassaient de l'argent et fourbissaient leurs armes.
La cour, pour être en mesure, arma six mille Suisses.
Elle prétextait le passage sur ses frontières du duc
d'Albe, qui allait châtier les Pays-Bas, révoltés contre
l'inquisition espagnole. Les princes donnent le signal
des hostilités. Tout était d'avance arrêté. On devait
s'emparer du roi, le déclarer déchu du trône et
mettre à sa place le prince Condé. La duchesse de
Ferrare, Renée de France, écrivait, en mars 1564, à
Calvin une lettre confidentielle, qui prouve ses projets de révolution dynastique, dont Blaise de Montluc
accusait les réformés gascons avant 1562; elle y parle
de ces prédicants sanguinaires qui criaient qu'il
fallait « exterminer un pupille..... jusqu'à exhorter
les simples femmelettes à dire qu'elles voudraient
de leurs mains tuer ou étrangler » ces ennemis de
l'Évangile. Il y aurait même eu un monument de ces

[1] Davila, liv. IV.

dessins révolutionnaires; c'est un écu d'or à l'écusson de France, à l'effigie du prince de Condé, avec cette légende : *Ludovicus XIII Dei gratia Francorum rex primus christianus* [1].

Le 27 septembre, Condé, Coligny, d'Andelot, la Rochefoucauld sont, à Rosay entre la Seine et la Marne, avec un parti de gentilshommes à cheval, et s'avancent pour surprendre la cour, qui était à Monceaux en Brie. Le roi, averti, partit précipitamment; et, sous la protection des Suisses, il se dirigea, le 29 septembre, vers Paris, harcelé en route par la cavalerie de Condé. Charles IX, furieux de se voir ainsi attaqué par ses sujets, voulait se mettre à tête des Suisses et charger. Le souvenir de cette retraite se grava profondément dans son âme ulcérée; il ne fut certes pas étranger à la détermination prise le 24 août 1572 et à la catastrophe qui la suivit.

Louis de Bourbon osa avec quatre mille hommes bloquer la capitale. Les Parisiens demandaient la bataille. Ils offrirent quatre cent mille livres et s'armèrent. Le connétable de Montmorency, qui voulait éviter l'effusion du sang français, fut contraint de s'avancer contre les révoltés. Le récit des atrocités que commettaient les huguenots à Nîmes et à Alais, d'affreux massacres à Montpellier, exaspéraient encore les catholiques. La rencontre eut lieu, le 10 novembre, dans la plaine de Saint-Denis. Condé, Gaspard Coligny, François d'Andelot et Montgomery furent défaits. Mais l'armée royale paya cher un mince succès. Le

[1] Le Blanc, *Traité historique des Monnaies de France*, p. 535. — Brantôme, *Vie du prince de Condé*, etc.

connétable Anne de Montmorency, presque octogénaire, se battait en jeune homme et en soldat. Entouré de toutes parts, il se défendait vaillamment. L'Écossais Robert Stuart, un des conspirateurs graciés d'Amboise, lui lâcha un coup de pistolet d'assez près pour être lui-même blessé par le connétable presque expirant.

L'armée catholique, après avoir occupé en signe de victoire le champ de bataille quelque temps, rentra dans Paris, rapportant le corps de son valeureux capitaine. Les huguenots purent venir brûler les barrières. Tout entiers à leur douleur, les chefs environnaient le lit funèbre de Montmorency, qui expira le 12. On lui fit des funérailles royales. La foule suivit sa pompe mortuaire. Dévoué profondément au catholicisme, mais dur et peu endurant, il était admiré, estimé, plutôt qu'aimé. On le regretta ; on ne le pleura pas.

Bernard Palissy fut témoin de cette lutte et de ce deuil. Il retrouvait sur les rives de la Seine la guerre civile. Elle lui enlevait un protecteur puissant et dévoué. Heureusement avant de mourir, le duc de Montmorency l'avait pour ainsi dire légué à Catherine de Médicis.

CHAPITRE XV

Le palais des Tuileries déjà commençait à s'élever. L'emplacement, situé au delà du Louvre, avait été, en 1518, acheté par François Ier pour Louise de Savoie, de Nicolas de Neuville qui reçut en échange le château de Chanteloup. On lui donna le nom d'une fabrique de tuiles qu'il remplaçait. Ainsi on appelait *Céramique* un des plus beaux quartiers d'Athènes, parce que là s'étaient jadis installés de nombreux établissements de potiers. Catherine de Médicis, après la fin tragique de Henri II, avait pris en aversion les Tournelles, où son époux, le 10 juillet 1559, avait rendu le dernier soupir. L'hôtel Saint-Paul, les hôtels de Bourgogne, d'Artois, le Petit-Bourbon, avaient été, dès 1552, aliénés moyennant des rentes perpétuelles. De plus, par édit daté de Saint-Maur-les-Fossés — 28 janvier 1564 — le roi, ayant ordonné que tous les lieux à lui appartenant, et qui n'étaient point occupés, fussent vendus, Catherine profita de l'absence du roi pour faire démolir les

Tournelles, remplir les fossés, abattre les murailles, et créer à la place un marché aux chevaux. Il fallait réparer toutes ces pertes. La reine mère reprit l'ancien projet. Le Louvre n'était pas trop loin des Tuileries. Elle laisserait son fils régner au Louvre, et se retirerait aux Tuileries. Elle pourrait ainsi se mêler aux affaires, tout en y paraissant rester étrangère. C'est sans doute dans cette intention qu'elle songea, selon l'historien Christophe de Thou[1], à réunir par une vaste galerie le Louvre aux Tuileries, projet grandiose qui n'a été réalisé que sous le second empire.

Elle acheta donc quelques bâtiments adjacents en 1564, et, la même année, fit creuser les fondements du palais. La première pierre fut posée par Charles IX, le 11 janvier 1566 — Félibien dit mars — et celle du boulevard des Tuileries, le 11 juillet suivant. Son goût artistique trouvait moyen de se satisfaire. Elle allait pouvoir réaliser son idéal d'architecture ; elle qui se plaisait, comme le dit Philibert de l'Orme, « à esquisser les plans et profils des édifices qu'elle faisait construire. » La direction des travaux fut confiée à ce même de l'Orme secondé de Jean Bullant. « Le palais de Catherine de Médicis[2], fut une des conceptions les plus heureuses de l'école franco-italienne. Nulle part les lignes n'avaient été combinées d'une façon plus pittoresque, les effets d'ombre et de lumière plus harmonieusement distribués. Cette élégante architecture, déjà, selon l'expression de Chateaubriand, « gâtée par les ouvrages lourds dont elle a été chargée

---

[1] Tome IV, livre XXXVI, p. 638.
[2] Dit M. Henri Martin, tome IX, page 385 de son *Histoire de France*.

et écrasée » au dix-septième siècle, a été complétement
défigurée de nos jours, au moins du côté du jardin.
Catherine de Médicis ne jouit pas longtemps de son
œuvre. En 1572, effrayée de prédictions sinistres,
elle alla habiter l'hôtel de Soissons qu'elle avait fait
bâtir par Pierre Lescot.

C'est à sa nouvelle construction des Tuileries
qu'elle employa Bernard Palissy. L'architecture, la
peinture et la sculpture étaient à l'œuvre ; l'émaillerie devait avoir sa part. Il fallait que tous les arts con-
tribuassent à l'embellissement de ce magnifique séjour. La reine voulait que tous réunis en fissent une
merveille comparable à Blois, à Madrid ou à Chambord. Le potier dut appliquer son talent à l'ornement
du jardin.

En 1570, Palissy construisit la célèbre grotte des
Tuileries. M. Anatole de Montaiglon a donné[1] la description d'un dessin qu'il croit être celui de la grotte
des Tuileries. L'original appartient à M. Hippolyte
Destailleurs, architecte, qui possède une très-
précieuse collection de dessins d'architecture. Il est
à la plume et légèrement lavé de bistre. Au bas, on
lit en caractères cursifs du seizième siècle.

« Le portrait de la grotte rustique qui sera en terre
environ quinze piet et le tout sera faict de rustiques
tant les anymault que la massonerye et laquelle crotte
a esté inventé par madame La Grand. » Suivent les
indications diverses : « le pot pour liaux, la plasse
où l'on peult mettre des émailles de terre cuite,

---

[1] Page 14 de la septième année des *Archives de l'art français.*

l'ascostoys (margelle), le boys, le ras des terres; le puits servant de fontayne, » etc.

Qu'est-ce « madame La Grand? » M. de Montaiglon y voit un nom commun, comme qui dirait madame la grande écuyère, ou la grande maîtresse des filles d'honneur. Ainsi appelait-on, sous Henri II, Diane de Poitiers « la grande sénéchale, » et sous Louis XIII « Monsieur le Grand, » Henri Coiffier de Ruzé, marquis de Cinq-Mars, grand veneur. On trouve encore le nom de « Madame La Grand » donné à Françoise de Brosse, femme de Claude Gouffier, grand écuyer de France (22 octobre 1546) qu'on appelait aussi « Monseigneur Le Grand. »

Du reste, il n'est pas rare de voir des femmes chargées par le roi de surveiller des travaux. Par exemple, le marché passé, le 9 mai 1554, avec Mathurin Venuelle, Toussaint le Bleu, Jehan Pezay, Jehan de Boys, René Poullet et Martin le Heurteux, maçons et tailleurs de pierres, pour construire et sculpter certaines parties du château de Chambord sous la direction de l'architecte Jehan de Cogneau, est au nom de « demoyselle Anne Gedoyn, vefve de feu Jehan Breton, seigneur de Villandry. » C'est du reste une dame du Péron, ainsi qu'on le verra plus loin, qui ordonnance les payements pour les travaux de la grotte. On peut donc penser que « madame la Grand » signifie madame du Péron, grande surveillante; et le mot « inventé par » serait simplement une adroite manière d'être courtisan, en laissant entendre à la reine qu'elle a réellement imaginé le plan de l'édifice comme Philibert de l'Orme qui voudrait nous faire croire que Catherine de Médicis a élevé les Tuileries.

L'écrivain de *la Monographie de l'œuvre de Palissy* a lu « Inventée : pour. » Dès lors la grotte de M. Destailleur, ne serait pas celle de la reine mère, mais bien d'une dame *Legrand* ou *Lagrand*. Elle et la dame du Péron seraient deux personnes distinctes. Pour le prouver, M. Sauzay promet sur cette dernière une pièce importante qu'il ne donne pas. Peut-être cette dame du Péron est celle dont parle Brantôme en sa *Vie de Charles IX*. Catherine de Pierrevive, dame du Perron, épouse d'Antoine de Gondy, mère d'Albert de Gondy, maréchal de Retz, fut faite par Henri II gouvernante des enfants de France. Le *Discours merveilleux* d'Henri Estienne donne la même version et n'appelle Gondy que le sieur du Perron[1].

Selon M. de Montaiglon, la façon dont figurent dans la décoration de la grotte, et coquillages, et homards, et écrevisses, et serpents, l'importance donnée par l'artiste à leur emploi, puisqu'il met les animaux à l'égal de la maçonnerie, le mot de *rustique* prouvent, à n'en pas douter, que le croquis est bien celui de l'ouvrage de Palissy ; car, lui mort, ses héritiers furent indignes de lui.

Nous ne répéterons pas ici le parallèle du dessin de M. Destailleurs et du livre de maître Bernard. Renvoyons aux *Archives de l'art français*, et bornons-nous à dire, après un examen attentif, que, s'il y a des ressemblances, il y a aussi des différences notables.

[1] V. Champollion, État de dépenses, p. 313.

Cette grotte rustique n'est certainement pas celle qu'avait rêvée l'artiste. Pas de fleurs, il en voulait. Les animaux ne sont pas exactement ceux qu'il désirait. L'émail ne se trouve pas partout; c'était pourtant un point essentiel dans son plan. « Quand le cabinet sera ainsy massonné, dit-il (p. 60), je le viendray couvrir de plusieurs couleurs d'émails depuis le sommet des voutes iusques au pied et pavé d'iceluy; quoy fait, ie viendray faire un grand feu dans le cabinet susdit, et ce iusques à temps que les dits esmails soient fonduz et liquéfiez sur la dite massonnerie; et ainsi les esmails en se liquéfiant couleront, et en coulant s'entremesleront, et en s'entremeslant ils feront des figures et idées fort plaisantes; et le feu estant osté du dit cabinet, on trouvera que les dits esmails auront couvert les jointures des briques desquelles le cabinet sera massonné; et en telle sorte que le dit cabinet semblera par le dedans estre tout d'vne pièce... »

Au lieu de cela des médaillons ovales d'empereurs romains, les douze Césars en chlamyde, des aigles, des dauphins, bien qu'en 1570 il n'y eût pas de dauphin, puisque le duc d'Anjou, frère du roi, ne porta point ce titre, et que Charles épousa, seulement cette année, Élisabeth d'Autriche. Les animaux y sont plus rares que sur la légende. C'est une façon de boudoir, plutôt qu'une grotte. Le mot *rustique* brille sur l'étiquette; mais il n'est guère que là. Si Palissy a conçu et exécuté le plan de cette grotte, ce ne peut être que sous le règne de Henri III. Il est dans sa dernière manière, et date de 1574 au plus tôt. « Ses premières conceptions architecturales étaient différentes et purement rustiques. »

Le pendant de la grotte de M. Destailleurs a existé. Sur les bords de la mer, à quelque distance de Talmond en Vendée, s'élève encore, quoique défiguré sous prétexte de réparations, le manoir du Veillon, bâti au quinzième siècle. A la fin du dix-septième, le propriétaire, suivant la mode du jour, orna sa gentilhommière d'une grotte et d'une fontaine rustiques. La grotte a disparu; la fontaine subsiste en partie; elle peut donner une idée de la grotte. Des pierres couvertes de cristaux, des cailloux de mer revêtus d'une couche vitreuse, des coquillages naturels, des fragments de poterie en revêtaient la façade. Deux niches contenaient Mars et Vénus, en terre cuite émaillée. N'est-ce pas là assez exactement ce que représente le dessin en question? Or, un débris de plat montre la lettre H couronnée, initiale du nom de Henri IV. Le style des ornements du reste indique cette époque. Il est donc bien clair que la grotte de M. Destailleurs n'a' pas été celle de Catherine de Médicis, et qu'elle lui est postérieure.

Il y a plus. Les *Archives de l'histoire de la Suisse* ont, en 1864, publié à Zurich la relation latine d'un voyage fait en France, l'an 1555 et 1557, par des ambassadeurs de la nation helvétique. M. Nicard a communiqué, le 15 mars 1866, à la Société impériale des antiquaires de France un fragment de ce récit que la Compagnie a transcrit page 83 de son vingt-neuvième volume.

« 11 maii. — Mane profecti sunt Legati ad hortum
Reginæ, dictum la Tuillerie... »

Le 11 mai au matin, les ambassadeurs se rendent
au jardin de la Reine nommé la Tuilerie pour présenter au roi leurs lettres de créance et sollliciter la
paix. Le jardin sans doute alors s'étendait jusqu'au
Louvre. Tout naturellement ils en font la description.
Le jardin est fort vaste et très-agréable. Une large
voie le partage en deux parties, plantées de chaque
côté d'arbres élevés, ormes et sycomores, qui fournissent de l'ombre aux promeneurs. Il s'y trouve un
labyrinthe tracé avec tant d'art qu'une fois entré on
en sort difficilement. On y voit des tables faites de
branches et de feuilles, des lits, etc. Ce qui est éton-
nant, c'est que ce labyrinthe est presque en entier
formé de cerisiers courbés. Dans ce jardin sont plusieurs fontaines avec des nymphes et des faunes qui
tiennent des urnes d'où l'eau s'échappe. Une surtout
est remarquable. C'est un rocher sur lequel courent
divers reptiles, serpents, limaçons, tortues, lézards,
crapauds, grenouilles, et toute espèce d'animaux
aquatiques. Eux aussi versaient de l'eau. Même on
eût dit que du rocher lui-même suintait de l'eau.
C'est à grands frais et avec beaucoup d'habileté qu'on
est parvenu à faire tout cela. Et pourtant, parce que
personne n'en prend soin, la destruction en est imminente[1].

---

[1] Il faut citer le texte latin qui donne ces derniers détails :

« Sed inter cæteras fuit exstructus fons instar rupis, in qua rupe
ex opere figulinario erant confecta varia animalia, veluti serpentes,
cochlæ, testudines, lacerti, crapones, ranæ et omnis generis anima-

M. Anatole de Montaiglon a voulu voir là la célèbre grotte de Palissy aux Tuileries. Il nous est impossible de partager ce sentiment. D'abord c'est une fontaine, *fons*, non une grotte. Puis, il y a des nymphes, des faunes et des animaux qu'un potier a façonnés dans l'argile, *ex opere figulinario*. Mais, où est le vernis polychrome qui caractérise les rustiques figulines? L'émail appliqué aux lézards, aux serpents, aux grenouilles, aux êtres infimes de la création, était alors si nouveau, que les voyageurs suisses n'eussent certainement pas manqué de s'émerveiller, eux qui s'extasiaient sur l'art admirable, *miro artificio*, qui a formé le labyrinthe et construit les fontaines. Enfin, nous sommes en 1555, et 1557 au plus tard. Déjà l'ouvrage abandonné menace ruine. A quelle époque maître Bernard l'aurait-il fait? En 1563, il prie Catherine de Médicis de l'employer à la décoration de ses jardins, et il parle des commandes du Connétable. S'il eût à ce moment travaillé déjà pour les Tuileries, il se serait empressé de le rappeler. Ce n'est qu'après 1566, date de la fondation du château, que la reine mère songea vraiment à orner le jardin. Il est à croire que la fontaine, déjà en ruine vers 1557, aura été remplacée par la grotte émaillée. En tous cas elle ne peut être cette grotte elle-même.

Mais Palissy n'a point seulement fait des grottes pour Écouen et les Tuileries. Les grands seigneurs

---

lium aquatilium. Quæ animalia aquam ex ore fundebant. Quin ex rupe ipsa videbatur exsudare aqua. Hæc maximis impensis et miro artificio fuerant parata; nunc autem, quia nemo excolit, ruinam minantur. »

de l'époque lui en demandèrent ; et tout parc à la mode dut avoir ce genre d'ornement.

Philibert de l'Orme avait construit celle de Meudon. Les Della Robia, avant de l'Orme et Palissy, en avaient élevé. On sait que Pierre, fils de Cosme de Médicis, l'un des premiers qui aient commandé à Lucca des terres cuites colorées, lui fit exécuter la voûte d'un cabinet d'études pour l'été, dans le palais bâti par Cosme. La phrase suivante qu'ajoute Vasari prouve que, s'il était allé plus loin, maître Bernard avait été déjà devancé dans l'art de réunir en un bloc des parties diverses. « C'est assurément une merveille que, malgré les difficultés et les précautions qu'exigeait la cuisson de la terre, la voûte aussi bien que le pavé, tant a été parfaite l'exécution, *semblent être non de plusieurs morceaux mais d'un seul* [1]. »

Si on a construit des grottes avant Palissy, ses élèves, ses imitateurs en ont pu élever après. La mode de la faïence dans les jardins subsista longtemps. Sous Louis XIV, le premier Trianon, pour avoir eu son couronnement décoré de vases émaillés, ne s'appelait-il pas la maison de porcelaine? et les grosières statues de bergers appuyés sur des bêches, de bergères portant des fleurs, si abondantes au dix-huitième siècle, ne seraient-elles pas, demande M. de Montaiglon, l'agonie de l'usage introduit par Palissy dans les jardins du seizième? Lui-même a peut-être conformé ses plans au goût de ceux qui les lui payaient. Jusqu'à ce que des preuves plus fortes nous arrivent, il faudra

---

[1] *Monographie des Della Robia*, traduction de M. Henri Barbet de Jouy.

prendre avec réserve, pour celui des Tuileries, le devis de M. Destailleurs dont la *Monographie de B. Palissy* a publié en 1866 une coupe verticale. Si c'est celui de Palissy, on doit avouer que l'artiste a bien modifié ses plans primitifs.

En 1842, dans *le Cabinet de l'amateur*, M. Champollion-Figeac signala à la curiosité des érudits un manuscrit de la Bibliothèque royale ; c'est un état de dépenses de la reine Catherine de Médicis en 1570, dépenses faites pour l'embellissement de son palais et de son jardin des Tuileries. Après les articles relatifs à la « massonnerie, aux mathériaux, » conduits et robinets de cuivre qui devaient amener l'eau de Saint-Cloud aux Tuileries, on lit le chapitre suivant :

« Autre dépense faicte par ce dit présent comptable à cause de la grotte émaillée.

« Paiement fait à cause de laditegrotte en vertu des ordonnances particulières de la dite dame du Péron.

« A Bernard, Nicolas et Mathurin Palissis, sculpteurs en terre, la somme de 400 livres tourn. à eux ordonnée par la dite dame du Péron en son ordonnance signée de sa main, le vingt-deuxième jour de janvier 1570, sur et tant moins de la somme de 2,500 livres tourn. pour tous les ouvrages de terre cuite émaillée qui restaient à faire pour parfaire et parachever les quatre pons au pourtour de dedans la grotte encommencée pour la royne en son palais, à Paris, suivant le marché fait avec eux, selon et ainsi qu'il est plus au au long contenu et éclairé en la dicte ordonnance, par vertu de laquelle paiement a été fait comptant au dessus dicts, ainsi qu'il appert par leur quittance passée par devant les dits Vassarts et Yvert, notaires susdits, le vingt-deuxième jour de février au dict an 1570, escripte au bas de la dicte ordonnance ci-rendue. Pour ce cy en dépenses la dite somme de....

. . . . IIIIᶜ l. »

Voici une seconde mention ; elle est de février :

« Aus dicts Palissis ci-dessus nommés pareille somme de 400 livres tourn. à eux aussi ordonnée par la dicte dame du Péron en son ordonnance signée de sa main le vingt-deuxième jour de février 1570, et ce en outre et par-dessus les autres sommes de deniers qu'ils ont par ci-devant reçues, sur et tant moins de la somme de 2,500 livres tourn., pour tous les ouvrages de terre cuite émaillée qui restent à faire pour parfaire et parachever les quatre pons au pourtour de dedans la grotte commencée pour la royne en son palais lès le Louvre à Paris, suivant le marché de ce fait avec eux, ainsi qu'il est plus au long contenu et éclairé en la dicte ordonnance, par vertu de laquelle paiement a été fait comptant aux dessus dits, ainsi qu'il appert par leur quittance passée par devant les dits Vassarts et Yvert, notaires au Chatelet de Paris, le vingt-sixième jour de février du dit an 1570, écrite au bas des dites ordonnances ci-rendues. Pour ceci en dépense de la dite somme de... »

Enfin, la troisième pièce n'a pas date ; comme les deux précédentes portent 22 janvier et 22 février, on peut croire qu'elle est du 22 mars.

« Autre paiement fait à cause de la dite grotte en vertu des certifications du dit de Chapponay, ordonnance non rendue en quittances, ci-après rendues comme il s'en suit :

« Aux dits Bernard, Nicolas, Mathurin Palissis ci-devant nommés, la somme de 200 livres tourn. à eux ordonnée être payée et ce outre et par-dessus les autres sommes de deniers qu'ils ont ci par-devant reçues sur et tant moins de la somme de 2,500 livres tourn. pour tous les ouvrages de terre cuite émaillée qui restent à faire pour parfaire et parachever les 4 pons au pourtour de dedans de la grotte encommencées pour la royne en son palais lès le Louvre à Paris, et ce en suivant le marché de ce fait et passé avec eux selon et ainsi qu'il est plus au long contenu et déclaré en la dite ordonnance de la dite dame du....»

Ces trois mémoires, que reproduit M. de Montaiglon, devaient faire suite à d'autres, puisqu'il n'y est point question de la grotte, mais seulement de quatre ponts. Ces quatre ponts, exécutés dans le même genre que la grotte elle-même, conduisaient de la terre ferme à l'espèce d'îlot où s'élevait cette rustique fantaisie. Champollion-Figeac avait lu *pans*. M. de Montaiglon affirme qu'il y a bien *pons*. Cela se comprend mieux.

On voit par ces actes que la grotte était presque terminée en 1570 ; Palissy y travaillait au moins depuis 1569. Ils nous révèlent en outre les noms des associés du maître : « Nicolas et Mathurin Palissis, sculpteurs en terre. » Qui sont ces Nicolas et Mathurin ? Des frères, des neveux, des fils ? L'opinion la plus vraisemblable est que Nicolas et Mathurin fu-

rent ses fils. On sait que le potier saintongeois éleva
une nombreuse famille : « Les vers m'ont fait mourir
six enfants, » dit-il (p. 247). Mais il ajoute plus
loin (p. 315) : « J'avois *ordinairement* deux enfants
aux nourrices. » Quand les commandes arrivèrent
avec la célébrité, maître Bernard associa quelqu'un à
ses travaux. Il dut prendre ses proches, et avant les
autres ses enfants. Ainsi faisaient en Italie les Della
Robia qui se transmettaient religieusement et leurs
secrets et leur clientèle.

On a cherché en quel lieu des Tuileries s'élevait
cette merveilleuse grotte. Dans le jardin assurément.
Or, le plan de ce jardin, par Androuet du Cerceau,
indique deux emplacements où elle aurait pu se
trouver ; l'un au commencement de la terrasse actuelle des Feuillants ; l'autre dans un carré de bois
situé sur le bord de ce qui est aujourd'hui le grand
massif de droite, du côté de l'allée centrale, et à
peu près aux deux tiers. C'est ce dernier qu'adopte
M. de Montaiglon : car, le premier est situé près des
écuries, tandis que le second moins vaste est en
outre entouré d'un petit bois. En 1855, les journaux,
notamment le *Constitutionnel* du 25 septembre, par-
lèrent bien de fragments de poterie de Palissy trouvés
dans le jardin des Tuileries, en faisant une tranchée
pour réparer le tuyau du jet d'eau. M. Riocreux re-
cueillit alors et conserve au Musée de Sèvres un de
ces débris. L'endroit où la pioche les avait rencontrés
ne fut pas indiqué d'une manière précise. Cette
révélation ne peut donc jeter aucune lumière sur
l'emplacement de la grotte. Des fouilles pratiquées

dans le sous-sol en feraient très-probablement découvrir les restes.

Le domicile de Bernard Palissy à Paris n'est pas connu d'une manière certaine. Mais la tradition nous guide mieux que pour la grotte des Tuileries. Maître Bernard a été muet sur ce sujet ; il invite seulement (p. 134) le lecteur qui désirerait de plus amples explications à se « retirer par deuers l'imprimeur et il lui dira le lieu de *sa* demeurance. » Ailleurs il nous apprend qu'il habitait vis-à-vis la Seine. En 1864, l'édilité parisienne a donné le nom de *rue Palissy* à la *petite rue Taranne* qui communique à la *rue du Dragon*. Cette rue du Dragon, au n° 24, a une maison, aujourd'hui pauvre hôtel d'étudiants. Au dessus du rez-de-chaussée, encastrée dans le mur, est une plaque en faïence émaillée représentant Samson déchirant le lion. Cette légende l'entoure : *Au fort Samson*. On en a conclu, et tous les *Guides de Paris* le répètent, que l'artiste avait réellement séjourné là. Faut-il y voir la demeure de Palissy ? Ce bas-relief est-il du maître ? Indique-t-il son habitation ? Ne serait-ce pas plutôt une enseigne ? Alors presque toutes les maisons en portaient une, et elles en eurent jusqu'en 1768, où fut ordonné, à Paris, leur numérotage, qui, par l'opposition des grands et des marchands, blessés de se voir assimilés ou confondus, n'était encore que partiel et très-irrégulier vingt ans plus tard.

Il y a peut-être un moyen de trouver cette habitation; ce serait de mettre la main sur quelque procuration, acte d'achat ou vente qu'ont dû rédiger pour maître

Bernard, Yvert et Vassart, ses notaires ordinaires. Mes tentatives pour obtenir de fouiller leurs minutes ont été infructueuses.

Grâce à une découverte récente, on est mieux renseigné sur l'endroit où l'architecte de la grotte des Tuileries avait ses ateliers. Les chantiers de travail établis pour la construction du palais n'avaient pas encore entièrement disparu sous Louis XIV. Au commencement de son règne, des plans manuscrits montrent dans les cours du château la place des fours et des baraques en bois. Or, au mois de juillet 1865, une tranchée ouverte dans la cour d'honneur des Tuileries pour la fondation de la nouvelle salle des États qui fera partie de la galerie restaurée des Tuileries et du Louvre, à 20 mètres de la porte située à gauche de l'arc de triomphe du Carrousel, mit à découvert une construction en briques, ayant l'apparence d'un cul-de-four. La tranchée devait l'effleurer à peine; et comme on avait déjà rencontré deux autres fours sans intérêt, on allait passer outre. Heureusement M. Adolphe Berty, l'auteur de la *Topographie historique du vieux Paris*, était là, suivant ces déblais avec l'œil inquiet et vigilant du chercheur. Il obtint qu'on donnât quelques coups de pioche de plus. On reconnut bien un four de potier. Des briques vitrifiées, des carneaux, ouvertures pratiquées à la voûte, des gazettes, étuis dont se servait maître Bernard pour préserver ses pièces d'accident, ne laissèrent plus de doute. Enfin, pour achever l'évidence, il y avait des fragments de moules de figures et de plantes. Un des creux montrait un buste de

fantaisie, quelques monstres composés de coquillages,
même les traits du visage et les yeux. D'autres laissaient voir des membres pris sur le vif, avec les poils
mêmes du corps, ou bien des costumes d'étoffes à
raies.

La trouvaille était importante. Elle jetait cependant un peu dans l'embarras. Quelles sont ces matrices? appartiennent-elles bien à Palissy? La question
devait être résolue. Pour cela il n'y avait qu'à lire le
projet de grotte que maître Bernard avait tracé pour
Catherine de Médicis et qu'a publié M. Benjamin
Fillon dans ses *Lettres écrites de la Vendée.*

« S'il plaisoit à la Royne, dit l'inventeur des rustique figulines, me commander une grotte, je la
voudrois faire en la forme d'une grande caverne
d'un rocher; mais, afin que la grotte fût délectable,
je la voudrois aorner des choses qu'il s'en suyt.
Et premièrement au dedans de l'entrée de la porte
je voudrois faire certaines figures de termes divers, lesquelz seroient posez sur certains pieds
d'estraz pour servir de colonne..... Il y en auroit
un qui seroit comme une vieille estatue, mangée
de l'ayr ou dissoutte à cause des gelées, rour démontrer plus grande antiquité... Il y en auroit un
autre qui seroyt tout formé de diverses coquilles
maritimes, sçavoir est les deux yeux de deux coquilles; le nez, bouche, menton, front, joues, le
tout de coquilles, voire tout le résidu du corps...
Pour faire émerveiller ' s hommes je en voudrois
fère trois ou quatre vestus et coiffés de modes
estranges, lesquelz habillements et coiffures seroient

de diverses linges, toiles ou substances rayées, si très approchans de la nature, qu'il n'y auroit homme qui ne pensast que ce fut la mesme chose que l'ouvrier aurait voulu imyter... Je vouldrois fere certaines figures après le naturel, voire imitant de si près la nature, jusqu'aux petits poilz des barbes et des soursilz, de la même grosseur qui est en la nature, seroient observez... »

En présence d'un texte aussi formel, il n'y a plus à douter. Les moules trouvés au Carrousel, le four qui les contenait sont bien les moules et le four du potier saintongeois.

On a cru que l'artiste avait habité près de ces ateliers. Le fait n'a rien d'impossible. Les autres ouvriers ou employés pouvaient venir travailler là le jour et s'en retourner le soir chez eux. Palissy, lui, devait être sans cesse à ses fours, surveiller jour et nuit la cuisson de ses pièces et diriger la fusion de ses émaux. Il a donc pu fort bien se construire une demeure provisoire, et l'occuper tout le temps qu'il a construit la grotte et décoré le jardin. C'est ce qui expliquerait le nom de « Bernard des Tuilleries » qui lui fut donné. Le savant conseiller au parlement d'Aix, que ses libéralités envers les savants firent appeler par Bayle le *procureur général de la littérature*, Nicolas-Claude Fabry de Peiresc, en 1606, visitant Ecouen avec le premier président du Vair, depuis garde des sceaux de France, n'appelle Bernard Palissy que « maître Bernard des Tuilleries. » De plus, une main anonyme mais contemporaine a écrit sur un vieux parchemin qui recouvre son volume de 1563 à la Bibliothèque impériale :

LE LIVRE DE MAITRE BERNARD DES THUILERIES.

Il est donc certain qu'il fut connu sous cette dénomination. Et même, S. Geraud Langrois, en 1592, met dans son livre *le Globe du monde* : « Maître Bernard Palissy, ci-devant gouverneur des Tuilleries. »

Gouverneur des Tuileries ! l'expression peut surprendre d'abord. Mais enfin Palissy était chargé de décorer les jardins du palais ; ce titre pouvait sous-entendre la direction des travaux.

CHAPITRE XVI

Philibert de l'Orme et Palissy. — Mot de Ronsard. — L'aqueduc de
Meudon. — Henri de Mesmes. — Nicolas Rosse des Nœux. — Ber-
trand de la Mothe-Fénelon. — Amis et protecteurs de Palissy. —
Nouvelle gêne. — Fabrication hâtive des émaux. — Barthélemy
Prieur. — François Briot. — Surmoulages. — Troisième période.

Habitant les Tuileries ou y ayant simplement des
ateliers, par cela même qu'il travaillait pour le palais,
Bernard Palissy se trouvait sous la haute direction de
Philibert de l'Orme. Il n'eut pas à s'en louer, sem-
ble-t-il. Le grand architecte était hautain, plein de
son propre mérite et fier de l'estime de la reine mère.
Né à Lyon, mort à Paris en 1577, de l'Orme avait été
élevé en Italie depuis l'âge de quatorze ans. En 1536,
il construit la façade de l'église de Saint-Nizier, à
Lyon. L'année suivante, le cardinal de Bellay l'attire
à Paris, le fait connaître à la cour de Henri II, et lui
confie les travaux du château abbatial de Saint-Maur.
Il bâtit pour le roi Follembrai et la Meute, dont on a
fait par corruption la *Muette*. Il devint conseiller et
aumônier de Charles IX, abbé de Livry, de Saint-Éloy-
les-Noyon, de Saint-Serge, près d'Angers, de Génes-
ton, aux confins de Bretagne et de Poitou, puis intendant des bâtiments royaux. Il avait construit Anet
pour Diane de Poitiers ; pour le cardinal Charles de

Lorraine, en 1556, Meudon qui a été retouché par Mansart et Le Nôtre ; pour Catherine de Médicis, il commença les Tuileries, dont il fut gouverneur. Sa position l'avait gâté. Ronsard, que son orgueil avait aussi choqué, lui décoche une satire sanglante dont le titre seul, *la Truelle cassée*, en faisant allusion à ses fonctions de maçon et à sa dignité d'abbé, est une vive épigramme.

Claude Binet, dans sa *Vie de Pierre Ronsard*, raconte que, pour se venger de ces traits mordants, Philibert de l'Orme fit un jour fermer aux Tuileries la porte à Ronsard qui suivait Catherine de Médicis. Le poëte, à qui le sieur de Sarlan la fit aussitôt ouvrir, écrivit en lettres capitales :

FORT. REVERENT. HABE.

De l'Orme, se croyant bafoué dans ses dignités ecclésiastiques, va se plaindre à la reine. Ronsard mandé explique que ces trois mots qui, lus en français, *fort révérend abbé*, conviennent très-bien à l'abbé de Livry, sont les abréviations d'un vers d'Ausone qui lui sied encore mieux en latin :

FORTUNAM REVERENTER HABE.

Sache porter la fortune avec modestie,

paroles dont un homme élevé par la fortune doit toujours se souvenir.

Le malin potier ne pardonna pas à Philibert de l'Orme son arrogance et peut-être ses vexations. Comme il triomphe dans son *Traité des eaux et fontaines* de l'échec de son rival à Meudon ! « Ie sçay qu'il y a eu de notre temps un architecte françois,

qui se faisoit quasi appeler le dieu des maçons ou architectes, et d'autant qu'il possédoit vingt mille livres
en bénéfices, et qu'il se sçauoit bien accommodé à la
Cour, il advint quelquefois qu'il se' vantast de faire
monter l'eau tant haut qu'il voudrait, par le moyen
des pompes ou machines, et par telle iactance incita
un grand seigneur à vouloir faire monter l'eau d'une
riuière en un haut iardin qu'il auoit près ladite riuière... La despense de ces choses fust si grande que
l'on a trouué par les papiers des contrôleurs, qu'elle
montait à quarante mille francs, combien que la chose
ne valut iamais rien. »

Le P. Rapin, qui n'avait pas les mêmes motifs de
haine que le potier, a, dans son poëme des *Jardins*,
livre III, peint, sans aigreur mais non sans malice,
l'embarras du pauvre architecte, qui ne pouvait découvrir d'eau à Meudon, et le désespoir du propriétaire,
qui en désirait avoir à tout prix.

A l'endroit où Meudon abaisse ses coteaux,
Vivait un grand seigneur, le plus riche de France ;
Il avait des écus, des champs et des troupeaux :
Le roi même enviait sa royale opulence.
Il voulut un palais ; et le plus haut sommet
Vit le palais grandir. Une splendide scène,
Digne de la maison et de qui l'habitait,
Se déroulait au loin sur la ville et la plaine.
Partout des bois, partout et jardins et bosquet.
Mais d'eau, point. Nul ruisseau, murmurant parmi l'herbe,
N'égayait de ses chants la demeure superbe,
En vain la sonde perce et fore le terrain ;
Elle fouille du sol les profondeurs. En vain.
L'architecte a beau faire ; et dans ses rêveries
Il voit bien une source arroser les prairies.
L'or coule à flots. Mais l'eau ne cache point, hélas !

Elle jaillit la nuit; le jour ne paraît pas.
Le maître rêve aussi qu'enfin l'eau sort et monte.
Tous deux n'ont, au lieu d'eau, que regrets et que honte.

Quin etiam fontes ipsa de nocte repertos
Somniat, et voto vigilans se pascit inani

. . . .

Nullarum prorsus se spes monstrabat aquarum.

N'est-ce pas un très-agréable commentaire de Bernard Palissy ?

Quelques pages plus loin (p. 146), il revient encore sur ce sujet : « Si monsieur l'architecte de la Royne qui auoit hanté l'Italie et qui auoit gaigné une auctorité et commandement sur tous les artisans de ladite Dame, eust eu tant soit peu de philosophie seulement naturelle, sans aucunes lettres, il eust fait faire quelque muraille ou arcade à la vallée de Saint-Cloud, et de là fait venir son eau tout doucement depuis le pont de Saint-Cloud iusques aux murailles du parc. »

Les démêlés de Palissy avec de l'Orme ne l'empêchèrent pas de connaître, de fréquenter et de se gagner une foule d'artistes, de savants, de grands personnages. Sa position à la cour de Catherine de Médicis le dut mettre en relation avec les hommes de génie qu'elle protégeait et les politiques qu'elle employait : Pierre Lescot, Jean Goujon, le maréchal de Montmorency qui remplaça pour lui son père le connétable.

Nommons Henri de Mesmes, chevalier, seigneur de Boissy et de Malassise. Sa famille, originaire de Mesmes, au diocèse de Bazas, avait toujours protégé les arts et les lettres. C'est à son père, Jean-Jacques

de Mesmes, lieutenant-civil au Châtelet, sous François Ier, maître des requêtes en 1544, enfin premier
président de Normandie, que Michel Montaigne dédia,
le 30 avril 1570, les *Règles de mariage* traduites de
Plutarque. Henri de Mesmes ne dégénéra pas. Né en
1532, après avoir, dès l'âge de seize ans, professé à
Toulouse la jurisprudence avec éclat, il entra, sous
les auspices de Michel de l'Hospital qui l'appréciait,
au conseil du roi; et c'était sur lui que l'illustre chancelier se déchargeait d'une partie de ses travaux.
Guerrier intrépide, il reprit plusieurs places aux Espagnols ; habile politique, il négocia en 1570 à Saint-
Germain, avec Biron, la paix entre protestants et catholiques, cette paix qui fut appelée *Boiteuse et Malassise*, d'une infirmité de Biron et d'un fief du seigneur
de Boissy. En 1572, il fut nommé chancelier du
roi de Navarre, Henri IV, et, en 1580, surintendant
de la maison de la reine de France, puis chancelier
de Louise de Lorraine, veuve de Henri III, morte à
Moulins le 4 juillet 1601. Henri de Mesmes, las des
intrigues de la cour, avait recherché la retraite. Ses
amis et ses livres, nombreux et fidèles, lui rendirent
la vieillesse agréable. Le regret de voir le royaume
déchiré par les factions, en proie aux dissensions civiles et à la Ligue, le chagrin d'avoir vu, dans la
même année, décéder Guy du Faur de Pibrac et Paul
de Foix, conseiller au Parlement, puis archevêque de
Toulouse, les compagnons de ses travaux et de ses
goûts, le conduisirent au tombeau. Il mourut en
1596. Protecteur des Turnèbe et des Lambin, il fut
encore ami de maître Bernard. Son cabinet d'histoire

naturelle lui était ouvert. Palissy note (p. 219) des coquilles de poissons métallisées qu'il y vit.

C'est par la science que le potier se liait avec ces personnages. Il connut aussi Nicolas Rasse des Nœux, *Noœus*. Fils d'un chirurgien du roi, mort le 24 janvier 1552, il succéda à son père dans ces fonctions. Il laissa à sa mort (17 novembre 1581) une foule de manuscrits vers et prose [1]. « Érudit, lettré, lancé dans le grand monde, un pied à la cour, l'autre dans le tourbillon de la vie active, François Rasse des Nœux, qui fut médecin de la reine de Navarre, dit M. Tarbé, prit sa part des événements de son siècle. Esprit mordant et frondeur, il se fit un malin plaisir de rassembler épigrammes, satires, calomnies rimées, menaces en vers, enfantées par des poëtes calvinistes contre leurs ennemis.» Outre sa bibliothèque qui était considérable et dont on a conservé quatres volumes d'œuvres diverses, poëmes, sermons, documents politiques, il avait un cabinet plein de curiosités. Palissy, qui l'appelle « chirurgien fameux et excellent » (p. 283), contempla chez lui « vne pierre de mine d'airain où il y auoit un poisson de mesme matière » (p. 219) ; puis « un cancre tout entier pétrifié » (p. 283), fossile assez rare. Cette coquille avait « un tel lustre qu'elle semblait vne escaboucle, à cause de son beau polissement » (p. 703).

---

[1] En 1866, M. Prosper Tarbé a publié à Reims, en un vol. in-8°, sous ce titre : *Recueil de poésies calvinistes*, un livre relatif seulement aux premières hostilités des huguenots contre la maison de Lorraine, qu'il a extrait de la collection de Rasse des Nœux, *Guerres civiles*, qui se trouve à la Bibliothèque impériale.

La géologie lui fit encore connaître Bertrand de la Mothe-Fénelon.

« Il y a vn Gentilhomme près de Peyrehourade, qui est l'habitation et Ville du Viscomte d'Orto, cinq lieues distantes de Bayonne, lequel Gentilhomme est seigneur de La Mothe et est secrétaire du Roy de Navarre, homme fort curieux, et amateur de vertu. Il se trouva quelquefois à la Cour, en la compagnie du feu Roy de Navarre (Antoine de Bourbon, duc de Vendôme, époux de Jeanne d'Albret), auquel temps il fut apporté au dit Roy vne pièce de bois qui estoit réduite en pierre. Il commanda à vn quidam de ses serviteurs de la luy serrer avec ses autres richesses : lors le seigneur de la Mothe, secrétaire susdit, pria le dit quidam de luy en donner vn petit morceau, ce qu'il fit, et le dit de La Mothe passant par cette ville de Xainctes, m'en fit vn présent, sachant bien à la vérité que i'estois curieux de telles choses. » (P. 48.)

Ce La Mothe, gentilhomme de Peyrehourade et secrétaire du roi de Navarre, n'est autre que Bertrand de Salignac, seigneur de la Mothe et de Fénelon, vicomte de Saint-Julien et baron de Loubert, connu sous le nom de seigneur de la Mothe, ou la Mothe-Fénelon. Né le 19 mars 1522, il fut attiré à la cour du roi de Navarre sans doute par Gérard de Salignac, seigneur de Rochefort en Limousin, qui devint gouverneur de Henri IV dans sa première jeunesse. Son cousin issu de germain, Jean de Gontaut, baron de Biron, l'éleva et l'emmena avec lui dans ses ambassades de Flandre et de Portugal. Bertrand, aussi guerrier que diplomate, prit part à toutes les guerres de l'époque. Il est à Boulogne, en Écosse, en Allemagne contre Charles-Quint, à Metz sous le duc de Guise. Il écrit même la relation de ce siége mémorable et celles des campagnes de Henri II dans les Pays-Bas. Il combat à Dreux, à Saint-Denis. En 1560, la noblesse de Périgord le députe aux états d'Orléans ; et celle de toute la Guienne, l'année suivante, le charge de la représenter à l'assemblée de Saint-Germain-en-Laye. Il avait acquis une telle réputation qu'à l'âge de trente-cinq ans, il fut envoyé, après la mort de Henri II, en Angleterre, pour assurer à la France l'alliance de ce royaume. En récompense de ses services, fait en 1563 gentilhomme ordinaire de la chambre, l'année d'après il reçoit le premier les fonctions officielles d'introducteur des ambassadeurs. En 1568, à la suite de nouvelles missions auprès du roi d'Espagne, de la princesse de Parme, du duc d'Albe en Flandre et de Jeanne d'Albret en Navarre, il est envoyé en ambassade auprès d'Élisabeth. Il fallait empêcher la reine de porter secours aux protestants de France, renouveler l'alliance, ratifier un traité de commerce, et obtenir la mise en liberté de Marie Stuart prisonnière, au moins un traitement plus doux. Il dut même négocier un mariage entre la reine vierge, et le frère du roi, François, duc d'Alençon, qui mourut en 1584. On sait que Catherine de Médicis avait déjà essayé de marier Élisabeth à Charles IX, puis au duc d'Anjou, quoiqu'elle eût plus du double de l'âge de ces deux jeunes princes. François de Montmorency, maréchal de France et Paul de Foix, depuis archevêque de Toulouse, furent même adjoints

16

à Bertrand de la Mothe pour terminer l'affaire et signer le contrat dont les articles étaient déjà rédigés. Après sept ans passés en Angleterre, il revint en France. Il fut encore employé en diverses circonstances importantes, en Navarre, 1579, contre Jeanne d'Albret en Périgord, 1589, contre l'armée des réformés, et envoyé par Henri III en Écosse et en Angleterre. Enfin il fut nommé ambassadeur en Espagne et s'y rendait, lorsqu'il mourut à Bordeaux, le 13 août 1599. Henri III lui avait donné, en 1579, à la création, le cordon de l'ordre du Saint-Esprit.

Il est à croire que ce personnage important ne fut pas inutile au potier, et que la liaison commencée à Saintes se continua à Paris. Palissy, du reste, savait ménager ses protecteurs et conserver les amitiés qu'il s'était acquises. Il avait besoin de leur appui. Son métier, s'il lui donnait de la renommée, ne parvenait pas à lui acquérir la fortune, l'aisance, ou même le tirer de la nécessité. Le 4 octobre 1567, à Paris, par acte passé devant Yvert et Vassart, notaires, il avait emprunté de l'argent à François Barbot, marchand et bourgeois de la Rochelle. Trois ans plus tard, le malheureux ouvrier devait encore sur cette somme 45 livres tournois. Aussi le créancier s'impatientait. Le 20 novembre 1570, pour obliger maître Bernard à s'acquitter enfin, il fait rédiger par le notaire Tarazon la procuration suivante, que

---

¹ M. A. Teulet, en 1840, a imprimé sept volumes in-8° de sa *Correspondance diplomatique*. Il reste encore un volume au moins de lettres inédites que nous espérons pouvoir publier quelque jour.

M. E. Jourdan, le savant auteur des *Éphémérides historiques de la Rochelle*, a trouvée dans les minutes de M. Fournier:

« Personnel'. estably S^{re} François Barbot, marchand et bourgeois de la Rochelle, lequel a constitué son procureur général (*le nom est resté en blanc*), auquel il a donné pouvoir de demander, prendre et recepvoir de Bernard Palissy, *inventeur des rustiques figulines*, de présent demeurant à Paris, la somme de 45 liv. tourn., restant de plus grande somme que led. Palissy debvoit aud. constituant, par obligation passée à Paris le vendredi quart jour d'octobre 1567, par devant Yvert et Vassart, notaires royaulx, et de sa reception en bailler acquitz, et, au cas où led. Palissy seroyt refusant de payer, icelluy contraindre par toutes voyes de justice deues et raisonnables, faire mettre à exécution lad. obligation selon sa forme et teneur, et, si besoing est, de plaider et procéder par devant tous juges, et faire toutes manières de demandes, deffenses, oppositions, protestations et appellations quelconques, etc., et faire toutes les choses susd. et toutes les autres choses requises et que led. constituant feroit et faire pourroyst, si présent de sa personne y estoit, jaçoyt que mesme plus, s'il y convient ; promettant led. constituant avoir agréable...

« Fait à lad. Rochelle, en présence de Jacquës Neil, clerc, et sire Patris Heus, marchand et bourg. de lad. Rochelle, le 20e jour de novembre 1570.

« F. Barbot, Jacq. Neil, Heus, P. Tharazon, notaire. »

Faut-il s'étonner que, dans cette pénible situation, en proie aux créanciers, pressé par la misère, Bernard Palissy ait trop activé la fabrication de ses émaux? Les demandes étaient plus nombreuses,' et plus rigoureuses les nécessités ; il voulait satisfaire aux unes comme aux autres. Peut-être ne se serait-il plus senti le courage de briser quelques pièces imparfaites. Plus de célérité dans l'exécution, partant moins de soin dans la conception, voilà où il en était réduit. Aussi ne se met-il pas en frais d'imagination. Les rustiques figulines sont toujours les produits qu'il livre. Seulement, aux animaux et aux plantes des rives de la Charente, s'ajoutent quelques variétés du bassin de la Seine. Puis les fonds se dégarnissent. « Ils ressemblent désormais, dit M. Fillon, à la terre des sillons qui, sous l'influence du printemps, commence à se couvrir de plantes fraîchement nées ; les coquillages, placés avec symétrie, sont plus espacés ; les animaux plus grêles. L'artiste n'est plus en contact perpétuel avec la nature ; elle lui apparaît maintenant sous un aspect de convention. » Le changement de manière est sensible : la décadence approche. L'artiste subit l'influence de la cour. Sans doute, on se lassa de ces bestioles ; on demanda de la variété ; on voulut que dans le paysage apparût l'homme, et que le marécage ne fût pas seulement visité par les couleuvres ou la grenouille. Ce qui justifie cette conjecture, c'est le peu d'adeptes que fit le goût de Palissy pour les reptiles et les poissons. Ses continuateurs prennent ses procédés, ses couleurs, ses sujets ; ils lui laissent ses animaux.

Quand il ne fut plus là, à peine mettent-ils de temps
en temps une couleuvre, une salamandre ou un lézard, tout juste ce qu'il en fallait pour conserver à
leurs ouvrages le nom de rustiques figulines, désormais consacré par l'usage et la mode. Enfin, peut-
être, dut-il lutter contre une fabrique rivale, qui ne
craignait point les personnages dans ses compositions. Aussi le maître commença-t-il dès lors à introduire la figure humaine dans les siennes. Mais il
était peu exercé dans ce travail tout nouveau. Le
temps lui manquait d'ailleurs pour s'y livrer et y
acquérir l'habileté nécessaire. Il s'adjoignit donc des
ouvriers intelligents, des artistes capables : les uns
lui fournissaient ses patrons ; ceux-là lui fabri-
quaient les matrices de ses moules. Ainsi faisait-on
déjà pour les émaux de Limoges et les faïenceries
italiennes. On connaît quelques cartons de Baptiste
Franco, et d'autre part M. Fillon possède douze cartons d'Estienne de Laulne, représentant l'histoire de
Joseph, qui ont dû servir à des émailleurs français de
la seconde moitié du seizième siècle. La production
des fours de maître Bernard était ainsi plus rapide.
Etait-elle meilleure? C'est alors que le sculpteur
Barthélemi Prieur, « homme expérimenté ès-arts, »
dit Palissy, lui prête sa Madeleine. Elle est en prières, agenouillée, occupant presque toute la surface
du plat. Ses jambes et ses bras sont nus, reste de
coquetterie ; le fond est semé de rocailles, fougères
et coquilles. Cette pièce, qui est unique, a 0m,29
de hauteur sur 0m,50 de largeur. On la voit au Louvre. La *Monographie* l'a dessinée à la planche XIV,

sous le titre de *Madeleine au désert*. C'est un très-beau sujet et bien exécuté.

Il est probable que Barthélemi Prieur ne borna pas là ses offres, et Palissy ses emprunts. Peut-être le monogramme BP qu'on trouve sous certaines épreuves de la *Nourrice*, sur deux chiens en ronde bosse, sur la *Samaritaine*, au lieu d'être, comme M. Tainturier le pense, les initiales de Bernard Palissy, un B et un P ou bien celles de Guillaume Dupré, G et D, comme le croit M. Sauzay, sont celles de Barthélemi Prieur.

Une fois entré dans cette voie, maître Bernard prend un peu partout les motifs de ses compositions. Il emprunte à Rosso, à Primatice, à Cellini, surtout à l'école italienne. Ainsi le sujet de la *Fécondité* lui a été donné ; ainsi l'*Enfance de Bacchus* ou *Bacchanale d'enfants*, existe coulée en bronze, mais de plus petites dimensions. L'orfévrerie lui fournit encore différents modèles. Les pierres gravées antiques viennent à son aide. Mais il augmente les dimensions et exécute dans le style de l'époque. De telle sorte, ce n'est pas simplement une œuvre de manœuvre.

On connaît le célèbre plat des *Éléments* ou des *Sciences et arts*. Au centre est la Tempérance, mère des arts et des sciences au nombre de huit, arithmétique, architecture, astrologie, musique, poésie, rhétorique et dialectique, qui courent en figures allégoriques sur les bords. Dans la partie concave du marly quatre médaillons oblongs, séparés par des cariatides, représentent le feu, l'air, la terre et l'eau. Ce plateau, qu'on voit au musée du Louvre et à Cluny, est un surmoulage de l'orfévre François Briot.

M. Fillon pense même que Briot, voyant le succès
des terres sigillées de Palissy, éleva un établissement
semblable, et fit une rude concurrence à l'inventeur
des rustiques figulines, peu de temps après son arrivée à Paris. Le monogramme F B, François Briot,
qu'on trouve imprimé sur la pâte avec une estampille
aux pieds de la *Tempérance*, donnerait du poids à
cette assertion. En outre, ses émaux, plus transparents, plus vitreux, diffèrent de ceux de Palissy ;
les tons bleu de ciel et brun rouge ne se rencontrent
que là. Enfin, d'autres épreuves moins pures, partant postérieures, sans signatures, reproduisent les
couleurs de maître Bernard ; ce qui porterait à croire
que les deux fabriques, après transaction, se sont
réunies. On peut donc conserver à Palissy quelque
peu de la paternité de cette œuvre remarquable.
M. Calixte de Tusseau possède un magnifique exemplaire de ce bassin qu'a gravé le *Magasin pittoresque*,
à la page 213 de l'année 1862. M. Sellière, au château
de Mello-sur-Oise, en a un autre qui porte l'F gravé
à la pointe avant la cuisson. Tous les exemplaires,
dont quelques-uns ont été vendus 799 francs, 4,800 et
jusqu'à 10,000 francs, ne sont pas identiques. Les
médaillons, copiés sur les gravures d'Estienne de
Laulne, n'offrent pas la même disposition, soit sur
les épreuves de terre, soit sur celles d'étain. Cette
différence vient de ce que chaque partie a été moulée
à part.

L'aiguière assortissant le plateau est de forme
ovoïde. La zone du milieu montre trois cartouches
représentant la Foi, l'Espérance et la Charité. Il en

existe de rares exemplaires au Louvre, dans la collection de M. Trimolet, peintre à Lyon, et en Angleterre chez M. Andrew Fountaine, esquire.

Il faut encore attribuer à Briot le *Jugement de Páris* et très-probablement à lui, ou certainement à un orfévre de son école, le médaillon où Venus, l'Amour et Adonis, se tenant embrassés, sont étendus sur une draperie bleue, à l'ombre d'un arbre ; œuvre des mieux réussies, et bien digne de maître Bernard.

C'est à ce moment qu'il commença à fabriquer ces coupes, ces corbeilles, ces bassins qui n'ont plus de rustique que quelques fleurs ou feuillages, palmettes et fruits ; et encore ce genre d'ornements est-il souvent absent. Citons le *Plat aux mascarons*, dont la rosace centrale est entourée de six mascarons drapés et couronnés de feuillages verts — n° 32 du recueil Delange ; le *Plat aux Sirènes*, appartenant à M. Beurdelay, dont la disposition est la même que le précédent, à cela près que les ornements sont autres, et que les six mascarons font place à quatre sirènes ; le *Plat* à épices *des quatre Génies*, dont le fond vert est entouré de quatre salières jaspées de bleu, alternant avec quatre génies ailés ; le plat des *Cornes d'abondance*, de même façon à peu près que le précédent ; le célèbre *Plat au lézard* de M. le baron Gustave de Rothschild, où un charmant lézard vert s'étale sur un fond brun, et qui offre une bordure bleue de rinceaux et fleurons jaunes, verts et violets ; les *hanaps*, dont l'un, du musée du Louvre, montre à l'anse une écrevisse, sur les flancs, des coquillages et une grenouille ; l'autre à M. Lionel de Rothschild,

des feuilles d'acanthe et des lézards ; — recueil Delange, n° 42 ;—celui-ci, une tête de serpent ; celui-là,
une tête d'aigle ; un rafraîchissoir pour le vin, de la
collection Fountaine, — grand bassin du recueil Delange, n° 12, — dont les anses, fournies par des coquilles, surmontent des têtes de dauphins qui retiennent des guirlandes de fruits et de feuillages ; le *plat
à fond jaspé* de M. Masson — dans le recueil Delange, au n° 37 — et bien d'autres dont l'énumération serait fastidieuse.

Il était là, à la troisième période de son art, période de transition. Le genre rustique est encore en
honneur ; mais il n'est déjà plus le principal. Les
sujets historiques ou mythologiques le relèguent peu
à peu. Bientôt il disparaîtra presque entièrement.
Mais Palissy devait auparavant être exposé à de nouvelles épreuves.

CHAPITRE XVII

Arrive la nuit hideuse du 24 août 1572. Effrayé par sa mère, qui, aidée du comte de Retz, du chancelier Birague, du duc de Nevers et du maréchal de Tavannes, ce dernier, seul Français parmi ces quatre astucieux Italiens, lui représente sa mort comme imminente s'il ne se délivre des réformés, Charles IX, après une épouvantable lutte d'une heure et demie contre ces fanatiques, laisse échapper l'ordre du massacre. Au son de l'horloge de Saint-Germain-l'Auxerrois, qui sonnait deux heures, et dont la reine mère avait avancé l'aiguille pour ôter à son fils le moyen de revenir sur sa concession, les huguenots sont égorgés. Le roi approuve les assassins, « non pas, comme le dit un calviniste fanatique d'alors, non pas qu'il y mist la main, » mais donnant des ordres, mais permettant ce qu'il pouvait empêcher, et encourant par là la lourde responsabilité d'une boucherie inutile et odieuse.

Palissy échappa au massacre ; et pourtant « maistre Bernard des Thuileries, » celui qui ornait les jardins royaux, était un personnage assez en vue. Il n'avait jamais dissimulé sa religion. Ses écrits, son arrestation antérieure étaient des preuves suffisantes. Il évita pourtant le poignard. Comment, on l'ignore. Si l'on en croyait Sully et Brantôme, qui a raconté deux fois la même erreur dans ses *Hommes illustres* au *Discours sur l'amiral Coligny* et à celui sur *Charles IX*, Ambroise Paré seul aurait été sauvé par le roi.... « Et n'en voulut jamais sauver aucun, sinon maistre Ambroise Paré, son premier chirurgien et le premier de la chrétienté ; et l'envoya querir et venir le soir dans sa chambre et garde-robe, lui commandant de n'en bouger, et disait qu'il n'étoit raisonnable qu'un, qui pouvait servir à tout un petit monde, fut ainsi massacré, et si ne le pressa point de changer de religion, non plus que sa nourrice. »

Brantôme est inexact. D'abord Charles IX fit partir de Paris, deux jours auparavant, Henri Robert de la Marck ; et d'après Marguerite de Valois sa sœur [1], il voulut qu'on épargnât Louis de Teligny, gendre de Coligny, la Noüe, la Rochefoucauld et même l'amiral. Ensuite, le roi n'eut pas grand mérite à sauver Ambroise Paré, ni de grands efforts pour le convertir, puisqu'il était catholique, comme cela demeure prouvé par plusieurs passages de ses *Œuvres* et par sa sépulture dans l'église de Saint-André des Arcs, au moment où le plus fougueux des ligueurs, Aubry,

---

[1] *Mémoires*, édition Lalanne, p. 27 et 28.

en était curé[1]. Je sais bien que le catholicisme de Paré n'est pas une raison suffisante pour qu'il ait échappé au massacre. Le deuxième fils du connétable, Henri de Montmorency, très-zélé catholique, n'évita pourtant alors le trépas qu'en se réfugiant dans son gouvernement de Languedoc; tant il est vrai que les haines particulières cherchèrent à se satisfaire sous prétexte de religion.

Peut-être la protection de Catherine de -Médicis s'étendit-elle encore une fois sur le potier saintongeois. C'est elle[2] qui envoya avertir Jean Goujon de ne pas sortir de chez lui, bien que les romanciers de notre temps aient fait périr l'illustre sculpteur sur son échafaudage du Louvre, d'une balle lancée par Charles IX lui-même. Il est possible que Bernard Palissy ait reçu de la reine le même avis. Elle avait l'astuce, la dissimulation, la perfidie des Italiens ; mais elle était artiste comme une Florentine. Son émailleur, l'auteur de sa grotte au jardin des Tuileries, trouva sans doute grâce devant elle. L'art sauvait une seconde fois Bernard Palissy.

Le potier fut reconnaissant. On n'en peut dire autant des écrivains ou des artistes de son temps, obligés comme lui de la reine mère. « Ils ont été, dit Brantôme, paresseux ou ingrats : car elle ne fut jamais chiche à l'endroit des sçavants qui escrivoient quelque chose. J'en nommerois plusieurs qui ont tiré de bons biens, en quoy d'autant ils sont accusez d'ingratitude. »

---

[1] Voir *Œuvres*. Notice, p. 280 et 232, par M. Malgaigne.
[2] Voir Notice sur Jean Goujon dans le *Plutarque françois*, seizième siècle.

Toutefois, comprenant que ce serait tenter Dieu que de rester à Paris, exposé plus longtemps à l'arquebuse d'un fanatique, et voyant que, dans ce tumulte effroyable, il n'y avait plus place pour l'art paisible, Bernard Palissy prit le sage parti de céder à l'orage. Il quitta donc ses fourneaux, ses travaux commencés, *pendent interrupta opera*, et partit.

Il y avait alors à Sedan un prince qui favorisait ouvertement les calvinistes. Henri-Robert de la Marck, duc de Bouillon, prince souverain de Sedan, descendant du fameux Guillaume de la Marck, le Sanglier des Ardennes, petit-fils du célèbre maréchal de *Fleuranges l'Aventureux*, et fils aîné du maréchal de Bouillon, avait, en 1558, épousé Françoise de Bourbon, fille de Louis II de Bourbon, duc de Montpensier, qui, malgré son père, mais sur les instances de sa mère, Jacqueline de Longwy, morte en 1561, assistée du ministre Malot, ci-devant curé de Saint-André des Arcs, avait embrassé le calvinisme. Un an après, Henri-Robert, comme un autre protecteur de Palissy, Antoine de Pons, séduit par les grâces et l'esprit de sa jeune femme, avait abjuré le catholicisme. En vain, le duc de Montpensier avait tout fait pour ramener à la foi de ses aïeux sa fille rebelle; un jour, c'est une conférence qu'il ménage à Paris, chez le duc de Nevers, devant sa fille, son gendre et l'amiral de Coligny, entre deux ministres réformés, Jean de l'Epine et Hugues Sureau du Rozier, et deux théologiens catholiques, Simon Vigor et Claude de Sainctes, chanoine séculier de Saint-Chéron, évêque d'Évreux en 1575; une autre fois (4 novembre 1572),

c'est le même Hugues du Rozier, converti au catholicisme, qu'il lui envoie avec le jésuite Maldonat. Ses
efforts avaient été inutiles. La duchesse de Bouillon et
son mari travaillèrent énergiquement à établir la Réformation dans leur principauté de Sedan et y réussirent. Les Terres-Souveraines, comme on les appelait,
devinrent le refuge des protestants persécutés ailleurs. On y avait vu le savant Louis Coppel, professeur d'hébreu à l'Université protestante de Saumur,
le diplomate-théologien Duplessis-Mornay, Calvin
lui-même, lorsque, contraint de quitter la France, il
se dirigeait de Paris sur l'Allemagne. Ce fut bien
autre chose quand le tocsin sanglant de la Saint-Barthélemi eût effrayé les huguenots.

Le prince de Sedan, nous l'avons dit, s'était retiré
dans ses domaines, et derrière les hautes murailles
de sa ville capitale, il mettait à l'abri ses coreligionnaires qui lui venaient demander asile. Le nombre
en fut grand. C'étaient des gens de lettres et de
sciences, des jurisconsultes habiles, des philosophes,
des ministres distingués. Bernard Palissy s'y trouva.
Outre la communauté de croyance, il rencontrait à
la petite cour une sympathie particulière. La princesse de Sedan n'était-elle pas Louise de Bourbon
la fille du duc de Montpensier, qui l'avait si heureusement protégé en Saintonge et qui l'avait tiré des
prisons de Bordeaux ? L'artiste saintongeois n'était
donc pas un réfugié ordinaire. Peut-être même
avait-il été directement appelé par la duchesse.

Le séjour de Bernard Palissy à Sedan ne lui fut
pas inutile à lui-même et à la science. Son esprit ne

pouvait rester oisif ; il avait soif de s'instruire ; il
se mit à parcourir le pays. C'est à cette époque qu'il
faut rapporter ses excursions dans les Ardennes, en
Allemagne, dans les provinces rhénanes et en Flandre. Dans son premier ouvrage publié en 1563, il
n'est pas fait mention de ces contrées. Au contraire,
leurs noms reviennent à chaque page dans le volume
qu'il imprima en 1580.

Bernard Palissy quitte Paris, où sa vie n'est pas
en sûreté. Il part et va consacrer à la science le
temps qu'il faut donner aux soins de ses jours, et
qu'il voudrait laisser tout entier à ses émaux. En
route il examine, il observe et s'arrête, si quelque
curiosité naturelle l'y invite. C'est ainsi que nous
aimons à nous le figurer, allant çà et là, un peu à
l'aventure, au gré de ses fantaisies scientifiques.
Suivons-le donc dans cet itinéraire, que nous lui
imaginons.

A Meaux, en Brie, il apprend que dans la maison
des Gillets deux individus descendus dans un puits
viennent d'y périr, et qu'un troisième s'est à grand
peine échappé. L'esprit encore tout plein des préjugés huguenots, et les idées du moyen âge aidant,
Bernard croit à l'infection des puits. Comme si l'ac-
cumulation de gaz délétères au fond de certains trous
ne suffisait pas à asphyxier les imprudents qui s'y
aventurent sans précaution ! Ne blâmons pas trop
l'ouvrier de son explication fautive. Est-ce que,
pendant le choléra, les mêmes bruits d'empoisonnement des sources ne coururent pas dans Paris ?

Dans la Brie, Bernard remarque que la marne est

blanche, ainsi qu'en Champagne et en Valois, tandis
qu'en Flandre et en Allemagne elle est grise ou jaune.
C'est avec une argile semblable que Troyes façonne
des creusets très-recherchés des orfèvres. A Mon-
treuil, dans le Valois, petit pays de l'Ile-de-France,
dont la capitale, Crespy, n'est plus qu'un chef-lieu
de canton du département de l'Oise, près d'un prieuré
de bénédictins, le voyageur a remarqué des coquillages qui n'étaient encore qu'à moitié pétrifiés.
Près de Soissons, ces coquilles fossilifiées sont en si
grande quantité dans la montagne, qu'on en trouve
en quelque endroit qu'on creuse. Il dit vrai. Tout
le Valois, en effet, est plein de corps marins, vis et
cammes, d'un volume considérable ; tellines, limaçons à bouche ronde et à bouche aplatie, en quantité. La Champagne lui offre des espèces de pourpres
et de buccins, dont il a été obligé de faire chercher
les pareils jusque dans les Indes et en Guinée ; car,
par suite de changements atmosphériques et de révolutions géologiques, certaines espèces de végétaux
ou d'animaux disparaissent des contrées qui les pro-
duisaient jadis. L'homme s'unit aux éléments pour
une guerre à mort contre la création. Il s'acharne
surtout avec tant d'âpreté à la poursuite des animaux comestibles, qu'il en détruit même la semence. Aussi est-il forcé de se nourrir de ce dont
autrefois il n'aurait pas voulu manger. « De mon
temps, continue le voyageur, on dédaignait grenouilles et tortues, pieds, têtes et ventre de moutons ; ce sont maintenant des mets très-friands. »

En Lorraine, il voit faire le sel (page 259). Là

sont des puits dont l'eau est salée ; cette eau est re-
cueillie dans une énorme chaudière de 30 pieds
de long, autant de large, maçonnée sur un four.
C'est par l'évaporation qu'on obtient le précieux con-
diment. Mais quelle dépense ! Aux deux gueules du
four se tiennent deux hommes, dont l'unique occupation est d'alimenter le feu. De nombreux chariots
amènent le bois des forêts, où un plus grand nombre de bûcherons l'abattent. Quatre mille arpents
sont destinés à l'entretien de la fournaise ; la coupe
est d'un quart par année. Palissy calcule que les
Lorrains agiraient plus sagement s'ils vendaient du
bois pour acheter du sel ; ce sel leur revient trois
fois plus cher qu'en France, et encore ne vaut-il pas
celui de la Saintonge : car aux Saintongeois qui n'ont
point de bois pour faire leur sel, Dieu prête libéralement son soleil. Mais les Lorrains cependant ne se
plaignent pas trop du leur, et y trouvent une source
inépuisable de bénéfices.

Ce n'était pas assez de parcourir la France ; l'Allemagne offrait un champ vaste à ses investigations.
Il franchit la frontière. A Fribourg-en-Brisgau, il
admire (page 295) « ce beau cristal qui se trouve
« ès montagnes, auxquelles il y a de la neige pres-
« que en tout temps, » ce qui lui fait croire, d'après
les anciens, que le cristal « ne se fait que par abon-
« dance d'eau et de froidure. » Même observation
pour l'Auvergne, pour Dinant, les Ardennes, et tout
aussi peu fondée. On a découvert des cristaux dans
les régions les plus chaudes et sur les cratères des
volcans. La cristallisation a lieu par dissolution

quand l'évaporation enlève l'eau qui avait fondu un
sel ; ou par fusion, quand on laisse refroidir lentement un métal fondu, en décantant la partie liquide,
le reste étant concrété. Ainsi l'on voit combien peu
les pluies, neiges et froids servent à la formation des
cristaux.

A Mansfeld (Saxe), il trouve (page 219) « grande
« quantité de poissons réduits en métal, » qui ne
sont que des pyrites cuivreuses.

Ses courses dans les provinces rhénanes lui profi-
tèrent singulièrement. Les observations faites en
France furent répétées en Allemagne. De ses idées,
les unes se modifièrent heureusement ; les autres se
complétèrent et se fortifièrent. Ainsi dans la Touraine, aux environs de Sainte-Maure, il avait vu ces
immenses dépôts de coquilles marines et de poly-
piers fossiles évalués à des milliers de mètres cubes
au plus bas. Ce prodigieux amas, placé maintenant à
150 kilomètres de la mer, est formé exclusivement
d'animaux, sans mélange de pierres, de sable ou de
terre. Les paysans s'en servent comme d'engrais.
C'est probablement là la cause de la fertilité extraordi-
naire de la Touraine. On appelle cette masse *faluns*.
La couche superficielle de la terre n'est que de 3 mètres ; on ne perce pas la falunière au delà de 6 mètres, pour s'épargner des frais. La vue de ce prodigieux amoncellement de débris avait frappé Palissy.
Les fossiles des Ardennes achevèrent de lui donner
sa célèbre théorie des faluns. Près de Sedan (page 278)
il examina une montagne plus haute qu'aucune des
maisons, ou même que le clocher de cette ville. Les

habitants extraient de cette montagne des pierres de construction et trouvent des coquilles aussi bien au haut qu'au bas, à la surface comme à l'intérieur. Lui-même en a vu au milieu d'un rocher qui n'avait pas moins de 16 pouces de diamètre. Les remarques de Palissy sur les pierres calcaires et la multitude des corps marins qui se rencontrent aux montagnes des Ardennes ont été, au moins pour la partie qui s'étend du côté de la France, où il dut faire ses expériences, confirmées par le célèbre naturaliste Guettard.

En revanche, la théorie de la formation sur place de tant d'animaux fossiles a été combattue par un homme dont la légèreté égalait presque le génie. Dans une brochure : *les Singularités de la nature*, publiée à Bâle en 1768, Voltaire se cachant sous le pseudonyme « du révérend père l'Escarbotier, par la grâce de Dieu, capucin indigne, prédicateur ordinaire et cuisinier du grand couvent de la ville de Clermont, en Auvergne, » écrivit ces lignes curieuses :

« Faut-il que tous les physiciens aient été les dupes d'un visionnaire nommé Palissi? C'était un potier de terre qui travaillait pour le roi Louis XIII ; il est l'auteur d'un livre intitulé : *le Moyen de devenir riche et la manière véritable par laquelle tous les hommes de France pourront apprendre à multiplier leurs trésors et possessions*, par maître Bernard Palissi, *inventeur des rustiques figulines du roi*. Ce titre seul suffit pour

---

[1] Réimprimée dans les *OEuvres complètes* au tome XXXIX de l'édition de 1785.

faire connaître le personnage. Il s'imagina qu'une espèce de marne pulvérisée qui est en Touraine, était un magasin de petits poissons de mer. Des philosophes le crurent. Ces milliers de siècles, pendant lesquels la mer avait déposé ses coquilles à 56 lieues dans les terres, les charmèrent, et me charmeraient tout comme eux, si la chose était vraie.

« ...Mais on aime les systèmes ; et depuis que Palissi a cru que les mines calcaires de la Touraine étaient des couches de petoncles, de glands de mer, de buccins, de phollades, cent naturalistes l'ont répété. »

Buffon, juge un peu plus compétent en histoire naturelle, soutint l'opinion de Palissy. Voltaire ne voulait pas renoncer à la sienne.

« Est-ce d'ailleurs, dit-il à l'article *Coquilles* du *Dictionnaire philosophique*, une idée tout à fait romanesque de faire réflexion à la foule innombrable de pèlerins qui partaient à pied de Saint-Jacques en Gallicie et de toutes les provinces, pour aller à Rome par le mont Cenis, chargés de coquilles à leurs bonnets ? Il en venait de Syrie, d'Égypte, de Grèce comme de Pologne et d'Autriche. »

Buffon allait riposter. Son adversaire le désarma par cette saillie : « Je ne veux pas me brouiller avec M. de Buffon pour des coquilles. »

Pour Palissy, les savants l'ont suffisamment vengé des railleries superficielles de l'auteur des *Colimaçons*, qui ne l'avait certainement pas lu.

Les Ardennes furent le pays où il passa le plus de

temps après la Saintonge et Paris; il en parle fréquemment et semble l'avoir parcouru dans tous les
sens. Il visite, près de Sedan, les forges de Daigny, de
Givonne et d'Haraucourt. Il remarque que dans cette
contrée, comme en Bigorre (p. 295) les maisons sont
couvertes d'ardoises. Il signale de nombreuses mines
de fer, avec cette particularité que, sur les terres du
duc de Bouillon, le minerai est fort petit. Là ni vins,
ni fruits. Le sol froid n'y peut produire que du seigle.
Et encore les paysans, pour donner à leur sol un peu
de fertilité sont-ils forcés d'employer la chaux,
comme ailleurs le fumier. Ou bien ils usent du brûlis.
Pour cela, ils coupent (p. 248) du bois en grande
quantité, le couchent et l'arrangent dans la terre
d'espace en espace, puis le couvrent de mottes de
terres. Ils y mettent le feu; c'est un peu la pratique
suivie par les charbonniers. La terre qui a été ainsi
échauffée, les cendres du bois et celles des racines
qui se rencontraient dans l'humus, sont répandues
sur le champ comme fumier. Et le sol, fertilisé par
cet engrais, donne du seigle aux laboureurs.

Remarquons cependant que Palissy ne préconise
pas la méthode des brûlis absolument; et il faisait
sagement. Nouvelle en France, ou au moins connue
seulement dans les Ardennes, cette opération n'était
pas ignorée des anciens. Virgile l'a décrite au premier livre des *Géorgiques*, vers 84.

Sæpe etiam steriles incendere profuit agros,
Atque levem stipulam crepitantibus urere flammis.
Souvent aussi il est bon d'incendier un champs stérile,
Et délivrer le chaume léger à la flamme pétillante.

17.

Mais si c'était une excellente démonstration à à l'appui de la thèse de Palissy sur l'influence des sels dans la croissance des plantes, cette incinération, qui ne pouvait avoir lieu que de seize ans en seize ans, était une pratique déplorable. La plupart des sels végétaux s'y volatilisaient. Elle finissait par appauvrir la terre et la rendait complétement stérile à la longue. Les brûlis, l'écobuage, fort usités dans la Vendée au commencement de ce siècle encore, ont été complétement abandonnés à cause des nombreux inconvénients qui en résultaient. On leur préfère le labourage qui enfonce dans le sol ; comme engrais, les herbes, gazons, détritus, qui se trouvent à la surface. Ainsi, aucun des sels végétaux n'est perdu.

Le Nord surtout fut le théâtre où Bernard promena avec succès ses regards investigateurs. Il y trouva eaux minérales, rochers, fossiles en grande quantité, marne, tout ce qui était l'objet de ses études.

Un jour, il part de Mézières, suit la Meuse, arrive à Dinant, de là à Liége. Dans ce pays de Liége (p. 295), la Meuse coule entre deux montagnes d'une merveilleuse hauteur, arides pourtant et formées de cailloux blancs et gris, si durs que les pierres ne s'en peuvent couper ; mais dans leurs flancs sont creusées de nombreuses mines d'ardoises.

Bernard va à Spa, et en rapporte une plaisanterie sur les eaux ferrugineuses qu'y courent inutilement boire les femmes stériles. Il va à Aix-la-Chapelle et ne croit pas à la vertu des thermes qu'on y trouve. Il pense pourtant, et avec raison, que des eaux qui ont traversé des mines de fer peuvent y avoir acquis cerlaines propriétés. Il va à Anvers ; il y voit (p. 254) les verriers fabriquer le cristal et obligés de faire venir de la Bourgogne les terres argileuses de leurs fours. Ils font bien venir le sel de Brouage, en Saintonge ; car leur sol, trop perméable, ne leur permet pas de faire des marais salants, et les rend, de ce côté encore, tributaires de la France. Les marquis de Rhien, seigneurs d'Anvers, l'ont bien essayé; mais, après des dépenses considérables, ils ont été forcés de renoncer à ce projet. D'après le calcul de Guichardin dans sa *Description des Pays-Bas*, imprimée à Anvers en 1582, Brouage qui, au rapport de Géraud Langrois, produit le meilleur sel, en fournissait au moins pour 600,000 francs à cette ville par an.

Des Ardennes Palissy passe en Picardie, puis en Normandie. Il signale le mauvais état des citernes dans cette province. Ah ! si les hommes le voulaient croire ! (p. 142). Ils auraient toujours des eaux pures pour eux et pour leurs bestiaux. Ensuite il nous raconte l'industrieuse prévoyance d'un père de famille normand. Ses terres, fort infertiles, ne lui rapportaient pas assez de blé pour sa maison. Les voisins (p. 258), quand il en allait chercher à la ville voisine, le maudissaient, disant qu'il faisait enchérir le pain. Un jour, il vit dans un fossé une terre blanche, dont la coloration lui parut singulière ; il en remplit son chapeau, et la porta en un coin de son champ ensemencé. A l'endroit qu'il l'avait jetée, le blé poussa plus beau que partout ailleurs. L'opération fut renouvelée l'année suivante sur toutes les terres arables. La marne était trouvée et reconnue en Normandie.

Les temps semblaient redevenus un peu plus cal-
mes. Armistice entre deux guerres ! Le protecteur de
maître Bernard, Henri-Robert, touché du procédé de
Charles IX, qui l'avait soustrait à une mort inévita-
ble, avait accepté de servir sous les drapeaux de la
France. Il était au siége de la Rochelle, commencé
en décembre 1572 par Biron et Strozzi, et dont le
duc d'Anjou vint prendre la direction, le 11 février 1573. Il y avait un commandement avec le roi
de Navarre et le prince de Condé, qui voulaient
prouver la sincérité de leur retour en combattant
contre leurs coreligionnaires. Le siége, qui coûta au
duc d'Anjou plus de vingt-deux mille hommes, de
Thou et d'Aubigné disent même quarante mille, et
où furent tirés trente-cinq mille coups de canon, se
termina par le traité du 24 juin, qui lui-même mit
fin à la quatrième guerre de religion. Palissy put
donc revenir tranquillement à Paris. Il n'y avait plus
guère d'ailleurs à espérer du côté de Sedan. Car
Henri-Robert mourut au retour du siége de la Rochelle, le 9 février 1574, « d'une fluxion qui lui
« tomba sur les jambes, » dit Brantôme, et non ainsi
que quelques-uns l'ont prétendu, d'un poison que
lui aurait administré Catherine de Médicis. « Il s'é-
« tait, continue Brantôme, mis huguenot comme
« plusieurs autres de France ; et ce, pour charité
« bonne qui était en lui. »

Palissy à Paris reprit son métier d'émailleur. Sans
doute en son absence ses élèves, ses fils, avaient
continué la fabrication. Par là s'expliquerait la foule
de produits défectueux qu'on ne sait trop comment

expliquer, et qu'on met gratuitement peut-être sur le
compte des continuateurs. Des interruptions aussi
fréquentes ne devaient guère être favorables au développement régulier de l'émaillerie. Aussi voit-on
de rapides changements dans la manière de maître
Bernard. Sous l'influence des idées régnantes ou par
suite de ses propres réflexions, l'artiste modifie ses
procédés ou son style. La transition est quelquefois
brusque, le plus souvent graduée et ménagée. Le
potier saintongeois, dans l'espace de dix ans, fit dans
son genre une révolution complète. De son retour à
Paris, après le voyage de Sedan, peut dater pour son
talent une quatrième période, la dernière. Alors les
rustiques figulines disparaissent ; plus de ces bassins chargés de plantes fluviales, d'animaux aquatiques, d'êtres marécageux. Ce sont des personnages
qui occupent le premier plan de ses compositions.
Les feuillages et les fleurs qui garnissaient le bord
des vases et des aiguières dans la deuxième période
font même place à des rinceaux fleuris, à des arabesques, puis à des oves, des godrons, enfin à des
marguerites blanches, des fleurettes jaunes et quelques feuillages symétriquement rangés. La faune et
la flore ne fournissent plus que de rares motifs. « A
peine, dit M. Fillon, quelque pauvre lézard vert se
trouve-t-il égaré dans le fond violacé d'un plat ou se
tient-il piteusement accroché le long d'une anse enrichie de mascarons grimaçants. Il est bien plus mal-
traité encore par les faïenciers de la *Famille de
Henri IV*, qui le relèguent en compagnie d'une couleuvre ou d'une salamandre, sur un morceau de

jaspe semé de fraises, dont il paraît faire fort peu
de cas, tant il se trouve mal à l'aise dans sa cage de
balustres ornés de fleurs artificielles ou de festons
godronnés. »

Un plat que possède à Saintes M. le comte de Cler-
vaux et qui, dit-on, servit à la cène des calvinistes,
montre le portrait de Henri IV avec les armes de
France et de Navarre, mais sans le plus petit ani-
malcule. Les bords sont garnis de médaillons.

D'autre part, Palissy continue à emprunter ses
sujets aux maîtres italiens ou français ; il surmoule
« tableaux et verres, peintures et orfévrerie ; » tout
lui est bon. Son originalité s'altère. Après la découverte de l'émail, son mérite, c'était d'avoir créé les
rustiques figulines. En y renonçant, il perd une partie de son génie. Sans doute, il trouvera encore
d'heureuses inspirations, il aura des éclairs; mais
se condamner à l'imitation, c'est s'avouer inférieur,
c'est descendre.

A cette époque, il devient plus difficile que jamais
et de plus en plus délicat de trier les œuvres de Palissy et celles de ses imitateurs. Aussi les experts,
les connaisseurs, les érudits ne s'entendent-ils pas.
Au milieu d'opinions contradictoires, en l'absence
de preuves authentiques, un classement est une besogne ingrate et scabreuse. D'abord, toute terre
émaillée fut regardée comme étant de maître Bernard. Puis, quand la défiance eut été éveillée
par l'attribution mensongère de quelque production apocryphe, on ne garda plus de mesure; on
voulut lui enlever tout son bagage artistique. Il faut

se préserver de ces deux excès, et faire à chacun sa part.

Il y a un plat ovale avec une bordure dentelée à baguettes blanches, sur fond brun. Le fond représente un écusson : *d'azur au chevron d'argent, accompagné de trois miroirs d'or*, timbré de la crosse d'or que somme le chapeau de sinople. Au-dessous est la devise : FUTURA PROSPICE, *Regarde l'avenir*, allusion aux pièces de l'écu, qui traduisent elles-mêmes le nom du personnage. C'est Jean Le Mire, né le 5 janvier 1560, sacré évêque d'Amiens en 1604 et mort en 1611. Évidemment, ces armoiries d'un évêque de 1604 n'ont pu être dessinées par maître Bernard, mort en 1590.

Nous en dirons autant d'un autre plat ovale armorié qui fait partie de la collection de M. le prince Soltykoff. Il porte les armes de Guillaume de Berghes, prince de l'Empire, évêque d'Anvers de 1598 à 1601 et ensuite archevêque de Cambrai. Et peut-être aussi de cette coupe ronde qu'a décrite M. Tainturier et représentée M. Delange, n° 27. Elle porte les chiffres de Henri II et de Catherine de Médicis enlacés, et les croissants de cette dernière qu'on a pris pour l'emblème de Diane de Poitiers, qui avait une flèche avec cette légende : CONSEQUITUR QUODCUMQUE PETIT. Cette pièce n'a pu être fabriquée que sous le règne de Henri II. Or, ce roi qui monta sur le trône, le 21 mars 1547, mourut le 10 juillet 1559. A cette date, Palissy, encore inconnu en Saintonge, n'avait travaillé pour la cour qu'en levant le plan des marais salants de sa province.

D'autres sujets ne peuvent pas davantage être sortis des mains de l'artiste saintongeois. Les personnages ou les costumes sont de date postérieure. Tel est ce plat ovale, représentant la famille de Henri IV, qui appartient au prince Ladislas Czartoryski. La bordure à marguerites blanches et tiges vertes sur fond bleu est bien du maître ; on la retrouve sur quelques-unes de ses œuvres. Le roi assis dans un fauteuil, une dame et la reine tenant dans ses bras le jeune Louis XIII, à droite ; à gauche, César, duc de Vendôme ; derrière, quatre seigneurs de la cour. Le plat qui reproduit la gravure de Léonard Gaultier n'est pas antérieur à 1603 : car César Monsieur naquit en 1594, et Louis XIII en 1601. Il en faut dire autant d'un autre plat montrant les portraits accolés de Henri IV et de Marie de Médicis, d'après la médaille de Dupré et de Warin, moulé sans doute en 1600, année du second mariage du Béarnais, puis de deux portraits de Louis XIII. Citons encore le *capitaine Fracasse* ou *Bravache*, figure violente, main sur la garde de l'épée, chapeau orné d'une médaille, écharpe verte, tout ce qui indique la guerre et les factions; le *Tambour*, l'*Homme au panier d'osier*, la *Femme à la bouteille*, recouverte de jonc clissé; l'*Arquebusier*, la *Justice* et la *Loi*, un Moine emportant une jeune femme dans une hotte, dont les costumes, ou civils ou militaires, sont du règne de Henri IV et de Louis XIII. C'est donc ailleurs qu'on doit chercher les vrais ouvrages de Palissy.

M. Tainturier a divisé les œuvres de Palissy et de ses continuateurs en cinq séries : la première comprend les pièces rustiques ; la deuxième, coupes et corbeilles ; la troisième, plats et bas-reliefs à personnages ; la quatrième, groupes et statuettes ; et la cinquième, vases et petits meubles. Cette classification eût été plus régulière si elle eût reposé sur la nature des sujets ou la forme des pièces, et bien plus logique encore, si elle avait pour base les développements du talent et de l'artiste. Telle qu'elle est cependant, elle correspond assez bien aux diverses manières de maître Bernard. Nous la suivrons donc dans l'énumération des ouvrages qu'on attribue généralement à Palissy, indiquant quand nos appréciations ou celles des autres diffèrent.

La troisième série compte soixante-quinze ouvrages, dont vingt au moins ne sont pas du maître. Voici les principaux :

Diane chasseresse, imitation du bronze de Benvenuto Cellini. La déesse, entourée de ses chiens, est assise, appuyée d'un côté sur son arc, de l'autre sur un grand cerf. Deux épreuves seules en existent : l'une chez M. le baron de Rothschild, qui l'a acquise du prince Soltykoff, moyennant 7,300 fr.

La *Fécondité*, femme nue tenant sur son sein un enfant qui semble la caresser. Au second plan, groupes d'enfants qui s'amusent. Ce plat ovale porte au revers le poinçon à la fleur de lis, que M. Tainturier estime la marque réservée de Palissy pour ses pièces destinées à la cour.

La *Nymphe de Fontainebleau*, nue au milieu des roseaux, appuyée sur l'urne d'où coule la fontaine *Bléau*. Ce plat ovale, une des plus belles pièces et des plus rares de Palissy, est dentelé d'émail bleu à baguettes blanches. Le sujet est emprunté à une composition de maître Roux, qui ornait la galerie de François Ier à Fontainebleau. René Boyvin l'a gravé.

Le *Jugement de Pâris*. — Ce plateau rond offre au centre un médaillon représentant le sujet, qui a été copié sur une composition en étain de Briot.

Mercure, AER, — *Pomme*, TERRA, petits plats avec bordure de marguerites, exécutés sur un médaillon en étain du même Briot.

Neptune. — Le sujet de ce plat, emprunté à un des beaux bronzes de Cellini, c'est Neptune armé de son trident et escorté de naïades et de tritons. Le bord est orné de palmettes et de marguerites.

L'Enfance de Bacchus ou Bacchanale d'enfants. — Le jeune dieu couché sur une corbeille de raisins et entouré d'enfants reçoit une coupe. C'est une imitation de Primatice, à ce que l'on croit, ou plutôt une inspiration du *Songe de Polyphile*.

Vertumne et Pomone. — La déesse se baigne dans une fontaine ; près d'elle Vertumne, sous les traits d'une vieille femme, s'efforce d'attirer son attention. Ce plat rond, de 0^m,25 de diamètre, s'est vendu 505 fr.

Diane découvrant la grossesse de Calisto et Enlèvement de Proserpine. — Campagne de Sicile, mont Etna, fontaine Aréthuse, Diane, Calisto, son fils Arcas mis avec sa mère par Jupiter au nombre des constellations, Pluton, Proserpine, une grotte, l'Amour. La bordure de l'exemplaire qui est au Louvre est formée de coquilles, feuilles de chêne et de mûrier, plantes, écrevisses, lézards.

Actéon changé en cerf. — M. Delange, qui ne croit pas ce plat de Palissy, le reproduit n° 73, d'après l'original appartenant à M. Malinet.

Vénus et Adonis. — Les deux personnages sont à demi couchés au bord d'une fontaine où se désaltèrent deux chiens tenus en laisse par l'Amour.

Les *Berceaux d'amour.* — Trois Amours dans des berceaux formés de pampres, s'arrondissent sur une coupe de 0ᵐ,25 de diamètre, qui a été vendue 425 fr.

Le Printemps. — Un enfant couronné de fleurs tient à la main un bouquet.

L'Été. — Un homme demi-nu porte une gerbe.

L'Automne. — Un paysan couronné de pampres tient un panier de raisins et des rameaux chargés de fruits.

L'Hiver. — Un vieillard s'appuyant sur un bâton traverse une campagne dépouillée.

Ces quatre sujets, qui représentent les Quatre saisons, ou plutôt les Quatre âges de la vie, sont mis par M. Delange au compte des imitations.

Le *Moissonneur* ou l'*Été.* — Il est debout au milieu d'un champ ; sa main gauche supporte une gerbe ; la droite tient une faucille ; sa tête est couverte d'un chapeau orné d'épis.

Le *Bonheur champêtre* ou les *Bergers.* — Sur une coupe ronde figure une bergère appuyée contre un marbre et écoutant un berger qui joue de la flûte, tandis que les moutons paissent.

Le *Feu*. — Une femme assise, nue à mi-corps, tient un foudre de la main droite ; la gauche s'appuie sur une salamandre. Au second plan, volcan en éruption, image du feu terrestre, comme le foudre est l'emblème du feu céleste.

L'*Eau*. — Au centre, femme nue parmi les roseaux et tenant en main un vase d'où l'eau s'échappe. Plus loin la mer où nagent un dauphin et un autre poisson ; sur une île, un homme debout et un cheval. Ce sujet devait faire partie d'une composition représentant les Quatre éléments. On le retrouve avec quelques variantes sur une plaque oblongue de forme rectangulaire, appartenant à sir Andrew Fountaine, à Norfolk-Hall. Ainsi le mot EAV est écrit dans les nuages et sur la bordure sont gravés des vers.

Parmi les sujets historiques il faut, d'après M. Tainturier, qui a le plus étudié le classement des œuvres de Palissy, citer l'*Enlèvement des Sabines*, plat ovale où des guerriers entraînent une femme que d'autres s'efforcent de retenir ; un *Combat de cavaliers et de fantassins*, pièce monochrome où un homme, armé du bouclier et du glaive, vient de tuer son ennemi, tandis qu'au second plan a lieu la mêlée ; le *Supplice de Régulus*, plat ovale représentant des soldats qui font rouler un tonneau où est enfermé le courageux Romain; et le *Combat des Centaures et des Lapithes*. Encore le recueil Delange, n° 75, rejette-t-il ce dernier.

Au chapitre des bas-reliefs et médaillons on doit mettre l'*Eau* dont il a été parlé ; une pièce fort belle et ornée de coquilles, la *Charité humaine*, représentée par une jeune femme allaitant un enfant et en cares-

sant d'autres; l'*Espérance*, plaque unique, appartenant à M. Vitel, où le personnage appuyé sur une
ancre lève les yeux au ciel; un Fleuve, bas-relief représentant un être allégorique à demi couché sur
des rochers et penché sur une urne; un Mufle de
lion; le portrait qu'on donne faussement pour celui
de Palissy et qui n'est ni son portrait ni peut-être
son œuvre; un buste de vieille femme en cornette et
en costume du seizième siècle, air maussade et re-
chigné; on dit que c'est sa femme; et comme c'est la
seule terre de Bernard qui ne soit pas émaillée, des
malins ont prétendu qu'il l'avait privée du poli ordinaire pour prouver combien son écorce était rude.

Or, de tous ces bas-reliefs et médaillons, plaques
de poêle et autres, il est fort peu qui soient du
maître. Ceux que nous venons d'énumérer sont cata-
logués par M. Tainturier et M. Delange (n°s 59, 58, 56,
70, 54, 55), comme de Palissy. On fera bien de ne
les lui donner qu'avec réserve.

Dans la cinquième série, vases et petits meubles,
salières et socles, saucières et flambeaux, écritoires
et fontaines, il faudra, des dix porte-lumières et chan-
deliers effacer, avec l'auteur lui-même, les cinq premiers, dont les plus anciens, selon M. Fillon, remontent aux dernières années de Henri IV, et peut-être
les cinq autres. Mais on lui attribuera deux grands
vases à pied dont l'un, surmonté d'un bouton élevé,
est orné de quatre bouquets de fruits au-dessous
desquels pendent des draperies, et l'autre montre
deux enfants nus qui supportent des guirlandes de
fleurs et de fruits; un autre vase oviforme offrant

des masques, des grappes de fruits et une femme
nue assise sur l'une des anses ; quatre aiguières, dont
la première, ornée de nymphes couchées, se trouve
au musée Sauvageot, dans la collection Fountaine,
et avec émail blanc pour fond chez M. J. de Rosthschild:
la seconde est le surmoulage de Briot ; la troisième,
une variante de la seconde, et la dernière montre à
sa panse une femme nue caressant un cerf et un lion,
une canette avec couvercle en étain, dont la panse
est occupée par des médaillons empruntés à Briot.
Notons encore avec M. Tainturier, notre guide, six
salières ; cinq saucières, représentant une nymphe
couchée sur des gerbes, ou bien enveloppée d'une
écharpe et tenant une corne d'abondance, pièces que
rejette M. Delange ; un jeune homme et une jeune
femme enlacés d'une écharpe, sans doute Bacchus et
et Cérès ou Ariane ; puis Vénus tenant l'Amour, et
une figure de fleuve nu, barbu et chauve, armé d'un
trident et appuyé sur une urne, sujets tirés de pierres
gravées antiques, mais reproduites dans le style de
l'époque.

Il faut rejeter comme apocryphe ce flacon découvert en 1840, pendant la démolition du pont de Saint-
Jean-d'Angely, représentant Catherine de Médicis, et,
raconte M. Lesson, lui ayant appartenu : car « la
coiffure de la reine se trouvait prise dans le bou-
chon. » On fera bien aussi de ne pas admettre comme
authentique le plat rond à l'*Andromède* ou *Persée
délivrant Andromède*. Persée s'apprête à frapper le
monstre et à préserver Andromède nue et debout,
attachée au rocher. Le musée de Sèvres en possède

un exemplaire en émail vert monochrome, tel que la
Chapelle-des-Pots en fabriquait au seizième siècle.
M. Riocreux en conclut que c'est là un des premiers
ouvrages de Palissy, et M. Delange, après M. Tainturier, le lui laisse. Mais M. Fillon le croit d'une époque beaucoup plus récente; car l'original, dont ce
n'est là qu'un surmoulé, date du règne de Henri III.
Je suis de cet avis. Rien, en effet, n'empêche que la
Chapelle-des-Pots n'ait émaillé, selon ses procédés,
une copie de cette œuvre déjà plusieurs-fois re-
produite.

Au milieu des opinions contradictoires d'hommes
spéciaux, qui ont fait une étude approfondie de leur
sujet, il serait bien téméraire à nous de nous prononcer. Aussi nous contentons-nous, pour ne pas
augmenter la confusion, de reproduire les sentiments
de nos devanciers, hasardant à peine, de temps en
temps, quelque timide réflexion.

M. Delange donne comme certainement de Palissy
le *Samson*, le *Serpent d'airain*, la *Sibylle*, *Galba* et *Vespasien*, et comme douteux la *Samaritaine*, nos 60,
49, 53, 61, 62, 88 de son recueil. Or, M. Tainturier
cite comme douteux précisément cette *Sybille*, la
Force, la *Prudence*, la *Sainte Famille*, *Jésus et la Samaritaine*, écritoire ; la *Trahison de Judas*, l'*Orgie
des buveurs*, d'après Virgile Solis, où l'on voit au
premier plan des porcs qui se repaissent des restes
du repas ; le *Serpent d'airain*, plaque rectangulaire
contenant un médaillon ovale qui représente le sujet ; *Galba* et *Titus Vespasien*, deux médaillons offrant des bustes d'empereurs, et où l'on a voulu voir

les ouvrages qui décoraient la grotte émaillée dont M. Hippolyte Destailleurs a le dessin, et qui, pas plus que la grotte elle-même, ne sont de Palissy, malgré l'affirmation de M. Delange.

Tous deux cependant s'accordent pour lui laisser un plat ovale, qu'on nomme la *Belle jardinière* ou *Pomone*. Une jeune femme, assise, tenant des fleurs, est entourée d'instruments de jardinage, de fleurs et de feuillages. Au second plan, un faucheur et deux femmes portant fleurs et fruits. Le bord est décoré de rinceaux bleus et verts, sur fond blanc. Le pendant de cette composition existe au repoussé sur argent. Un jeune homme assis et pieds nus, portant le costume de la fin du seizième siècle, a la tête couronnée de pampre, et tient de la main droite un broc, un raisin de la gauche. Au fond, une habitation rustique, deux hommes conduisant une charrette chargée de vendange. Au bas est la signature *A. Willz*, 1591. La décoration du bord est exactement celle de la *Belle jardinière*. Il en faut conclure que la faïence a été modelée sur une pièce de l'orfèvrerie de Willz, par un des continuateurs de Bernard. M. Fillon incline à croire que le monogramme AVBC, signalé par M. Tainturier sur un bassin ovale de la collection Capmas, à Dijon, pourrait bien être les initiales d'A. Willz et celles du potier, puisque les dernières BC se trouvent isolées sur un socle quadrangulaire de la collection de sir Henri T. Hope.

Si la *Belle jardinière*, recueil Delange, n° 55, n'est pas de Palissy, il ne faut pas compter dans son œuvre deux bouteilles ou gourdes de chasse ornées, l'une de têtes de chérubins, l'autre, appartenant à M. Lionel de Rothschild, d'une bergère gardant ses moutons, et, à la base, d'une figure de la *Belle jardinière*. Il faut encore rejeter le socle quadrangulaire en forme d'autel représentant quatre divinités où se lisent les initiales B V, et sans doute un autre socle triangulaire de même style. On doit ranger dans la même catégorie les écritoires et les fontaines de tables. L'auteur des *Terres émaillées* attribue une de ces dernières à Palissy et l'autre à ses continuateurs. Elles sont de ses contemporains et des faïenciers d'Oiron de la dernière période. M. Fillon l'a démontré. Il en a gravé une dans son livre *l'Art de terre chez les Poitevins*. L'original appartient à M. Guilbault, ancien juge au tribunal civil de Saintes, dont la famille a longtemps habité Thouars. Elle a l'aspect d'un clocher de campagne. On y voit la devise de Claude Gouffier, fils d'Artus Gouffier, gouverneur de François Iᵉʳ, HIC TERMINUS HÆRET, fragment du vers 614ᵉ du IVᵉ livre de l'*Énéide* ; des grenouilles, un lion armé et une licorne, emblèmes de force et de prudence ; des lézards grimpants, des oies mortes, plumées et rondelettes, rébus du mot OIRON, *oie*, *rond*, des fruits et des fleurs. Celle que décrit M. Tainturier est conçue dans les mêmes données ; c'est un pavillon carré surmonté d'un clocheton et flanqué à chaque angle d'un petit bâtiment à pignons ; sur les quatre faces s'étalent des singes, une licorne, des écrevisses, grenouilles, lézards, serpents, des armoiries que l'auteur, par une confusion très-facile d'après la disposition des lignes, attribue à la famille

18

de Rambures *fascé d'or et de gueules*, et qui sont celles des Gouffier *d'or à trois jumelles de sable*; de
plus, un collier de l'ordre de Saint-Michel et une
couronne comtale qui appartient bien à Claude Gouffier, comte de Maulevrier en août 1542, marquis de
Boissy en 1564, duc de Roannez en 1566, et chevalier de Saint-Michel dès 1533, tandis que les Rambures n'ont jamais eu les distinctions révélées par
l'émail.

Pour moi, je mettrais encore au compte des successeurs les pièces à sujets religieux, la *Vierge portant l'Enfant Jésus*, composition entourée d'un ro-
saire d'émail jaune, que termine une croix bleue;
le *Baptême dans le Jourdain*, recueil Delange, n° 81,
où l'on voit des anges et le saint Esprit; la *Décollation de saint Jean-Baptiste*, n° 82. Palissy, que ses
coreligionnaires huguenots accusaient de papisme,
parce qu'il peignait sur des vitraux d'église des scènes de saints, et qui, par scrupule de conscience,
avait renoncé à ce métier, a-t-il pu représenter la
Vierge avec un chapelet, saint Jean avec des chérubins et le divin Paraclet! On pourrait à la rigueur
admettre qu'il a fait, quoique protestant, la *Création
d'Ève*, que M. Delange lui refuse, n° 80; le *Sacrifice
d'Abraham*, *Suzanne surprise au bain*, n° 77; le *Jugement de Salomon*, *Esther aux pieds d'Assuérus*, sujets bibliques; ou bien la *Femme adultère*, n° 87;
les *Noces de Cana*, le *Lavement des pieds*, et la *Madeleine en prières*, n° 14, qui sont plutôt des faits que
des croyances, et où l'artiste ne craignait pas l'accusation d'exciter à un culte et à des hommages idolâ-

triques ; mais a-t-il bien pu offrir à l'admiration la
Vierge et les saints, dessiner des croix, sculpter des
têtes d'anges, émailler un chapelet ? Non, certainement. J'ajoute que M. Delange est du même avis,
mais pour d'autres raisons, sur la *Décollation* et le
Baptême dans le Jourdain, et qu'enfin un amateur de
Bernay, près de Lisieux, M. Asegonde, possède un
moule en terre blanche de ce plat du *Baptême*, qu'un
chercheur fort compétent en céramique locale, M. Dupont-Auberville, d'Alençon, n'hésite pas à croire
d'origine normande. Et cela ne doit pas surprendre.
Palissy n'eut pas le monopole des terres sigillées. Il
se créa des établissements semblables à Fontainebleau, à Paris et dans les environs, dans le nord et
dans le centre de la France.

C'est de la Normandie notamment, et probablement
du pays de Caux, où M. Dupont-Auberville croit avoir
trouvé une fabrique de poteries de la fin du seizième
siècle, que sont sortis, et avant même Palissy, force
épis et crêtes de toitures, vendus à très-haut prix
comme œuvres de maître Bernard, et qui sont une imitation des statues de terre qu'au rapport de Pline[1] et
de Cicéron[2] les vieux Romains plaçaient au faîte de
leurs maisons. Ces épis, dont un grand nombre sont
coloriés de divers émaux, se plaçaient sur le pignon
des toits, souvent deux à deux dans les toits à crou-
pes. On en trouve encore dans les environs de Lisieux.
Ils ont quelque ressemblance avec les poteries italiennes. Quoique fabriqués en Normandie, ces épis,

---

[1] *Hist. nat.*, liv. XXXV, chap. xii.
[2] *De Divinatione*, I, 16.

en effet, étaient d'origine ultramontaine. On se rappelle qu'une fabrique de pièces émaillées de Rouen livrait déjà, en 1542, à Écouen, un pavé représentant un combat avec ce millésime ; ce qui a fait dire par erreur à M. Alexandre Lenoir (*Musée des monuments français*, t. III, p. 123), que François Ier fonda à Rouen une fabrique de terres vernissées sous la direction de Palissy.

CHAPITRE XVIII

Imitateurs de Palissy. — La fabrique d'Avon. — Antoine de Cléricy. — Jacques de Fonteny. — Les continuateurs de Palissy. — Anvers. — La Normandie. — La Chapelle-des-Pots. — Brisambourg. — Lettre de Balzac. — Saintes. — La Rochelle. — Fontenay-le-Comte. — Charles Avisseau. — Georges Pull. — Victor Barbizet. — De l'imitation dans les arts. — Le réalisme. — Ce que vaut un plat de Palissy.

Il était impossible que le succès des terres cuites de Palissy n'excitât pas l'imitation. « Chaque maître dans les arts, dit M. le comte de Laborde (*Notice des émaux, bijoux*... du Louvre), est suivi par une troupe servile, à plus forte raison dans les arts multiplicateurs dont les procédés sont une propriété. » Les contrefacteurs d'une part, de l'autre les héritiers de l'artiste, tout en conservant ses recettes, modifièrent le genre et quelquefois avec un rare bonheur. Aussi les amateurs ont-ils été souvent trompés. La réputation de l'auteur leur faisait illusion ; et ils n'hésitaient pas à lui attribuer les ouvrages de ses successeurs et de ses rivaux. Mais, tandis qu'on leur laissait charitablement les épreuves grossières, imparfaites, les imitations moins réussies des modèles primitifs, on gardait pour lui les productions les plus heureuses, les exemplaires qui se distinguaient par l'élé-

gance ou la perfection du travail. Les vendeurs, connaissant l'engouement du public, spéculaient aussi
sur la mode. Le nom de l'auteur est pour beaucoup
dans le mérite extrinsèque de l'œuvre. Telle pièce
émaillée, tel tableau, chefs-d'œuvre d'un inconnu,
seront cotés à un taux bien moindre que l'essai informe du maître. Les faïences d'Oiron, dites faïences
de Henri II, ont monté à des prix fabuleux. Un chandelier a été vendu 16,000 francs ; une coupe 12,600 ;
un pot à l'eau 20,000 ; M. Magnac, en Angleterre, à
l'époque de l'Exposition de Londres, refusait 25,000 fr.
d'un grande aiguière qu'on croyait de Girolamo della
Robbia, parce qu'elle portait un G sur la panse, tandis
que c'était l'initiale de Gouffier, pour qui elle avait
été fabriquée. « Les vrais objets d'art, dit à ce sujet
M. Fillou, atteignent souvent à peine la vingtième
partie de ce prix. Des toiles du Poussin, de Lesueur,
de Chardin, de Prudhon, des sculptures des grands
maîtres du seizième siècle, ne peuvent entrer en concurrence avec les faïences de l'ouvrier poitevin. Au
mois de décembre 1863, la *Famille Gérard*, par David,
l'une des peintures les plus magistrales des temps
modernes, était adjugée pour quelques centaines de
francs, en présence d'une nombreuse assemblée de
collectionneurs qui s'arrachaient des Baudoin, des
Pater, et Lancret. La moindre salière des Gouffier, si
elle se fût trouvée parmi les curiosités du même cabinet, se fût vendue le double d'un dessin capital de
Raphaël. » (P. 112, *Art de terre*.)

Les statuettes et les groupes émaillés ont joui et
jouissent encore d'une belle réputation. Qui ne con-

naît cette délicieuse nourrice — recueil Delange,
n° 89 — allaitant son poupon en souriant? Et ce
gamin — n° 90 — emportant dans un pan de sa
chemise une nichée de petits chiens? La mère le suit,
inquiète, affligée, essaye de retenir le ravisseur, qui
se rit de ses vains efforts, tandis que les caniches
semblent jeter à leur mère un regard suppliant et lui
demander protection. Et le veilleur? et le cornemu-
sier? et tant d'autres figurines bien dignes de la
haute estime où les placent les connaisseurs? De qui
sont-elles? On ne trouve, de 1550 à 1590, aucun artiste capable de les exécuter. Donc elles ont pour auteur Bernard Palissy. C'est sous ce nom qu'elles ont
été connues et admirées; c'est ce glorieux patronage
qui leur a porté bonheur. On est même allé jusqu'à
faire un mérite à Bernard de la pensée elle-même de
ces chefs-d'œuvre. Par là, un de ses biographes le
rattache, par-dessus deux siècles, à certains publicistes modernes qui tiennent école de déclamation
contre les riches et les grands, à l'adresse des petits
et des pauvres :

« Il y a dans toute idée vraie, écrit M. Dumesnil,
un développement si logique que, dans cette espèce
de représentation d'une partie ignorée de la nature
inférieure, il arrive à d'autres parias de la civilisation au seizième siècle, non plus des animaux, mais
des hommes. Un siècle avant Rembrandt, en France,
il prend les pauvres, les misérables, les mendiants
des campagnes, joueurs de vielle et de cornemuse,
aux vêtements bariolés, au visage rougi par les intempéries, et il leur donne un air de moralité si tou-

chante que, dans ces figures, je vois le reflet de l'âme de l'artiste. »

Le mal est que tous ces sujets ne sont pas de lui.

Après sa mort, ses continuateurs immédiats, usant de ses procédés et de ses moules dont la loi leur assurait la propriété, soit maladresse, soit lassitude, ne livrèrent plus au public que des œuvres médiocres, sans relief, sortant de moules fatigués et usés. Éteignirent-ils leurs fours, ou s'adjoignirent-ils d'autres ouvriers plus habiles? On l'ignore. Mais il est certain que, dans les dix premières années du dix-septième siècle, plusieurs fabriques s'élevèrent çà et là. Anvers en eut une. De là sont venus en particulier les plats armoriés de deux prélats de cette ville, dont il a été question. Rouen et la Normandie continuèrent, sans aucun doute, à envoyer leurs épis de faîtage et probablement d'autres pièces. Trois émailleurs sur terre, Jehan Biot, dit Mercure, Jehan Chipault et son fils, figurent dans les états des officiers domestiques du roi, et de 1599 à 1609 reçoivent par an 30 livres de gages. En mars 1640, un certain Antoine de Cléricy, de Marseille, *ouvrier en terre sigillée*, fut autorisé, par lettres patentes, à fonder un verrerie royale non loin de Fontainebleau. Ce devait être un déserteur de la faïencerie voisine d'Avon. Là, en effet, existait, sous Henri IV, un établissement où l'on fabriquait des terres émaillées et particulièrement des sujets en ronde-bosse. Ce sont ces fours d'Avon, près du château de Fontainebleau, qui ont cuit ces mille petits personnages si finis d'exécution, si brillants d'émail, si heureux d'expression, si naïfs de pensée, qu'on n'a

su que les donner au maître lui-même, à Bernard
Palissy.

Le dauphin, depuis Louis XIII, va souvent à Fontainebleau et à la poterie qui est proche ; il y achète
des figurines pour jouets ; des bœufs, des chevaux,
des anges, des écureuils, des moutons, des joueurs
de musette et de vielle, une nourrice, un dauphin.
Nous avons des documents précis. Hérouard, premier
médecin du jeune prince, écrivait jour par jour ce
qui intéressait son royal client. Son *Journal*, resté
manuscrit, vient d'être publié par MM. Firmin Didot.
Il nous donne des détails intéressants.

Voici d'abord l'enfant qui sert de moule pour une
statue de lui en terre :

« Mardi 21 octobre, à Fontainebleau, le dauphin
amené au roi et à la reine qui allaient à la chasse,
(est) ramené en la salle pour estre retiré tout de son
long en terre de poterie, vestu en enfant, les mains
jointes, l'espée au côté, par Guillaume Dupré, natif
de Sissonne, près de Laon. A trois heures et demie
gousté ; (il) donne la patience au statuaire tout ce
qui se peut. »

Hérouard n'oublie rien, ni le goûter, ni la patience
de l'enfant à se laisser mouler. Il y a surtout un mot
important : c'est le nom du statuaire, Guillaume
Dupré. Aussi M. Delange juge vite que le fameux monogramme GD, qu'on lit sur plusieurs épreuves de la
Nourrice, sur deux *Chiens* en ronde bosse, sur la *Samaritaine* et sur le *Colimaçon* du musée céramique de
Sèvres, offre non pas, comme le veut M. Tainturier,
un B et un P, *Bernard Palissy* ; mais un G et un D,

Guillaume Dupré. On peut, en effet, y voir ces deux initiales, mais bien d'autres aussi. Et pour avoir pris l'empreinte du corps de Louis XIII, Dupré ne sera pas forcément l'émailleur d'Avon. Son habileté a pu le faire appeler à la cour pour cette œuvre spéciale sans qu'il eut rien de commun avec les ouvriers en terre. La conjecture, qui le donne comme élève et continuateur de maître Bernard ne repose donc que sur de faibles apparences.

Voici d'autres passages d'Hérouard qui lèveront tout doute sur l'origine des statuettes prétendues de Palissy : « Le 24 avril 1608, la duchesse de Montpensier vient voir à Fontainebleau le petit duc d'Orléans, second fils de Henri IV, et lui mène sa fille âgée d'environ trois ans. Le petit prince l'embrasse et lui donne une nourrice en porcelaine qu'il tenait. »

Plus loin, le médecin ajoute encore : « Le mercredy 8 mai 1608, le dauphin étant à Fontainebleau, la princesse de Conti devait danser un ballet chez la reine, puis venir dans la chambre du dauphin. On lui propose de faire préparer une collation de petites pièces qu'il avait achetées à la poterie; il y consent. Après le ballet, qui est dansé à neuf heures et demie du soir, le dauphin mène Madame de Guise à sa collation; ils sont suivis de tous ceux qui avaient dansé le ballet; et de rire et de faire des exclamations : c'estoient des petits chiens, des renards, des blereaux, des bœufs, des vaches, des escurieux, des anges jouant de la musette, de la flûte, des vielleurs, dès chiens couchez, des moutons, un assez grand chien au milieu de la table et un dauphin au haut bout, un capucien au bas. »

En présence d'un texte aussi clair, qui désigne les objets eux-mêmes fabriqués par l'usine d'Avon, le doute est-il encore permis? Peut-on encore continuer à ranger dans l'œuvre de Palissy le *Joueur de cornemuse*, le *Vielleur*, n° 91, l'*Enfant sur un dauphin*, n° 90, les porte-flambeaux aux chérubins, l'*Arquebusier*, le *Capitaine Fracasse*, les figures de la *Foi*, la *Religion*, la *Justice*, la *Loi*; *la Lice et l'Enfant*; la *Nourrice*, dont un exemplaire a été vendu 1,100 fr.; le *Joueur de flûte* avec socle porté par trois dauphins; le *Joueur de tambour de basque*, le *Tambour*, la *Râtisseuse*; puis *Jésus et la Samaritaine*, la *Vierge tenant l'Enfant Jésus*, la *Fuite en Égypte*, trois groupes; les statuettes de saint Pierre, saint Paul, saint Jérôme, sainte Madeleine, enfin la *Sirène* soufflant dans une conque, le *Dauphin* debout, le *Chien* assis, la *Grenouille* verte, l'*Ane* avec sa selle sur le dos, œuvres qui trahissent déjà leur origine ou par le sujet, comme les statuettes de saints, ou par le costume des personnages, ou par le style, indépendamment des paroles si formelles, si victorieuses d'Hérouard?

Ce sont, je le sais, quelques feuilles de laurier enlevées à la couronne du grand artiste. Mais il lui en reste assez, et venant d'ailleurs. Après tout, c'est encore justice que de faire tomber quelques rayons de la gloire du maître sur ses obscurs disciples, et de tirer de la pénombre ceux que son illustration y semblait devoir éternellement condamner. Si le maître les a formés, s'il a fait passer en eux quelque étincelle de son génie, à leur tour ils ont contribué à sa célébrité et à sa vogue. Il est temps que chacun reprenne dans l'ordre artistique le rang qu'il s'est acquis.

Ce n'est pas tout. Pierre de l'Estoile, qui a connu maître Bernard, nous révèle un autre imitateur de son ami. C'est Jacques de Fonteny, poëte parisien, confrère de la Passion, émailleur et boiteux. L'Estoile écrit dans son *Journal de Henri IV* : « Le vendredi (5 janvier 1607), Fonteny m'a donné pour mes étrennes un plat de marrons de sa façon dans un petit plat de faïence, qu'il n'y a celui qui ne les prenne pour vrais marrons, tant ils sont bien contrefaits près du naturel. » Plus tard, le 29 février, de L'Estoile en parle encore : « Fonteny le Boiteux m'a donné ce jour un plat artificiel de poires cuites au four qui est bien la chose la mieux faite et la plus approchante du naturel qui se puisse voir. » Au Louvre, on montre dans la collection des faïences une assiette de fruits émaillés. Au-dessous est peint un grand F. C'est évidemment l'œuvre de Jacques de Fonteny. On ne sait rien autre chose sur l'œuvre artistique de ce continuateur du potier saintongeois.

La fabrication des faïences sigillées se continua jusque vers le milieu du dix-septième siècle, à Paris et dans les environs, mais en déclinant. A cette époque, elle disparaît complétement. La province lui resta plus longtemps fidèle. On a cité déjà la Normandie et la Flandre. Chaque jour les érudits découvrent de nombreux établissements dans nos diverses

provinces. En Saintonge et en Poitou, lieux témoins
des travaux et des succès du maître, son art se devait plus longtemps maintenir, et on le constate
jusqu'à la fin du dix-septième siècle.

La Chapelle-des-Pots, surtout, a tenu ses fours al-
lumés jusqu'à nos jours. Cette paroisse, qui ne peut
être le village natal de Palissy, parce qu'elle avait
des potiers quand il vint au monde, est certainement la mère patrie de la poterie de l'artiste. Fondation du chapitre de Saint-Pierre de Saintes, en
1320, la Chapelle, aujourd'hui commune à une lieue
et demie de Saintes, était, comme l'indique son nom,
CAPELLA, un oratoire pour les potiers de l'endroit,
une chapelle remplacée, vers 1774, par l'église
paroissiale actuelle, et dépendant de la cure de
Chaniers. Les nombreux ouvriers en terre firent
surnommer le lieu la *Chapelle-des-Potiers*, ainsi que
l'indique le pouillé d'Alliot en 1648, et par abréviation, la *Chapelle-des-Pots*. Palissy y apprit les éléments de son métier. « Ie trouuay, dit-il, page 312,
trois ou quatre cents pièces d'esmail, et les enuoyay
à vne poterie distante d'vne lieue et demie de ma demeurance, auec requeste enuers les potiers qu'il
leur plust permettre cuire les dittes épreuues dedans
aucuns de leurs vaisseaux. » Le secours que les potiers prêtèrent au chercheur leur fut utile; ils reçurent de l'inventeur quelque éclat et ses proc ..s.
Les ouvriers qu'il employa et qu'il laissa en Sa..n
tonge, mirent sa découverte à profit et cherchèrent
à imiter le maître. L'industrie des faïences, complétement perdue à présent, comptait encore une qua-

rantaine de fours en activité au commencement de ce siècle. Il en reste deux. Ce qu'on y fabriquait, c'étaient des plats, des assiettes, surtouts et cloches de tables, buires à double fond, écuelles en forme de sabots, jouets d'enfants, statuettes de saints et de Vierge. Je possède des carreaux émaillés en creux représentant des fleurs, des oiseaux, des cerfs, des lions. Plusieurs maisons de Saintes ont encore de ces pavés. Chaque jour, dans les tranchées, on trouve des fragments de vases, statuettes, caricatures. Balzac, le 10 août 1638, remerciant l'abbé Sennet, théologal de Saintes, qui lui avait envoyé plusieurs bassins de terre cuite, s'écrie : « Ni le bouclier d'Achille qu'Homère a décrit, ni les autres riches descriptions des autres grands poëtes, ni la thèse que d'Orléans dédia autrefois à monsieur le cardinal de la Valette, ni tout ce que je vis jamais de plus divers et de plus historié dans le monde, ne l'est point tant que ce que vous m'avez fait la faveur de m'envoyer. »

Quelles étaient ces faïences si estimées par Balzac, qui s'y connaissait, et destinées à orner son cabinet d'amateur? Étaient-ce des terres de Palissy ou de la Chapelle?

Il y eut une autre fabrique semblable, à 18 kilomètres de Saintes, à Brizambourg. Certains historiens, le président Hénault et M. Brongniart, II, p. 35, prétendent, en la nommant *Brillantbourg*, qu'elle fut créée par Henri IV, en 1603. Un document authentique prouve qu'elle existait avant cette époque. C'est un acte passé, le 3 mars 1600, par-devant M. Mo-

reaux, notaire royal, « au logis de maistre Jehan
Richard, chapellain de la chapelle des Guillebaud, »
et en présence de Jacques Maron, écuyer, seigneur
de la Croix, et de Louis Dupas, marchand de Cher-
mignac, et par lequel Étienne Sonnet, marchand de
Saintes, au nom d'Énoch Dupas, « maistre faïencier
de Brizambourg » fait appel d'un jugement du com-
missaire du siége présidial condamnant « noble
René Arnaud, écuyer, seigneur de la Garenne, demeurant à Luchat » à payer soixante-quinze écus
« prix et rayson de vaisselles impressées de ses armes, » tandis que le créancier en réclame cent vingt.
Les produits de Brizambourg offrent des feuillages,
perles et stries. Le ton est un peu plus vif ; la terre
est blanche et d'un grain assez fin. L'établissement
a disparu, comme le magnifique château des Gontaut-
Biron, qui l'avaient créé et fait prospérer. Brizambourg fabriquait des pièces dans le genre de celles
de la Chapelle-des-Pots. Il en existe encore, mais
elles sont rares.

Plus rares encore, ou du moins aussi difficiles à
reconnaître, sont celles de Saintes. Au dix-septième
siècle, la ville de Saintes eut sa faïencerie ; peut-être
était-elle située aux Roches, ce qui a fait parfois distinguer ces deux fabriques qui, probablement, n'en
formaient qu'une.

La Rochelle eut aussi ses fabriques de vases de
terre. En janvier 1673, sous l'administration de Colbert, fut fondé, par l'administration municipale,
l'hospice Saint-Louis. Le nouvel établissement était
destiné à créer des manufactures de toutes sortes,

dont il vendrait et débiterait les produits sans être assujetti aux droits de douane. On y installa une faïencerie; mais après peu de temps, en raison des plaintes portées par le commerce de la ville contre la concurrence inégale qui lui était faite, et en présence du peu de bénéfices qu'elle rapportait, l'administration en éteignit les fours. L'échec ne découragea pas les Rochelais; car l'Aunis et le Poitou sont remplis de faïences qui sortent de leurs usines.

Le Poitou eut aussi, comme la Saintonge et l'Aunis, ses poteries émaillées. Les faïenciers d'Oiron et Palissy y implantèrent cette industrie qui, malheureusement, ne fit que dégénérer après eux. Il a déjà été question de la fabrique inconnue qui fournissait des pièces pour la fontaine et les grottes rustiques du Veillon. D'autres fabriques ont existé; on a de leurs produits; mais on ignore les lieux où elles étaient placées. Fontenay-le-Comte eut la sienne. Maître Bernard en donna l'idée, quand il y alla, l'an 1555. Trois ans après, elle s'établissait, comme le démontre l'acte d'association du 28 septembre 1558, dont nous avons plus haut cité une partie. Sébastien Collin était le bailleur de fonds; l'entreprise ne prospéra guère. La liquidation eut lieu le 15 avril 1566. Le peintre Didier, de Maignac, eut les « tours, formes, patrons et vaisseaux de terre azurins et marmorés, » ce qui prouve que les pièces devaient avoir quelque ressemblance avec celles de Palissy. Les fours, cependant, ne s'éteignirent pas. En 1581, Abraham Valloyre est encore qualifié de potier de terre; et en

1609, Nicolas Valloyre était encore potier à Fontenay. Mais il n'y a plus là qu'une fabrique vulgaire.

De nos jours, l'art oublié du céramiste saintongeois a essayé de reparaître. Deux hommes ont travaillé à retrouver les secrets du maître. On leur doit au moins une sympathique mention. Leur heureuse tentative n'a pas peu contribué à rappeler l'attention sur Palissy. L'un, Charles Avisseau, né à Tours, mort dans la même ville en février 1861, artiste consciencieux et convaincu, digne élève de maître Bernard par sa persévérance admirable et son talent, a produit un très-grand nombre d'œuvres originales qui, admirées aux expositions de Londres et de Paris, lui ont créé une légitime réputation. Son fils continue ses travaux. L'autre, Georges Pull, jadis musicien de régiment, s'est, dit M. Tainturier, appliqué à reproduire dans toute sa finesse et tout son éclat le brillant éclat de Palissy, et à force de persévérance a si bien atteint le but, que certaines de ses productions pourraient être confondues avec les œuvres dont elles ne diffèrent que par un coloris moins harmonieux et une plus grande légèreté. Nommons encore M. Victor Barbizet, dont les tentatives ont été admirées aux expositions publiques.

Ainsi cet art, qu'avait péniblement créé Palissy et qu'il avait porté si haut, est en décadence après lui ; dès que son génie ne le soutient plus, il s'affaisse, il rampe et meurt. Il meurt promptement et obscurément. Sa chute a été irrémédiable ; on essaye de le ressusciter. Mais ce cadavre galvanisé un instant vivra-t-il ? Non. Des essais heureux seront toujours des pastiches. On ne refait pas deux fois la même œuvre. Refait-on les toiles de Raphaël? La copie peut avoir son mérite et offrir quelque intérêt. L'original qu'on veut reproduire est cette liqueur précieuse qu'on transvase : l'arome délicieux s'en évapore vite. C'est toujours la même liqueur, moins le parfum. Les procédés s'imitent ; le métier s'apprend ; les secrets se surprennent. Allez donc voler le secret du génie, dérober à l'aigle son regard, au soleil divin son rayon inspirateur. On peut fabriquer des terres émaillées comme maître Bernard; on peut faire et on a fait mieux que lui. Ainsi nos ouvriers sculptent plus habilement les statues que les « imaigiers » romans. Ceux-ci cependant sont plus vantés. Il en est ainsi des ouvrages de Palissy. Ne serait-ce pas qu'ils n'excitent qu'un intérêt archéologique ou que la mode les a pris sous sa puissante protection? L'engouement est souvent désastreux pour les arts. S'il attire de temps en temps sur certaines productions de l'esprit humain les regards de la foule et l'attention des savants, il nuit à celles qui n'ont d'attrait que leur ancienneté, de mérite que leur rareté et de beauté que le prix élevé qu'ils coûtent.

L'art de Palissy devait périr. Imitation lui-même, fort habile, fort ingénieux et tout nouveau, pouvait-il avoir longtemps des imitateurs? Qu'est-ce que la copie de la copie? Les élèves pouvaient, il est vrai, mouler comme lui. Mais mouler est une industrie, ce n'est plus de l'art. Le goût public fut un instant charmé des rustiques figulines. Elles avaient de l'originalité ; elles contrastaient avec la riche orfévrerie et les luxueux tableaux ; elles étaient une réaction contre le grandiose de l'école italienne ; une tentative pour ramener à la nature ; enfin elles semblaient conserver au fond une larme de celles qu'elles avaient coûtées à l'héroïque artisan. La souffrance a son éclat comme la gloire ; et un sourire mouillé de pleurs est au moins aussi sympathique que la gaieté.

Mais on se lasse de tout. Le maître avait même compris qu'il fallait changer sa manière. Plus que tout autre son art devait amener la satiété. Quand une fois l'art se fait réaliste, il est perdu. Vous me plairez un jour parce que j'admirerai l'effort heureusement tenté pour reproduire exactement la nature, comme je puis entendre avec plaisir sortir d'un gosier humain les aboiements du chien, le cri du coq, les hurlements du loup ou les trilles du rossignol. Mais vous ne réussirez pas à m'arrêter longtemps. Je sais jusqu'où vous irez. Que si vos cris sont plus doux, vos aboiements moins rauques, vos roulades plus mélodieuses, je me récrie ; le but dépassé, il n'est pas atteint. La nature a des limites fixes, immuables. Le réel ne peut jamais être franchi. En ne voulant que le reproduire on se condamne soi-même à la stérilité. On mettra de la variété dans la forme ; ici un reptile au lieu d'un poisson, là du chêne au lieu de la fougère. Le fond n'aura pas changé. Quand tous les dressoirs, toutes les tables, tous les cabinets seront pourvus, il faudra arrêter la production. Au contraire, demandez au cœur des inspirations ; que l'imagination nous emporte dans les sphères

élevées de l'idéal. Au lieu de ramper, volez. L'espace
est immense. Ce monde surnaturel est peuplé de
rêves, de chimères, de fantaisies gracieuses ou terribles. Et l'âme humaine a tant de dédain pour le sol
qu'elle vous suivra où vous voudrez l'entraîner ; elle
fuit avec tant d'horreur le terre à terre, qu'elle pré-
férera les hautes régions les plus ardues et les aventures les plus fantastiques aux charmes de la vie facile et plantureuse.

Palissy se borne à la reproduction pure et simple.
Il est joyeux (p. 64) d'avoir en son atelier un
chien si bien imité « que plusieurs autres chiens se
sont pris à gronder à l'encontre, pensans qu'il fust
naturel. » Ses vœux ne vont pas au delà. Il croit
avoir atteint le sublime quand un dogue aboie contre
un caniche de faïence, ou qu'un visiteur salue au
jardin une statue qu'il prend pour un homme.

Voilà son esthétique : c'est le réalisme, c'est l'i-
mitation scrupuleuse de la nature. N'y a-t-il donc
là aucun mérite? Loin de ma pensée cette affirmation.
Il faut plus d'habileté qu'on ne croit pour être réaliste.
Mais c'est un art inférieur. Eh bien, dans ce genre
secondaire Bernard Palissy obtient le premier rang.
Voyez ses émaux; la forme ne lui appartient pas,
puisque tous ses reliefs sont moulés; mais dans la
disposition quelle variété, et dans les couleurs
quelles nuances! Cela est à lui, et à lui seul. Pour
apprécier son talent, comparons-le à ses imitateurs.
Le rapprochement ne lui sera que favorable. Comme
tous ces tons sont riches! quel éclat! Il n'a pas
placé haut son idéal; le trompe-l'œil lui suffisait. Il

l'a atteint et avec une perfection qu'un homme de
génie seul pouvait obtenir.

A quoi reconnaît-on les émaux de Palissy? à quels
signes les distinguer des pièces de ses imitateurs ou
des contrefaçons modernes? Il y a d'abord le faire du
maître. On ne l'apprendra qu'en l'étudiant sur les
œuvres authentiques, et en comparant son style à
celui de ses continuateurs. C'est une partie délicate;
il faut être réellement amateur; et encore parfois se
laisse-t-on tromper par un habile faussaire. Il y a
d'autres caractères pour ainsi dire matériels. D'abord
la composition de la pâte. M. Salvetat, dans ses
Leçons de céramique, tome II, a indiqué les résultats de l'analyse qu'il en avait faite : silice 67,50;
alumine 28,51; chaux 1,25; oxyde de fer 2,05 et
traces d'alcali; ce sont les doses que donne M. Brongniart, page 23, tome II. La faïence de Palissy est la
seule qui ne se fende pas au grand feu, parce qu'elle
contient une très-petite quantité de calcaire. Mais elle
a de petites boursouflures ferrugineuses. De plus elle
est dure, imperméable comme la terre de pipe. La coloration est celle d'un blanc sale. Les autres poteries
italiennes ou françaises sont plus colorées. Quant au
poids, un plat de Palissy pèse beaucoup plus qu'un
autre à volume égal. Cependant ce caractère doit
varier avec l'homogénéité de la pâte et le degré de
cuisson.

L'émail, selon lui, est fait « d'estaing, de plomb, de
fer, d'acier, d'antimoine, de saphre, de cuivre, d'a-
rène, de salicor, de cendre gravelée, de litarge et
de pierre de Périgort. » Voilà de belles indications;

et qui s'en contenterait pourrait bien, comme lui, passer quinze ans avant de trouver dans quelles proportions ces matières doivent être combinées. Heureusement la chimie a analysé son émail. Elle y a découvert le secret qu'il cachait. Aujourd'hui on prend 44 de calcine composé d'oxyde d'étain 25, et 77 de plomb, puis 2 de minium, 44 de sable de Decize près Nevers, 8 de sel marin et 2 de soude d'Alicante. Ces quantités varient suivant la dureté que l'on veut obtenir, la matière de la pâte et l'intention du fabricant. Cet émail peut être coloré par divers oxydes métalliques tels que l'oxyde d'antimoine, pour l'émail jaune, l'oxyde de cobalt à l'état d'azur pour l'émail bleu, le protoxyde de cuivre pour le vert pur, et le protoxyde de manganèse pour le violet. Ce sont bien là les substances qu'indique maître Bernard.

Le plus souvent la glaçure à base d'étain est tout à fait opaque. Alors l'émail est fort dur et résiste à l'action de l'acier. Son seul défaut est de présenter parfois comme les faïences allemandes « des tressaillures fines et régulières, qui vues à la loupe font l'effet de porcelaines chinoises. » Quelquefois l'émail plus transparent est aussi plus tendre, mais se laisse encore difficilement rayer par la pointe d'un couteau; la base est alors plombifère. Ainsi la faïence de Palissy tient le milieu entre la faïence émaillée ordinaire, qui, bien faite, ne peut être rayée, et la faïence plombifère qui peut toujours l'être. Il y a un grand rapport entre la sienne et celle d'Oiron, sauf que cette dernière n'est pas stannifère et que sa pâte ne contient ni fer, ni chaux. Les couleurs de Palissy sont peu variées : bleu d'indigo et bleu grisâtre, vert jaunâtre et vert d'émeraude, jaune vif, blanc sale et brun violâtre. Ni rouge, ni noir, ni blanc, cet émail blanc qu'il avait pu admirer si éclatant chez Lucca della Robia, qu'il chercha seul et que seul il ne put rencontrer. Ce sont là des ressources précieuses dont ils s'est privé et qui eussent contribué à éviter la monotonie. Ses fonds sont rarement d'un ton uni; ils sont nuancés de deux et souvent de trois couleurs. Quelquefois il mêle ses émaux. Alors il y a des jaspes fort beaux. Notons encore que l'émail est également répandu; ils n'est pas plus épais dans les creux que sur les reliefs. Enfin, ce qui est remarquable surtout, c'est l'harmonie de ces tons divers qui se fondent intimement, et aussi l'éclat des couleurs vives dans les pièces authentiques, déjà ternes dans ses successeurs. En cela il est inimitable. On a fait de notables progrès dans la fabrication. La céramique n'a plus de secrets; la chimie a mis au grand jour ses procédés. Mais les modernes n'ont pu l'égaler.

Les poteries de Palissy ont eu des chances bien diverses. Prisées quand le maître les fabriquait, et devenues l'accessoire indispensable d'un salon de l'époque, comme ces mille brimborions dont nous chargeons nos étagères, elles furent par la suite tellement négligées, qu'on ne daignait pas même les regarder. A peine dans les ventes publiques obtenaient-elles un prix. Seuls, quelques connaisseurs les saisissaient au passage pour les placer dans leurs collections. Autrefois, disait M. Sauvageot, « quand je consacrais à une belle pièce de Palissy cinq ou six francs, je croyais avoir donné un prix convenable. Depuis, j'ai augmenté un peu ; mais aujourd'hui un seul plat avec figures se vend de 4 à 5,000 fr. C'est aux souverains ou bien aux rois de la finance qu'il faut laisser ces objets. »

C'est vers 1846 que les pièces de Bernard Palissy commencèrent à acquérir une valeur importante. En 1859, à la vente Rattier, elles atteignirent les prix les plus élevés. Un plat, *Vénus et les Amours*, payé 900 fr. en 1846, fut vendu 5,800 fr. Une aiguière fut achetée 4,800 fr. A la vente Soltykoff, deux pièces qu'on regarde comme uniques, le bassin des *Éléments*, de Briot, et la *Grande Diane*, montèrent, l'un à 10,000 fr. et l'autre à 7,300. Ces prix n'ont pas été dépassés depuis. Mais il faut remarquer que ces ouvrages sont exceptionnels, fort beaux et très-rares. Les statuettes valent de 400 à 600 fr., les plats à ornements 200 à 300 fr., et les bassins rustiques les plus grands ne s'élèvent jamais au delà de 600 fr.

Quels sont les heureux possesseurs de ces chefs-d'œuvre si enviés? D'abord les établissements de l'État, le musée céramique de Sèvres, le musée de Cluny et le musée du Louvre. Deux hommes ont enrichi nos richesses nationales. M. Du Sommerard et M. Charles Sauvageot avaient réuni un très-grand nombre d'ouvrages de l'artiste dont ils appréciaient le mérite. Ils en ont généreusement fait don au public. La collection Sauvageot, au Louvre, montre tout ce qu'a fait cet amateur dévoué pour sauver de la destruction les œuvres de Palissy et lui rendre la place qu'il mérite dans l'estime des connaisseurs. Après nos musées, les collections qui renferment le plus d'objets du maître sont en France celles de MM. Gustave, Alphonse, Salomon et James de Rothschild, M. le baron Seillière à Mello (Oise), M. le marquis de Saint-Seine, M. Capmas, M. La Faulotte ; en Angleterre, MM. Anthony et Lionel de Rothschild, comte de Cadogan, lord Hastings, Marryat, Magniac, et surtout sir Andrew Fountaine. Cette dernière collection a été formée sous Guillaume III, Marie II et la reine Anne, par un ancêtre du propriétaire actuel, et par lui achetée en majeure partie au grand-duc de Toscane, Cosme III de Médicis, qui les tenait, lui ou ses aïeux, vraisemblablement, de la cour de France.

On peut juger par là en quelle haute estime les amateurs tiennent les ouvrages du céramiste saintongeois. Et pourtant, s'il faut dire toute notre pensée, nous préférons le penseur, le savant à l'artiste. L'artiste, le potier surtout, est plus populaire. Quand on prononce le nom de Bernard Palissy, l'idée qui se présente aussitôt, c'est celle d'un héroïque ouvrier, d'un inventeur audacieux et persévérant, de l'auteur de ces vases rustiques que chacun connaît. En effet, dit M. Brongniart, page 61, tome II, « il possède les qualités qui font le héros : avoir un but élevé, chercher avec persévérance à l'atteindre en surmontant sans reculer, sans s'arrêter un instant, les obstacles qui se présentent ; enfin y parvenir, et acquérir ainsi une réputation populaire. » Mais il est un mérite de cette physionomie multiple qu'on a laissé dans l'ombre. C'est un peu la faute de Palissy lui-même, d'abord : car la découverte de l'émail blanc est le seul but déterminé et nettement indiqué qu'il se soit proposé. Le reste de ses occupations nombreuses et de ses travaux divers semble n'avoir été qu'un accessoire dans sa longue existence. C'est ensuite un des inconvénients des sciences naturelles. Elles sont progressives ; les connaissances d'hier amènent les théories de demain ; les découvertes s'accumulent, et celles d'aujourd'hui enterrent complétement celles de l'an passé. Là surtout s'applique le refrain de François Villon :

Où sont les neiges d'antan?

Les plus étonnants systèmes n'étonnent plus : ils sont devenus banals. L'élève le plus ignorant les sait, et les répète sans se douter de leur étrangeté. De là vient qu'en lisant les écrits des savants antérieurs, nous ne sommes nullement frappés des vérités qu'ils contiennent, mais vivement choqués des erreurs qu'on y rencontre. Il faudrait pour juger sainement se dégager des connaissances actuelles, se porter par la pensée au milieu de l'époque où vécut le savant, connaître exactement ce qu'on savait autour de lui. Alors ses fausses hypothèses n'offensent plus autant notre science de fraîche date ; les découvertes faites ou les inventions entrevues que les siècles suivants ont vulgarisées, complétées, mises en pleine lumière, excitent notre admiration. Mais combien est difficile ce travail ! Voilà pourquoi, à part une ou deux que des hommes éminents, Réaumur,

Fontenelle, Cuvier ont tirées de l'oubli, la plupart des idées scientifiques de Bernard Palissy y sont restées ensevelies. N'y a-t-il pas justice enfin à chercher quelles sont les autres ? à montrer de quels efforts il avait eu besoin pour se dégager des ténèbres épaisses où les sciences naturelles croupissaient au seizième siècle, et enfin tout ce que notre époque lui doit en géologie, en physique et en chimie ?

CHAPITRE XIX

Palissy veut faire connaître au public ses découvertes scientifiques.
— Le Collége de France. — Les lecteurs et professeurs royaux. —
Pierre Ramus. — Fernel. — Ce qui détermine Palissy à parler. —
Sa confiance. — Ses scrupules. — Mode qu'il emploie. — Lectures
publiques.

Palissy n'était plus un pauvre ouvrier gagnant péniblement le pain quotidien de sa nombreuse famille, un chercheur inconnu, raillé, tâtonnant. C'é-
tait un artiste célèbre, apprécié ; c'était, de plus, un
savant. Ses courses, ses voyages lui avaient appris
beaucoup. Il comprit qu'il fallait faire profiter le public de ses recherches et de ses découvertes. Sans
s'en rendre compte peut-être, il subissait l'influence
de la renaissance littéraire. D'un bout de la France à
l'autre, les savants parlaient et écrivaient. Depuis
1469, année où Fichet, recteur de la Sorbonne, avait
introduit l'imprimerie à Paris, jusqu'à la fin du quinzième siècle, les presses avaient produit sept cent
cinquante et un ouvrages, et huit cents dans les dix
premières années du suivant. Les Estienne inon-
daient la France d'éditions grecques et latines et
préparaient le retour aux études helléniques.

De plus, en 1530, François Ier avait, sur les instances de Guillaume Budé, de Paris, maître des re-

quêtes, et du dominicain Guillaume Parvi ou le Petit, son confesseur, fondé le Collége de France malgré les criailleries de la vieille Sorbonne. Les premières chaires d'hébreu, — l'hébreu « langue des
hérésies ! » s'écriait Noël Bédier, syndic du docte
corps, « et qui mène à judaïsser, » répétaient les
autres, — furent confiées à Paul le Canosse, juif
italien, et à l'Espagnol Agathio Guidacerio, puis à
François Vatable, de Gamaches, en Picardie, qui a
fait oublier ses collègues ; celles de grec à Pierre
Danès, de Paris, qui devint évêque de Lavaur
en 1557, et à Jacques Toussaint, de Troyes ; celles
de mathématiques à un Espagnol, Martin Poblacion,
au Dauphinois Oronce Finé, de Briançon, qui trouva
là un dédommagement à six ans passés en prison à
cause du concordat, puis à Guillaume Postel, de
Barenton, en Normandie, qui eut aussi en 1538 la
chaire d'arabe et de chaldéen. En 1534 fut créée
celle d'éloquence latine, confiée à Barthélemi. Le
Maçon, d'Arlon, puis à Léger Du Chesne, de Rouen ;
en 1542, celle de médecine, dont les premiers titu-
laires furent Vidus Vidius, de Florence, et Jacques
Sylvius, d'Amiens ; vers 1543, celle de philosophie
grecque et latine, pour François Vicomercato, de
Milan.

Les premiers temps furent orageux. Les professeurs royaux, qui recevaient deux cents écus de gages,
donnaient gratuitement leurs leçons. L'Université crai-
gnit que les écoliers ne désertassent ses cours payés.
Elle cita les professeurs du Collége de France devant
le parlement pour s'entendre faire défense « d'ex-

« pliquer les livres saints selon le grec et l'hébreu,
« sans la permission de l'Université. » Le parlement
n'osa mécontenter le roi à ce point.

Quand l'institution nouvelle fut assise et que les
tempêtes extérieures qui avaient assailli son berceau
furent calmées, les troubles intestins la déchirèrent.
Le favoritisme avait installé quelques-unes de ses
créatures dans les chaires élevées pour le seul mérite. Aussi on vit un professeur de mathématiques,
Dampestre, enseigner les mathématiques, dont il ne
possédait pas les premiers éléments. Le doyen des
lecteurs royaux, Pierre de la Verdure ou de la Ramée, *Ramus*, de Cuth, en Vermandois, l'accusa d'insuffisance devant le parlement et le fit condamner à
subir l'examen. Non content de cette satisfaction, il
écrit au roi, à la reine mère, au cardinal de Chastillon, conservateur de l'Université, et à plusieurs autres seigneurs du conseil du roi. Il obtint une ordonnance, le 24 janvier 1566, réglant que Dampestre et tous ceux qui désormais se présenteraient pour
occuper une chaire, seraient publiquement examinés
par leurs futurs collègues. Dampestre, pour éviter
l'affront, céda sous certaines conditions ses fonctions
à Charpentier, docteur en médecine, encore plus
ignorant que lui, mais plein d'intrigues et d'ambition. Pierre Ramus l'attaqua, et si vivement que, par
lettres données à Moulins, le 7 mars 1566, Charles IX exigea qu'en cas de vacance on ouvrît un concours entre tous les savants. Le lecteur du roi devait
être nommé sur le rapport du doyen et des professeurs. En vertu de ces lettres patentes, Ramus fit

comparaître Charpentier devant le parlement qui,
touché de ses larmes, lui épargna l'humiliation de
l'examen. Ramus s'acharna ; mais, ayant écrit contre Aristote, il encourut le blâme de l'Université,
qui le fit bannir à perpétuité et brûla ses livres
en 1568. Après la paix de 1570, il rentra à Paris ; ce
fut pour y périr à la Saint-Barthélemi. Son envieux
rival, Charpentier, soudoya des bandits qui le mas-
sacrèrent, et les écoliers répandirent ses entrailles
dans la rue, traînèrent son cadavre jusqu'à la place
Maubert en le frappant de verges, et finirent par le
jeter dans la Seine.

Bernard Palissy vit ces divisions entre savants pa-
tronnés et rétribués par l'Etat. D'autre part, il était
témoin des succès de savants moins patentés, mais
plus véritablement instruits. Jean Fernel, premier
médecin de Henri II, aussi élégant écrivain qu'habile
praticien, répandait par sa parole, ses ouvrages et son
exemple, les plus saines théories médicales, et donnait le premier la mesure approximative d'un degré
du méridien ; François Viète, de Fontenay-le-Comte,
constituait l'algèbre ; Jérôme Cardan touchait aux
mathématiques et à la physique, à la géologie et à
la philosophie ; tandis que Paracelse trouvait l'art de
préparer les médicaments par la chimie, l'opium et
le mercure. Conrad Gessner, le Pline de l'Allemagne,
fondait la botanique moderne en classant les plantes
d'après leurs semences et leurs fruits. Pierre Belon,
voyageur infatigable, introduisait en France une foule
de plantes exotiques et décrivait celles qu'il avait
vues. Palissy aussi, comme ces hommes qui s'étaient

spécialement livrés à une étude, savait beaucoup ; il
avait creusé profondément le sillon des sciences naturelles et devait y laisser sa trace. Il résolut donc
de parler. Sa conscience, sincèrement religieuse, lui
faisait un devoir de ne pas laisser les autres croupir
plus longtemps dans l'erreur. Au contraire de Fontenelle, Palissy veut ouvrir sa main toute large :
« Je n'ai voulu, dit-il, cacher en terre les talents
qu'il a pleu à Dieu de me distribuer ; pour les faire
profiter et augmenter suivant son commandement,
je les ai voulu exhiber à un chacun. » (P. 3.) Ailleurs (p. 129), il déclare dans son poétique langage qu'un jour il « considéroit la couleur de sa
barbe, » et il se mit à penser « au peu de jours qui
lui restoient. » C'est à peu près ce qu'écrira Descartes, « que les poils blancs qui commencent à lui venir l'avertissent qu'il ne doit plus songer en physique
à autre chose qu'au moyen de les retarder. » Mais
tandis que le philosophe ajoute « qu'il n'a jamais eu
tant de soin de se conserver que maintenant, » le potier moins égoïste s'écrie : « Cela m'a faict admirer
les lys et les bleds des campagnes, et plusieurs espèces de plantes, lesquels changent leurs couleurs
verdes en blanches, lorsqu'elles sont prestes de rendre leurs fruits. Aussi plusieurs arbres se hastent
de fleurir, quand ils sentent cesser leur vertu végétative et naturelle ; une telle considération m'a fait
souvenir qu'il est écrit : « Que l'on se donne garde
« d'abuser des dons de Dieu et de cacher le talent en
« la terre : aussi est écrit que le fol celant sa folie,
« vaut mieux que le sage celant son savoir. »

Beaux sentiments et naïvement exprimés !

Bernard Palissy avait besoin d'une robuste confiance en lui-même. Lui, simple potier de terre, monter en chaire! Le spectacle était nouveau; mais l'audace ne manquait pas à cet esprit aventureux. Il allait combattre les opinions admises, les traditions acceptées et les systèmes défendus par les savants accrédités. Il a, du reste, contre eux une rancune personnelle; leurs livres lui « ont causé gratter la terre l'espace de quarante ans et fouiller les entrailles d'icelle, afin de cognoistre les choses qu'elle produit dans soy. » Maintenant que Dieu lui « a fait cognoistre des secrets qui ont été iusques à présent incognus aux hommes, voire aux plus doctes, » il est bien aise de prendre une revanche ; et il la prendra éclatante, fiez-vous à cette haine amassée pendant les quarante ans qu'il « a gratté la terre. »

Un scrupule l'arrêta quelque temps. Il n'est (page 5), qu' « vn simple artisan instruit pauvrement aux lettres. » On se moquera de sa témérité, s'il ose parler « contre l'opinion de tant de philosophes fameux et anciens, lesquels ont escrit des effects naturels et remply toute la terre de sagesse. » Et puis, il est assez mal nippé; « d'autres jugeront selon l'extérieur. » Ce n'étaient là que des scrupules; et l'on sait qu'en tous temps les scrupules n'arrêtent pas. Palissy répondait fort justement qu'une découverte scientifique venant d'un ignorant « n'a pas moins de vertu que si elle estoit tirée d'vn homme plus éloquent. » (Page 5.) Après tout, s'écrie-t-il avec un légitime orgueil, « i'aime mieux dire la vérité en mon langage rustique que mensonge en vn langage rhétorique. »

Des conférences publiques furent le mode que choisit le potier-orateur pour développer ses idées et faire connaître ses théories. C'était une innovation renouvelée des Romains. M. Désiré Nisard, dans son livre si érudit et si spirituel à la fois, *Études sur les poëtes latins de la décadence*, tome I, en a montré l'origine et la décadence[1]. L'institution fleurit aussi en Grèce. Chez un peuple intelligent et artiste comme les Hellènes, où la parole avait gouverné la république, sophistes et rhéteurs étaient écoutés et applaudis. Le temps n'était plus des Démosthènes, des Platon, des Thucydide. Mais leurs indignes successeurs font à leurs contemporains dégénérés du haut d'une estrade transformée en tribune, des cours de politique, de morale et d'histoire, sans en connaître le premier mot, et ils s'en vantent. A Rome, on lisait. A Athènes, on improvise. La lecture est conférence. Mais quels sujets ! Le panégyrique d'une ville, d'un dieu, d'un homme ; un discours de Démosthènes, de Miltiade, du roi de Perse ; l'éloge de la calvitie, de la marmite, du perroquet ; l'apologie de Phalaris ou de Tersite. Toutes les villes ont leurs orateurs, la Grèce, l'Asie Mineure, la Libye, l'Égypte. De là, le fléau passe en Italie. Il sévit sous les Antonins. La curiosité pousse la foule. Les diseurs font assaut d'esprit, et aussi

---

[1] On me permettra de renvoyer à un travail sur le même sujet publié dans la *Revue de Paris*, n° du 1er juillet 1866 et suivants — Voir aussi dans le *Correspondant* du 25 décembre 1866, *les Lectures et conférences publiques dans l'antiquité*, par M. H. Béthune.

d'ignorance. L'un prend les dragons qui servent d'étendards aux Parthes pour de véritables monstres que les soldats portent attachés à des piques et qu'ils lancent contre l'ennemi. L'autre raconte qu'un général d'un seul cri a tué vingt-sept Arméniens[1]. Mais comme la façon de dire vaut quelquefois mieux que ce que l'on dit, on s'évertue à attirer, à charmer l'auditoire par quelque singularité. Adrien de Tyr parle si mélodieusement, qu'on croirait ouïr un rossignol. Hérode Atticus a plus de variété dans la voix que les flûtes et les lyres. Le gosier de Varus a tant de flexibilité qu'à l'entendre on danserait comme au son des instruments. Les femmes même s'exercent à la parole publique. Mais de peur que leurs charmes ne fissent trop d'impression et qu'on ne donnât à leur beauté les applaudissements dus à leurs discours, elles étaient séparées par un voile de leurs auditeurs. S'ils étaient séduits, ce ne pouvait être que par l'éloquence. Il faut lire dans la *Vie des sophistes* de Philostrate, dans Plutarque et dans Lucien, ce qu'étaient ces séances, véritables parades où s'escrimaient l'ignorance, la vanité, la jalousie. Ce serait à dégoûter pour jamais des conférences et des lectures publiques. Enfin, la sombre avalanche du Nord emporta ce qui restait de disputeurs et de spectateurs.

Quand la littérature refleurit avec le christianisme, malgré les cris des païens et les édits des empereurs, qui voulaient interdire aux chrétiens l'étude des lettres profanes, les œuvres de Virgile et d'Homère,

---

[1] Lucien, *sur la Manière d'écrire l'histoire.*

étaient jour et nuit feuilletées. Les monastères donnèrent asile aux lettres proscrites ou dédaignées. Chaque couvent, chaque cathédrale a près d'elle sa maîtrise. Les universités se fondent. Même en dehors de l'Église, il y a un enseignement. Abailard réunit des milliers d'auditeurs sur la montagne Sainte-Geneviève. La tradition ne se perdait pas

Au seizième siècle, la littérature antique devient un objet d'engouement. Des vieillards en cheveux blancs se vont asseoir sur les bancs du Collége de France, qu'ils étrennent, pour y apprendre la langue de Démosthènes. Chacun veut parler et instruire. C'est une généreuse émulation. Rabelais fait des cours à Montpellier; il professe l'anatomie à Lyon. Jean Gonthier, d'Andernach, 1487-1574, donne des leçons publiques de dissection. A Montpellier, l'évêque Pélissier parle sur la botanique, et Guillaume Rondelet sur les poissons. Plus tard, François de la Boe, ou du Bois, *Sylvius*, né en 1614, à Hanau, fera à Leyde des cours publics d'anatomie, et y démontrera la circulation du sang. Théophraste Renaudot, de Loudun, le fondateur de la *Gazette de France* (30 mai 1631), organisera des conférences qui seront publiées. Puis viendront les cours de l'abbé Bourdelot, d'Antoine de la Roque, de Claude Pérault, de Lémery, de Jean de la Soudière de Richesource, de Jean-François Blondel, de La Harpe et de bien d'autres. Mais il importe de ne pas oublier que c'est Palissy qui a véritablement créé en France les conférences publiques. Après lui, elles prendront un plus grand accroissement et elles auront à un moment donné une organisation quasi officielle. Avant lui, il n'y a de loin en loin que des cours éphémères qui sont des essais de parole publique plutôt que des conférences. A lui appartient l'honneur d'avoir fondé cet enseignement.

CHAPITRE XX

La date que Palissy fixa pour l'ouverture de ses cours scientifiques fut le carême de 1575. A cette époque, des affiches furent placardées dans tous les « carrefours de Paris. » Elles annonçaient que « maître Bernard Palissy, l'inventeur des rustiques figulines du roi et de la reine sa mère, » expliquerait tout ce qu'il avait appris « des fontaines, métaux et autres natures. » Trois séances devaient suffire.

La foule, avide de spectacle, devait être nombreuse. Aussi, pour écarter les désœuvrés, la pancarte annonçait que le prix d'entrée serait d'un écu. Palissy ne voulait avoir que « les plus doctes et les plus curieux. » Il assurait ainsi à ces réunions un caractère sérieux et vraiment scientifique. Outre le désir d'être utile, l'orateur voulait faire subir à ses théories l'é-

preuve de la discussion publique. Dans ses méditations solitaires, sans guide, sans conseil, sans con-
trôle, n'avait-il pas pris des rêves pour la réalité et
des chimères pour la science? Il espérait donc pouvoir tirer de ses auditeurs « quelque contradiction
qui eust plus d'assurance de vérité, que non pas les
preuves » qu'il mettait en avant, et que « il y en aurait de Grecs et de Latins » qui lui « résisterait en
face. » Pour donner plus de hardiesse à ses adversaires, ses affiches portaient que, si ses paroles étaient
trouvées fausses en quelque endroit, il rendrait le
quadruple du prix d'entrée. Pensée singulièrement
désintéressée! Parmi les gens qui parlent, combien
accepteraient cette condition!

Le jour indiqué, Palissy put faire sa leçon. Nulle
défense ne vint fermer son cours avant qu'il fût ouvert, et l'autorisation, dont il n'avait pas eu besoin,
ne lui fut pas retirée. En un siècle qu'on nous donne
comme l'époque du fanatisme par excellence, au
lendemain de la Saint-Barthélemi et à la veille de
la Ligue, n'est-il pas instructif et curieux de voir des
conférences publiquement faites, sans permission,
sans obstacle, par un huguenot?

Comme l'avait annoncé l'affiche, la première conférence roula sur les eaux et fontaines. La question
était importante et l'est encore. Quand on réfléchit à
l'influence des eaux sur la santé publique, on est effrayé du peu de soin qui leur est donné généralement.
De remarquables efforts ont été tentés dans ces dernières années pour procurer aux villes une eau salubre et abondante. A-t-on toujours fait passer les

conditions hygiéniques avant la grande question des finances et de l'économie? Il nous suffit de signaler au moins la bonne volonté. Quant aux campagnes, elles ont été abandonnées à elles-mêmes. Plusieurs des conseils de Palissy ne leur seraient pas inutiles même à présent. Écoutons donc le potier. Je vais reproduire sa leçon en l'abrégeant, en conservant les idées, le ton général, les petites digressions, et aussi les erreurs du morceau. On jugera mieux ainsi de la tournure de son esprit.

L'incurie des hommes pour leur boisson est étonnante. Ordinairement pour avoir de l'eau, on creuse un trou ; mais quelle eau en tire-t-on ? Une eau froide et croupie. Elle vient le plus souvent des égouts, des fosses d'aisance. S'il y en a de meilleure, c'est que les terrains environnants sont plus purs. Si ce sont des infiltrations fluviales qui alimentent les puits, les puits sont à sec quand est à sec la rivière qui les entretient.

Les mares sont encore plus dangereuses. Dans leurs eaux échauffées par le soleil naissent des milliers d'insectes et de reptiles malfaisants. Les troupeaux prennent là des maladies mortelles, dont on cherche ailleurs la cause. Les citernes, bien meilleures que les mares, ne sont cependant point parfaites. L'eau trop tranquille s'y altère, et dans les chaleurs d'été fait défaut, lorsqu'on en a le plus grand besoin.

Ah ! que nos prédécesseurs appréciaient mieux que nous les avantages d'une eau saine. Quels prodigieux ouvrages ils ont construits pour se la procurer ! Voyez en Italie, en Languedoc, en Saintonge.

En effet, les eaux sont altérées par les terrains qu'elles traversent, et quelquefois d'une manière funeste à la santé. Elles prennent les propriétés salines, bitumineuses ou minérales, la coloration jaune, noire ou rouge des substances qui s'y trouvent. Elles s'y échauffent même. Témoin les sources thermales. Or, on ne peut nier l'existence d'un feu souterrain entretenu constamment par un incendie qui a perpétuellement lieu. La vapeur qu'il produit soulève le sol, l'agite, le crevasse; de là les tremblements de terre et les volcans. Qui a fourni l'explication de ces phénomènes? Quelque livre de philosophie? Non, mais un simple chaudron. Il était à moitié rempli d'eau froide. En bouillant, l'eau acheva de remplir le vase, et même passa par-dessus le bord. D'où vient cela? Certainement de quelque air engendré dans l'eau par le feu. De même une pomme d'airain, percée d'un petit trou et contenant un peu d'eau, laissait, à la chaleur d'un brasier, échapper un vent si violent qu'il faisait brûler même le bois vert.

On peut donc voir après ce rapide examen des diverses eaux, que les seules bonnes sont les eaux de fontaines. Ces eaux viennent des pluies et ne viennent que des pluies. Les savants prétendent bien que toutes les eaux viennent de la mer. C'est une grave erreur. Tenez pour règle certaine « que les eaux ne montent jamais plus haut que les sources d'où elles procèdent. » Supposât-on la mer aussi élevée que le sommet des montagnes, par quel canal parvien-

drait-elle là-haut? En passant par la terre, elle s'é-
chapperait à la moindre veine, et abîmerait les vallées sous ses flots. Ce sont les pluies qui alimentent
les sources; et les pluies sont elles-mêmes formées
par les évaporations des étangs, des lacs et surtout
de la mer. On pourrait objecter que les eaux produites par les exhalaisons de l'Océan devraient être
salées. Mais regardez comment se fait le sel. Le soleil
enlève l'eau douce des aires où les sauniers ont par-
qué l'eau de mer. Aussitôt, l'eau salée se crème; le
sel est formé. Du reste, si le soleil prenait de l'eau
salée dans la mer, pourquoi n'en prendrait-il pas
dans les aires? et alors comment y trouverait-on du
sel? Il y a dans les îles de Saintonge des puits doux et
des puits salés. Faut-il admettre qu'ils viennent tous
de la même source? Certains îlots n'ont pas même
un arpent de terre ferme, et il y a un puits d'eau
douce. Ces eaux douces proviennent donc des égouts
de pluie.

D'autres ont prétendu que les eaux sont engendrées par un air qui, s'étant épaissi aux parois des
cavernes, se dissout en eau. Mais un air qui se dissout
en eau n'est-il pas déjà de l'eau? Les vapeurs ren-
fermées dans les cavernes peuvent donc s'élever et
retomber en pluie. Toutefois elles ne sauraient
donner qu'une faible quantité d'eau. Enfin ces exhalaisons des gouffres et des grottes ne provenaient-
elles pas déjà des pluies?

Il reste à savoir comment les eaux de sources nous
arrivent. Examinons les montagnes formées de pierres et de rochers; elles sont la charpente de la terre

qu'elles soutiennent, comme les os soutiennent le corps de l'homme. Sans cela les montagnes, rongées par les pluies et les torrents, auraient fini par s'abaisser au niveau des vallées. Les eaux filtrent à travers les terres, jusqu'à ce qu'elles aient trouvé un fond de roches qui les retienne. Dès qu'elles trouvent une issue, elles jaillissent en fontaines ou en ruisseaux. Et comme l'infiltration est graduelle et lente pendant l'été même, les sources continuent à couler. Voilà pour les montagnes. Dans la plaine, le même phénomène a lieu. Les eaux coulent, jusqu'à quelque banc d'argile, qui les arrête tout aussi bien que le rocher. Elles s'y rassemblent en nappes. Creusez ; elles sourdent. Elles sourdent quelquefois des sables. Mais à une profondeur plus ou moins grande, il y a toujours quelque fond imperméable ; et si cette source s'élève plus haut que le niveau du sol, sachez-bien qu'elle vient aussi de plus haut.

Il est donc facile, après ces principes et ces exemples, de voir la nécessité d'une eau salubre et de l'obtenir. Si donc votre maison est au pied d'une montagne, cherchez une fente dans ses flancs ; l'eau jaillira. Qu'un bassin la reçoive, formé de pierres, ayant du sable au fond, afin qu'elle puisse se purifier complétement, et avec une grille à l'ouverture pour arrêter les corps étrangers. Un second, un troisième réceptacle l'amèneront jusqu'à la maison. S'il y a des arbres, laissez-les ; s'il n'y en a pas, plantez-en. Ils empêcheront l'eau de raviner la montagne, conserveront le gazon à leurs pieds ; et les eaux filtreront doucement jusqu'à votre bassin.

Ainsi vous aurez une eau privée de ces sels minéraux ou végétaux, si nuisibles à la santé, et une eau dont Vitruve a démontré l'innocuité parfaite. Si la maison est située sur une hauteur, le moyen de recueillir les eaux est plus difficile, mais non impossible. Creusez une pièce de terre en une certaine pente ; formez-y un sol de pierres, briques, argile, que vous recouvrirez de terre. L'eau filtrera à travers ces terres jusqu'à ce sol factice, et vous la pourrez recueillir sans peine. Ce sont là de grandes dépenses, dira-t-on. Mais qu'y a-t-il de plus indispensable que l'eau ? N'est-elle pas le premier des éléments, le plus nécessaire à la santé et à la vie ?

Telle fut cette première conférence. On en trouve le développement dans les six premiers chapitres du septième livre du *Thédtre d'agriculture*, par Olivier de Serres. Chez Palissy, c'est une conversation ; ce n'est pas un traité. Il s'y livre à toutes les digressions et prend tous les tons que peut comporter son sujet. Quelle poésie et quelle grandeur par moments ! Puis il raille ; une saillie égaye l'austérité de la doctrine. On y reconnaît cette franchise de langage qui lui a dû faire quelques ennemis.

Tout n'est pas excellent dans ses théories. Par exemple, ce n'est pas l'air enfermé dans le chaudron qui augmente l'eau, mais la vapeur.

De plus « l'eau, qui remplit un tuyau de 2 pouces, étant violemment poussée, » ne se resserrera pas de moitié. L'eau n'est pas compressible. Serrée dans une sphère de métal, elle passe à travers les pores, mais ne diminue pas de volume d'une manière sensible. Maître Bernard a été plus heureux quand il nous l'a montrée augmentant de volume par la chaleur. C'est le principe de la dilatation ; il n'y manque que le nom.

Ses opinions sur les tremblements de terre seraient plus controversées par ceux qui admettent l'existence d'un feu central. Or cette théorie du feu central, généralement admise aujourd'hui, le sera-t-elle demain ? Werner l'avait combattue à la fin du dernier siècle. Ses deux plus célèbres élèves, Léopold de Buch et Alexandre de Humboldt l'ont soutenue et démontrée. Voici que de nouveaux champions, M. Johnston, un des plus remarquables géologues de l'Angleterre, dans son *Physical Atlas ;* un autre Anglais, savant illustre, sir Charles Lyell, dans ses *Principles of Geology*, puis M. Emmanuel Liais, dans son livre *l'Espace céleste et la nature tropicale*, se prononcent énergiquement contre elle. « Il faut, suivant ce dernier, attribuer les phénomènes volcaniques à des actions chimiques s'opérant à peu de distance au-dessous de la surface terrestre, par exemple aux décompositions des masses de sulfures et aux combinaisons diverses opérées sous l'influence même des eaux s'infiltrant dans le sol... Les émanations gazeuses des volcans sont précisément des preuves d'actions chimiques intenses, et leur voisinage constant de la mer (sauf pour les volcans de l'Asie centrale, qui, par compensation, sont près des grands lacs), serait complétement inexplicable dans l'hypothèse où ils seraient des soupiraux du feu central, tandis que ce voisinage de la mer se comprend naturellement dans l'hypothèse d'actions chimiques. »

N'est-ce pas la théorie de Palissy, à part ses quatre substances, qu'il faut remplacer par une décomposition chimique? combien de temps a-t-on mis pour y arriver! par quels détours a-t-on passé? et encore, cette idée n'est-elle pas la plus scientifiquement et la plus généralement admise !

En 1708, Jean-Jacques Scheuchzer, professeur de physique et d'histoire naturelle à Zurich, soutenait après Palissy que Dieu soulevait les montagnes pour dessécher les eaux du déluge, et qu'il les avait créées fortes afin qu'elles se pussent tenir debout.

Et Descartes, dans ses *Principes de la philosophie*, il nous raconte comment des deux éléments qui composent le feu, l'un, se trouvant chassé par une force quelconque, va rejoindre l'autre, et produit ainsi un incendie dans l'intérieur de la terre. Puis, que les tremblements de terre et les volcans sont causés par les exhalaisons qui, trop agitées pour se convertir en huile, composent dans des cavités pleines d'air « une fumée grasse et épaisse qu'on peut comparer à celle qui sort d'une chandelle lorsqu'elle vient d'être éteinte. » Si le feu arrive, la fumée s'enflamme, pousse les parois de la caverne, et voilà la terre qui oscille. Après ce bel exploit, la même flamme entr'ouvre le sommet des montagnes, endroit plus facile à soulever, et voilà les volcans. Je le demande : en voyant Descartes lui-même tomber dans de telles hérésies, ne doit-on pas pardonner à Palissy quelques bévues, et admirer ses grandes découvertes ?

Sa théorie sur les eaux, qui tendent toujours à remonter au niveau de leur source, a été depuis adoptée. « J'appelle, dit Perrault en 1674 dans son *Traité de l'origine des fontaines*, j'appelle cette opinion vulgaire, parce qu'il n'y a presque personne qui ne la suive... En les auteurs je n'en trouve que quatre qui aient suivi cette opinion commune, savoir : Vitruve, Gassendi, le P. François et Palissy. »

Là est certainement le point de départ d'une science toute nouvelle, l'hydroscopie. Elle est encore la base des forages artésiens.

Les puits artésiens étaient connus avant lui en Chine, je le sais. L'Artois, qui leur donna son nom, en possédait plusieurs. C'est là croyance ordinaire, mais non générale. D'après ceux qui l'admettent, le premier y fut creusé sous Louis le Gros, en 1126, dans le couvent des chartreux de Lillers. Mais c'est par les leçons de maître Bernard que les savants comprirent comment on les pourrait multiplier. Il avait même pris soin de décrire dans son traité *de la Marne*, page 341, un instrument qui est presque notre sonde actuelle, ou plutôt qui en est l'élément. « En plusieurs lieux les pierres sont fort tendres et singulièrement quand elles sont encore dans la terre ; pourquoi il me semble qu'une torcière la percerait aisément, et après la torcière, on pourrait mettre l'autre tarière, et par tel moyen on pourroit trouver des terres de marne, voire des eaux pour faire puits, lesquelles bien souvent pourroient monter plus haut que la pointe de la tarière les aura trouvées, et cela se pourra faire moyennant qu'elles viennent

de plus haut que le fond du trou que tu auras fait. »
M. Hoefer, dans son *Histoire de la chimie*, a proclamé
ce passage la vraie théorie et la découverte des jaillissements artésiens.

Le drainage est implicitement contenu dans le
passage où il parle de ce fond solide que l'eau rencontre et ne peut traverser. La pesanteur de l'atmosphère est pressentie dans la phrase où il attribue
l'élévation de la colonne liquide « à l'aspiration ou
sucement du vent qui est amené par le baston. » Ce
qu'il dit des boules d'airain qui, remplies d'un peu
d'eau et chauffées au feu « émettent un souffle véhé-
ment, » inspirèrent au savant anglais Robert Boyle,
l'idée de se servir de ces éolipyles pour activer la
combustion du charbon. Les locomotives en ont emprunté le principe ; et on peut affirmer que lui seul
rend possible l'application de la vapeur aux chemins
de fer. Bernard Palissy avait sans doute pris ce fait
à Vitruve, un de ses auteurs favoris, qui l'a décrit
dans son livre [1].

Il ne devait qu'à lui, à son esprit d'observation,
ses étonnantes idées que lui avait suggérées ce
chaudron sur le feu. Encore un pas, et il atteint
la théorie précise de l'ébullition, de l'augmentation
du volume des liquides par la chaleur, de la dilatation des gaz et enfin de la puissance de la vapeur. Ce
sont des vérités touchées du doigt, presque atteintes ;
elle ne sont pas conquises, mais celui qui les a soup-
çonnées, débrouillées et éclaircies, n'en est pas moins
en avant de deux siècles sur ses contemporains. Moïse

[1] *De Re architectura*, I, 6.

aussi avait montré la terre promise sans y pouvoir pénétrer.

Cette première conférence de Maître Bernard fut féconde en résultats. Usant de plusieurs théories et découvertes de cet ingénieur improvisé, Nicolas Wasser-Hun, bourgeois de Bâle, Jean de Sponde, de Mauléon, qui devint plus tard lieutenant-général de la sénéchaussée de la Rochelle, et Paul de la Treille, dix ans plus tard, s'offrirent à Henri III pour embellir, assainir la ville de Paris, et la pourvoir de bonnes eaux, dont les habitants « ont grand faute, plus que les autres villes et lieux » de la France. Ils s'engageaient « à élever l'eau à la hauteur et en la quantité qu'on voudrait, à faire couler continuellement, comme une fontaine et sans aide d'homme et d'animal, l'eau des puits qui servirait en outre à mouvoir moulin à blé, moulin à bras, tanneries, papeteries, forges, etc. » Ils jetteraient à profusion les fontaines dans Paris et dans toutes les autres villes. Ils auraient une manière de labourer en un jour plus de terre avec deux chevaux que l'on n'en laboure avec dix paires de bœufs et de conduire avec six chevaux les chariots que trente traînent avec peine. Au moyen de leur recette, un homme sera plus fort que cinquante, et soulèvera un double canon. Est-ce un rêve ? Quelle puissance inconnue avaient-ils alors à leur disposition ? On songe à la vapeur. Est-ce d'elle qu'ils voulaient parler ? Sont-ce des charlatans, ou des génies incompris ? Mais voici qui est plus merveilleux encore. « Ils ont trouvé le mouvement perpétuel, « lequel peut servir à infinité de bonnes choses, » disent les lettres patentes. Servit-il aux inventeurs ? Hélas ! le mouvement perpétuel est où en est encore la quadrature du cercle.

Nous avons vu qu'en 1717, un habile ingénieur, Couplet, qui avait étudié les idées de Palissy, donna une source abondante à Coulanges - la - Vineuse. Ailleurs, en 1850, la commission générale de la santé pour la fourniture des eaux à Londres, proclamait non-seulement l'excellence de sa théorie, mais même recommandait sa pratique pour obtenir des eaux potables[1]. Elle constatait que les eaux venant des profondeurs de la terre, moins chargées de matières végétales, contenaient en retour plus de matières minérales, et se trouvaient ainsi beaucoup moins hygiéniques. Elles sont, en outre, plus lourdes. Le comité de Lancastre adopta le rapport du comité de santé. On entoura d'un fossé une colline sablonneuse; les eaux s'y amassèrent, et les habitants purent boire, sans se douter qu'ils le devaient à un nommé Bernard Palissy, français de nation, et potier de son état.

On pourrait multiplier les observations et montrer à chacune de ses pages une théorie ingénieuse, une idée originale, une pensée vraie. Nul n'exposerait en termes plus lucides la formation des sources. Il est bien le premier qui en ait attribué l'origine aux infiltrations pluviales.

Les idées de Palissy sur la formation des sources, mirent du temps à pénétrer dans les têtes des sa-

---

[1] *Report of the General Board of Health on the Supply of Water to the Metropolis* (1850), p. 84.

vants. *Les Principes de philosophie* de Descartes
en 1644, près d'un siècle après, en contiennent une
explication singulière, § 44, IV° partie. Le sublime philosophe croit que sous les montagnes sont d'immenses cavités d'où s'élèvent, en se glissant par les pores
de la terre, des vapeurs qui, arrivées à la cime des
monts, se joignent ; et, se trouvant trop grasses pour
repasser par ces mêmes conduits, elles cherchent des
canaux plus larges, les remplissent, et forment des
sources qui restent cachées jusqu'à ce qu'elles rencontrent quelque ouverture à la superficie terrestre, d'où
elles s'écoulent en ruisseaux et fontaines vers la mer.
L'Océan, à son tour, forme certaines sources au
moyen de veines souterraines. Si ces pores de la
terre, qui donnent passage aux eaux salées sont assez
larges, l'eau y passe avec son sel ; s'ils sont trop
étroits, l'eau avant d'y pénétrer, doit se décharger à
la porte de tout son sel. C'est pourquoi il y a des puits
doux et des puits salés.

CHAPITRE XXI

Le nombre prodigieux d'idées que Bernard Palissy avait remuées dans sa première conférence, la nouveauté des aperçus, l'importance des points touchés, ses erreurs mêmes qui pouvaient alors paraître des vérités, cette fermeté de raison qui s'en rapportait pour les faits naturels à l'expérience, et à l'expérience seule, ce ton parfois agressif et ces sorties contre tous ceux dont il ne partageait pas les avis, cette parole nette et imagée, si poétique par moments, durent faire une vive impression sur les auditeurs. Tout cela retint ceux que la curiosité avait pu amener, et l'on ne tarda pas à voir dans le professeur non pas un simple potier qui pérorait, mais un profond philosophe qui savait beaucoup, et pouvait beaucoup apprendre. Le succès de ces conférences était assuré.

Le second jour, Bernard Palissy, suivant son programme, s'occupa des métaux et des alchimistes. Pour nous qui ne croyons plus aux sorciers, à la transmutation des métaux, nous que Nicolas Flamel, avec tout son génie, ne pourrait convaincre de l'existence de la pierre philosophale ou de la panacée, la question a pourtant un intérêt, intérêt moins immédiat, mais intérêt rétrospectif. L'alchimie a été la grande occupation et la grande croyance du moyen âge. Bernard Palissy la trouva vivace et florissante. Il l'attaqua corps à corps. C'était hardi. Combien de gens naïfs y ajoutaient une foi absolue! Combien de savants s'y consacraient tout entiers! Combien surtout de charlatans l'exploitaient! Arracher aux uns leur crédulité, à ceux-là leur confiance, à ceux-ci leur masque, n'était-ce pas avoir à peu près tout le monde contre soi? Le potier osa. Pour fonder un nouvel édifice, il fallait démolir la masure; pour ensemencer le champ, le purger des herbes mauvaises; il savait que le plus grand obstacle à une théorie rationnelle c'est une hypothèse impossible. La haine de l'erreur n'est-elle pas déjà l'amour de la vérité?

Cependant, s'il s'était borné à lancer aux alchimistes des traits plus ou moins acérés, sa leçon n'exciterait que fort peu notre curiosité. Mais il veut mettre le fait à la place du rêve. Il va donc chercher la nature et l'origine des métaux. Véritable moyen de démontrer l'inanité du travail hermétique. En même temps il nous enseignera d'admirables théories, où pourtant, comme dans la première leçon, le faux se trouve mêlé au vrai.

Un très-grand nombre de personnes s'occupent de produire et multiplier les métaux. Les uns, médecins, seigneurs, gens du monde, trouvent là une étude, une distraction et une récréation. Il ne les peut blâmer. Les médecins mêmes y doivent travailler pour connaître mieux les secrets de la nature. Les autres, gens avides et hypocrites, qui veulent arriver à l'opulence sans se donner la peine de la gagner, trompent honteusement les simples sous prétexte d'alchimie. Voilà ceux qu'il faut convaincre d'imposture.

C'est être insensé, selon Maître Bernard, que de s'attacher à ces auteurs et à leurs pareils. Ils s'épuisent à la poursuite de l'impossible. Et il nomme l'un d'eux, Louis Meigret, né à Lyon en 1510, et arrivé à Paris en 1540, auteur déjà de plusieurs traductions d'ouvrages grecs et latins. Louis Meigret, que Palissy nomme par dérision le « magnifique Meigret, » imprima la première grammaire écrite dans notre langue : *Traitté de la Grammère françoèze* pour obtenir une écriture, « q'adrant à la prononciacion francoèze. » Il voulait qu'on écrivît comme on parlait. On lui a pris depuis quelques-unes de ses idées ; mais on lui a laissé son orthographe. « Homme docte et expérimenté » en alchimie, comme le qualifie le potier goguenard, pendant de longues années, il avait entretenu une lampe à grosse mèche sous un fourneau qui contenait des

métaux à distiller. Voyant qu'il ne réussissait qu'à
brûler de l'huile, il proclama que les guerres avaient
éteint sa lampe.

Que peuvent produire les hommes? demande Palissy. Du grain, ils feront du pain, et des grappes,
du vin. Dieu a la semence de toutes choses. Servons-
nous de celles qu'il nous donne. Il est impossible d'en
fabriquer de nouvelles. Les métaux sont dans ce cas.
L'art les pourra purifier, fondre, étirer, leur donner
telle forme qu'il voudra. Jamais il n'arrivera à en
former une nouvelle espèce. Dès le commencement
du monde, Dieu y a mis tout ce qui y devait être. En
vain le feu consume; en vain l'eau dissout ou englou-
tit. Rien ne se perd; ce que ces deux éléments semblent avoir détruit reparaît pour périr encore et re-
naître de nouveau.

Palissy continue : les métaux sont des semences.
Corps simples, ils ne peuvent se combiner et restent
éternellement fixes. — Mélange d'erreurs et de vérité.
Les corps simples se combinent fort bien; un très-
petit nombre, or, platine, mercure, et quelques
autres, existent à l'état natif. Les autres sont à l'état
de combinaison, et la métallurgie a pour but d'extraire les métaux de ces combinaisons qu'elle trouve
toutes formées. On compte aujourd'hui soixante-cinq
corps simples, c'est-à-dire impossibles à décomposer au moyen de nos réactifs. Il peut donc arriver
que tel corps, regardé comme simple, sera demain dé-
composé. Telle a été l'eau; tel sera probablement
l'azote, et peut-être le chlore. Ces corps simples se
combinent donc. Mais quand la décomposition a

lieu, ils se retrouvent tels qu'ils étaient ; et en ce sens Palissy a raison de dire qu'ils sont éternellement fixes. C'est un de ces dogmes scientifiques aujourd'hui admis, que sa pénétration devinait.

Mais voyez quelle fausse conclusion il en tire. Des alchimistes, les uns calcinent, les autres distillent ; ceux-ci couvent leurs matières à feu lent, comme une poule fait ses œufs ; ceux-là chauffent violemment. Tous emploient le feu. Quelle folie ! Le feu est ennemi et destructeur de l'eau. Or, que sont les métaux ? La réunion de sels que l'eau contenait en dissolution. Donc traiter par le feu une agrégation de molécules qui sont engendrées dans l'eau, c'est, suivant Palissy, les resserrer et non les désunir.

Mais Palissy raisonne d'après des observations incomplètes. Oui, le sel qui se solidifie sous l'action de la chaleur, se liquéfie sous l'influence de l'humidité. Mais des corps d'une tout autre composition se conduiront-ils de même ? Le feu désagrége aussi bien qu'il réunit. En outre, il est faux de prétendre, d'une manière absolue, que les métaux sont des sels en dissolution. Il y a des métaux à l'état natif, et aucun n'y est en dissolution dans l'eau. Ceux qui se trouvent dans l'eau sont à l'état de sels, sel de cuivre, sel de plomb. Si l'eau les tient en suspension, comme les rivières roulent des matières animales ou végétales, elle les dépose ; si c'est en dissolution, c'est-à-dire si le métal est uni chimiquement au liquide, il faut que l'eau soit évaporée par la chaleur. Chauffez une dissolution d'ammoniaque, l'ammoniaque s'en va ; l'eau reste. Ne tirons pas une loi générale d'un fait particulier.

Palissy est plus ferme quand il dévoile les jongleries des alchimistes. Il nomme le sieur de Courlanges, valet de chambre de Charles IX, qui proposa en plaisantant au roi, de lui apprendre à faire de l'or. Au jour fixé, Courlanges apporta deux fioles pleines d'une eau claire comme eau de roche. Une aiguille trempée dans l'une se couvrit d'or; un morceau de fer placé dans l'autre devint couleur d'argent. Ensuite il y fit couler du mercure qui se congela, dans le premier flacon en lingot d'or, dans le second en lingot d'argent. Et joyeux, Charles s'en alla raconter à sa mère qu'il savait faire de l'or. « Supercherie ! s'écrie Palissy ! Courlanges me l'a dit de sa propre bouche. » La supercherie n'est plus maintenant qu'une expérience facile au moindre chimiste. Courlanges probablement savait déjà le moyen de dorer et d'argenter par voie humide. Qu'on plonge une lame de cuivre dans un sel d'or, elle se couvrira d'une couche d'or ; et d'une couche d'argent, si, au contraire, vous la mettez dans un sel d'argent, soit l'azotate d'argent ou pierre infernale. Le procédé Ruolz n'a pas d'autre principe.

Il faut donc se garder de ces recherches insensées qui pervertissent le sens moral et engendrent une telle corruption. Cette pierre philosophale est un rêve.

« Vous calcinez et pulvérisez les métaux, dit Palissy; puis vous prétendez que vous les referez. Allons, que le plus habile pile une noix, brou et noyau; qu'il broie une châtaigne, pulpe et enveloppe. Nous verrons

21.

si de son creuset sortira châtaigne ou noix. » La réponse serait facile. Palissy lui-même l'a faite ; car il ajoute que de ces substances les unes sont végétatives, les autres inorganiques. Là est, en effet, la différence.

Les métaux amènent Palissy à nous parler de ces vives couleurs irisées des coquilles marines. Pour en trouver toute l'explication, il a « considéré que la cause de l'arc céleste n'estoit sinon d'autant que le soleil passe directement au travers des pluyes qui sont opposites de l'aspect du soleil. » L'arc-en-ciel ne se montre jamais qu'à l'endroit où la pluie tombe, et à l'opposé du soleil. Or le poisson, pour construire sa maison, se plaçant en face du soleil, sur une roche baignée par la mer, il arrive que les rayons de l'astre, passant à travers l'eau et augmentés d'intensité par la réverbération, viennent donner contre les matières aqueuses de la coquille, qui ainsi en retiennent les couleurs.

Cette explication de la coloration des coquillages est certainement fausse. Mais elle ne pouvait venir qu'à un esprit éminent. Car, en se trompant sur les coquilles, il entrevoit la vérité sur l'arc-en-ciel. Il y a en germe la théorie de la décomposition de la lumière, et l'explication de l'arc pluvial. Cette découverte qui, à elle seule, pourrait suffire à la réputation de Descartes et à celle de Newton, on en attribuera l'idée première à Antonio de Dominis, archevêque de Spalatro, qui l'émit en 1611, dans son traité *De radiis in vitris perspectivis et iride*. Ne faudrait-il pas, pour être juste, en faire gloire au potier qui faisait de l'optique en 1575 ?

A côté de la décomposition de la lumière, Palissy va signaler la cristallisation des corps métalliques. Un jour, il fit refroidir un chaudron qui contenait de l'eau et une livre de salpêtre en dissolution. Le salpêtre ne tarda pas à s'attacher aux parois du vase en glaçons quadrangulaires. Quelque temps après, il acheta du cristal apporté d'Espagne, et remarqua que la forme était la même que celle du salpêtre. Au contraire, les marcassites sont carrées.

De ces différentes observations il conclut que les pierres, les sels, les marcassites et les autres minéraux, en se formant dans l'eau librement, prennent quelques formes triangulaire, quadrangulaire ou pentagonale, etc., constamment les mêmes, à moins qu'ils ne soient arrêtés dans leur formation.

Si Palissy se trompe en indiquant comme rhomboïdes les formes hexagonales du salpêtre et du cristal de roche, s'il semble ensuite ne connaître que la cristallisation par voie humide, et ignorer la cristallisation par fusion ou volatilisation, il n'en a pas moins le premier prouvé que le cristal de roche n'était pas, selon la croyance vulgaire, un jeu de la nature. Il a de plus, le premier, signalé les principaux phénomènes de la cristallisation, et affirmé que les lois en étaient fixes. Ce ne sera qu'en 1669 qu'on admettra que les cristaux sont constants dans leur forme. Puis il faudra qu'en 1780, l'abbé Haüy retrouve la découverte de Palissy, et crée la cristallographie.

Les alchimistes reconnaissaient quatre éléments : le feu, l'air, la terre et l'eau; ils admettaient trois principes : le sel, le soufre et le mercure. Les métaux étaient suivant eux composés de soufre et de mercure. Le potier saintongeois repousse bien loin ces doctrines. On a vu qu'il prétend que les métaux sont tenus en dissolution dans un liquide, et de plus que ce liquide ne cesse pas d'être transparent. On sait que l'eau est colorée suivant la nature du sel qu'elle contient, en bleu par exemple, si c'est un sel de cuivre, en violet, si c'est un sel de manganèse.

L'origine de la formation des métaux est encore inconnue. Peut-être à la fin le système de Palissy sera-t-il reconnu bon. On les regarde à présent comme des corps simples, et ils le seront sans doute jusqu'à ce qu'on arrive à les décomposer. Deux siècles plus tard, Werner et l'école neptunienne soutiendront brillamment l'opinion de Palissy. Descartes, qui aura cherché à élucider cette question, ne fera que divaguer, et il faudra arriver à Faraday pour trouver une théorie autre que celle des conférences de 1575. Faraday indiquera la relation qui existe entre les filons, amas ou couches de minéraux, et les courants magnétiques souterrains.

Mais un point reste obscur. Ces matières métalliques en dissolution, comment parviennent-elles à former un corps? Palissy nomme l'aimant qui attire le fer, le jais et l'ambre qui attirent de même un fétu. L'attraction joint les corps de même nature, « matière suprême, dit Palissy, qui attire les autres qui sont de sa nature pour se former. »

L'attraction ou cohésion est donc découverte et distinguée de l'affinité. On prétend que c'est le chimiste allemand Barchusen qui le premier, employa le mot *affinité* dans ses *Éléments de chimie* publiés à Leyde en 1703. L'honneur en revient à Palissy. L'orateur n'usera pas toujours de ce mot qu'a conservé la science ; il dira tantôt *vertu salsitive*, tantôt *eau congélative* ; ici *cinquième élément* ; le plus souvent *sel*. Et la confusion des mots engendrera la confusion des idées. L'attraction là est un agent invisible, impondérable, impalpable ; plus loin il semblera croire que c'est un corps tangible et matériel. La faiblesse humaine payera par l'erreur de ce côté l'étonnante vérité que ce grand génie venait de révéler.

Les alchimistes poursuivent donc une chimère. Leur rêve ne se réalisera jamais, et ce sera le plus grand bonheur qui puisse arriver à l'humanité. Il vaudrait mieux, en effet, la peste, la guerre ou la famine en France, que six hommes sachant faire de l'or. Car, qui alors ne les imiterait ? La terre serait abandonnée, et les forêts abattues ne serviraient plus qu'à alimenter les fourneaux. Et quand chacun aura l'or en la quantité qu'il voudra, qui donc le convoitera ? L'or n'a qu'un mérite : sa rareté. C'est un signe ; sa valeur est toute de convention. Multipliez-le ; il s'avilit. Votre fameuse trouvaille de l'or n'aura servi qu'à faire chercher un autre métal qui, moins commun, sera aussi plus précieux.

Voilà, résumés aussi brièvement que possible, toutes les idées admises ou rejetées aujourd'hui, que Maître Bernard émit dans sa seconde conférence. Les alchimistes n'y sont guère qu'un prétexte. Pourtant il les a démasqués.

Un fait n'a point été remarqué des éditeurs des

œuvres de Palissy, sauf de M. Cap qui l'a soup-
çonné : c'est la répétition presque littérale d'un
passage du traité *Des Métaux*, à la fin et au milieu du livre (p. 211 et 221 de Cap, — 345 et
et 357 de Gobet). Pourquoi ce double emploi ? Est-ce
une erreur de l'auteur? C'est, je crois, une faute de
l'imprimeur. Il aura, par inadvertance, tout simplement mis à la fin une page déjà placée dans le corps
du labeur. Le traité des *Métaux et Alchimie* est complet sans cet appendice.

Mais à quelque chose malheur est bon? L'erreur
du compositeur servira à nous montrer la diligence
de l'auteur. Que l'on se donne la peine de comparer
les deux leçons, on verra que la deuxième page ici
est bien supérieure à la première. La main de l'auteur
a enlevé les bavures.

Remarques puériles, dira quelqu'un, peut-être ;
chicanes de grammairien ou de pédant. — Je l'a-
voue ; la gloire de Palissy ne serait pas diminuée de
beaucoup, s'il avait écrit : *Je me tiens pour certain
que*, au lieu de : *Je suis certain que*, et s'il avait appelé deux fois *grande beste* Théorique, bonne âme,
qui n'aurait pas riposté. Mais toutes ces corrections,
misères et soucis d'auteur, que le lecteur ne soup-
çonne pas, attestent chez le potier écrivain des efforts
constants pour ne pas rester inférieur aux autres,
malgré sa modeste condition et l'insuffisance de son
éducation première, et enfin le scrupule de bien
dire, qui n'est que la pudeur d'un publiciste plein
de respect pour les autres et pour lui-même.

Maître Bernard avait annoncé qu'il parlerait sur

les fontaines et les métaux. Il avait tenu parole. Le terme « autres natures » mis sur l'affiche était vague ; il lui permettait de faire entrer dans son programme à peu près ce qu'il voudrait. Il y mit l'or potable. C'était une conséquence de son discours sur l'alchimie.

L'or potable, liquide composé d'une huile volatile versée dans une dissolution de chlorhydrate d'or et dissoute dans de l'alcool, est fort ancien. Les Égyptiens le connaissaient, et Moïse aussi, qui avait appris leurs sciences secrètes. Le veau d'or n'a pu être avalé par les Israélites qu'après avoir été rendu liquide. Le célèbre chimiste allemand Stahl, auteur du système de l'animisme, donnait la recette dont avait pu se servir le chef hébreu. Mettez dans un creuset trois parties de sel de tartre et deux parties de soufre contre une d'or. Après la fusion vous aurez un *hepar sulfuris* qui se pulvérisera. Il se fondra facilement dans l'eau. L'eau sera rouge, chargée d'or, et d'un goût semblable à celui du magistère de soufre. Mais vous aurez de l'or potable : car l'or se sera tellement divisé dans ce mélange qu'il passera avec le liquide à travers une feuille de papier.

Paracelse, mort en 1541, avait contribué à donner la vogue à l'or potable du temps de Palissy. Déclamateur verbeux et impudent, il célébrait sur tous les tons l'or potable ; il se vantait de pouvoir prolonger la vie à son gré, ce qui ne l'empêcha pas de mourir dans un âge fort peu avancé, à quarante-huit ans. Les empiriques, ses confrères, faisaient chorus, et exaltaient les singulières propriétés de leur or : c'était le moyen d'attraper celui des autres.

A l'époque même où Palissy faisait ses cours, un Normand natif de Falaise, Roc de Baillif, seigneur de la Rivière, grand disciple de Paracelse, publia à Paris un livre tout à la louange de son maître et de la chimiâtrie. Il est intitulé : *Premier traité de l'homme et de son essentielle anatomie avec les éléments*, in-8°, 1560.

On comprend donc comment Bernard Palissy a pu insister sur les effets de l'or potable. C'était la question du moment ; il n'était pas homme à la passer sous silence. Il l'aborda franchement.

Bon nombre de médecins, il le sait, emploient l'or comme médicament. Les uns font bouillir des pièces d'or dans le ventre d'un chapon, et en servent le bouillon aux malades, prétendant que le liquide a retenu quelques parcelles du métal : ce qui est faux. Il n'y a qu'à peser la pièce avant et après la cuisson.

Les autres font avaler de la limaille d'or dans la tisane, ce qui est pire que si l'on mangeait du sable. Ceux-ci emploient l'or en feuilles dont se servent les doreurs, et ne réussissent pas davantage. La plupart le réduisent en poudre au feu, comme si l'estomac débile, qui ne peut supporter une pomme cuite, pouvait digérer un métal que le creuset n'a pu consommer ; on peut le prendre, mais il ne servira pas plus d'aliment que du sable que l'on boirait ; et si un homme pouvait se nourrir d'or, ce serait une belle idole ! Les alchimistes affirment que l'or est éternel ; il ne peut donc, comme la viande ou le pain, se transformer en sang et en chair.

Paracelse et toute sa séquelle auront beau dire ;

l'or potable mis au creuset laissera évaporer les parties qui lui étaient étrangères, et formera un lingot.
L'estomac agirait de même, s'il était aussi chaud
qu'un fourneau; mais cet Allemand était plus fin que
bien d'autres, et que moi ! Sans doute, il avait
trouvé quelque rare médecine au moyen des métaux
imparfaits, étain, plomb, mercure, ou de marcassites, ou de simples; et il la donnait comme or potable
pour être mieux payé ! Ces supercheries-là sont communes parmi les médecins. — Il cite Baptiste Galland, médecin à Luçon, dont nous avons déjà parlé,
« aussi peu sçavant qu'il y en eust en tout le pays
et toutes fois, par une seule finesse, se faisait quasi
adorer. »

En mettant dans le breuvage qu'on appelle or
potable, continue Palissy, quelque autre substance,
le praticien peut guérir, comme Paracelse, qui a
rendu sains des lépreux. L'antimoine, par exemple,
aura cet effet. Faut-il en conclure qu'il sera restau-
rant ? Essayez. L'homme qui en prend plus de quatre ou cinq grains s'expose à la mort. L'or est ainsi.
Qu'on fasse les plus belles démonstrations du monde,
qu'on aille chercher jusqu'au ciel le soleil, la lune et
les autres planètes ; qu'on essaye de me raconter que
les astres ont une influence sur les métaux et les
hommes, je refuserai de voir là des preuves en faveur de l'efficacité restauratrice de l'or.

L'or un cordial ! Non. Puisqu'il ne peut être
dissous par l'estomac, puisque le corps ne peut se
l'assimiler, il est au moins inutile pour réparer les
forces. Portez-le à votre bouche ; vous n'en pourrez

tirer aucune saveur ; concluez sans crainte que l'estomac ne le dissoudra pas davantage.

Les raisons que donne Palissy ne sont pas concluantes. L'or pourrait fort bien n'être pas digéré par l'estomac et avoir cependant des vertus médicamenteuses. Est-ce que le corps s'assimile le fer, dont la science fait si grand usage maintenant ?

D'autre part, il est curieux de voir Palissy, qui ne veut pas d'or, parce que les métaux ne peuvent être réduits en chyle par l'estomac comme les aliments, prendre en main la défense de l'antimoine. Il lui reconnaît des propriétés énergiques et une « action vénéneuse ; » et avec raison : car toutes les préparations antimoniales sont purgatives ou émétiques. Maître Bernard, comme nous l'avons vu, avait connu à la Rochelle Louis de Launay, grand partisan de l'antimoine. La Faculté lutta contre ce nouveau médicament. Est-il encore un poison ? je l'ignore ; mais ce n'est en tous cas qu'un de plus ajouté à ceux qu'elle prescrit. La pomme de terre était à la même époque traitée comme l'antimoine. Drake l'apporta d'Amérique au seizième siècle. La Faculté déclara qu'elle donnait la lèpre. Un siècle plus tard, le tubercule ne donnait plus que la fièvre. Ce ne fut qu'en 1771 qu'elle reconnut que la pomme de terre ne donnait plus rien, et qu'on en pouvait manger sans danger.

Palissy avait demandé qu'on le contredît s'il avançait quelque proposition hérétique. Personne jusqu'alors ne s'était présenté. Un, qui avait la réputation de « se tourmenter après l'augmentation des métaux, pour de là venir à la monnoie, » attendit que la foule se fût écoulée et se présenta devant le professeur. C'était Alexandre de la Tourrette, président des généraux des Monnaies de France. L'année précédente, 1574, à Lyon, il avait publié un *Discours des admirables vertus de l'or potable*. Il s'était senti blessé des attaques de Maître Bernard. Déjà, cette année même, Jacques Goherri, sous le pseudonyme *e Leo Suavius*, avait répondu par un *Discours* où il défendoit « la philosophie et médecine antique contre la nouvelle paracelsique. » Mais Alexandre de la Tourrette crut avoir plus facilement raison du potier. Il lui déclara net qu'il s'était trompé, que lui savait faire l'or potable de deux manières. Cela n'est pas bien difficile à qui veut verser en doses réglées de l'or pur et de l'eau régale dans une solution d'essence de romarin et d'alcool. Mais la passion l'aveuglait : car l'orateur n'avait pas nié l'existence de l'or potable, mais seulement son efficacité curative. Palissy s'expliqua de nouveau, et maintint énergiquement ce qu'il avait déjà enseigné. Alexandre de la Tourrette fut-il convaincu ? Non : car en 1579 il donnait encore une nouvelle édition de son fameux livre prouvant « que la chimie ne doit estre révélée, sinon aux enfants de philosophie. » Réclama-t-il les quatre écus promis ? c'est douteux. Le Saintongeois avait de soi-même une trop bonne opinion pour s'avouer battu en les lui donnant.

L'adversaire des alchimistes eut une satisfaction plus grande. Ses opinions furent professées à la Faculté de médecine de Paris par un savant médecin,

Germain Courtin, régent à la Faculté, qui donnait à ses disciples les doctrines de Palissy comme vraies. Suivant les traces de Maître Bernard, François de la Boe, ou du Bois, en latin *Sylvius*, mort en 1672, enseigna le premier la différence entre l'acide et l'alcool, dans sa chaire de l'université de Leyde, et introduisit dans la médecine les hypothèses chimiques qui eurent longtemps une grande vogue. Les soldats arrivaient ainsi à Palissy, et devenaient chefs à leur tour.

La diatribe contre l'or potable demandait un complément. Il avait fustigé les médecins ; il ne pouvait épargner les pharmaciens. Il avait pénétré dans les arrière-boutiques des apothicaires. N'aurait-il pas quelque secret à divulguer, quelque recette à nous apprendre, quelque danger à nous signaler, ou quelque piége à nous révéler ? C'est au mithridate qu'il voulut donner la chasse.

Le *mitridat* ou *mithridate* est une sorte d'électuaire ou d'antidote. Son nom lui vient de Mithridate VII Eupator, roi de Pont, l'infatigable ennemi de Rome. On sait que, pour éviter le poison dont il se croyait toujours menacé, il avait peu à peu habitué son estomac aux substances vénéneuses, de telle sorte que, vaincu par les Romains, détrôné par son fils, il ne put même réussir à s'empoisonner. D'autres disent qu'il prenait tous les jours un antidote. Palissy nous en donne la composition : Noix, figue, rue et sel.

Si cette recette est la véritable, il faut croire que les poisons que lui envoyaient ses ennemis étaient bien bénins, et qu'ils ne variaient guère. Faujas est de cet avis. Il pense en outre que Mithridate, forcé, pendant sa jeunesse orpheline, d'habiter les bois et les campagnes, usa de noix, figues, rue et sel marin, simplement pour se préserver des exhalaisons pestilentielles qui s'élevaient des marécages du pays. Ce moyen lui avait évité peut-être les fièvres paludéennes. On en conclut qu'il l'avait aussi sauvé du poison. Et comme on a appelé *macédoine* un mets composé de divers légumes et un volume formé de pièces disparates, ce qui n'a certainement qu'un rapport lointain avec le royaume d'Alexandre, fils de Philippe, on aurait ainsi donné à quelque salmigondis d'ingrédients pharmaceutiques, le nom du roi de Pont et de Bithynie. Est-ce qu'on n'a pas nommé encore *mithridates* des recueils polyglottes, parce que le célèbre monarque savait vingt-deux langues ? Les médecins, habiles gens, baptisèrent aussi *mithridate* une drogue de leur invention. Ce nom la mettait en faveur, et lui prêtait sans doute quelque vertu. Elle en avait besoin.

Palissy dit indistinctement *mithridat* ou *thériaque*. Andromaque, de Crète, médecin de Néron, augmentant quelque peu l'*Antidotum Mithridatis*, y fit entrer de la chair de vipère. Ainsi on pratiquait déjà le principe des homœopathes : *Similia similibus curantur*. Comme ce singulier mélange, dont la viande de vipère faisait partie, devait préserver ou guérir de la morsure des bêtes venimeuses, il ne pouvait échapper à son nom. On l'appela thériaque θηριαχή, du mot grec θὴρ θηρός, qui signifie précisément *animal farouche et méchant*. Ajoutons qu'on nomma *thériaque* d'*Andromaque* le spécifique que ce Crétois avait revu et augmenté.

Gallien en a donné la formule originale. On y trouve: trochisque de scille, vipères sèches, agaric, iris, roses rouges, semence de navet sauvage, suc de réglisse, racines de potentille, feuilles de dictame, nard indien, jonc odorant, safran, poivre, gingembre, écorce de citron, racine de gentiane, de valériane, millepertuis, fenouille, anis; puis térébenthine de Chio, terre de Lemnos, miel de Narbonne, vin d'Espagne, baume de la Mecque, bitume de Judée, encens en larmes, etc. En outre, ce genre a ses variétés. Et pourtant ce n'était pas assez de substances hétérogènes. Quand on prend des médecines, on n'en saurait trop prendre. Le salmis s'accrut donc peu à peu, chaque médecin trouvant bon d'y jeter les drogues dont il avait éprouvé l'efficacité. *Vires acquirit eundo.* Au seizième siècle, elles se montaient à trois cents en chiffre rond. On préparait la thériaque en grande pompe, à Venise. A Paris, il y avait un cérémonial tout particulier; et c'était presque une obligation à tous les pharmaciens d'acheter de celle-là.

Maître Bernard a beau jeu. Comment, s'écrie-t-il, trois cents sortes de drogues peuvent-elles loger ensemble dans un estomac, sans s'y bousculer et s'y nuire? Prenez un chapon, une perdrix, une bécasse, un pigeon et autres gibiers; est-ce qu'ils ne seront pas meilleurs, servis à part que hachés et pilés ensemble? Bien plus, il a demandé à un apothicaire la composition du mithridate et il y a vu du gypse et de l'albâtre calcaire. Quoi du plâtre? Mais y a-t-il rien de plus indigeste! C'est pour étouper certains conduits du corps humain, disent les livres. Ah! bien oui; vous avez vu fermer des trous aux murailles avec du plâtre, et vous croyez qu'il en sera ainsi de l'homme? Après tout, gardez-le, ce plâtre; il sera aussi utile dans votre thériaque que dans tout autre médecine. Pourtant avant de se jeter des pierres dans l'estomac, on se devrait bien demander au moins s'il est capable de les digérer, et quelles sont ces pierres : car il en est qui contiennent des sulfates et sont très-nuisibles à la santé. Et puis si, comme on l'a écrit, il existe trois cents sortes de poisons, auquel des trois cents servira votre antidote? — Mithridate, dit-on, lui dût la vie. — Peut-être; mais le mélange alors était bien plus simple. Composé de quatre substances, un électuaire peut ne pas être mauvais. Ne croyez pas toutefois qu'il puisse servir dans tous les cas d'empoisonnement. La mort vient par le froid et par le chaud; emploieriez-vous les mêmes préservatifs? Contre la peste ou la lèpre userez-vous de la même médecine? Chaque maladie se guérit par son contraire. Concluons donc que le mithridate, tel qu'il est à présent, est au moins inutile.

Ainsi, étranger aux connaissances médicales, Bernard Palissy avait, par le simple bon sens, compris et montré que ce pêle-mêle monstrueux ne pouvait avoir qu'une action complexe et douteuse, lorsqu'elle n'était pas nuisible.

Le signal était donné par le potier. A sa voix d'autres arrivèrent, hommes spéciaux qui traitèrent la question *ex professo*. A partir de ce moment, en effet, on se rue à la démolition de cette formidable drogue, composée de trois cents drogues.

Bernard Palissy put lire, en 1586, un livre d'un médecin et jurisconsulte de Nîmes, Jean Suau, sur *les Impostures des Spagiriques et les abus des médecins, chirurgiens et apothicaires*. Plus tard, en 1638, un doyen de la Faculté de Paris, le docteur Saint-Jacques, publia un Codex contre cette école. Mais il put écrire : ETIAM INVITIS DIIS, *malgré les dieux*: car les médecins tout-puissants ne l'approuvèrent pas. Le caustique Guy Patin, devenu doyen, porta le coup de grâce à la secte. Il ôta de la pharmacopée une foule d'inutilités, et, en 1647, plaidant contre les apothicaires, il jeta à pleines mains le ridicule sur leur bézoard et leur thériaque. Il alla jusqu'à dire que leurs drogues n'étaient que des fraudes, et leurs officines des laboratoires de trompeurs : *organa pharmaci, organa fallaciæ*. On diminua le nombre des ingrédients du mithridate, variété de la thériaque. En 1777, il n'était plus que de soixante-cinq. Aujourd'hui il est encore de soixante et onze dans le Codex français, mais de dix seulement à Hambourg et de cinq ou six à Londres. Il a changé, comme on voit; mais, en dépit de ces fluctuations, les vendeurs de thériaque sont restés des marchands d'orviétan.

CHAPITRE XXII

Tout entier à ses cours, Bernard Palissy faisait sans cesse de nouvelles observations. Le plus vulgaire incident lui était une occasion d'étude et un prétexte à d'intéressantes découvertes. Dès qu'un fait avait frappé son attention, il l'étudiait et ne le laissait qu'après s'en être rendu compte. Le problème éclairci, la solution trouvée, il l'apportait à ses auditeurs.

Un jour, il se promenait le long de la Seine, vis-à-vis les Tuileries. C'était en hiver. Plusieurs personnes, arrêtées là parmi les bateliers, raisonnaient. Il s'agissait de la glace. Où se forme-t-elle? Au fond de l'eau ou à la surface? Tous disaient, au fond. C'était du reste la théorie officielle, la théorie des savants. Elle l'était aussi de la foule. Palissy à la leçon suivante osa la combattre.

Si les rivières, dit-il, se gelaient au fond, tous les poissons mourraient. Vous verriez à la surface arri-

ver des glaçons tout lardés de tanches ou d'ablettes.
Car savez-vous la force de la gelée ? L'eau qui se glace
a une telle force qu'elle détruit les êtres les plus vi-
goureux, et fait éclater les substances les plus résis-
tantes. Les blés cèdent à sa puissance. Les pierres
des montagnes des Ardennes s'entr'ouvent, quoique
plus dures que le marbre ; et l'on a vu au dégel d'é-
normes rochers tomber, que la gelée avait fendus.
Et les poissons, ces êtres si faibles, résisteraient !

Une autre preuve. Quand la surface d'un cours
d'eau est glacée, il y a entre cette croûte et l'eau un
espace ; l'eau a baissé. Des glaçons qui sont rest...
attachés à la rive tombent dans l'eau avec des pierres
et des terres. Le poids de ces cailloux les fait enfon-
cer. Mais voilà qu'arrivés dans l'eau ils se dissolvent
peu à peu, se dégagent des terres et pierres qui les
retenaient, et remontent aussitôt à la surface du courant où ils se réunissent pour former la glace. C'est
ce phénomène qui a trompé les gens peu observa-
teurs. En voyant des glaçons s'élever du fond, ils ont
conclu qu'ils s'y formaient. C'est parce que l'eau
est plus chaude au fond qu'à la surface, que ces
glaçons tombés ont pu se débarrasser de leurs corps
étrangers. Cette chaleur intérieure ne peut être mise
en doute. Les poissons la connaissent. En hiver ils
sont au fond de l'Océan. Les grenouilles elles-mêmes
s'enfoncent dans la vase. Faut-il croire que ces
pauvres bêtes vivent entre deux couches de glace ?

Considérons maintenant la forme des glaçons. Ils
sont plats et unis comme verre. S'ils sont parfois
raboteux et bossus, c'est que d'autres sont venus se

jeter sur eux et changer leur forme native. Or, des
glaçons, formés dans la rivière, retiendront nécessairement un peu la forme du fond ; ils seront en outre
inévitablement chargés de vase ou de sable. Pour se
former au fond, il faut que le froid soit plus intense
sous que sur la terre, que ce soit la terre qui
nous envoie le froid. C'est le contraire qui a lieu.
Un jour d'hiver, dit-il, par une température rigoureuse je me suis trouvé couvert de sueur dans la
carrière de Saint-Marceau. Le froid vient de l'air.
Autrement, les sources et les fontaines commence-
raient par geler, puis le vin des caves. Comme l'eau
n'est pas de nature spongieuse, mais dense et serrée,
le froid de l'air ne la pénètre pas jusqu'au fond.
Elle a du reste une chaleur naturelle entretenue en
partie par les sources qui viennent des entrailles de
la terre. Voilà pourquoi les poissons y peuvent vivre
pendant l'hiver.

La question traitée ici par Bernard Palissy était
encore, il y a peu d'années, mise par Arago lui-
même, au nombre des questions non suffisamment
étudiées, et dont la solution demande des observations plus nombreuses ou plus approfondies. Il y a
cependant un système qui explique le phénomène.
L'eau à quatre degrés au-dessus de zéro ayant son
maximum de densité, la surface, par suite du refroidissement de l'atmosphère, devient plus légère. La
glace se forme, et la couche qui la compose inter-
cepte l'air extérieur. Comme la glace conduit fort
mal la chaleur, il en résulte que le fond de l'eau se
maintient à une température supérieure et ne gèle

pas. Il faudrait un froid excessif et prolongé pour
que les couches inférieures d'une rivière gelassent.
On voit parfois la glace se former au fond, mais
c'est seulement dans les couches peu épaisses,
lorsque le fond d'une mare exposé au rayonnement
se refroidit subitement, tandisque les bords conservent encore quelque chaleur. Quoi qu'il en soit, et
bien qu'il prétende que l'air chaud se retire en hiver
dans les cavernes pour fuir l'air froid, son ennemi,
le potier-professeur n'aura pas moins le mérite d'a-
voir nettement observé ce phénomène, et d'en avoir
exactement précisé les faits.

Après la glace, les sels. C'est une des questions
qui occupèrent longtemps Palissy. Qu'est-ce que le
sel ou un sel? Car il semble employer indifféremment ces deux expressions pourtant si différentes.
D'où viennent les sels? Quelles sont leurs propriétés?
Voici à ce sujet ses principales idées.

Sans sel l'homme ne peut vivre, ni la plante végéter. Sans sel, les pierres tomberaient en poudre,
et le corps humain, et les solives des bâtiments, et
l'or, et l'argent. Comptez les espèces de saveurs et
de senteurs; vous aurez autant de sels différents.

Ainsi l'alcali est un sel extrait des cendres du
salicor, herbe qui croît dans les marais salants de la
Saintonge. Le sel de tartre est un sel de raisins qui
donne saveur au vin et l'empêche de se gâter. Toutes
les plantes ont un sel. Certaines ont dans leurs
cendres des sels qui servent à blanchir le linge. Ce
sel se dissout dans l'eau, mord le linge du cuvier, et
enlève la saleté qui s'y trouve. Les cendres ayant

perdu leur sel ont perdu leur vertu, et ne peuvent plus servir à la lessive. Il en est ainsi du salpêtre. On l'extrait par un procédé semblable ; et les cendres et la terre qui restent sont rejetées comme inutiles. Le tanneur met et laisse quelque temps son cuir entre deux couches d'écorces de chêne séchées ou pulvérisées. Le tan, après cette opération, n'est plus bon qu'à faire des mottes pour le chauffage, et encore les cendres n'en valent-elles rien. Pourquoi ? c'est que le sel que contenait l'écorce s'est dissout et a passé dans le cuir, qu'il conservera. C'est l'écorce qui contient le plus de sel ; n'est-ce pas le sel, le nitre et les plantes aromatiques qui préservent les momies d'Égypte, depuis tant de siècles, de la putréfaction ?

Et savez-vous les propriétés du sel ? Il blanchit, durcit, consume, mastique toutes choses, assemble et lie les matières minérales, donne saveur à tout, voix aux animaux comme aux instruments de musique, réunit les cailloux pulvérisés qui formeront le verre. Il fait végéter et croître toutes les semences. Un champ épuisé devra être laissé en jachère jusqu'à ce que les pluies ou les nuées lui aient rendu quelque sel, ou bien il faudra le fumer. Le fumier n'engraisse la terre que par les sels qu'il contient. Laissez-les s'évaporer au soleil, comme on le fait par insouciance, ou dissoudre par les pluies, vous aurez un résidu infécond. Mais la place où il aura été mis et lavé par l'eau du ciel, produira un blé bien plus beau. Ce n'est donc pas le fumier lui-même qui nourrit les plantes, mais les sels qu'elles lui empruntent dans le sol.

On prétend que rien n'est plus nuisible aux semences que le sel, et aussi sème-t-on le sel sur la maison détruite d'un grand criminel. Ce que je sais, ce que j'ai vu, c'est que dans les marais salants de Saintonge, on récolte sur les bossis, formés des vidanges des aires, et partant aussi salés que l'eau de mer, du blé aussi beau que partout ailleurs. Où donc nos juges ont-ils pris que le sel détruisait les végétaux ?

Les vignes de Saintonge, qui produisent un vin meilleur que l'hypocras et six fois plus de raisins que celles de Paris, sont en pleins marais salants. De plus, l'air salin nourrit des végétaux qui ne croissent bien que dans ces marais ou sur les bords de la mer, par exemple le salicor dont on fabrique les plus beaux verres et la soude ; l'absinthe santonnique ou absinthe maritime ou vulgairement sanguenite, excellent vermifuge ; la bacille, crithme, christe marine ou perce-pierre, si savoureuse qu'on la mange en salade, et qu'on la fait confire au vinaigre pour toute l'année. Si le sel était ennemi des plantes, il le serait de l'homme. Les hommes en usent ; les chèvres s'en réjouissent, et lèchent les murs où les urines en ont déposé ; les huîtres s'en nourrissent, et en forment leurs coquilles ; les pigeons vont becqueter le mortier des vieux murs composé de chaux et de sable.

Dans les Ardennes, les laboureurs fument leurs champs de mottes de gazon desséchées et cuites au feu. Est-ce le feu qui fertilise un peu ce sol stérile ? Non ; mais bien le sel que les racines, herbes et arbres y ont laissé. Les teinturiers, pour donner à un drap blanc la couleur rouge, le trempent dans l'eau d'alun. D'autres sels endurcissent le fer et trempent les armes.

Voilà la théorie. Examinons ces diverses idées. D'abord le sel marin, car c'est de lui qu'il s'agit ici, est-il favorable ou contraire à la végétation? L'eau de mer peut-elle servir d'engrais? La question a son importance. Elle a été résolu par la négative. Non ; le sel n'est pas favorable à la végétation. Et pourtant le blé vient sur les bossis? C'est que dans l'eau de mer, dans les vidanges des aires, il y a une quantité considérable de détritus végétaux et animaux, une grande abondance de phosphore, toutes matières favorables au développement des plantes.

Ce n'est pas la seule erreur de Palissy. La trempe de l'acier ne dépend pas du sel marin : c'est un arrangement moléculaire particulier. On peut détremper ou tremper le fer à volonté. Pourtant le sel matériel peut devenir la cause d'une adhérence complète. Le grès en principe n'était qu'un sable incohérent, sans liaison ; l'introduction d'un ciment calcaire ou ferrugineux lui a donné sa ténacité. Ainsi à ce point de vue le sel joue bien le rôle que lui assigne Palissy ; ce n'est pourtant pas là le cas ordinaire.

Ce qu'on ne peut s'empêcher d'admirer, c'est le génie du potier. Le voilà qui découvre le rôle des sels dans la végétation. Ses idées sur ce point sont entrées dans la science moderne. L'expérience leur a fait subir l'épreuve ; et l'agronomie les compte parmi ses principes. Mais la pensée dominante de ce morceau, c'est le sel. On a d'abord tenté de sourire quand on entend Bernard Palissy exposer gravement que « le sel blanchit toutes choses... aide à la veüe et aux lunettes... donne ton à toutes choses... aide à la voix de toutes les choses animées, voire à toutes espèces de métaux et instruments de musique. » Mais on aurait tort. Le sens du mot *sel* est généralisé plus qu'on ne l'avait fait jusque-là. La langue seule cause ces rapprochements grotesques. La langue chimique n'existait pas alors, pas plus que la chimie elle-même. Palissy dut tout créer. Ce sel dont il parle n'est pas le sel commun. Ce n'est autre chose que l'affinité et la cohésion. Mais il n'en a pas une idée bien précise et bien nette. Le système est flottant. Au commencement il semble indiquer que c'est une substance soluble dans l'eau comme la potasse ou la soude, ayant une saveur, peut-être une odeur. C'est pour lui la base des substances minérales et végétales. Pour les animaux mêmes, c'est le principe de la génération. Il entrevoit, en effet, l'action du phosphore, qui est un corps aphrodisiaque. Déjà Horace, avant lui, dans sa Satire vi du livre II, vers 30, avait appelé les coquillages *lubrica conchylia*, confirmant ainsi ce que le poüer dit des huîtres; et Plutarque dans la traduction d'Amyot raconte « que les prêtres égyptiens, qui sont chastes et vivent saintement, s'abstiennent de tout sel. »

A la fin, Bernard Palissy dit du sel en propres termes : « C'est un corps inconnu et invisible comme un esprit. » M. Duplessy lui reproche durement cette contradiction qui se trouve, écrit-il, à trois lignes d'intervalle. Mais qui est coupable d'une aussi flagrante contradiction? Le typographe Martin le jeune.

Aux dernières phrases du traité des *sels divers* il y a écrit : « Le sel est vn corps fixe, palpable et conneu en son particulier, conservateur et générateur de toutes choses, et en autruy, comme ès bois et en toutes espèces de plantes et minéraux. C'est un corps inconnu et invisible comme un esprit. » Qui comprend? Il n'y a pas contradiction, il y a non-sens. Ponctuons autrement et mettons : « Le sel est vn corps fixe, palpable et conneu en son particulier, conservateur et générateur de toutes choses; et en autruy c'est un corps inconneu et invisible comme un esprit. » La clarté se fait, l'ombre se dissipe, et la contradiction s'évanouit. Oui, à un point de vue, le sel est connu et palpable, quand il s'appelle sel marin ou autre; ailleurs, c'est un corps impalpable et invisible.

Qu'importe, après tout, que la dénomination soit *sel* ou *sels*, *eau salsitive* ou *cinquième élément?* Le fait seul doit nous occuper et non le mot. Une fois la théorie admise, quels résultats féconds! Comme une foule de phénomènes se trouvent expliqués! Nous en verrons quelques-uns ailleurs. Ici, c'est la présence des sels dans les cendres des végétaux, dans l'écorce des arbres, dans les eaux salpêtrées qui lui rendent compte du blanchiment du linge, de la fabrication du nitre, du tannage des cuirs, de l'action des engrais et des fumiers, de la pratique de l'écobuage, dit M. Cap, page xxv, Ne dirait-on pas que la science a retrouvé hier ces lumineuses théories longtemps égarées, et qu'elle ne fait que les reproduire en les traduisant dans son langage moderne, et en les accordant avec l'expérience des siècles écoulés depuis leur première émission?

Puisqu'il parlait des sels divers, Bernard Palissy devait s'occuper un peu du sel commun. C'était pour lui un sujet familier, puisqu'il l'avait étudié en Saintonge sur les marais salants et dans les puits salés de la Lorraine.

L'exposition du géomètre écrivain est claire. On y suit avec plaisir tous les détails de la fabrication : c'est d'abord le lieu qu'il faut choisir, plus bas que le niveau de la mer, afin qu'il puisse être fortement inondé aux grandes malines ; ce sont des canaux en pente qu'il faut creuser pour amener l'eau jusqu'au jard ou jas, grand réceptacle qui la déverse en un plus petit nommé conche, d'où elle passe par l'amezau, trou de bois, dans les entablements ou tables, puis dans les muans où elle fait de longs circuits, afin d'arriver bien échauffée dans les aires où s'opèrent l'évaporation et la cristallisation ; c'est la nature de la terre, qui doit être gluante, visqueuse, argileuse, et suffisamment tassée par les pas des chevaux qu'on y fait courir, afin que l'eau ne se puisse infiltrer dans le sous-sol ; c'est ensuite la manière de récolter, au moyen de pelles, le sel dans les aires, de le réunir en tas sur les bords des aires, de l'entasser en monceaux appelés pilots ou vaches sur les bossis ou bosses, larges plates-formes destinées au passage des hommes et des chevaux qui le transporteront au navire ; c'est enfin la supériorité des sels de Saintonge sur tous les sels de France et de l'étranger. On ne peut décrire avec plus de précision les procédés de salification.

Palissy termine sa note sur le sel commun par une conclusion qui s'applique et aux sels marins et aux sels divers dont il a déjà parlé, et je dois reconnaître que les idées du potier ne lui appartiennent pas en propre. Il les a prises à quelqu'un. Écoutons.

L'un dit :

« Les sauniers amènent l'eau de la mer dans de grands réservoirs et étangs spacieux appelés *jars*, parce que l'eau sans doute y est stagnante (*jacet*) ; de là, au moyen de tubes de bois disposés à cet effet, ils l'amènent en un réservoir. »

L'autre ajoute :

« Ayant ainsi creusé certains canaux, ils ont fait venir l'eau de la mer jusqu'à un grand réceptacle qu'ils ont nommé le *jard*, et ayant fait une écluse audit jard, ils ont fait au bout d'iceluy d'autres réceptacles qu'ils ont nommés conches, dedans lesquelles ils laissent couler de l'eau du jard. »

Ne dirait-on pas un écho ? Plus loin, on lit d'une part :

« Et ayant nettoyé tous les dits marez communément au mois de May, quand le temps vient à s'eschauffer, ils laschent les bondes pour laisser passer telle quantité d'eau qu'ils veulent, et la font coucher dedans les conches, entablements, moyens et viresons, afin qu'elle se commence à eschaufer, et estant eschaufée, ils la mettent à sobriété dedans des aires où l'on fait cresmer le sel. » (Page 257.)

De l'autre :

« Au commencement du mois de mai, ou dès que le soleil est chaud, ils déversent l'eau des conches à la hauteur d'un pouce dans les aires ; alors, à mesure que la chaleur devient plus forte, surtout au souffle de l'aquilon, l'eau se prend et est forcée de se sécher et se condenser ; le sel plus épais se forme en résidu, et sa blanche fleur, pour ainsi dire, flotte à la surface. »

Veut-on une dernière citation ?

« Si durant que l'on fait le sel, il advenait une pluye, l'espace d'une nuict ou d'vn iour, mesmes seulement deux heures, l'on ne sçauroit faire de sel de quinze jours aprez : parce qu'il faudroit nettoyer tous les marez et oster l'eau d'iceux, aussi bien la salée que la douce, » écrit celui-ci ; celui-là ne tarde pas à répondre :

« Si par hasard il survient des pluies pendant que le sel est encore étendu sur les aires, l'eau devient douce, et il faut la faire sortir, parce qu'elle n'est plus bonne. »

Virgile disait que les Muses aimaient le dialogue :

Amant alterna Camœnæ,

surtout les Muses de l'imitation, s'il en existe.

A quoi bon prolonger ces extraits ? Il n'est pas besoin d'une grande habileté pour reconnaître que ce sont les mêmes idées, ici plus concises, parce qu'elles ne sont qu'un fragment ou plutôt qu'un complément d'un ouvrage plus considérable, là, plus développées, parce qu'elles sont le traité lui-même. Le plagiat est flagrant. Mais quel est le plagiaire ?

Aucun des biographes antérieurs n'a hésité. C'est Nicolas Alain. Haro sur le docteur saintongeois ! Il ne se contentait pas de faire des calembours ; il pillait encore son ami, peut-être son client. Et comment douter ? Le traité du sel commun a été publié en 1580 ; le *De factura salis*, en 1598, c'est-à-dire dix-huit ans après. Évidemment, Nicolas Alain copiait Bernard Palissy. Eh bien ! c'est le contraire. Maître Bernard, mort en 1590, s'appropriait en 1580 un ouvrage imprimé huit ans après son décès. Cette assertion peut sembler étrange : je vais la prouver. Le problème n'est pas sans quelque gravité ; non pas, certes, que la gloire de Palissy soit diminuée de beaucoup, s'il n'a pas raconté lui-même ce qu'il avait vu, la manière de faire le sel en Saintonge ; mais s'il est prouvé qu'il a, sans mot dire, pris pour lui un ouvrage d'un de ses amis, sa probité littéraire ne sera pas sans avoir reçu quelque accroc.

En 1598, fut imprimé le *De Santonum regione*, petit in-4° fort rare. L'ouvrage est offert à Henri de Bourbon, premier prince du sang et gouverneur d'Aquitaine, ce fils de Charlotte de la Trémouille, dont Henri IV avait confié l'éducation à Jean de Vivonne, marquis de Pisany, « illustre dans la paix et dans la guerre, » dit la dédicace, et dont la petite-fille fut cette célèbre Julie d'Angennes, pour laquelle soupira quinze ans l'austère Montausier. Laissons les diverses pièces de vers latins mises en tête de l'ouvrage. Le barreau de Saintes tout entier y chante en distiques et en strophes asclépiades le phénix qui renaît de ses cendres, les deux œufs de Léda, les jumeaux Castor et Pollux.

Toute la mythologie y passe. Ce sont des allusions au sort du livre, qui vit le jour après avoir été presque mort, et au fils de l'auteur, qui rend à son père la vie qu'il en avait reçue.

Le morceau important est un avertissément au lecteur. Jean Alain, avocat au parlement de Bordeaux, nous y raconte les aventures de ce petit livre. C'est tout une odyssée. Entre la date de la publication, 1598 et la date de la composition, il s'est écoulé un certain laps de temps, trente ans environ. L'ouvrage du docteur Saintais fut écrit « post primos belli civilis æstus. » Les premiers troubles eurent lieu de 1560 à 1562. Il y est en outre question de Françoise de la Rochefoucaud, qui fut nommée abbesse de Sainte-Marie à Saintes, en 1559; de l'église de Saint-Macoult à Saintes, détruite par les protestants en 1568; de Jean de Vivonne de Pisany, qui, né en 1530, donnait de grandes espérances. Ces divers noms servent à fixer le millésime de la composition du livre, 1570 à peu près.

Une autre preuve aussi décisive, c'est que Nicolas Alain était mort quand Palissy imprima son traité. En effet, le docte médecin n'avait pas eu le temps de mettre son livre sous presse. Il le laissa manuscrit. Son fils, à son trépas, était fort jeune; il avait une douzaine d'années au plus. Jean Alain, à l'époque où il éditait son père, devait avoir environ quarante ans. C'est un âge raisonnable pour être avocat au parlement et éditeur.

Ainsi, il y a ce point acquis : l'ouvrage d'Alain n'est pas postérieur à 1570, date extrême. En effet,

il n'aurait pas plus tard pu parler des espérances
que faisait concevoir le marquis de Pisany, déjà assez
connu en 1571 pour être nommé ambassadeur de
Charles IX à Rome auprès de Pie V. Puis Nicolas
Alain étant mort peu de temps, paraît-il, après 1570,
il est difficile qu'il ait imité dix ans plus tard la description de Bernard Palissy. L'ouvrage de Palissy est
postérieur à cette date : car il y parle des Ardennes
qu'il ne visita qu'après 1572.

Mais comment Maître Bernard a-t-il eu connaissance
à Paris d'un manuscrit qui était à Saintes ? Comment
a-t-il pu traduire un ouvrage latin, lui qui ne savait
pas un mot de la langue de Cicéron ?

Bernard Palissy se vantait bien haut de n'être « ne
Grec, ne Hébrieu, ne Poëte, ne Rhétoricien. » Mais
cette modestie est trop affectée pour être sincère.
Est-il bien vrai qu'il ne connaissait pas le latin ?
D'ailleurs, cette ignorance ne l'empêchait pas de citer
Vitruve, Pline, et d'autres auteurs qui ont écrit dans
leur langue, quand il en avait besoin. Et n'y a-t-il
pas les traductions ? N'ont-elles été inventées que
pour ceux qui seraient capables de les faire ? Ce lui
était à la rigueur un moyen d'écarter le soupçon.
J'en dirai autant de son éloignement de la Saintonge.
Paris ne pouvait l'empêcher d'y revenir ; il y avait
laissé des intérêts et des dettes qui devaient l'y rappeler quelquefois. Mais son séjour là-bas pouvait
facilement éloigner l'accusation de lui. Il avait été
lié avec Nicolas Alain. Entre amis, ne se rend-on pas
ces petits services ? On s'emprunte souvent de ces
minces objets qu'on ne rend jamais.

Jean Alain l'a déclaré dans son avis au lecteur. « Quelqu'un, dit-il, espérant faire passer pour sienne l'œuvre d'autrui, déroba cet écrit posthume qui, le plagiaire mort, revint entre mes mains. » «Quidam aliena (ut credebile est) pro suis aliquando sperans obtrudere, subduxit posthumum; qui, mortuo demum plagiario, ad me rediit. » Faut-il voir sous cet anonyme le potier Saintongeois? Je regrette que l'éditeur n'ait pas été plus explicite. Ne connaissait-il pas le livre de Palissy publié en 1580? S'est-il tû par respect pour le grand penseur? A-t-il eu peur de s'attirer quelque désagrément par une protestation trop catégorique? Un mot de sa part eût levé les doutes. Cependant on remarquera la coïncidence des dates et des faits. Pour moi je n'hésite pas. Palissy a profité des pages d'Alain. Ce soin qu'il a pris de cacher ses origines littéraires et scientifiques doit nous mettre en garde. Du reste, il faut le reconnaître, le vol ici serait peu de chose. Palissy avait levé le plan des marais salants : il était bien en état de décrire lui-même ce qu'il empruntait à autrui.

Voyez comme le mal est contagieux ! L'imitation provoque l'imitation. Palissy avait traduit en prose la description latine de Nicolas Alain. André Mage de Fiefmelin met en vers les idées de ses deux prédécesseurs. Le sel, dit-il,

> Le sel n'est excrement, ni imparfaict meslange :
> Mais un parfaict meslé que l'art diuin arrange.
> Le sel est l'œuure exquis, qu'à vsages divers
> Dieu, comme nécessaire, a faict en l'vniuers ;
> Et afin que le monde en eust à suffisance,
> Il a voulu qu'il eust naissance en mainte essence.

L'vn de la terre vient, l'autre naist de la mer :
Ez fontaines, ez lacs , l'autre est veu se former.
L'alun, le vitriol, l'alcali, le salpestre
Avec l'amoniac de la terre ont leur estre.
Des puits, des lacs, des flots de l'escumeux Neptun
Le sel commun se fait à tout simple commun.
C'est l'alme sel gardant tous corps de pourriture,
Qui l'humeur superflue oste par sa nature
De nos corps qu'il nettoye et renforce en passant
Les endroits desséchez qu'il serre, espaississant.

Ici même il copie tout à fait :

Ce sel est vn corps fixe, et cognu, et papable
En son particulier, gardant tout conseruable.
C'est un corps incognu, comme un esprit de Dieu,
Inuisible : mais quoy? tenant ez choses lieu :
Qui en estre maintient ce dont l'ame s'absente :
Ranime le corps mort, et fait que, mort, ne sente.
C'est le conservatif des feus Rois embausmez,
La Momye d'Egypte aux nitres renommez.
C'est ce qui pour jamais tout estre perpetue :
Ainsi de Loth la femme en retient la statue ;
Et nostre Loy Salique a du sel ses effaicts,
Faicte au sel de Prudence et durable à jamais.

On avouera que dans ce poëme sur le SAULNIER *ou de la façon des marais salans et du sel marin des Isles de Saintonge,* le poëte oleronnais n'a pas fait grands frais d'imagination.

CHAPITRE XXIII

En même temps que Palissy annonçait dans sa chaire le résultat de ses découvertes, il les faisait toucher du doigt pour ainsi dire. Quand les objets ne pouvaient être apportés et mis sous les yeux de ses auditeurs, il les invitait à les venir voir. Chacun, leur disait-il, en moins de deux heures (page 113) pourra comprendre et la vérité de mes systèmes et les erreurs des théoriciens ; il y deviendra en une journée plus savant dans les sciences naturelles et physiques que s'il passait cinquante ans sur les écrits des philosophes. Les plaisants se moqueront des astrologues, et leur demanderont quelle échelle leur a servi à monter pour savoir ce qui se passe dans le ciel. Ici, tout est sous la main et sous les yeux ; on peut à la fois voir, entendre et toucher.

Son cabinet, « ma petite académie, » comme il l'appelait, était donc libéralement ouvert à tout curieux, à tout amateur. Ce fut le premier muséum. Les seigneurs, les savants, Henri de Mesmes, Nicolas Rasse, avaient bien des cabinets ; mais le public n'y était pas admis. Il fallait qu'à la création de conférences, Maître Bernard ajoutât celle d'un cabinet d'histoire naturelle.

Palissy avait distribué toutes ses pièces d'après un certain ordre. La classification n'en était peut-être pas bien scientifique. Les visiteurs cependant et lui-même s'en contentaient. Rangées par étages, elles portaient toutes des écriteaux indiquant leurs noms, qualités et provenances. Le maître prenait la peine de les énumérer lui-même. Entrons à la suite de ses auditeurs. Voici des stalactites, espèces de « mesches pendantes » à la voûte des cavernes, « et formées par les eaux qui descendent journellement à travers les terres ; » des pierres de plâtre, talc et ardoises réunies comme les feuillets d'un livre, parce que leur formation a été successive ; des pierres coquillères qui sont composées de crustacés ; du bois pétrifié ; des coquillages fossiles, extraits des flancs d'un rocher ou pris sur des montagnes. Là sont les minéraux de toutes espèces qui ont des formes géométriques ; des minerais d'or, de cuivre et d'argent, disposés quelques-uns par couches successives de pierres, de diamants et de métal ; des marcassites cubiques enfoncées dans l'ardoise et nécessairement formées avant elle ; des cristaux, des bois métalliques ; des fruits pétrifiés, des agates, des pierres qui ont retenu la figure des herbes qui les couvraient, et autres objets curieux. En montrant tout cela, Bernard Palissy répétait et résumait ses leçons. N'est-ce pas là le type du professeur naturaliste?

On regrette que Palissy n'ait pas lui-même reproduit ces objets divers. Combien serait curieux un ouvrage où chaque pièce serait représentée et décrite ! Il y avait songé. Il voulait « mettre en pourtraicture (page 280) notamment les coquilles et poissons pétrifiés pour les distinguer des naturels. Hélas! le temps ne l'a voulu permettre, » et peut-être aussi la question d'argent. D'autres savants, Pierre Belon et Guillaume Rondelet, avaient été plus heureux.

Le premier publia une *Histoire naturelle des étranges poissons marins avec leurs portraits gravés en bois*, livre fort recherché dont Palissy fait mention. Guillaume Rondelet laissa entre autres ouvrages une *Histoire des poissons... avec les figures au naturel gravées sur bois*, qui lui a valu le titre de créateur de l'ichthyologie. Ces deux savants, en explorant les pays connus des anciens et en vérifiant les affirmations hasardées d'Aristote et de Théophraste, son disciple, rectifiaient les erreurs innombrables de Pline, et en débarrassaient l'histoire naturelle.

Mais tout cela ne satisfait pas Bernard Palissy. Il est content qu'ils aient tous les deux écrit et dessiné les poissons qu'ils avaient trouvés dans leur voyage à Venise. Qu'ils eussent bien mieux fait de graver les fossiles !

A l'aide des ouvrages de ses devanciers et de ses

minéraux recueillis partout et soigneusement con-
servés, Palissy, en 1576, put faire sa leçon sur les
pierres, dont son traité *Des pierres* n'est qu'une reproduction, sans doute plus précise. Pour un pareil sujet,
il avait beaucoup observé dans ses courses aux bords
du Rhin, en Allemagne, dans les Ardennes. Il fit
plus, il alla étudier les environs de Paris. Une fois,
il va dans les carrières à plâtre de Montmartre.

Puis ce sont les fabriques de tuiles de Chaillot, de
Chantilly, qu'il visite. L'argile y est pleine de marcassites. Aussi les potiers n'en veulent-ils pas ; elle
n'est bonne que pour les tuiles et les briques. A Passy
on ne parvient à l'argile qu'après avoir percé une
couche de terre, une couche de gravier et un banc
de roches.

Dans ses courses, Maître Bernard prenait avec lui
quelqu'un de ses auditeurs ou quelque savant. Avec
eux il s'enfonçait dans les grottes et les cavernes.
François Choisnin l'accompagnait volontiers. Il avait
entendu Palissy, et s'était montré désireux de le connaître plus intimement. Il se trouva qu'ils étaient
presque compatriotes. François Choisnin était de
Châtellerault, en Poitou. C'était un homme distingué.
La reine de Navarre, Marguerite de Valois, épouse
Henri IV, l'avait fait son médecin. Palissy trouvait
plaisir à la compagnie de François Choisnin ; et sa
fréquentation lui était « une grande consolation. »
C'est avec lui qu'il explora les carrières de Saint-
Marceau. Un étudiant en médecine les suivait. C'était
Pierre Milon, du Blanc, en Berry. Il profita des
leçons de ces deux excellents maîtres. Reçu docteur

à Poitiers, en 1582, il devint médecin de Henri IV
en 1609. Après la mort du roi, il se retira à Poitiers,
y fut nommé doyen, et y mourut le 9 février 1616.
L'encomiaste ordinaire des grands hommes du
siècle, Sainte-Marthe, lui consacra ce distique :

Tu, Milo doctissime,
Qui cuncta volvis mente perspicaci.
Et toi, docte Milon,
Dont l'esprit perspicace embrasse toutes choses.

L'éloge est digne d'un élève de Palissy, et fait honneur au maître.

Milon, dans cette excursion souterraine, put profiter beaucoup des démonstrations de Maître Bernard.
Tous trois avaient des flambeaux. Deux carriers les
dirigeaient. Ils cheminèrent ainsi pendant près d'une
lieue, admirant des stalactites, « faites comme des
glaces pendantes, » pareilles à celles que Catherine
de Médicis avait fait apporter de Marseille, et celles
qui ornaient la fameuse grotte de Meudon, et voyant
sous leurs yeux distiller l'eau qui se congelait en leur
présence. Fort de ses nombreuses expérience, affermi
par l'autorité d'un homme comme Choisnin, Palissy
monta dans sa chaire.

Ses opinions sur les pierres sont la partie la plus
neuve, la plus intéressante et la plus instructive de
ses ouvrages. Les pierres ont-elles été toutes créées,
dès le commencement du monde, ou bien croissent-
elles chaque jour? Palissy combat les deux opinions
qui se présentent sous cette forme absolue.

Considérons, en effet, quelle énorme quantité de

matériaux l'homme emploie et détruit ; comptez les mètres cubes de pierre qu'il faut pour construire une ville comme Paris ! On est effrayé de la masse prodigieuse de briques et de moellons entassés.

Nos habitations s'usent vite par la désagrégation lente des matériaux qui forment les murs. C'est la lune qui mange les pierres, dit le peuple, ou qui ronge les nitres, selon le mot que cite ailleurs Palissy. L'air en dévore encore davantage. J'ai vu sur les bords de la mer l'église de Talmont-sur-Gironde corrodée comme par les dents d'un rongeur. En tous cas, comme le remarque consolamment le savant ingénieur Forest de Bélidor, puisque la terre et la lune exercent sur elles-mêmes une action réciproque, notre planète, étant plus grosse, doit plus absorber de pierres que la lune. Nous ne perdons donc pas beaucoup de matériaux.

Après tout, calculez avec Palissy les pierres consumées par la gelée, les vents, la pluie, employées pour les fours à chaux et les bâtisses ; ajoutez-y la perte qui se fait tous les jours sur toutes les montagnes par suite de l'érosion de l'atmosphère, des stries des avalanches et de l'usure des éboulements ; entassez les matériaux de toutes les maisons, de toutes les villes et de tous les villages de l'univers entier ; que sera-ce que cet amas ? Un point à peine perceptible dans l'ample sein de la nature, comme parle Pascal. Multipliez même cette quantité par toutes celles qui ont pu être déposées depuis l'origine du monde ; aurez-vous quelque chose d'appréciable au prix de ce qui est ?

Cette masse prodigieuse de pierres employées depuis la création étonne Palissy. Il affirme que, si, depuis ce temps, il ne s'était pas formé d'autres pierres, il n'en resterait plus une seule. Illusion d'optique! A-t-il calculé combien de palais et de maisons peuvent, en les supposant toutes construites en pierre de taille, sortir d'une montagne comme le Caucase et d'une chaîne comme les Alpes et les Pyrénées, sans compter les Cordillères ou l'Himalaya? Ces débris du temps et des hommes, ces érosions des montagnes par les eaux pluviales, ont pu peut-être, ainsi que les atterrissements de nos fleuves, exhausser le niveau du sol comme les déblais de nos maisons élèvent les rues de nos villes ; mais c'est tout. Palissy cependant ne veut point que de nouvelles pierres croissent pour remplacer les anciennes : « car les pierres n'ont point d'âme végétative, mais insensible ; par quoy elles ne peuvent croistre par action végétative. » Mais les pierres s'augmentent. La pluie qui a rongé un rocher s'enfonce, chargée de matière pierreuse ou métallique, dans la terre, jusqu'à ce qu'elle rencontre un fond pour s'arrêter et y déposer ses molécules. Ces parties s'ajoutent à celles qui existent déjà ; et ensemble elles forment un tout durci, « comme qui jetterait de la cire fondue sur une masse de cire déjà congelée. »

Il y a là un mélange de vrai et de faux. Les diverses couches ne peuvent certainement pas être attribuées à des dépôts successifs apportés par les pluies s'infiltrant dans la terre. Les couches de pierre ont plusieurs centaines de mètres d'épaisseur. Le granit, qui va jusqu'aux profondeurs de la terre, a des milliers de mètres. Il y a longtemps qu'il existe ainsi et les pluies ne lui apportent rien. Au fond de la mer, se forment des pierres. Elles paraissent à chaque révolution du globe. Mais la terre n'en produit pas. A travers ces couches on trouve des filons, qui ne sont que des jets de matière que la masse liquide du globe se dilatant lançait en faisant éclater sa croûte trop resserrée. Le phénomène est vrai ; l'explication est erronée.

C'est qu'en parlant de la formation des pierres en général, Palissy songeait sans doute en particulier aux stalactites, aux stalagmites ou au tuf calcaire, à la formation desquels nous pouvons assister. Et ici, il a raison.

Il a raison aussi quand il dit que les minéraux n'ont point d'âme végétative, mais se forment par augmentation congélative. Changez les termes ; vous aurez le principe moderne « que les corps *organiques* s'accroissent par intussusception, et les corps *inorganiques* par juxtaposition, » expression qu'on trouve un demi-siècle plus tard, en 1628, dans les *Merveilles de France*, par Jean-Cécile Frey, *Admiranda Galliarum*, où il est écrit : « Beaucoup de philosophes sont d'avis que les pierres s'accroissent non par apposition, mais, comme il disent, par intussusception : *Multis jam probare philosophis non per appositionem sed per intussusceptionem, ut loquantur, alimentum subministrari.* »

En lisant dans ce grand livre de la nature, il donna le premier une théorie raisonnable de la cristallisation. Que pensait-on avant lui des cristaux? Leur forme, dit l'un, est due aux filtres par lesquels ils passent; aux matières terreuses et métalliques en même temps, ajoute un autre. Ce sont des stalactites, prétend un troisième; des parties de la caverne de même date qu'elle, affirme celui-là. Bacon lui-même, en 1605, croyait que le cristal de roche était une eau si fortement congelée, qu'elle ne pouvait plus revenir à l'état liquide. Palissy, le premier, observe que les cristaux ont une forme régulière « quarrée, triangulaire ou pentagone; » il assimile leur formation à la cristallisation des sels au milieu d'un liquide; enfin il constate que cette eau qui se cristallise n'est pas l'eau commune qui se gèle. C'était très-nettement distinguer la formation de la glace et la cristallisation. Il y a, en effet, une différence que l'on constate sans pouvoir l'expliquer d'une façon satisfaisante. Pour prouver que la cristallisation se faisait sous l'action de l'eau, il cite un lapidaire, Pierre Seguin, de la Réole en Guienne, et « un nommé de Trois-Rieux, homme curieux et de bon jugement » (page 265), qui lui montrèrent à Paris une pierre de cristal contenant de l'eau. « Dans ce court paragraphe il y a, dit M. Cap, les éléments de toute une révolution dans les idées 'de l'époque, sur cette matière. »

Toutes ces idées ne laissaient pas d'exciter contre lui les clabauderies des ignorants. Il va son chemin, bien assuré que « la science n'a plus grand ennemi que l'ignorance. » Il affirmera donc que « non-seulement le bois se peut réduire en pierre, ains le corps de l'homme et de la beste. »

Pour le bois il a « cent pièces réduites en pierre et en cailloux. » Il ne s'agit que de voir et de toucher. Quant à l'homme, il n'est point aussi certain. Ce qu'il sait, il l'a appris d'un médecin « homme de bien ; » d'un « autre médecin, » et enfin d' « un monsieur Jules demeurant à Paris, » qui tous ont vu, l'un, un pied humain pétrifié; l'autre, une tête; le dernier, un corps entier. Plus tard Pierre de l'Estoile nous parlera d'une tête d'homme pétrifiée que possédait Palissy. On ne peut s'empêcher ici d'approuver la retenue de Maître Bernard. D'autres n'ont pas été aussi réservés. Happel et Kirker, cités par Faujas de Saint-Fond, pétrifièrent toute une ville d'Afrique avec ses habitants. Van Helmont ne minéralisa qu'une troupe de Tartares avec leurs bestiaux. Valmont de Bomare mentionne un sauvage réduit en pierre, trouvé lorsqu'on creusa les fondations de Québec au Canada.

Samuel Purchas, savant ecclésiastique anglais, dans son livre *His pilgrinages or relations of the World and the religion*, publié en 1613-1626, raconte qu'il a vu des troupes d'hommes et de bestiaux pétrifiés. Joseph Acosta, provincial des jésuites du Pérou, mort en 1609, a vu, lui, un régiment de cavalerie. Cent ans après Palissy, le monde savant parlait sérieusement d'un enfant pétrifié, dont le propriétaire se servait comme de pierre à aiguiser. Quelque temps après, on s'occupait d'un bambin changé en caillou dès le ventre de sa mère.

Mais la pétrification d'un corps humain est-elle impossible ? Palissy ne le croit pas, et les fossiles humains lui donnent raison. Nombre de savants fort distingués prétendent, il est vrai, que l'homme fossile est un mythe, parce que les os se décomposent trop vite pour que la minéralisation ait lieu avant leur entière désagrégation. Mais d'autres savants non moins distingués affirment avoir vu des fossiles humains. Nous ne nous prononcerons pas dans une discussion qui est loin d'être terminée, et où la science n'a pas dit son dernier mot.

Maître Bernard avait déjà vu des fossiles, à Saintes, à Marennes, à la Rochelle. Les anciens d'ailleurs auraient pu l'avertir, s'il les eût lus.

Palissy, après des observations réitérées, en vint à renier ses idées premières et le souvenir de son erreur passée lui donné une telle ardeur pour la vérité découverte qu'il est sans miséricorde pour les adversaires de son opinion.

En 1550, l'un des hommes les plus savants et les plus singuliers de son siècle, Jérôme Cardan, professeur de mathématiques et de médecine à Milan, puis à Bologne — à Tolède, selon Palissy, — soutenait cette thèse, que les coquilles pétrifiées qu'on trouve sur tous les points du globe, à la cime des plus hautes montagnes, y avaient été apportées par la mer, et déposées lorsqu'elle se retira dans son lit après le déluge. Il n'était pas le seul à penser ainsi : c'était l'opinion reçue par les savants et professée dans l'école.

Le plus grand nombre s'imaginait que les fossiles étaient des végétaux ou des fantaisies de la nature. Le naturaliste et médecin, Pierre-André Mattioli,

dans ses *Commentaires sur Dioscoride*, publiés à Venise en 1544, appelle les fossiles des matières grais-
seuses que la chaleur a fait fermenter. Le célèbre
anatomiste et chirurgien Gabriel Fallope, de Modène,
mort en 1562, les croyaient produites par quelque
mouvement tumultueux d'exhalaison du sol; et
ajoutait que les dents fossiles d'éléphant n'étaient
que des concrétions terreuses. Et pourtant Fallope
avait une chaire d'anatomie à Padoue! Il regardait
aussi les vases antiques qu'on trouve dans le sol
comme formés fortuitement par le soleil. Michel
Mercati qui avait vu au Vatican les fossiles réunis
par Grégoire XIII et Sixte-Quint, et qui fut chargé par
ce dernier d'en dresser le catalogue, les pensait
créés par l'influence terrestre. Cardan, en arrière
sur Mercati, en attribuait la dispersion au déluge
de Moïse.

Bernard ne s'arrête pas à la doctrine vulgaire. Il a
étudié, observé, contemplé la nature, ce beau livre
qu'il « est donné à tous de connaître et de lire, » et y
a vu la vérité.

Cardan, selon lui, n'a pas réfléchi. Comment
les poissons auraient-ils pu être entraînés par les
eaux marines? Les animaux, par un instinct secret,
connaissent d'avance le courroux de Dieu. Les goë-
lans, à l'approche des tempêtes, fuient la mer. Les
marsouins qui viennent à la côte sont un signe d'o-
rage. Les poissons armés de coquilles, sentant arriver
la tourmente, s'attachent plus fortement aux rochers.
Il en est qui se vont cacher au fond de la mer, où le
calme le plus profond règne en dépit de l'agitation

de la surface. Si donc l'Océan a débordé, ils sont restés dans son ancien lit.

Mais il y a des coquilles dans les pierres, dit
Cardan. Qu'importe? Croit-on que la mer seule en
produit? La terre, par ses ruisseaux et ses rivières, en engendre autant. On ne les voit pas en
tous lieux, parce que tout endroit ne leur est pas
propice, comme tout climat n'est pas favorable à
la vigne ou aux orangers, et ensuite qu'ils ont pu
disparaître.

Qu'on n'argue donc pas de la disparition des espèces. Les millions de coquillages qui existent dans
les terres prouvent que les êtres qui les portaient y
ont vécu. Ils « ont été engendrez sur le lieu mesme
pendant que les rochers n'estoyent que de l'eau et
de la vase, lesquels depuis ont esté pétrifiez avec les
dits poissons. » Page 475.

On a eu beau s'égayer au dix septième et au dix-
huitième siècle, Voltaire en tête, de cette opinion.
Elle est restée dans la science. Fontenelle, un des
premiers, protesta contre l'ignorance de son époque en ces matières, et vengea Maître Bernard
des railleries des demi-savants. « Un potier de
terre qui ne savait ni latin, ni grec, écrit-il en
1720 dans l'*Histoire de l'Académie des sciences*, fut
le premier, vers la fin du seizième siècle, qui osa dire
dans Paris et à la face de tous les docteurs, que les
coquilles fossiles étaient de véritables coquilles, déposées autrefois par la mer dans les lieux où elles se
trouvaient alors ; que des animaux, et surtout des
poissons, avaient donné aux pierres figurées toutes

leurs différentes figures, etc., et il défia hardiment toute l'école d'Aristote d'attaquer ses preuves. C'est Bernard Palissy, Saintongeois, aussi grand physicien que la nature seule en puisse former. Cependant son système a dormi pendant près de deux cents ans, et le nom même de l'auteur est presque mort. Enfin, les idées de Palissy se sont réveillées dans l'esprit de plusieurs savants. Elles ont eu la fortune qu'elles méritaient. »

Elles s'y réveillèrent si bien, qu'un siècle plus tard le grand Cuvier les signala comme le fondement de la géologie.

La démonstration pourtant n'était pas achevée. Quelle est la cause des pétrifications? Il y avait un immense réceptacle d'eau contenant un nombre infini de poissons armés de coquilles. « Lesdits poissons ont esté engendrez dans les eaux dudit réceptacle par une lente chaleur, soit qu'elle soit provenue par le soleil au descouvert, ou bien par une lente chaleur qui se trouve soubz la terre... Et parce que ledit lac estoit remply de quelque semence salsitive et générative, iceluy s'est depuis congelé à sçavoir l'eau, la terre et les poissons. Et voilà pourquoy l'on trouve communément ès rochers de la mer de toutes espèces de poissons portant coquilles. Il s'en suit donc que, après que l'eau a défailly auxdits poissons et que la terre et la vase où ils habitoyent s'est pétrifiée par la mesme vertu générative des poissons, il se trouve autant de ces coquilles pétrifiées dedans la pierre qui a esté congelée de dites vases, comme il y avait de poissons en icelle, et la vase et les coquilles ont changé de nature par une mesme vertu et par une cause efficiente. »

Et pour preuve de ce qu'il avançait, Palissy montrait à la docte assemblée un morceau coupé au rocher coquiller de Soubise. Ce rocher n'a pas été apporté là ; mais les poissons qui se trouvaient en cet endroit étant morts dans la vase, après que la mer se fût retirée, vase et poissons se sont pétrifiés.

Les coquilles pétrifiées se trouvent au sommet des plus hautes montagnes. Des savants assurent que c'est un jeu de la nature. Est-ce qu'une pierre peut prendre la forme de coquille ? C'est l'animal qui donne lui-même à la coquille sa forme ; la pierre ne le saurait faire. Et ces fossiles que vous voyez aux cimes les plus élevées se sont engendrés là dans une eau mêlée de terre et d'un sel congélatif ; le tout s'est réduit en pierre avec l'armure du poisson qui a gardé sa forme. Un rocher près de Sedan, plus haut que le clocher, contient des coquillages au sommet, au pied, au centre. Par quelle porte la mer a-t-elle pénétré dans l'intérieur de cette masse de pierres ? Il faut bien admettre que ces êtres ont vécu là, que c'est là qu'ils sont morts et ont changé de nature, gardant la forme qu'ils avaient vivants.

On y trouve parfois pétrifiés des poissons dont les semblables n'existent que dans l'océan Indien. Peut-on raisonnablement admettre que l'océan Indien ait envoyé ces coquillages au milieu des montagnes des Ardennes ? Il est plus simple de croire qu'ils ont été engendrés dans le lieu où on les rencontre.

Cette rigoureuse démonstration mettait à néant

les chimères enfantées par la fantaisie dans une
science où la fantaisie gâte tout. Jérôme Cardan, à
une attaque aussi vive, aussi personnelle, n'eut pas
le loisir de répondre ; à l'époque où Palissy le combat-
tait, il mourait à Rome, âgé de soixante-quinze ans
moins trois jours, pensionné par Grégoire XIII. Imagination déréglée, il croyait à l'astrologie, prétendait
avoir comme Socrate un démon familier, se vantait
d'être doué d'une clairvoyance merveilleuse, et parce
qu'il avait prédit la date de sa mort, se laissa, selon la
légende, périr de faim (1576).

De là, Palissy passe à la description des différentes
pierres pétrifiées. Il nomme des fruits, une poire
qu'il a perdue, un coing, une figue et un navet qu'il
possède encore dans son cabinet.

Des formes il vient aux couleurs. L'eau en passant
dans les terres qui contiennent des minéraux, se
charge de molécules et va les déposer sur les pierres
au temps où elles se forment. Regardez une planche
de bois vert qu'on vient de scier. Qu'il pleuve ; l'eau
qui en dégouttera sera jaune. Il en sera de même de
la paille d'avoine, de l'absinthe santonique, et surtout de la gaude. L'azur est donné aux pierres par le
safre, minéral non pas extrait de l'or, argent et
cuivre, mais bien du cobalt.

C'est quelque substance cuivreuse qui jette sur la
turquoise une teinte verdâtre. Les couleurs noires
des pierres peuvent être causées par des arbres,
comme les aulnes, les vergnes. Souvent les pierres
ont la coloration des terres où elles se trouvent. On
rencontre des pierres blanches dans des terrains

noirs; cela tient au mode de formation de ces substances, et non, comme le croit Palissy, aux matières
colorantes primitives qui auraient disparu. Les veines
de marbre s'expliquent par des eaux diversement
minéralisées qui, venant de différents endroits, apportaient en un même point les matières en dissolution,
ou plutôt, suivant la science moderne, par la présence, dans les matières inorganiques qui ont constitué le marbre, de certains minéraux, fer, cuivre,
charriés par les eaux.

Palissy explique à sa façon la dureté des pierres.
On sait qu'elle dépend de la pression des assises
supérieures, de l'élévation de la température et prin-
cipalement des éléments qui ont concouru à leur formation.

La dernière question est le poids des pierres. Il
dépend des éléments, et sans doute aussi du nombre des éléments qui les constituent. Les pierres calcaires ne sont pas aussi denses que les pierres sili-
ceuses ou granitiques.

Ce système de Palissy sommeilla près de deux
siècles. Ce fut le rochelais Réaumur, cet éminent
génie bien digne d'apprécier son quasi-compatriote,
qui appela sur lui l'attention du monde savant.
En 1720, il publia dans les *Mémoires de l'Académie
des sciences*, page 401, un travail sur les faluns de
la Touraine. Le savant géologue croit à l'entassement
successif de ces débris; il a remarqué que toutes les
coquilles ont une position semblable. C'était la con-
firmation de la pensée de Maître Bernard, que les eaux
du déluge n'avaient pas charrié tous ces crustacés.

Il est clair que cette masse aurait pu être difficilement promenée çà et là; que, dans cette supposition,
les couches inférieures ne paraîtraient pas plus anciennes, et enfin que le désordre d'un pareil cata-
clysme n'eût pas permis aux coquilles de se poser
toutes à plat. Réaumur ne cacha pas qu'un autre
avait parlé avant lui des pétrifications sur place.
« Quoique, dit-il, nous n'ayons pas autant fait valoir
nos coquilles que les auteurs des pays étrangers ont
fait valoir les leurs, nous sommes peut-être des premiers qui aient ouvert cette carrière. Il y a plus de
cent quarante ans qu'un auteur français, qui semblait
se faire gloire d'ignorer le grec et le latin, a indiqué
un grand nombre d'endroits du royaume, où des coquilles sont ensevelies. Je veux parler de Bernard
Palissy, dont je ne voudrais pas adopter toutes les
idées, mais dont j'aime extrêmement l'esprit d'observation et la netteté du style. »

Après Réaumur, écoutons Cuvier. L'illustre géologue écrit, page 231 du tome II de son *Histoire*
des sciences naturelles, à propos de la découverte du
potier : « C'est là, comme on le voit, le commencement, l'embryon de la géologie moderne. On avait
bien antérieurement, dans différents ouvrages sur les
pierres, soit anciens, soit du moyen âge, soit d'une
époque plus récente, traité les questions de physique
relatives à chaque masse pierreuse, à la formation
des cristaux et à celle des cailloux ; mais la question
générale de savoir comment se sont superposées ces
immenses croûtes qui constituent aujourd'hui les parties solides du continent, n'avait pas encore été agi-

tée. Elle ne commença à l'être que lorsqu'on se fût demandé d'où provenait cette quantité immense de corps organiques et surtout ces milliers de coquilles qui existent dans quelques parties superficielles du globe. Des hommes prétendaient dans les quinzième et seizième siècles que c'était un résultat des jeux de la nature, un produit de ses forces naturelles, des aberrations de sa puissance vivifiante. Palissy expulsa ces erreurs du domaine de la science. »

Et pourtant, avouons-le, Bernard Palissy n'était pas le premier à découvrir l'origine des faluns, et partant à admettre que notre globe avait été, non pas temporairement, mais durant des siècles peut-être, couvert jusqu'aux plus hauts sommets d'une épaisse couche d'eau salée. Un autre artiste comme Palissy, comme lui chimiste, Léonard de Vinci, mort en 1519, avait écrit cette phrase : « Les coquilles que l'on trouve entassées dans différentes couches ont nécessairement vécu dans le même endroit que la mer occupait. » Et il ajoutait : « Ce qui était le fond de la mer est devenu le sommet des montagnes. » Pensée étonnante qui allait plus loin que la théorie de Bernard Palissy, parce qu'elle admettait les soulèvements partiels du globe. Que conclure ? Que le potier a copié le peintre ? Non. Le passage de Léonard de Vinci est extrait d'un manuscrit de la bibliothèque ambrosienne à Milan. Palissy n'a pu le connaître. Mais son génie avait rencontré celui de Vinci.

CHAPITRE XXIV

Veut-on connaître quelques-uns des auditeurs du
potier? Nous avons les noms de trente-quatre. Tous
ne sont pas également célèbres. Ils ne laissaient pas
d'être des personnages dans leur époque. Outre
Pierre Milon et François Choisnin dont il a été déjà
question, c'est d'abord M. de la Magdelène, médecin
de Marguerite de France, épouse de Henri IV.

Il eut quelques démêlés sans doute avec le Parlement : car Étienne Pasquier lui décocha l'épigramme
suivante en trois distiques :

> Omnia Magdaleus damnat decreta Senatus,
>   Judicibusque nihil vilius esse putat.
> Cæcutine malis et crimina inulta relinqui,
>   Nec nisi flagitiis nunc superesse locum ?.
> Credo : nam medicus, tot jam qui sustulit olim,
>   Debuerat plecti morte, vel exsilio.

En voici la traduction :

> La Magdelène avec aigreur critique
> Les tribunaux, leurs arrêts, leur pratique.

24

Il a raison. Le crime est impuni.
Si l'on avait loi juste, juge austère,
Pour avoir mis tant d'innocents en terre,
Ce médecin serait mort ou banni.

Puis Denis Courtin, seigneur de Nermou en Nalliers, près de Luçon, médecin calviniste.

C'était ensuite le médecin de François duc d'Alençon, frère unique de Henri III, Alexandre de Campèse, Campésius, *Champier*, qui avait pour père Christophe Champier, médecin de la duchesse d'Angoulême, et pour oncle Symphorien Champier, naturaliste célèbre, médecin des rois Charles VIII et Louis XII. On sait qu'alors il y avait quarante-neuf médecins du roi, trente-quatre chirurgiens et un oculiste. Ce Champier-là était de l'avis de Maître Bernard, quant aux drogues à employer pour les maladies. Il voulait qu'on se servît seulement en France des simples qui croissent en France, prétendant que la nature à côté du mal plaçait le remède, et que Dieu savait bien donner à chaque région les médicaments qui lui convenaient.

C'était encore Pierre Pena, de Moustiers en Provence, dont ses ancêtres avaient été seigneurs en partie. Il se rendit tellement habile qu'il devint médecin secret de Henri III. Il mourut riche à plus de six cent mille livres et dans une grande réputation.

A la suite viennent d'autres savants dont nous ne savons guère que les noms : Guillaume Pacard, de Saint-Amour; Philibert Gilles, de Nuits en Bourgogne, qui, en 1575, soutint à Paris une thèse affirmative sur ce sujet : Si la fièvre guérit l'épilepsie, et l'année sui-

vante une autre thèse pour prouver que les vieillards
doivent avoir une nourriture particulière; Jean du
Pont, du diocèse d'Aire, premier médecin de la reine
de Navarre; Jean de la Salle, de Mont-de-Marsan;
Clément, de Dieppe, qui pourrait être Guillaume Clément, auteur en 1572 d'un livre publié à Avignon :
Sententiæ præcipuæ medicorum, ou bien Gabriel Clément, qui a donné en 1594 à Paris, *le Trespas de la
peste*; Drouin, natif de Bretagne, dont le nom pourrait s'appliquer peut-être à Daniel Drouin, de Loudun,
le poëte qui a chanté, en 1594, *les Vengeances divines*,
à Nicolas Drouin, du Mans, et surtout à Gabriel Drouin
qui soutient ses thèses en 1583-1584, à Paris, et a
écrit *le Royal Sirop de pommes*; enfin François Miziè-
res, de Fontenay-le-Comte, calviniste, qui a donné une
édition des Psaumes de Marot. « Tous ceux cy-dessus
nommez, ajoute Bernard Palissy, sont médecins
doctes. »

A côté des médecins, voici le chirurgien : maître
Richard Hubert, chirurgien ordinaire du roi, ami
d'Amboise Paré. En 1555, il avait obtenu du roi, par
lettre du 24 août, de faire des dissections publiques
d'anatomie sur les corps des suppliciés et de ceux
qu'il pourrait recevoir de l'Hôtel-Dieu. Il mourut le
7 septembre 1581. — Puis les apothicaires que ne
décourageaient pas les semonces de l'orateur Pajot
et Guérin, de Paris; un artiste, « homme expéri
ès arts, » sculpteur remarquable, qui fit les figures
couchées d'Anne de Montmorency et de sa femme
Madeleine de Savoie sur le tombeau que leur a érigé,
dans l'église de Saint-Martin de Montmorency, Henri II

leur fils, je veux dire Barthélemi Prieur, collaborateur de Palissy et l'auteur d'une *Madeleine au désert*,
dont les accessoires appartiennent à l'émailleur; un
simple amateur, Michel Saget, « homme de jugement
et de bon engin; » un docteur ès lettres, « maistre
Philippe Olivin, gouverneur du seigneur du Château-
Brési; » un mathématicien Jean Viret, du Devens, au
duché de Chablais sur le lac de Léman, « homme
docte ès langues, selon La Croix du Maine, et savant
aux mathématiques et en philosophie, » qui mourut
en septembre 1583, à Paris, d'une fièvre pestilen-
tielle, âgé de quarante ans, parent, fils peut-être, d'un
Pierre Viret, ami zélé de Calvin, et l'un de ses aco-
lytes avec de Bèze et Farel. Notons deux avocats :
maître Jean du Chony, du diocèse de Rennes; Nicolas
Bergeron, savant en lettres grecques et latines, droit,
histoire, mathématiques, philosophie, disciple de
Pierre La Ramée, dont il publia les œuvres en 1577,
et auteur du *Valois Royal*, description de son pays
natal; un licencié ès lois, Brunel de Saint-Jacques,
des Salies, diocèse de Dax en Béarn; un étudiant
en droit, Jean Poirier, de la Normandie. Près d'eux
s'asseyaient Jean Brachet, seigneur de Port-Morant,
dans l'Orléanais, secrétaire du roi; un du Mont,
qui peut être Nicolas du Mont, de Saumur, cor-
recteur de la *Bibliothèque* de La Croix du Maine, et
sans doute des livres de Palissy, homme très-savant
et fort ami des savants. On y voyait encore Jacques de
la Primaudaye, gentilhomme angevin; de Comas,
gentilhomme provençal ; la Roche-Larier, gentilhomme tourangeau. Le Bourbonnais avait fourni

un membre de la famille Coligny, Marc Lordin, seigneur de Saligny, baron de la Mothe-Saint-Jean, chevalier de l'ordre du roi, l'un des cent gentilshommes
de sa maison, et chevalier de l'ordre de l'Écu d'or.
Né en septembre 1524, au château de Saligny, il avait
pris part à toutes les guerres de l'époque. On le trouve,
en 1557, à Saint-Quentin assiégé par le roi d'Espagne,
quand d'Andelot, son parent, y fit entrer du secours.
Il assiste aux batailles de Dreux et de Saint-Denis,
toujours fidèle au roi et digne fils de Renaud Lordin
de Coligny, chambellan de Charles VIII, Louis XII et
François Ier, qui avait glorieusement combattu à Agna-
del et à Marignan. Marc Lordin, mourut le 1er novembre 1597 et fut enterré dans l'église de Saligny.
Sur les fonts baptismaux en marbre blanc est un
écusson mutilé, et sur le bénitier j'ai lu :

MESSIRE LORDIN MARC DE SALIGNY BARON DICY CHEVALIER DE
LORDRE DV ROI MA FET FAIRE. 1592.

Le clergé envoyait Jacques de Narbonne, grand
chantre de l'église cathédrale de Narbonne. Puis l'abbé
Alphonse del Bene, issu d'une famille florentine établie à Lyon, ami de Passerat, qui le loue, et de Ronsard qui lui a dédié son *Art poétique.*

L'abbé del Bene était accompagné de son frère Barthélemi, « poëte italien excellent, » dit Ronsard en lui
dédiant sa 33e élégie, et gentilhomme florentin, dont
le fils, conseiller d'État, succéda à son oncle sur le
siége d'Alby.

Mais le plus illustre de ces personnages est sans
contredit Ambroise Paré.

Ambroise Paré, né vers 1517, à Laval, et mort le 22 décembre 1590, la même année que Palissy, fut premier chirurgien de Henri II, de François II, de Charles IX et de Henri III. On l'a appelé à juste titre le père et le réformateur de la chirurgie moderne. On a gravé sur le piédestal de sa statue élevée à Laval, sa patrie, ce mot admirable : « Je le soignay, Dieu le guarit, » qu'il répétait en souvenir sans doute de ces paroles que prononçait le roi de France touchant les écrouelles : « Le Roi te touche; Dieu te guérisse. »

Quand il fut question d'élever un monument à Bernard Palissy, j'avais, après la statue qui devait être la synthèse des éminentes facultés du personnage, artiste, potier, penseur, géologue, chimiste, écrivain, indiqué les sujets de quatre bas-reliefs qui pourraient orner le piédestal et être le commentaire en action de la pensée de la statue. Le premier sujet, c'est Palissy jetant, dans un moment d'enthousiasme irréfléchi, ses meubles et les planches de sa chambre au feu de son four qui va s'éteindre faute d'aliments, et retarder, peut-être empêcher à jamais, la découverte de l'émail. Près de là sa femme se lamentant, ses enfants pleurant, et les voisins criant : Au feu ! à l'insensé ! Au second, c'est Palissy présenté dans son atelier à Charles IX et à Catherine de Médicis par le connétable de Montmorency, son protecteur. Au milieu des personnages de la cour on distingue les patrons de l'artiste, le duc de Montpensier, le sire de Pons, le comte de Burie. Au second plan, ses amis de Saintonge, le médecin Lamoureux, le maire Pierre

Goy, et, comme fond du tableau, les monuments de la capitale de la Saintonge, l'arc de triomphe de Germanicus, les arènes, la masse énorme du clocher de Saint-Pierre et l'élégante flèche de Saint-Eutrope. Le quatrième montrerait Palissy à la Bastille. Au troisième, j'aurais mis Bernard faisant ses conférences à Paris. Devant lui, sur sa table, il a des objets d'histoire naturelle, pierres, minéraux, fossiles; il les montre à l'appui de sa démonstration. La foule se presse, curieuse et attentive, étonnée de la nouveauté du spectacle, de la personne de l'orateur, charmée de sa parole, éblouie de la grandeur et de l'importance de ses théories. On y verrait des bourgeois, des savants, des ecclésiastiques, des gentilshommes, tous réunis au pied de la chaire d'un pauvre potier, d'un huguenot, par l'amour de la science. Ambroise Paré s'y distinguerait. Faujas de Saint-Fond ajoutait comme contraste au loin des édifices incendiés, des villes saccagées, des Français aux prises avec des Français, tant de fureurs ne pouvant troubler et respectant l'asile modeste où tous ces hommes remarquables se rassemblent comme en un sanctuaire, divisés d'état, de religion, de pensées, mais unis par le commun accord de la science. N'y a-t-il pas là, en effet, de quoi tenter le talent d'un grand artiste?

Le concours de tant de personnages célèbres et importants devait singulièrement encourager le potier professeur. Aussi continuait-il avec ardeur ses conférences scientifiques. Après les pierres, il s'occupa de la terre. L'argile lui fournit la première leçon de cette série.

Il y a bien des espèces d'argiles. Les unes font d'excellents creusets ; d'autres se liquéfient au feu parce qu'elles contiennent des substances métalliques.

Paris offre trois sortes d'argile ; la plus fine est à Chantilly. Celle de Chaillot sert à la tuile. Le Poitou et la Saintonge sont limitrophes aussi. Cependant au four la terre de Saintonge est bien plus tôt cuite. Il est une espèce qu'on peut étirer comme un fil sans qu'elle se casse. Celle des Ardennes, contenant des molécules de fer, est lente à sécher et dangereuse à chauffer. Et pour terminer cette énumération, citons ces vases de terre dont on trouve des fragments sur l'emplacement des villes antiques et dans les tombeaux.

La leçon sur les *terres d'argile* était la préface. Le livre devait arriver. C'est l'*Art de terre*, dont le titre, et sans doute l'idée, est empruntée à un ouvrage publié en 1548 par Piccolpasso, *Arte di terra*. Le potier parlait de ce qu'il avait vu, senti, éprouvé. Ses préceptes sont d'un homme qui en sait la valeur ; il a assez tâtonné, expérimenté, souffert, pour que le fruit de tant de labeurs ne soit pas perdu. L'*Art de terre* est un des traités les plus remarquables de l'écrivain ; ou plutôt ce n'est pas un traité ; c'est un long sanglot. Il avait dit tout à l'heure : « Un homme qui besogne en l'art de terre est toujours apprentif. » C'est le récit de son douloureux apprentissage qu'il va nous faire. Nous ne l'analyserons pas ; on ne dissèque pas une larme. Ailleurs nous avons raconté, d'après l'*Art de terre*, les essais si longtemps infructueux du potier. Il faut lire dans l'original ces pages attendrissantes.

C'est la marne qui fit le sujet des dernières leçons que nous connaissons. Après les métaux, les minéraux et les sels, devaient venir les terres diverses. Comme les alchimistes qui, en cherchant l'introuvable pierre philosophale, trouvèrent des substances et des corps nouveaux qu'ils ne cherchaient pas, de même Palissy, à la poursuite de l'émail, rencontre des pierres et des terres qui lui firent découvrir des secrets auxquels il ne songeait point. Aussi, je comprends que le titre le plus populaire de Maître Bernard soit d'avoir été potier. On ne voit en ce mot que ses longues tribulations ; on devrait y reconnaître l'origine de sa véritable grandeur. C'est parce qu'il fut potier, qu'il devint chimiste et géologue. Honneur donc à l'émail, puisque nous lui devons la porosité, la dilatation, les faluns et tant d'autres admirables découvertes.

On prétend, dit-il, que la vertu de la marne vient de la chaleur, comme les fumiers et la chaux. Grave erreur ! La paille n'est pas chaude ; la chaux n'est pas chaude, bien qu'on l'appelle ainsi parce qu'on lui suppose un feu intérieur. C'est l'eau qui, se mêlant au foin, produit une putréfaction, source de calorique, et qui, tombant sur la chaux, y cause une dissolution accompagnée de chaleur. Mais qui donc est la cause de l'action fertilisante de la marne, si ce n'est la chaleur ?

Il existe un cinquième élément que n'ont pas connu les philosophes ; « c'est une eau générative, claire ou

candide, subtile, entremeslée parmi les autres eaux,
indistinguible. » Cette eau, contenue dans les eaux
communes, s'endurcit avec les choses qui y sont en-
tremêlées. Elle y est portée avec les autres, comme
les eaux communes que le soleil attire. Cette eau
congélative, arrêtée avec l'eau commune en quelque
endroit, se réunira, formera une pierre, et sera laissée
là par sa compagne qui se perdra dans la terre ou
s'exhalera en vapeur. Or, la marne était une terre où
se sont arrêtées quelque temps l'eau commune et
l'eau congélative. La première s'est évaporée ou ré-
pandue ; la seconde est restée là, et, se combinant
avec la terre, a formé la marne. Quand vous portez
la marne aux champs, le sol reprend à la marne ce
cinquième élément, cette eau congélative ou générative ; et quand il l'a attirée tout entière, il ne reste
plus qu'une poussière inutile, comme le marc de
quelque décoction. Le sol alors est comme un homme
qui sucerait le vin par la bonde, et laisserait la lie au
fond du tonneau.

Cette eau congélative doit être, quand elle entre
dans les plantes, mêlée à l'eau commune ; autrement
elle activerait trop la végétation. C'est elle qui soutient toutes espèces d'arbres et d'herbes, et, même
les hommes et les animaux. Elle ne se détruit pas au
feu ; le caillou qui la contient se vitrifie ; le bois ou
la paille qu'on brûle laisse une cendre où on la retrouve. Les os de certains animaux, les coquilles
d'œufs ne se consument pas au fourneau le plus ardent. Et les crustacés, comment pourraient-ils former
leurs coquilles sans ce cinquième élément ? Pour

trouver la marne, on peut employer la sonde munie
à l'extrémité d'une douille creuse, qui, plongée dans
le sol, apporte à la surface un peu de terre. S'il se
rencontre un banc de rocher, il faut le percer. On
aura en outre la chance de pouvoir trouver une
source qui montera au-dessus du point touché par la
tarière, pourvu toutefois que l'eau vienne de plus
haut. Cette rencontre ne doit point étonner : car
la terre est ainsi disposée par couches ; et l'on trouve
quelquefois, banc de terre, banc de sable, banc de
pierre, banc d'argile, comme par exemple entre Au-
teuil et Chaillot.

Que d'idées jetées un peu pêle-mêle dans cette
leçon sur la marne ! Et encore en avons-nous omis.

Toutefois les principales idées de son chapitre sur
la marne, c'est d'abord sa théorie de l'attraction que
nous avons déjà remarquée à propos des métaux. Il
y est revenu ici et y a longuement insisté. Quoique
l'on saisisse bien sa pensée et qu'on comprenne bien
qu'il entend ce qu'on appellera plus tard attraction
newtonienne, affinité de Boyle ou force vitale, on ne
peut s'empêcher de remarquer de l'indécision dans
ses paroles. Il se débat dans ces expressions comme
un bègue qui s'agite pour se faire entendre, et n'émet
que des lambeaux de phrases. La langue scientifique
lui manque. De là une indécision de termes qui cause
du tort à la netteté de la pensée. « Une définition plus
rigoureuse, écrit un de ses éditeurs, page 24, eût été
un pas trop gigantesque pour l'époque et surtout
pour un chimiste qui n'avait d'autre guide que les
aspirations de son génie; mais on ne saurait nier

qu'il n'y eût là une pensée, une vue scientifique de premier ordre, et que ce principe, cet *élément* qu'il ne pouvait encore se représenter que sous la forme d'un corps palpable, fût autre chose que la force qui préside aux combinaisons chimiques, qu'on lui donne le nom d'affinité, de force chimico-électrique, de puissance catalytique, ou toute autre dénomination. Qui oserait assurer que cette pensée instinctive, bien que vague et obscurément exprimée, ait été perdue pour Boyle et pour Newton ! » Palissy le dit lui-même : « Voilà un chemin ouvert... il est facile d'adiouter à la chose inuentée ; aussi la science se manifeste à ceux qui la cherchent. » (Page 344.)

Ce cinquième élément de Palissy ressemble assez à la quintessence de ses contemporains, de Paracelse entre autres, qui professait en 1527, à Bâle, que la réunion des quatre éléments d'Aristote, en formait un cinquième. Mais en suivant l'exemple de ses devanciers dans la recherche, il poussait plus loin qu'eux et arrivait à la vérité, qu'il aurait clairement montrée, s'il eût eu le mot dont nous nous servons.

Ensuite on retrouve là le principe des jaillissements artésiens, déjà indiqué quand il parla des eaux et fontaines. Il y ajoute le sondage des terres et la stratification du sol, théories admirables qui, avec celle des faluns, ont créé vraiment la géologie. Faut-il rappeler, en outre, ses idées sur l'action de l'eau en communication avec la chaux et la fermentation, sur le rôle de la marne et du calcaire dans l'agriculture, sur la porosité des corps ? Il n'y a pas là seulement des intentions ; il y a des systèmes bien établis, des faits bien démontrés, et que la science moderne a acceptés comme des principes.

Nous devons cependant rectifier certaines idées. La marne, mélange d'argile et de calcaire qui est le plus favorable à la fertilité des terrains, doit être employée avec discernement. Un sol exclusivement argileux, ou exclusivement calcaire, est stérile. Il faut donc jeter dans la terre où le calcaire domine, une marne plus riche en argile, et *vice versa*. Puis notons que le marbre ou le verre n'est pas assez poreux pour laisser passer l'eau, et que la vitre n'est point traversée par la lumière ou la chaleur. C'est un phénomène particulier ; l'éther vibre et transmet la lumière. Il y a des corps transparents qui ne laissent point passer la lumière, et des corps opaques qui laissent passer la chaleur et non la lumière. La porosité n'est pas en cause.

CHAPITRE XXV

Le succès des conférences de Palissy fut considérable. Il le décida à céder aux sollicitations de ses amis, de ses auditeurs, de ses disciples, de ses protecteurs, et à les publier. Elles parurent donc en 1580 « à Paris chez Martin le jeune, à l'enseigne du Serpent, devant le collége de Cambray. » C'est un volume in-8° dont aujourd'hui les exemplaires sont fort rares et coûtent très-cher par conséquent. Il a pour titre : « *Discours admirables de la nature des eaux et fontaines, tant naturelles qu'artificielles, des métaux, des sels et salines, des pierres, du feu et des émaux ; avec plusieurs autres excellents secrets des choses naturelles.* Plus un traité de la marne fort utile et nécessaire à ceux qui se mêlent de l'agriculture. Le tout dressé par dialogues, ès quels sont introduits la Théorique et la Pratique. Par Maître Bernard Palissy, inventeur des rustiques figulines du Roy et de la Royne sa mère. »

Le livre, ainsi du reste que l'indiquent le titre et surtout un sommaire qui le précède, contient onze traités : les eaux, les métaux, l'or potable, le mithridate, les glaces, les différents sels, le sel commun, les pierres, les argiles, l'art de terre et la marne. Quelques-uns de ces travaux avaient été écrits ou ébauchés pendant le séjour en Saintonge.

Après le traité des eaux et fontaines, l'auteur a inséré quelques pages sur le mascaret de la Gironde. Il est à croire que Palissy n'avait pas d'abord l'intention de publier ce travail ; car dans l'espèce de table qui est en tête de l'ouvrage, il ne mentionne pas cet opuscule. Mais, le sommaire imprimé, il se sera avisé qu'après avoir longuement parlé des sources et des fontaines, il pouvait bien dire un mot « du mascaret qui s'engendre au fleuve de Dourdongne, en la Guienne. » Il n'y a là du reste rien d'important.

Ces divers chapitres du volume sont de dimension et d'importances inégales. Les uns, *l'or potable, les glaces, le mithridate, le sel*, n'ont que quelques pages. Les autres, *les eaux, les pierres, la marne, l'art de terre* sont considérables. C'est là que Maître Bernard a émis ses théories les plus célèbres.

Enfin, le volume se termine par la « coppie des écrits qui sont mis au dessous des choses merveilleuses que l'auteur de ce livre a préparées et mises par ordre en son cabinet ; » — ce sont, à proprement parler, des étiquettes raisonnées ; — par un « extrait des sentences principales contenues au présent livre ; » — c'est le résumé des principaux systèmes exposés, — et par une « explication des mots les plus difficiles. »

On voit que Palissy avait donné tous ces soins à cette édition. Les recherches étaient aussi rendues plus faciles par cette table développée de tout ce que l'ouvrage contenait de plus instructif et de plus curieux, et par l'espèce de vocabulaire de la fin qui initiait les plus ignorants aux termes techniques, en même temps qu'il donnait leur sens propre aux mots nouveaux que pouvait employer le chimiste orateur.

Les *Discours admirables* sont dédiés : « A très-haut et très-puissant sieur le sire Antoine de Pons, chevalier des ordres du Roy, capitaine des Cent-Gentilshommes, et conseiller très-fidèle de Sa Majesté. » A cette époque, Antoine de Pons, banni en 1574 de son château de Pons p... Jean de Pons, seigneur de Plassac, chef des réformés, vivait tristement à Rome où il mourut six ans plus tard (1586). Revenu dès 1556 au catholicisme, et créé chevalier du Saint-Esprit à la première promotion du 31 décembre 1578, il avait gardé son estime au huguenot persévérant. Et Palisssy conservait fidèlement le souvenir de son protecteur alors vieux, malheureux et dépouillé par ses coreligionnaires. Il prend plaisir à lui rappeler ces entretiens qu'ils avaient au château de Pons, lorsque, au retour de Ferrare en 1538, le haut et puissant seigneur parlait au potier « des sciences diverses, à sçavoir : de la philosophie, astrologie et autres arts tirez des mathématiques. » Dernièrement, il a pu l'entretenir, et « combien que le nombre de jours de plusieurs diminue leur mémoire, » il a trouvé la sienne « plus augmentée que diminuée. » Il désire que si, en parcourant ce volume, il rencontre « quelque chose mal polie ou mal ordonnée, » il sache très-bien « tirer la substance de la matière et excuser le trop rude langage de l'auteur. » C'est la pensée de Rabelais : « ouvrir la boîte pour en tirer la drogue... briser l'os pour en sucer la moelle. »

La *Monographie de l'œuvre de Palissy*, à la page 18, reproche à l'auteur de s'être seulement intitulé « inventeur des rustiques figulines du Roy et de la Royne mère, » et de n'avoir pas, comme au livre de 1563, ajouté « et de Mgr le duc de Montmorency. » Elle trouve la raison de cette suppression dans une rupture ou au moins un grand refroidissement provoqué par les dissidences religieuses. Mais Antoine de Pons était aussi bon catholique qu'Anne de Montmorency. Puis, le connétable était mort dès 1567. Palissy ne pouvait donc mettre ce nom en tête de son volume.

Passionné pour la diffusion des lumières, maître Bernard, en tête de son livre, annonce que le lecteur, qui ne comprendrait pas bien ou aurait besoin de plus amples explications, pourra demander à l'imprimeur la « demeurance » de Palissy ; il l'y « trouvera toujours prest à faire lecture et démonstration des choses contenues » dans l'ouvrage. Avouons qu'on ne peut pousser plus loin la complaisance. On lui a durement reproché de n'avoir pas voulu divulguer le secret de ses émaux. Les émaux étaient son gagne-pain et la vie de sa famille. Ici son existence n'est plus en cause ; il livre toutes ses connaissances avec un désintéressement bien rare.

Dans ce second ouvrage se trouvent les qualités du

premier. Le sujet, plus sérieux, y laisse moins de
place peut-être à la fantaisie. La langue y est la
même. Palissy n'est point un de ces écrivains que
j'appellerais amateurs. Il n'écrit pas pour écrire, mais
pour prouver. Il n'y a rien du rhéteur chez lui, il
ignore l'artifice. L'art pour l'art lui paraît une occupation d'oisif. Lui n'a pas le temps de s'amuser à
composer. Tout arrive de prime-saut. Les pensées et
les mots se présentent; ils sont les bienvenus; il ne
va pas chercher si d'autres seraient meilleurs. D'ailleurs, ils sont toujours bons. Il corrigeait cependant;
nous en avons la preuve, une preuve surprise au secret du cabinet par la maladresse de l'imprimeur.
Mais ce n'est là que le respect du public, et la crainte
que devait lui inspirer son peu d'instruction littéraire.

Comme tous les écrivains pratiques, l'auteur des
Discours admirables cherche avant tout à éclairer et
à convaincre. César racontant ses Mémoires ne songe
pas aux harangues de Tite Live, aux portraits de Tacite, aux réflexions morales et politiques de Salluste.
Le style de Palissy est éminemment démonstratif.
Théorique est là; il faut la réduire au silence. Il ne
s'y épargne pas. Avouons aussi que souvent l'adversaire y met de la bonne volonté; et puis Pratique a
des arguments parfois irrésistibles : « Si est-ce que
tu n'as garde de me faire croire une telle bauasse,
dit-elle, page 272. Ailleurs, page 266 :

« J'ai trouvé autrefois des amis comme toy qui
trouuoient fort étranges mes propos et crioiyent
après moy comme au renard, que bien souvent i'en

estois honteux ; toutefois ie faisois tousiours mon
compte que la science n'a plus grand ennemi que
l'ignorance. A présent l'on a garde de m'en faire rou-
gir : ie suis trop asseuré en mon affaire. »

Quand il veut affirmer et prouver sa thèse, le style
est net, franc, précis. C'est l'homme pressé d'arriver au but. Voyez cette page 165, où il donne sa
théorie des sources. Je défie qu'on trouve une meilleure dans ce genre, et il y en a beaucoup de semblables dans les *Discours admirables*.

La simplicité est une des principales qualités du
style de Palissy. Mais chez lui elle s'allie très-bien au
pittoresque, à l'élévation, à l'énergie. Le vieux Caton
avait raison : c'est du cœur que vient l'éloquence.
La pensée dans les ouvrages du potier n'est qu'un
élan de l'âme ; de là une originalité véritable et un
relief saisissant. On ne trouvera pas de passages plus
beaux que son *Art de terre*. Il y raconte ses déboires
et ses souffrances ; et le ton, tout en restant simple,
s'élève à une grande hauteur. L'émotion maîtresse
d'elle et s'exprimant dignement, n'est-ce pas la véritable éloquence ? Nous ne transcrirons rien de ce récit, véritable chef-d'œuvre ; il a été suffisamment
analysé. Voyez encore, page 302, un passage où il raconte les mésaventures d'apprentis émailleurs. C'est
un exemple de l'enjouement, du pittoresque et de
l'agrément avec lesquels il sait narrer.

La dialectique se cache sous les fleurs ; le raisonnement, même serré, est dissimulé par les
grâces de l'expression. La logique l'emporte ; il s'y
laisse aller ; mais l'image naïve, le terme heureux

suit. Le plan n'est pas toujours bien arrêté ; il vaga-
bonde de temps en temps. Mais comme l'enfant à l'é-
cole buissonnière, s'il fait un détour, c'est pour courir
après une plante rare ou un insecte merveilleux.
Suivez-le ; cette excursion sera profitable, et peut-être
en prenant le sentier fleuri, ne vous serez-vous peut-
être pas bien éloigné du chemin direct.

En convainquant par la force du raisonnement, Palissy pénètre par l'énergie, et charme par une certaine
naïveté. C'est un homme de la nature. Il a vécu au
milieu de la campagne. Il en a rapporté un certain
parfum bienfaisant, comme l'odeur suave des foins
coupés ou les balsamiques émanations des chèvre-
feuilles et des clématites. De plus, la foi lui a fait
voir dans la création la main d'un Dieu miséricor-
dieux et puissant. Homme des champs et chrétien
convaincu, s'il écrit, vous devez retrouver dans ses
paroles l'admiration de la nature et l'amour de Dieu.
Ajoutons qu'il était peintre. De son métier il transporte quelque chose dans son art. A chaque page on
sent cette tendresse pour les objets inanimés, les
fleurs, les plantes. Virgile n'a pas plus d'affection
pour ces pauvres animaux qui meurent de la maladie,
oiseaux à qui l'air même est funeste, jeunes taureaux
qui rendent leur âme innocente devant la crèche
pleine :

      Dulces animas plena ad præsepia reddunt.

Qu'on se rappelle les lignes où Palissy parle de
cette branche toute froissée, toute meurtrie par la
serpe ébréchée, et qui ressemble au bras de l'homme
qu'un chirurgien maladroit vient d'amputer.

On voit là le philosophe, le chrétien, l'agriculteur, le poëte, l'artiste, en un mot une belle âme.

Même après la publication de son livre qui les résumait, Bernard Palissy continua ses conférences. Il les faisait encore en 1584, puisqu'à cette date La Croix du Maine écrit dans sa *Bibliothèque :* « Il fait des leçons de sa science et profession. » Il ne devait par tarder à les suspendre, et pour toujours. L'orateur avait alors soixante-quatorze ans, et la Ligue troublait Paris.

L'*Union* ou *Sainte-Ligue,* formidable association, avait commencé en 1576. En face de la fédération calviniste qui appelait les Allemands et les Anglais à son secours, les catholiques avaient compris qu'ils ne résisteraient qu'en s'unissant. Abandonnés ou trahis par leurs chefs, les catholiques résolurent de ne compter que sur eux. Toute concession à l'hérésie était un crime ; il fallait à tout prix maintenir l'orthodoxie et la maintenir contre le roi lui-même. Car, ainsi le déclaraient les états généraux de 1576, la religion catholique était une loi fondamentale du royaume qui ne pouvait être changée qu'avec l'accord et le consentement des trois états. Le roi n'était vraiment roi, et la nation ne lui devait réellement obéissance, que du jour où il avait juré obéissance aux lois primordiales du royaume, et le catholicisme était une de ces lois. C'était la doctrine du moyen âge. Le peuple, malgré les efforts des légistes qui tendaient à rendre la royauté omnipotente, indépendante de toute condition et de toute obligation, à la mettre au-dessus des lois, ou plutôt à en faire la loi suprême, avait conservé la vieille notion de lois antérieures et supérieures à la monarchie. Puisque le roi était prêt à violer le pacte, on devait l'en empêcher, et s'il s'obstinait, s'il le brisait, eh bien! tout lien entre lui et la nation était rompu. La loi salique elle-même fléchissait; et le peuple, devant ce contrat déchiré, désormais libre, rejetait la race des Valois, incapable de régner, et la branche des Bourbons, inapte au trône, comme ne remplissant pas les conditions exigées, et choississait ailleurs un autre chef.

Née des besoins du temps, la Ligue se répandit avec une vitesse incroyable. Les villes s'empressèrent d'y entrer. Consacrer au maintien de la religion catholique toutes ses actions, sa fortune et sa vie; pour cela obéir aveuglément au chef choisi, se dévouer corps et âme à ses frères d'association, et poursuivre jusqu'à la mort les traîtres, telle fut la loi, la règle et le but. Le peuple uniquement zélé pour sa foi et son indépendance n'y cherchait que cela. Quel intérêt autre avaient ces bourgeois et ces artisans? Attachés à la monarchie, ils étaient encore plus dévoués au catholicisme. Ils auraient toujours un maître, Valois, Bourbon ou Lorrain; mais Dieu ôté, que leur resterait-il? Et si, avec leur culte séculaire, leurs croyances profondément enracinées, et les cérémonies de l'Église, leurs fêtes et leurs joies, on leur enlevait encore leur nationalité, menacée à la fois par les Allemands et les Anglais, leurs mortels ennemis, que deviendraient-ils, sans patrie sur le sol natal, sans Dieu devant les temples élevés par leurs pères? Explosion d'indignation, de craintes et de fierté patriotique, la Ligue fut une grande et populaire croisade contre le calvinisme, contre la féodalité protestante et contre l'étranger. Déplorons ses excès. Dans ce déchaînement des passions religieuses il y eut des crimes. Dans ce zèle pour la défense de la foi il y eut du ridicule ; dans cette triple lutte pour la foi, l'indépendance civile et l'autonomie nationale, il y eut des torts. La *Satyre Ménippée* nous l'a dit ; elle nous a rendu grotesques ces efforts des bourgeois pour se maintenir libres et catholiques, et d'un peuple entier prenant en propres mains sa cause mal protégée et trahie par l'ineptie, la faiblesse, l'ambition ou la duplicité. Le but secret, en effet, des vrais chefs de le Ligue, était un changement de dynastie où nous voyons fort bien ce qu'y eût gagné la maison de Lorraine, mais non aussi clair ce que la nation y eût trouvé d'avantageux, le peuple de bien-être et de meilleur. Le protecteur de la Ligue, de son côté, le roi d'Espagne, avait aussi ses vues : il espérait bien l'asservissement de la France. Ainsi la religion pour les chefs n'était qu'un masque. Ligueurs et protestants s'entendaient sur ce point. Le roi de Navarre et le duc de Guise se pouvaient donner la main... « Pour la religion dont tous les deux font parade, disait au jeune de Thou, Michel de Montaigne, c'est un beau prétexte pour se faire suivre par ceux de leur parti ; mais la religion ne les touche ni l'un ni l'autre. » Il n'en est pas moins vrai que la bourgeoisie et le peuple qui créèrent, formèrent et soutinrent l'association, n'étaient animés que par le désir de sauver leur foi menacée. Politiques à vues courtes, emportés par l'ardeur, ils ne virent pas où ils allaient, et qu'en appelant Philippe II comme contre-poids à Élisabeth et aux princes allemands, ils se préparaient un maître redoutable dont ils auraient eu autant à souffrir que les huguenots. Aussi, tout en approuvant leurs bonnes intentions, faut-il reconnaître leurs erreurs, blâmer leurs fautes et flétrir leurs crimes.

A chaque entreprise des huguenots, à chaque démarche intempestive de Henri III, la Ligue répond par un redoublement d'ardeur et d'imprécations, et s'accroît avec le danger. Condé revient à la Rochelle en janvier 1586 escorté d'une escadre anglaise et nanti de l'or d'Élisabeth. Théodore de Bèze parcourait les Etats germaniques et amenait les luthériens d'outre-Rhin au secours des calvinistes de France. La Ligue accepte les secours de Philippe II, et puise à pleines mains dans ses coffres. Ce fut bien autre chose quand Élisabeth eut fait condamner Marie Stuart, le 26 octobre 1586, et qu'elle eut prouvé, en tranchant la tête de sa rivale (18 février 1587), que devant l'assassinat juridique la majesté des rois n'était pas plus inviolable que devant le poignard des sicaires. On accusa le roi de Navarre, le prince de Condé, les chefs du parti d'avoir répondu par un conseil de mort à la demande d'avis d'Élisabeth, et l'on eut raison : car d'Aubigné, l'historien protestant, le raconte et dit : « Je suis certain de ces choses-là. » L'animadversion contre Henri III était si violente qu'on lui fit aussi un crime de ce meurtre, bien qu'il eût essayé de l'empêcher.

Jusqu'alors les chefs avaient pu diriger le mouve-ment. Ils durent s'avouer impuissants à le contenir. C'est le peuple qui les poussait, c'est-à-dire une masse ignorante et fanatisée. Tous ceux qui étaient soupçon-nés, non pas d'hostilité contre la Sainte-Ligue, mais seulement d'indifférence pour le salut de la foi, étaient molestés, menacés, emprisonnés. Les haines particu-lières dans ces troubles avaient beau jeu. Com-bien de bons catholiques furent traités comme hu-guenots !

Bernard Palissy avait deux fois échappé à la mort. Il n'évita pas alors la prison. Ses protecteurs étaient morts ; il était vieux et incapable de fuir. Le souvenir de ses services était affaibli ou perdu. Peut-être même l'éclat de ses leçons avait appelé sur lui l'attention. Il fut dénoncé par un de ses anciens coreligionnaires et arrêté en 1587 ou 1588.

Le potier géologue eût été digne d'être oublié.

Il se trouvait parmi les Seize un furieux persécu-teur des protestants. Mathieu de Launay, né à la Ferté-Alais (Seine-et-Oise), d'abord prêtre catholique et docteur en théologie, avait en 1560 jeté le froc aux orties pour se marier. Les protestants avaient avec joie accueilli l'apostat, et, comme dédommagement, avaient fait de ce prêtre infidèle un homme vêtu de noir qui dit des choses honnêtes, selon l'expression de Joseph de Maistre. Mathieu de Launay fut ministre en divers endroits, notamment à Heidelberg. Il était en dernier lieu à Sedan depuis plusieurs années, lorsque la découverte de ses relations adultères avec

une cousine, l'obligea à s'enfuir. Il vint à Paris. Là,
reconnaissant ses erreurs, il rentra dans le sein de
l'Église romaine. Ses talents, son éloquence, son repentir lui valurent la protection des Guises. Il fut
nommé chanoine de Saint-Gervais, à Soissons. Par ses
prédications, il entraîna cette ville dans le parti de la
Ligue. Pour récompenser son zèle, ses protecteurs le
firent venir à Paris. Il avait besoin de zèle pour faire
oublier son passé; il ne s'y épargna pas. Avec Jean
Compans, marchand drapier, un des échevins de Paris
après la journée des Barricades, qui, comme lui, avait
abjuré le protestantisme, il devint un des plus ardents
persécuteurs des huguenots. Bernard Palissy fut malheureux de se rencontrer sous sa main. Il demandait
instamment qu'on le conduisît au supplice; et l'assassinat du duc de Guise, en excitant les haines populaires
contre les calvinistes, donnait du poids à ses prières.

L'illustre prisonnier trouva un protecteur où certes
il ne l'attendait pas. Ce fut le chef de la Ligue lui-
même. Le duc de Mayenne s'opposa aux impatients de
son parti. Était-ce bienveillance pour le potier? Peut-
être. C'était avant tout douceur de caractère, crainte
de s'attirer l'animadversion par le supplice d'un faible
vieillard. En pleine Ligue, les idées de tolérance faisaient chaque jour des progrès, et un historien protestant, le fanatique Agrippa d'Aubigné, qui n'est
pas suspect ici, appelle cette époque « un siècle désacoustumé aux bruslements. »

Le duc de Mayenne toutefois n'osa pas rendre la
liberté au captif. Il fit ce qu'il était possible de faire;
il eut soin que le procès traînât en longueur.

Le 31 janvier 1588, Henri III se rendit aux prisons,
La visite aux prisonniers est une de ces œuvres
pies que recommande le catholicisme; et le roi,
qui se faisait un devoir d'assister aux processions en
habit de pénitent, n'avait garde de négliger cette
pieuse pratique. Débauché et crédule, il savait allier
l'orgie et la religion. Peut-être aussi trouvait-il là
l'occasion d'exercer l'éloquence théologique dont il
était fier, contre l'obstination de quelque huguenot.
C'est ce jour-là qu'il aurait vu Palissy. M. Henri
Martin l'affirme (*Histoire de France*, tome X, page
76), et tous les biographes sans exception. Or,
Henri III n'a pas vu Bernard Palissy à la Bastille,
et surtout il n'a pas eu avec lui le colloque que l'on
rapporte. Le fait a été si souvent répété, on a si souvent réédité le texte d'Aubigné, tous les historiens
sont tellement unanimes sur ce point, et la foule s'accorde si bien avec les biographes, que l'erreur
n'est pas facile à dévoiler, et qu'il est besoin de quelques efforts pour démontrer l'invraisemblance et la
fausseté de cette anecdocte. On nous permettra donc
d'y insister un peu.

Voici comment, au chap. VII de la *Confession de
Sancy*, s'exprime d'Aubigné. Le chapitre est intitulé:
DE L'IMPUDENCE DES HUGUENOTS. Ces mots seuls en révè-
lent l'esprit :

« Mais sans compter les hardiesses de ceux qui en
font profession, que direz-vous du pauvre potier
M. Bernard, à qui le même roy parla un jour en cette
sorte : « Mon bonhomme il y a quarante-cinq ans que
« vous êtes au service de la reine ma mère et de moi;

« nous avons enduré que vous ayez vécu en votre reli-
« gion, parmi les feux et les massacres ; maintenant je
« suis tellement pressé par ceux de Guise et mon peu-
« ple, qu'il m'a fallu malgré moi mettre en prison
« ces deux pauvres femmes et vous : elles seront de-
« main brûlées et vous aussi, si vous ne vous conver-
« tissez — Sire, répond Bernard, le comte de Maulé-
« vrier vint hier de votre part pour promettre la vie
« à ces deux sœurs si elle voulaient vous donner
« chacune une nuit. Elles ont répondu qu'encore,
« elles seraient martyres de leur honneur comme de
« celui de Dieu. Vous m'avez dit plusieurs fois que
« vous aviez pitié de moi, mais moi j'ai pitié de vous
« qui avez prononcé ces mots : J'y suis contraint;
« ce n'est pas parler en roy. Ces filles et moi qui
« avons part au royaume des cieux, nous vous appren-
« drons ce langage royal que les Guisarts, tout votre
« peuple et vous ne sçauriez contraindre un po-
« tier à fléchir le genoux devant des statues. » Voyez
l'impudence de ce bélitre! Vous diriez qu'il aurait lu
ce vers de Sénèque : On ne peut contraindre celui qui
sait mourir : *qui mori scit, coyi nescit.* » (*Confession
de Sancy*) chap. VII.

Remarquons que ce passage est extrait d'un pamphlet. *La Confession catholique du sieur de Sancy* est
avant tout une œuvre de passion extrême. Le huguenot y sacrifie impitoyablement à ses haines tout
ce qui n'est pas de sa foi. Son maître lui-même,
Henri IV, n'y est pas épargné ; d'Aubigné n'a d'admiration que pour les réformés. Ainsi d'une part sa
licence excessive, de l'autre le travestissement des

personnages poussé jusqu'au burlesque, les calomnies dont il charge ses adversaires, et sa manifeste partialité, doivent nous mettre suffisamment en garde contre ses assertions, et nous le rendre suspect même lorsqu'il pourrait dire la vérité.

En lisant ce passage, on sera frappé du ton qui y règne. Les paroles du roi sont convenables, on y sent la bienveillance. N'a-t-il pas un désir sincère d'épargner le supplice au prisonnier? La réponse de Palissy n'est pas fière; elle est insolente. On peut être ferme en sa foi, mais il est mal de répondre à une parole bienveillante par une grossièreté; Palissy pouvait-il tenir ce langage? Demandons-nous-le de bonne foi. Il a soixante-dix-huit ans; il est en prison, il n'a reçu que des marques de bonté de Henri III et de sa mère. A défaut de reconnaissance, il devait au moins du respect au roi qui daignait le venir visiter dans son cachot et tenter un suprême effort pour le sauver. J'ai assez bonne opinion du cœur de Palissy pour croire qu'il n'a pas manqué à ce simple devoir. Cette leçon, adressée avec tant de hauteur par le potier Bernard au roi de France, me paraît être une invention de l'auteur. Elle est tout à fait dans le genre de d'Aubigné; c'est certainement ce que le terrible batailleur, serviteur dévoué de Henri IV, eût dit à Henri III. Le personnage s'y révèle tout entier sous l'écrivain. Lisez ces lignes avec attention; vous y reconnaîtrez la tournure concise, énergique, la pensée antithétique si chère à d'Aubigné. Un mot à la fin de la scène, va trahir l'intention de l'auteur. Agrippa d'Aubigné, on le sait, est un poëte, un artiste plus encore qu'un historien. Il sait embellir les faits. Les événements semblent ne lui être qu'un prétexte à tableaux. Il peint avec de vives couleurs et ne l'ignore pas. C'est lui qui créa par son *Histoire universelle* (tome II, livre I, chapitre II), cette fameuse lettre du vicomte d'Orthez à Charles IX qu'il résuma dans ce vers de ses *Tragiques :*

> Tu as, dis-tu, soldats et non bourreaux, Bayonne,

sans se douter qu'on découvrirait en 1850 des lettres qui montreraient ce même vicomte d'Orthez comme le plus acharné persécuteur des réformés. S'il trouva bon de faire écrire au gouverneur de Bayonne une lettre de son invention, il peut bien prêter au potier Palissy un mot de Sénèque. Il avait besoin de ce mot ; il l'a mis en la bouche du prisonnier.

C'est au vers 426 de l'acte II de l'*Hercule furieux*, *Hercules furens*. Hercule après avoir épousé Mégare, fille de Créon, roi d'Athènes, était descendu aux enfers. Pendant son absence, Lycus, qui a excité une sédition et s'est emparé du trône, veut donner une apparence de légitimité à son usurpation. Il presse la femme d'Hercule, Mégare, fille des anciens rois, de l'épouser ; et sur son refus, il la menace d'employer la force.

Lycus. — J'emploierai la force !

Mégare. — Qui peut céder à la violence ne sait pas mourir.

Cogere ! — *Cogi qui potest, nescit mori.* La citation n'est pas exacte. Sénèque dit : *Cogi qui potest, nescit mori.* Agrippa d'Aubigné écrit : *Qui mori scit, cogi nescit.* Les termes sont changés ; au fond la pensée est la même. L'auteur français, en transcrivant la phrase de mémoire probablement, a cédé à son goût pour l'antithèse. Du reste une pointe de plus ne faisait pas de tort à Sénèque.

Je le demande: l'identité des situations n'amène-t-elle pas le soupçon à l'esprit? Le pamphlétaire n'a-t-il pas pu combattre les catholiques avec des armes empruntées à Sénèque? La réponse de Mégare est belle. Il l'a trouvée telle, et a pensé qu'il serait glorieux pour le protestantisme si quelque huguenot la faisait au faible Henri III. Vétille, dira-t-on? *Cogi qui potest, nescit mori;* ou bien, *Qui mori scit, cogi nescit,* qu'importe? En effet, le point est peu grave. La citation est inexacte, voilà tout. Mais examinons le récit lui-même.

« Il y a quarante-cinq ans, dit le roi à Palissy, que vous êtes au service de la reine et de moi. » Le sens exigerait peut-être « *ou* de moi. » Passons. Ce chiffre de quarante-cinq ans est formel. Nous sommes en 1588; il nous reporte donc à 1543. Or, en 1543, que faisait Maître Bernard? Il tâtonnait « en ténèbres » pour trouver l'émail. Il y travaillait depuis déjà quatre ou cinq ans, et il y employa seize ans, de 1539 à 1555.

Je sais qu'à cette époque 1543, il fut employé pour la gabelle. Les commissaires, envoyés en Saintonge pour établir l'impôt du sel, le chargèrent de lever le plan des marais salants de la contrée. Mais cette commission dura quelques mois ou un an au plus. Quand son travail fut terminé, il retourna à ses fours. Peut-on admettre qu'il ait continué à émarger, quand il ne fit plus rien, et qu'il restait au service royal, quand il ne vivait plus que pour ses chers émaux ?

L'époque où Bernard Palissy entra réellement au service de Catherine de Médicis, c'est 1566. De 1566 à 1588 il ne s'écoula jamais que vingt-deux ans. Nous sommes loin de quarante-cinq. Veut-on reporter la date au moment où, sur la recommandation du connétable Anne de Montmorency, Maître Bernard reçut le titre d'inventeur des rustiques figulines du roi et de la reine sa mère ? Nous n'arriverons qu'à 1562.

Mais voici qui est plus fort. Catherine de Médicis ne fut régente qu'en 1560, à la mort de son fils aîné François II, et à l'avénement de son fils mineur, Charles IX. Palissy n'a pu être au service de la reine mère qu'à partir de ce moment. Enfin François Iᵉʳ ne mourut qu'en 1547. Catherine de Médicis, jusqu'alors dauphine, ne devint reine qu'à cette époque par l'avénement au trône de son époux, Henri II. Comment Bernard a-t-il pu être, en 1543, au service d'une reine qui ne fut reine qu'en 1547, quatre ans plus tard ? Henri III n'était pas un grand savant, un profond érudit, un chronologiste habile ; mais il devait connaître le millésime de la mort de son grand-père, de l'avénement au trône de sa mère. Il n'a pas confondu Charles IX et François Iᵉʳ.

N'est-ce pas là une preuve que d'Aubigné n'avait pas bien entendu la conversation du prince ? Il a mis quarante-cinq ans, comme il aurait écrit vingt-cinq. Je ne veux pas insister ; mais je note que les écrivains véridiques ne commettent pas de ces bévues.

On a remarqué dans le passage de l'historien calviniste que Palissy n'est pas seul en prison. Il a près de
lui deux femmes, «deux sœurs,» détenues comme lui
pour cause de religion, et qui, dit le roi « seront
brûlées demain. » Quelles sont ces filles ? D'Aubigné
ne les nomme pas ici. Mais dans son *Histoire universelle*, il a été moins réservé, et il les appelle les « deux
filles de Sureau. » Ce sont bien là les « deux sœurs »
qui périrent par le feu en juin 1588.

A la façon dont s'exprime l'auteur de l'*Histoire universelle*, il semble croire que ces deux femmes avaient
pour père un Sureau. Il y eut à cette époque un Sureau
qui joua un certain rôle. Hugues Sureau, dit *du Rozier*, fameux ministre protestant, fut d'abord pasteur
à Orléans. Il abjura le calvinisme en 1572 pour échapper à la Saint-Barthélemi. Catholique éloquent, il fut
envoyé par Charles IX à Henri de Bourbon, à Henri de
Condé, à Marie de Clèves, à François d'Orléans, puis à
la duchesse de Bouillon, pour essayer de ramener au
giron de l'orthodoxie ces illustres appuis de l'hérésie.
Plus tard, il se retira à Francfort où il revint au protestantisme. Bayle, à l'article *du Rozier*, affirme qu'il
mourut de la peste dans cette ville avec sa femme et
ses enfants en 1575. Il ne peut donc être question des
filles de ce Sureau-là en 1588, comme quelques-uns
l'ont pensé. Le Duchat, dans ses *Commentaires sur la
Confession de Sancy*, suppose qu'il s'agit d'un autre
Sureau. Mais l'auteur et le commentateur se sont également trompés.

Ces captives n'étaient point «filles de Sureau. »
Elles avaient pour père Jacques Foucault, procureur

au parlement de Paris. Une d'elles, Radegonde Foucault, avait épousé Jean Sureau, garde des sceaux de
Montargis. C'est ce qui a trompé Agrippa d'Aubigné.
Il les croit nées d'un Sureau parce que l'une portait
ce nom depuis son mariage. C'est une nouvelle erreur
ajoutée aux précédentes.

Continuons : nous allons voir une faute bien plus
grave.

Radegonde Foucault, restée veuve de Jeán Sureau
avec trois enfants en bas âge, s'était retirée dans un
petit domaine qu'elle possédait à Pierrefitte. Dénon-
cée comme hérétique par un de ses créanciers, elle
fut arrêtée, le 29 octobre 1587, en vertu de l'édit du
23 avril 1587, qui obligeait les protestants à sortir
du royaume sous quinze jours. Le même jour on
s'empara aussi de sa sœur Claude, qui habitait Paris. Elles furent enfermées dans les prisons du Châtelet. Le 7 novembre suivant, elles reçurent la visite
du curé de Saint-Séverin qui, avec le secours de deux
docteurs de Sorbonne et de deux jésuites, essaya mais
inutilement de les convertir. Ici se présente une importante question. Où furent mises les deux sœurs ?
à la Bastille ou au Châtelet? Le texte d'Agrippa d'Aubigné n'est point obscur. Elles sont dans la même
prison que Palissy, c'est-à-dire à la Bastille. « Il m'a
fallu, dit le roi, mettre en prison ces deux pauvres
femmes et vous. » Et Maître Bernard dans sa réponse
montre qu'il connaît les plus intimes particularités qui
les intéressent : nul doute à ce sujet. Malheureusement, d'Aubigné qui les croit filles de Sureau, les
fait jeter à la Bastille où elles ne mirent jamais les

pieds. *La France protestante*, d'accord avec l'Estoile, d'accord avec le *Martyrologe protestant*, raconte qu'après la journée des Barricades et la fuite de Henri III, le Châtelet qui les tenait prisonnières les condamna à être pendues, puis brûlées (mai 1588). Elles en appelèrent au Parlement qui les fit tranférer à la Conciergerie. La populace, ameutée dans la cour du palais, demanda leur supplice avec de telles menaces que, malgré les instances de sa mère, le duc de Guise n'osa intervenir en leur faveur. Le parlement confirma la sentence. Les deux sœurs furent conduites à la potence, le 28 juin 1588. Le peuple en fureur n'attendit pas que l'aînée fût étranglée; il coupa la corde et elle acheva de périr dans les flammes. Voilà les faits racontés dans tous les détails par des écrivains compétents. Aucune mention de la Bastille : d'octobre 1587 à mai 1588, le Châtelet : puis de mai à juin, la Conciergerie, telles sont les deux seules étapes que firent les prisonnières avant d'aller à la mort. La Bastille n'exista pour elle que dans l'imagination féconde de l'historien.

Il n'entre point dans mon sujet de discuter le plus ou moins d'authenticité des honteuses propositions que, d'après le pamphlétaire, leur fit faire le roi par le comte de Maulévrier. Je remarque d'abord que Charles-Robert de la Marck, comte de Maulévrier, était catholique, et catholique aussi dévoué que son frère Henri-Robert de la Marck, prince de Sedan, était calviniste ardent. C'en est assez pour que le protestant fanatique ne craigne pas de diffamer un de ses adversaires religieux. Ensuite les biographes huguenots, si bien informés de ce qui concerne les deux sœurs et qui n'auraient pas manqué de signaler le fait à leur honneur, se taisent. Ce silence n'est-il pas une preuve sans réplique ? D'Aubigné aura inventé l'anecdote pour jeter un peu plus d'odieux sur Henri III. Après tout, il reste la question de savoir comment, à la Bastille, Palissy a pu connaître si minutieusement ce qui se passait au Châtelet.

Mais d'Aubigné lui-même va nous servir de témoignage contre d'Aubigné. Il a fait deux fois le même récit. Confrontons les deux narrations.

Voici ce que dans le tome III, imprimé en 1620, pages 216 et 217, chapitre 1er, livre III, on lit à la date de 1589 :

« Il y avoit alors quelques prisonniers pour le fait de la religion, desquels on voulut qu'il (le duc de Mayenne) sollicitast la mort, comme avoit fait lors des barricades le duc de Guise, son frère, en la personne des deux filles de Sureau ; mais il refusa cet office, tant selon son naturel que pour avoir veu la réputation de son frère en avoir esté tachée, en un siècle désacoustumé aux bruslemens ; pour marque de quoi il estoit advenu à la mort de ces deux que le peuple les trouvant belles, et un vieillard aiant monté sur une boutique pour s'escrier : Elles vont devant Dieu ! le peuple, au lieu de sauter au colet de cet homme, respondit par quelques gémissements.

« Launai, autrefois ministre et maintenant un des Seize, sollicitoit qu'on menast au spectacle public le vieux Bernard, premier inventeur de poteries excellentes ; mais le duc fit prolonger son procès, et l'âge de quatre-vingt-dix ans qu'il avoit en fit l'office à la

Bastille. Encor ne puis-je laisser aller ce personnage sans vous dire comment le roi dernier mort lui aïant dit : « Mon bonhomme, si vous ne vous accommodez pour le fait de la religion, je suis contraint de vous laisser entre les mains de mes ennemis, » la responce fut : « Sire, j'estois bien tout prest de donner ma vie pour la gloire de Dieu ; si c'eust été avec quelque regret, certes il seroit esteint en aïant ouï prononcer à mon grand roi : Je suis contraint. C'est que vous et ceux qui vous contraignent ne pourrez jamais sur moi, parce que je sais mourir. »

Les deux versions sont les mêmes. Et pourtant qui donc ne sentira, à la simple lecture, une différence de ton? L'historien a compris que ce qui était de mise dans un pamphlet ne pouvait l'être dans une œuvre sérieuse. Palissy y est ferme sans arrogance. Cependant, à la manière dont cette anecdote est amenée, on voit le désir de l'accréditer en la rééditant. Elle ne se lie pas au récit ; c'est un pur hors-d'œuvre.

Dans cette seconde version, plusieurs faits ont disparu. Plus de Catherine de Médicis, plus de quarante-cinq ans de service, plus de comte de Maulévrier. Ce n'est pas un oubli, c'est une suppression bien volontaire, c'est l'aveu d'une première erreur. En réfléchissant, l'historien aura compris ses fautes, et il les reconnaissait en ne les répétant plus. Ainsi le président Hénault qui, dans la première édition de son *Abrégé chronologique* en 1744, admettait avec un *dit-on* le fait de Charles IX tirant sur les protestants le matin de la Saint-Barthélemi, le retrancha com-

plétement des éditions subséquentes, avouant par là
qu'il avait commis un mensonge historique.

Mais le second récit, dépouillé des erreurs du premier, est-il vrai ? Faut-il regarder comme authentique cette visite plus simple de Henri III et ce langage
de Maître Bernard, plus modeste avec autant de fermeté ? Je réponds : Pas davantage.

D'Aubigné n'est pas un témoin oculaire ; il n'a
pas assisté à l'entrevue. Grâce à ses *Mémoires* et à
son *Histoire*, nous avons presque jour par jour le
détail de ses faits et gestes pendant ces années 1587,
1588 et 1589. Il était partout, sauf à Paris. Au commencement de 1587, il fait une reconnaissance à
Talmont, en Poitou, tombe quatre mois malade, puis
s'achemine par Taillebourg et Saintes, et combat à
la bataille de Coutras (20 octobre 1587). De là, il
assiste au siége de Beauvoir-sur-Mer, en Poitou, avec
le roi de Navarre. Il est à Saint-Jean-d'Angély, lorsqu'y parvint la nouvelle de l'assassinat du duc de Guise
(23 décembre 1588). Puis arrivèrent la prise de
Niort et celle de Maillezais, où il demeura gouverneur. D'Aubigné n'a donc pu avoir l'anecdote que de
seconde main. La lui a-t-on rapportée fidèlement ?
la lui a-t-on même rapportée ? Tout ce que je viens
de raconter prouve clairement qu'il l'avait prise dans
son imagination. Il aura connu l'emprisonnement de
Palissy, la mort des Foucaudes, la visite de Henri III
au Châtelet ; de tous ces incidents compliqués d'une
réminiscence de Sénèque, il aura composé le petit
roman que nous avons lu. L'invraisemblance y
saute aux yeux : les erreurs y abondent ; on y constate

un alibi. En faut-il davantage pour mettre au rang des fables ce récit si soigneusement arrangé ? La vérité n'a pas ces couleurs apocryphes.

Pour achever les démonstrations, lisons la narration d'un autre contemporain, plus exact que d'Aubigné, témoin oculaire de ce qui se passait alors à Paris, et de plus, ami particulier de Palissy.

Voici d'abord ce qui regarde les Foucaudes, et la visite de Henri III aux prisons. On trouvera le passage à la page 245, tome I, 2e série, de la collection Michaud dans le *registre journal de Henri III*, par Pierre de l'Estoile :

« Le dimanche dernier jour de ce mois, 31 janvier 1588, le Roy visita les prisonniers, accompagné des curés de Saint-Eustache et de Saint-Séverin, et estant venu au petit Chastelet, il se fit amener deux pauvres filles de la religion qu'on nommait les Foucaudes, prisonnières pour n'avoir obéi à ses édits et ne vouloir aller à la messe, auxquelles il parla assez longtemps jusques à les prier de ne vouloir demeurer plus longtemps opiniâtres en leurs hérésies, et lui promettre seulement de retourner à la messe, et prit le Roy le loisir d'une bonne heure, durant laquelle ils disputèrent fort et ferme... Il ne fut possible de les vaincre, sinon par bourrées et fagots auxquels pour conclusions ils les renvoyèrent comme hérétiques damnables, et brûlables, et ce en la présence du Roy qui dit qu'il n'avait jamais vu femmes se défendre si bien que celles-là, et de mieux instruites en leur religion et hérésie. »

Et de Palissy pas un mot ! Quoi ! de l'Estoile men-

tionne le colloque du roi et des deux sœurs, et il
n'aura pas une syllabe pour Maître Bernard? Bernard
Palissy est son ami. Lui-même avouera qu'il a aimé et
soulagé le potier saintongeois dans sa misère, et il ne si-
gnalera pas la visite que lui a faite le roi de France ! et
il ne citera pas un mot de leur conversation, si bienveillante de la part du roi, si ferme de la part du
sujet !

Écoutons maintenant ce que Pierre de l'Estoile dit
de Maître Bernard. Il sera bon de comparer à la narration emphatique et prétentieuse de d'Aubigné, le
passage de l'Estoile. Ici, rien d'apprêté. L'écrivain est
ému, parce qu'il est sincère ; il raconte simplement
ce qu'il fait et ne va pas demander à Sénèque une
antithèse pour en orner la phrase de ce « bélistre. »
Lisons le passage du *Journal de Henri III*, au tome II,
page 115, de la collection Michaud et Poujoulat, à
l'année 1590.

« En ce mesme an mourust aux cachots de la Bastille de Bassi maistre Bernard Palissy, prisonnier pour
la religion, aagé de quatre-vingts ans, et mourut de
misère, nécessité et mauvais traitements, et avec lui
trois autres personnes détenues prisonnières pour la
même cause de religion, que la faim et la vermine
estranglèrent.

« Ce bon homme en mourant me laissa une pierre
qu'il appeloit sa pierre philosophale, qu'il assuroit
estre une teste de mort, que la longueur du temps
avoit convertie en pierre, avec une autre qui lui ser-
voit à travailler en ses ouvrages : lesquelles deux
pierres sont en mon cabinet, que j'aime et garde soi-

gneusement en mémoire de ce bon vieillard que j'ai
aimé et soulagé en sa nécessité, non comme j'eusse
bien voulu, mais comme j'ai pu.

« La tante de ce bon homme qui m'apporta lesdites
pierres, y estant retournée le lendemain voir comme
il se portoit, trouva qu'il estoit mort ; et lui dit Bussi
que, si elle le vouloit voir, elle le trouveroit avec
ses chiens sur le rempart, où il l'avoit fait traisner
comme un chien qu'il estoit. »

Il est inutile de faire remarquer combien cette version est plus vraisemblable. Pierre de l'Estoile connaît assez intimement Palissy ; « il l'a aimé et soulagé
en sa nécessité. » Il est à Paris, il sait ce qui se passe
exactement à la Bastille, il en est instruit par une tante
de Maître Bernard. Son silence sur la visite de
Henri III est significatif. Il n'eût pas manqué de le
noter.

Pierre de l'Estoile est le seul qui nous parle d'une
parente de Palissy. On ne connaissait de sa famille que
Mathurin et Nicolas. Était-elle véritablement une tante
à la mode de Bretagne ? C'est un point sur lequel
nous pouvons faire toutes les conjectures. Tante ou
cousine, elle devait être fort âgée. On ne voit qu'elle,
du reste, à la mort du grand penseur. Ni femme, ni
enfants. La peur les retenait-elle loin du grabat du prisonnier, ou le narrateur a-t-il négligé d'entrer dans de
plus amples détails ? Quoi qu'il en soit, j'admets pleinement le récit de Pierre de l'Estoile, et je récuse comme
apocryphe celui d'Agrippa d'Aubigné, d'Aubigné trop
fécond satirique pour n'avoir pas inventé une histoire
où le roi de France joue un rôle honteux, trop peu

exact dans certaines parties, pour qu'on le croie sans
examen sur le reste, et trop éloigné du théâtre des
événements, pour en savoir pertinemment les particularités. Erreur de date, erreur de noms, alibi parfaitement démontré, invraisemblance de tels propos
dans la bouche d'un sujet dévoué, pauvre, prisonnier
et vieux ; silence d'un historien véridique, ami de Palissy, en faut-il davantage pour faire reléguer parmi
les contes, le fait imaginé par d'Aubigné, et trop légèrement accepté jusqu'ici par les biographes ?

En écartant la scène qu'invente l'auteur *de la Confession de Sancy*, il n'en reste pas moins le récit authentique de Pierre de l'Estoile. Qu'avons-nous besoin d'enjolivements étrangers ? A quoi bon des
phrases de parade et des citations travesties ?
Voici Palissy, tel que nous l'avons vu. Il finit dans un
cachot une vie commencée dans la pauvreté et continuée le plus souvent dans la misère. Le tableau est
parfait. Il n'y a pas jusqu'à ce Bussi-Leclerc, qui ne
vienne y montrer sa face hargneuse. Le procureur
Leclerc, qui se faisait appeler Bussi en mémoire du
fameux duelliste Bussi d'Amboise, favori du duc d'Anjou, et que le duc de Guise était allé prendre dans
une salle d'armes pour en faire, le 14 mai, un gouverneur de la Bastille, devait bien cette insulte au
cadavre de l'inventeur de l'émail.

Ainsi Palissy achevait dans un cachot une vie commencée dans la gêne, continuée dans la pauvreté. On
ne peut s'empêcher de verser une larme sur ce vieillard et de déplorer cette fin. Voilà donc où l'ont
conduit ses découvertes, son enseignement, ses

travaux ! Ses services n'ont pu faire oublier sa religion ; le génie n'a pas trouvé grâce devant la haine ; la gloire, devant la vengeance. En vain les plus grands seigneurs le protégent, huguenots et catholiques. Il tombe sous les coups d'un obscur fanatique qui satisfait ses inimitiés particulières : résultat fatal des troubles civils ! les chefs allument l'incendie par ambition et se sauvent. Ce sont les petits qui y périssent.

Palissy mort, on ne songea plus guère à lui. L'ingratitude, on peut le dire, fut à la hauteur du bienfait. Le silence pesa lourdement sur sa tombe ; l'oubli se fit autour de son nom. Quelques hommes éminents, Réaumur, Fontenelle, Buffon seuls, de temps en temps, rappelèrent son souvenir qui périssait. Les erreurs qu'il avait combattues ne furent pas vaincues, et lui survécurent. Pouvait-on l'apprécier à sa valeur, quand les théories qu'il avait attaquées étaient partout maîtresses ? Voyez Descartes. Quelles bizarres hypothèses il émet, même après que Maître Bernard les a ruinées ? Et pourtant, qui avait plus de titres que Palissy à l'attention de son époque et de la postérité ?

Bernard Palissy fut un génie à peu près universel. Comme tous les hommes supérieurs, il porta son regard de plusieurs côtés à la fois. Albert de Haller, botaniste, savant, médecin, s'occupait d'administration et de poésie. Robert Boyle était non-seulement physicien et géologue, mais encore philosophe et moraliste. Au seizième siècle surtout, les hommes sont encyclopédiques. La curiosité y fut tout d'un coup éveillée ; et dans le trouble, dans l'empressement, chacun se mit à marcher suivant plus d'une voie, tâtonnant un peu, trébuchant souvent. Nous ne parlons pas de Pic de la Mirandole. Un peu avant, Leo-Baptiste Alberti, poëte, mathématicien, peintre et sculpteur, avait élevé l'église de Saint-François de Rimini. Cellini, très-habile joueur de flûte et de cornet, orfévre nielleur, dessinateur, statuaire et fondeur, construisait des machines mieux que les ingénieurs, pointait des pièces, dirigeait l'artillerie au siége de Rome, fabriquait ses armes et sa poudre, tuait un oiseau à deux cents pas, et le connétable de Bourbon éprouva la justesse de son tir. Léonard de Vinci, musicien et improvisateur, sculpteur et peintre, inventa des machines hydrauliques, indiqua les moyens d'aplanir les montagnes, de creuser des souterrains, de nettoyer des ports, de soulever de grands poids, de dessécher des marais, rendit l'Adda navigable l'espace de deux cents milles, et expliqua les coquilles fossiles par le retrait des eaux de la mer. Maître Bernard, artiste, fut aussi écrivain, géologue, physicien et chimiste.

Artiste, potier, émailleur, Palissy fut un héros. M. Brongniart l'a proclamé. Sa persévérance, sa ténacité pendant quinze ou seize ans sont vraiment étonnantes. Aussi a-t-il trouvé là le titre le plus populaire à sa réputation. Ses rustiques figulines ont répandu son nom. Genre inférieur, il l'a élevé au premier rang. Un plat de Maître Bernard est un tableau, tableau vivant, plein d'attraits par sa singularité même. La toile est consacrée aux dieux et aux rois. L'argile

est due aux animaux rampants dont elle est si près. De
couleuvres et de serpents, de crabes et de grenouilles,
de coquilles et de plantes fluviales savoir former une
scène, un paysage animé, n'est-ce pas créer ? Si le
peintre se trompe, s'il donne à tort un coup de pinceau, qui réparera l'erreur ? Une fois la faïence au feu,
il n'y a plus à retoucher. Le feu est maître. Quelle
attention pour que la main ne s'égare pas en répan-
dant l'émail ! Et malgré tout, que de mécomptes !
Attristé, soucieux, Bernard brise toutes les pièces défectueuses. Aussi, s'il y a des différences entre ses
œuvres, il les faut attribuer au changement de manière, amené et par une transformation du goût
public et par la nécessité de sa position qui l'obligeait à faire vite. Il est à regretter qu'il se soit
proposé l'imitation comme fin et comme but. Il veut
faire du trompe-l'œil. Il a réussi; il a réussi admira-
blement. Mais enfin, ce n'est là qu'un métier. Le talent qu'il a déployé dans ce genre prouve jusqu'où il
était capable d'aller, s'il s'était fait une autre esthétique. Admirons donc ses qualités étonnantes; esti-
mons à leur prix ces rustiques figulines arrosées de
tant de larmes et où, en visant au métier, l'auteur a
atteint l'art; mais sachons modérer notre enthousiasme : Palissy a d'autres titres à nos éloges.

L'émailleur a fait tort à l'historien, à l'écrivain, au
savant. On s'est obstiné à ne voir en Maître Bernard
qu'un artiste incompris et persécuté, qui, à bout de
ressources, jette ses meubles au feu pour achever une
cuisson décisive. C'est lui ôter plus de la moitié de sa
gloire. Dans son court récit des débuts de la Réforme

en Saintonge, il nous a révélé une foule de détails intéressants, qu'on chercherait vainement ailleurs. Sa
narration est simple ; c'est César plutôt que Tacite.
Si les traits énergiques y sont moins fréquents, il y
règne une certaine mélancolie qui est bien dans le ton
et qu'on regretterait de n'y pas trouver. Malheureusement on y sent le sectaire ; il dissimule avec soin
ce qui nuirait à son parti. L'impartialité est une
vertu trop élevée pour qu'y puisse atteindre, du premier coup, celui qui a été victime des événements
qu'il raconte. Mais en éclairant ses mémoires, impressions personnelles, à la lumière que nous apportent d'autres témoins oculaires, moins prévenus, plus
dégagés de passions, on peut en tirer grand profit.

L'écrivain a un mérite remarquable, la naïveté.
Mélange de finesse, de bonhomie et de force, son
style plaît. Il ne frappe pas généralement par d'éloquentes pensées, par des mouvements passionnés. La
poésie y est partout. Même dans les théories les plus
ardues, dans l'expression des systèmes abstraits, il
sait trouver l'image gracieuse et pittoresque qui les
fait comprendre et saisir. Les métaphores sont le plus
souvent tirées du sol. Il y met une justesse qui ravit.
La raison, une raison rigide, austère, n'a jamais parlé
une langue plus riche. Quand, dans ses discussions
avec *Théorique*, il sent de la résistance, quand il voit
l'outrecuidance de son adversaire ignorant, il s'im-
patiente, et le ton monte. Les arguments se pressent;
les comparaisons s'accumulent ; la verve se donne
carrière. Il faut que Théorique soit vaincue. S'il peint
ses malheurs, c'est une élégie émouvante, qui vous

arrache des larmes. Tours heureux et poétiques,
images vives, la netteté scientifique sous des comparaisons pittoresques, un certain laisser aller, telles
sont les qualités qui distinguent la langue de Palissy.
Il peut être considéré comme un des créateurs de notre
français, et il ne faut pas hésiter à le placer au premier rang des prosateurs du seizième siècle, tout à
côté de Montaigne, d'Agrippa d'Aubigné et de Rabelais.

Il est assurément le premier à cette époque qui ait
porté sur la nature une main hardie pour en sonder
les entrailles. A la Renaissance on se mit à étudier
les sciences physiques, mais dans les livres. Aristote
et Pline furent encore les grands naturalistes ; seulement on les lut davantage. Ulysse Aldrovande, de
Padoue, ajouta à son savoir acquis dans les livres
celui qu'il acquit dans ses voyages, et écrivit en latin.
« La France, dit fort bien M. Villemain (*Cours de littérature française au dix-huitième siècle*, t. II, p. 189), la
France eut dès lors la gloire de produire des observa-
teurs de la nature, qui voyaient et pensaient par eux-
mêmes, tels que Belon, le savant voyageur, un des
écrivains les plus expressifs de notre vieille langue
descriptive, et Bernard de Palissy, ce pauvre potier,
sans éducation et sans lettres, qui, par ses essais opiniâtres, parvint à fabriquer le plus bel émail, conçut
les premières théories sur l'état antérieur du globe
et écrivit avec génie l'histoire de ses souffrances et
de ses découvertes. »

Palissy est ennemi acharné de la théorie et de la
routine. Devançant d'un siècle Bacon et Descartes, il

pose (page 15) ce grand principe qu'il ne faut s'en rapporter qu'à soi. « Ie ne veux aucunement être imitateur de mes prédécesseurs, sinon en ce qu'ils auront fait selon l'ordonnance de Dieu. » Il se défie de ces savants de cabinet qui donnent des conseils et croient qu'avec de l'imagination on se tire de tout. Paracelse aussi raillait ces chimistes en gants et en habit de velours, qui se contentent de formules prises dans les traités. Il voulait des savants en tablier de cuir, en culotte de peau, sachant se mettre les doigts dans le charbon, tout enfumés, noirs comme des forgerons. Palissy réalise l'idéal de Paracelse. Il met hardiment les mains à la pâte. Il ramasse stalactites et coquilles, fossiles et argile, et explique tout cela à une foule émerveillée. Il fait plus ; dans ses dialogues il met aux prises Théorique et Pratique. Et la victoire, est-il besoin de le dire ? est toujours du côté de la dernière. Théorique y joue le rôle du diable dans les Mystères du moyen âge, toujours battue et presque aussi souvent contente. Maître Bernard abuse peut-être un peu de son avantage de garder pour lui le dernier mot. Mais on ne peut contester qu'il y ait là un principe fécond, l'examen, l'observation mise à la place de l'autorité.

En indiquant et en suivant lui-même la méthode d'expérimentation, dont plus tard Bacon fera une loi, le potier faisait des découvertes bien propres à en assurer le succès. La pratique confirmait et montrait l'excellence de la théorie. Parmi les idées jetées pêle-mêle par Maître Bernard, il en est dont l'expérience a montré la fausseté, et qui prêtent même à rire, si l'on ne songe pas que du chaos où il a apporté la lumière, des ténèbres ont dû facilement sortir et égarer les mains qui tenaient le flambeau.

Palissy en physique a très-nettement indiqué la porosité en maint endroit. « Toutes choses, dit-il, (p. 374), quelque compactes et alizes qu'elles soient, sont poreuses. » La pesanteur n'a pas sa théorie, comme la donneront Pascal et Torricelli ; mais elle est révélée. Ne lui parlez pas de l'axiome : La nature a horreur du vide ; il affirme qu'il « n'y a rien de vide sous le ciel » (page 161). Il connaît très-bien la loi de l'écoulement des liquides; que les eaux ne montent jamais plus haut que l'endroit d'où elles viennent, et qu'elles tendent à y remonter. Le premier, il attribue les sources aux infiltrations pluviales. Il examine les phénomènes qui accompagnent la formation de la glace et prouve qu'elle ne se forme pas au fond de l'eau. Il sait que la chaleur augmente le volume des corps et dilate les gaz ; et s'il n'a pas, comme un de ses biographes le lui a reproché, inventé la vapeur, il nous en a décrit hautement la puissance, témoin ce vaisseau de terre ou de fer, qui, rempli « d'une matière spirituelle ou exhalative » et approché du feu, crèvera s'il n'a que quelques trous pour laisser échapper la vapeur d'eau, témoins ces éolipyles destinés à activer la combustion du charbon ; témoin encore la croûte terrestre que fait rouler, trembler et crevasser l'air enclos dans le sein du globe et chauffé par un feu central. De là, l'explication juste et fort poétique des volcans et des tremblements de terre. Pour le feu souterrain, il devance le système de Ver-

ner, de Biot, de Poisson, de Lyell, de Davy, de Johnston et de Liais. Newton pourra lui emprunter quelque chose de son explication de la décomposition de
la lumière et de l'arc-en-ciel. Il a aussi un peu étudié
l'électricité, et a remarqué que l'ambre attire le fétu
de paille comme l'aimant le fer.

Le chimiste est encore plus remarquable. Il commence par se dégager des préjugés qui l'environnent
de toutes parts. On ne sait pas assez la force de caractère et la sûreté d'intelligence qu'il faut pour
échapper aux idées régnantes. Palissy démasque les
charlatans, les fripons, qui, sous le nom d'alchimistes, abusaient de la crédulité publique, et dévoile les
supercheries de ces escamoteurs éhontés, dont l'i-
gnorance n'avait d'égale que la sottise des niais qui
les écoutaient. Le terrain ainsi débarrassé, il veut
construire. Pour fondement au nouvel édifice, il
donne la simplicité et la fixité des métaux. Il en explique l'origine et la formation ; et l'école neptuniste
lui prendra ses idées. Il signale les principaux phénomènes de la cristallisation par voie humide, et reconnaît qu'elle est soumise à des lois constantes. Il
distingue très-nettement la cristallisation de la formation de la glace. Que de vérités encore ! C'est l'importance de la marne, du calcaire et des engrais dans
l'agriculture ; l'action de l'eau en communication
avec la chaux, source de calorique ; les propriétés de
l'alun comme mordant et de la soude comme dissolvant ; le rôle des sels dans la végétation, leur présence dans la cendre des végétaux, l'écorce des arbres, les eaux salpêtrées, qui expliquent le blanchi-

ment du linge, la fabrication du nitre, le tannage des cuirs, la conservation des corps et des momies égyptiennes. Enfin, nommons ce grand principe de l'attraction qu'il découvre et que, par un effort surprenant de génie, il parvient à distinguer de l'affinité. Il semble que Boyle et Newton aient puisé à pleines mains chez Palissy, et que Lavoisier lui a emprunté ce dogme scientifique, que rien ne se perd dans la nature. D'autres viendront ; ils approfondiront ces données, ils modifieront ces théories, compléteront ces observations. Pour cela il aura fallu que Palissy les indiquât. Aussi ne faut-il pas s'étonner si le savant Dumas l'a mis au nombre des créateurs de la chimie.

Où en serait sans lui la géologie ? Peut être Buffon et Cuvier tâtonneraient-ils encore. Le premier, Maître Bernard explique la circulation et la distribution des eaux dans la terre. Il entrevoit l'hydroscopie et prévoit le drainage. Il donne la raison des stalactites et des pétrifications. C'est lui qui écrivit la théorie du sondage des terres et de la stratification du globe. Les puits artésiens n'auront plus qu'à se creuser ; il les a montrés. Des pierres lui ont dit le secret de leur origine et de leur formation, et comment elles s'accroissent par une simple juxtaposition, tandis que les corps organiques s'accroissent par intussusception. La théorie de l'origine des fossiles eût suffi à illustrer un nom. Et que de découvertes prodigieuses il a ajoutées ! « Bernard Palissy, dit M. Chevreul, est tout à fait au-dessus de son siècle par ses observations sur l'agriculture et la physique du globe. Leur variété prouve la fécondité de son esprit, en même temps que la manière dont il envisage certains sujets montre la faculté d'approfondir la connaissance des choses ; enfin la nouveauté de la plupart de ses observations témoigne de l'originalité de ses pensées. »

Bernard Palissy a cependant été plus qu'un artiste, et qu'un savant, il a été un homme. Qu'importe le talent sans la probité? le génie sans le caractère? *Esto vir!* Né humble, il devient grand. A force d'énergie, il se fait une place dans le monde où d'ordinaire l'intrigue et la bassesse l'emportent sur la droiture et la loyauté. Il eut un tort : fut-ce une faiblesse? Il abjura sa religion. Au moins il ne céda à aucune honteuse passion ; l'apostasie ne lui fut pas lucrative comme à tant d'autres. Il se trompa, il fut séduit. Par une inconséquence à remarquer, le protestantisme qui pouvait être la cause de sa mort, servit, après un court malaise, à le mettre en vue et à lui apitoyer bien des gens qui devinrent ses protecteurs. Sectaire orgueilleux et malendurant, il s'attira bénévolement quelques ennuis qu'un peu de prudence et de modestie lui auraient épargnés. Son cachot à la Bastille, il le dut à quelque haine secrète qu'il avait peut-être excitée. Le malheur ne l'abattit pas. Les infortunes privées et publiques le trouvèrent au-dessus d'elles ; il les domina par sa fermeté et son courage. Le pauvre potier huguenot, bienvenu du roi, de la reine et des princes, ne s'enivra point de sa haute position. On le trouve fidèle et reconnaissant ; de nombreux amis attestent son cœur. Pieux et résigné, on le voit l'âme pleine de

Dieu dont il admire sans cesse les merveilles et la bonté.

Héros du travail, inventeur de l'émail et des rustiques figulines, créateur de la langue scientifique et des sciences physiques et naturelles, penseur éminent, écrivain distingué, historien, voilà les principaux traits sous lesquels nous aimons à considérer Maître Bernard. On peut le proposer utilement aux travailleurs, aux artistes, aux chercheurs comme un modèle, aux savants comme un intéressant sujet d'études.

FIN.

TABLE DES CHAPITRES

LIBRAIRIE ACADÉMIQUE

DIDIER ET CIE

PARIS
35, QUAI DES AUGUSTINS, 35

—

1888

EN VENTE

Conférences littéraires de la salle Barthélemy, au profit des blessés polonais. *Première série,* par MM. Saint-Marc Girardin, Legouvé, Laboulaye, Henri Martin, Wolowski, Foucher de Careil, F. de Lesseps, Lachambeaudie. 1 volume in-12. . . . . 2 fr. 50

—— *Deuxième série,* par MM. Albert Gigot, Henri Martin, Viennet, Legouvé, Lefèvre-Pontalis, Yung, Jules Simon, A. Barbier, Odilon Barrot. 1 volume in-12. . . . . 2 fr. 50

OUVRAGES SOUS PRESSE

BUNSEN. Dieu dans l'Histoire, trad. par M. Dietz, avec une Introduction par M. Henri Martin. 1 vol. in-8.

MARIUS TOPIN. L'Europe et les Bourbons sous Louis XIV. 1 vol. in-8.

AUG. VITU. Histoire civile de l'armée. 1 vol. in-8.

LAGRANGE. Pierre Puget. 1 vol. in-8.

V. DE LAPRADE. Le Sentiment de la nature chez les modernes. 1 vol.

PHILARÈTE CHASLES. Voyages d'un critique à travers la vie et les livres. Italie. 1 vol.

M⁰⁰ BLANCHECOTTE. Impressions d'une femme. 1 vol.

M⁰⁰ DE WITT, née GUIZOT. Scènes d'histoire et de famille. 1 vol. in-12.

AUDIAT. Bernard Palissy. 1 vol.

GARCIN. Les Français du Nord et du Midi. 1 vol. in-18.

CHARLES CLÉMENT. Géricault. 1 vol.

J.-J. AMPÈRE. Formation de la langue française. Nouvelle édit. revue. 1 vol. in-8.

AD. JOBEZ. La France sous Louis XV. Tome V et suiv.

ÉDELST. DUMÉRIL. Histoire de la comédie. Période littéraire. 1 vol.

ÉDOUARD FOURNIER. Molière au théâtre et chez lui. 1 vol.

Le général CREULY et ALEX. BERTRAND. Commentaires de César. Guerre des Gaules. Deuxième volume.

LIBRAIRIE ACADÉMIQUE DIDIER ET Cⁱᴱ

35, Quai des Augustins, à PARIS

HISTOIRE — LITTÉRATURE — PHILOSOPHIE

ÉDITIONS IN-8

AMPÈRE (J. J.)

Histoire littéraire de la France avant et sous Charlemagne. Nouv. édit. 3 vol. in-8. . . . . 22 fr. 50

La Philosophie des deux Ampère, publiée par M. J. Barthélemy Saint-Hilaire. 1 vol. in-8. . . . . 7 fr. 50

La Grèce, Rome et Dante, études littéraires d'après nature. 3ᵉ édition. 1 vol. in-8. . . . . 7 fr. 50

La Science et les Lettres en Orient. 1 vol. in-8. . . . . 7 fr. 50

D'ASSAILLY

Les Chevaliers poëtes de l'Allemagne. — *Minnesinger.* 1 vol. in-8. . 5 fr.

BABOU (H.)

Les Amoureux de madame de Sévigné. 1 vol. in-8. . . . . 6 fr.

BADER (CLARISSE)

La Femme biblique. Sa vie morale et sociale, sa participation au développement de l'idée religieuse. 1 vol. in-8.. . . . . 7 fr.

La Femme dans l'Inde antique. (*Ouvrage couronné par l'Académie française*). 1 vol. in-8. . . . . 7 fr.

BAGUENAULT DE PUCHESSE.

L'Immortalité — la Mort et la Vie. — Étude sur la destinée de l'homme, précédée d'une lettre de Mgr l'évêque d'Orléans. 1 vol. in-8. . . . . 7 fr.

BARANTE

Vie politique de M. Royer-Collard.—*Ses discours et ses écrits.* 2 v. in-8. 14 fr.

Vie de Mathieu Molé. — *Le Parlement et la Fronde.* 1 vol. in-8. . . . 7 fr.

Histoire du Directoire de la République française, *complément de l'Histoire de la Convention.* 3 forts volumes grand in-8 cavalier. . . . . 21 fr.

Études historiques et biographiques. 2 vol. in-8. . . . . 14 fr.

Études littéraires et historiques. 2 vol. in-8. . . . . 14 fr.

Pensées et réflexions morales et politiques du comte de Ficquelmont, précédées d'une notice par M. de Barante. 1 vol. in-8. . . . . 6 fr.

Œuvres dramatiques de Schiller, trad. de M. de Barante. Nouvelle édition revue. 3 vol. in-8. . . . . 15 fr.

BARET (E.)

Les Troubadours et leur influence sur les littératures du Midi de l'Europe. 1 vol. in-8. . . . . 7 fr.

BARTHÉLEMY (ED. DE)

La Galerie des Portraits de mademoiselle de Montpensier : recueil des Portraits et Éloges des seigneurs et dames les plus illustres de France, la plupart composés par eux-mêmes. Nouvelle édition, avec notes. 1 vol. in-8. 6 fr.

BASTARD D'ESTANG

Les Parlements de France. Essai historique sur leurs usages, leur organisation et leur autorité. 2 forts volumes in-8. . . . . 15 fr.

BAUDRILLART

Publicistes modernes. 1 fort vol. in-8. . . . . 7 fr.

Jean Bodin et son temps. Tableau des théories politiques et des idées économiques au xv1ᵉ siècle. 1 vol. in-8. . . . . 7 f.

BAUTAIN (L'ABBÉ)

La Conscience, ou la Règle des actions humaines. 1 vol. in-8 . . . . . . 6 fr·

BERSOT (ERN.).

Essais de philosophie et de morale. 2 vol. in-8. . . . . 12 fr.

BERTAULD

Philosophie politique de l'histoire de France. 1 vol. in-8. . . . . . 6 fr.
La Liberté civile. Nouv. études sur les publicistes contemporains. 1 v. in-8. 7 fr.

BERTRAND (ALEX.) ET GÉNÉRAL CREULY

Guerre des Gaules. Commentaires de J. César. Trad. nouv. avec texte, accompagnée de notes topographiques et militaires, suivie d'un index biographique et géographique. 2 vol. in-8 (le 1ᵉʳ est en vente). . . . . 14 fr.

BIAL

Chemins, habitations et Oppidum de la Gaule au temps de César. 1ᵉ partie. **Chemins celtiques.** 1 vol. in-8 avec planches. . . . . 8 fr.

BLAMPIGNON

Étude sur Malebranche d'après les documents inédits. (*Ouvrage couronné par l'Académie française.*) 1 volume in-8. . . . . 4 fr.

J. F. BOISSONADE

Critique littéraire sous le 1ᵉʳ empire, avec une notice par M. NAUDET, de l'Institut, et une étude de M. F. Colincamp, etc. 2 forts vol. in-8 avec portrait. 15 fr.

BONNECHOSE (ÉMILE DE)

Histoire d'Angleterre, depuis les temps les plus reculés jusqu'à l'époque de la Révolution française, avec un résumé chronologique des événements jusqu'à nos jours. (*Ouvrage couronné par l'Académie française.*) 2ᵉ édit. 4 vol in-8. . 24 fr.

BROGLIE (DUC DE)

Écrits et Discours. Philosophie, littérature, politique. 3 vol in-8. . . . 18 fr.

BROGLIE (A. DE)

L'Église et l'Empire romain au IVᵉ siècle. — 3 parties en 6 vol. in-8. 42 fr.
  Iʳᵉ partie : RÈGNE DE CONSTANTIN. 3ᵉ édition revue et corrigée. 2 vol. in-8. 14 fr.
  IIᵉ partie : CONSTANCE ET JULIEN L'APOSTAT. 3ᵉ édit. 2 vol. in-8. . . . 14 fr.
  IIIᵉ partie : VALENTINIEN ET THÉODOSE. 2 vol. in-8. . . . . 14 fr.
Le Prince de Broglie et dom Guéranger, par l'abbé Marty, in-8. . . 1 fr.

CARNÉ (L. DE)

Les Fondateurs de l'Unité française. Suger, saint Louis, Du Guesclin, Jeanne d'Arc, Louis XI, Henri IV, Richelieu, Mazarin. 2 vol. in-8. . . . . . 14 fr.
La Monarchie française au XVIIIᵉ siècle. Études historiques sur les règnes de Louis XIV et de Louis XV. Nouv. édit. 1 vol. in-8. . . . . 7 fr.
L'Histoire du Gouvernement représentatif en France (ÉTUDES SUR), de 1789 à 1848. (*Ouvrage couronné par l'Académie française.*) 2 vol. in-8. . . . . 14 fr.

CASELLI (Dʳ)

La Réalité ou Accord du spiritualisme avec les faits, etc. 1 vol. in-8. . . 6 fr.

CHAMPOLLION LE Jⁿᵉ

Lettres écrites d'Égypte et de Nubie en 1828 et 1829. Nouv. édit. 1 vol. in-8 avec planches. . . . . 7 fr. 50

CHASLES (PHIL.)

Voyages d'un critique à travers la vie et les livres — Orient. 1 volume in-8. . . . . 7 fr.

CHASLES (ÉMILE)

Michel de Cervantes. Sa vie, son temps, etc. 1 vol. in-8. . . . . . . 7 fr. 50
La Comédie au XVIe siècle. 1 vol. in-8. . . . . 5 fr.

CHASSANG

Apollonius de Tyane, sa vie, ses voyages, ses prodiges, par PHILOSTRATE, et ses
  Lettres ; ouvr. trad. du grec, avec notes, etc. 1 vol. in-8. . . . . 7 fr.
Histoire du Roman dans l'antiquité grecque et latine, et de ses rapports avec
  l'histoire. (*Ouvrage couronné par l'Académie des inscriptions*) 1 vol. in-8. 7 fr.

CLÉMENT (PIERRE)

La Police sous Louis XIV. 1 vol. in-8. . . . . 7 fr. 50
Jacques Cœur et Charles VII, ou la France au xve siècle. Nouv. édition revue.
  1 fort vol. in-8. Portrait et grav. . . . . 8 fr.
Enguerrand de Marigny, *Beaune le Semblançay, le chevalier de Rohan.* Épisode
  de l'histoire de France. 2e édition. 1 vol. in-8. . . . . 6 fr.

COMBES (F.)

La Princesse des Ursins. Essai sur sa vie et son caractère politique.1 v.in-8. 6 fr.

COURCY (MARQUIS DE)

L'Empire du Milieu. État et description de la Chine. 1 fort vol. in-8. . . . 9 fr.

COURDAVEAUX

Entretiens d'Épictète, trad. nouvelle et complète. 1 vol. in-8. . . . . . 7 fr.

COUSIN (V.)

La Jeunesse de Mazarin. 1 fort vol. in-8. . . . . 7 fr. 50
La Société française au XVIIe siècle, d'après le *Grand Cyrus,* roman de ma-
  demoiselle de Scudéry. 2 beaux vol. in-8 . . . . 14 fr.
Madame de Chevreuse. 2e édit. 1 vol. in-8, orné d'un joli portrait. . . 7 fr.
Madame de Hautefort. 1 vol. in-8. avec un joli portrait. . . . . 7 fr.
Jacqueline Pascal. 4e édition. 1 vol. in-8, *fac-simile.* . . . . 7 fr.
La Jeunesse de madame de Longueville. 4e édition, revue et augmentée.
  1 vol. in-8, 2 portraits. . . . . 7 fr.
Madame de Longueville pendant la Fronde (1651-1653) 1 vol. in-8. . 7 fr.
Madame de Sablé. 2e édition. 1 vol. in-8, avec portrait. . . . . 7 fr.
Études sur Pascal. 1 vol. in-8. . . . . 7 fr.
Fragments et Souvenirs littéraires. 1 vol. in-8. . . . . 7 fr.
Premiers Essais de Philosophie. Nouv. édit. 1 vol. in-8. . . . . 6 fr.
Philosophie sensualiste du XVIIIe siècle. Nouvelle édit. 1 vol. in-8. . 6 fr.
Introduction à l'Histoire de la Philosophie. Nouv. édition. 1 vol. in-8. . 6 fr.
Histoire générale de la Philosophie depuis les temps les plus anciens jusqu'au
  xixe siècle. 7e édit. 1 vol. in-8. . . . . 7 fr. 50
Philosophie de Locke. Nouvelle édition entièrement revue. 1 vol. in-8. 6 fr.
Du Vrai, du Beau et du Bien, 10e édit. 1 vol. in-8 avec portrait. . . . 7 fr.
Fragments pour servir à l'histoire de la philosophie. 5 vol. in-8. . 30 fr.
  Séparément : **Philosophie ancienne et du moyen âge.** 2 vol. in-8. . 12 fr.
—— **Philosophie moderne.** 2 vol. in-8. . . . . 12 fr.
—— **Philosophie contemporaine.** 1 vol. in-8. . . . . 6 fr.

CRAVEN (Mme AUG.), NÉE LA FERRONNAYS

Récit d'une Sœur. Souvenirs de famille. 7e édition. 2 vol. in-8. .

DANTE

La Divine Comédie, traduct. de F. LAMENNAIS, avec introduction, notes et le texte italien, publ. par M. E. D. FORGUES. 2 vol. in-8. . . . . 14 fr.

DANTIER (ALPH.)

Les Monastères bénédictins d'Italie. Souvenirs d'un voyage littéraire au delà des Alpes. (*Ouvrage couronné par l'Académie française.*) 2 beaux v. in-8. 15 fr.

DELAUNAY (FERD.)

Philon d'Alexandrie. *Écrits historiques*, trad. et précédés d'une introduction. 1 vol. in-8. . . . . 7 fr.

DESNOIRESTERRES

La Jeunesse de Voltaire. 1 vol. in-8. . . . . 7 fr. 50

DE BROSSES

Le Président de Brosses en Italie. Lettres familières écrites d'Italie en 1739 et 1740. 2ᵉ édit. revue et accomp. d'une Étude par R. COLOMB. 2 vol. in-8. 12 fr.

DELÉCLUZE (E. J.)

Louis David, son école et son temps. Souvenirs. 1 vol. in-8.. . . . . . . 6 fr.

DESJARDINS (ERNEST)

Le grand Corneille historien. 1 vol. in-8. . . . . 5 fr.

Alésia (7ᵉ CAMPAGNE DE JULES CÉSAR). Résumé du débat, etc., suivi de notes inédites de Napoléon Iᵉʳ sur les COMMENTAIRES DE JULES CÉSAR. In-8, avec *fac-simile*. 3 fr.

CH. DESMAZE

Le Châtelet de Paris, son organisation, ses priviléges, etc. 1 vol. in-8. . 6 fr.

DREYSS (CH.)

Mémoires de Louis XIV POUR L'INSTRUCTION DU DAUPHIN. 1ʳᵉ édit. complète, avec une étude sur la composition des Mémoires et des notes. 2 vol. in-8. . 12 fr.

DUBOIS D'AMIENS (FRÉD.)

Éloges prononcés à l'Académie de médecine. PARISET, BROUSSAIS, ANT. DUBOIS, RICHERAND, BOYER, ORFILA, CAPURON, DENEUX, RÉCAMIER, ROUX, MAGENDIE, GUENEAU DE MUSSY, G. SAINT-HILAIRE, A. RICHARD, CHOMEL, THÉNARD, etc., etc. 2 vol. in-8. . . . . 14 fr.

DUBOIS-GUCHAN

Tacite et son siècle, ou la société romaine impériale, d'Auguste aux Antonins, dans ses rapports avec la société moderne. 2 beaux volumes in-8. . . . . 14 fr.

DU CELLIER

Histoire des Classes laborieuses en France, depuis la conquête de la Gaule par Jules César jusqu'à nos jours. 1 vol. in-8. . . . . 6 fr.

DU MÉRIL (ÉDELST.)

Histoire de la Comédie, période primitive. (*Ouvrage couronné par l'Académie française.*) 1 vol. in-8. . . . . 8 fr.

EICHHOFF (F. G.)

Tableau de la Littérature du Nord, AU MOYEN AGE, en Allemagne, en Angleterre, en Scandinavie et en Slavonie. Nouv. édit. revue et augmentée. 1 vol. in-8. 6 fr.

FALLOUX (Cᵗᵉ DE)

Correspondance du P. Lacordaire avec madame Swetchine, publiée par M. DE FALLOUX. 1 vol. in-8.. . . . .

Madame Swetchine. Journal de sa conversion, méditations et prières publiées par M. DE FALLOUX. 1 vol. in-8. . . . . 6 fr.

Madame Swetchine. Sa vie et ses pensées, publiées par M. DE FALLOUX. 8ᵉ édit. 2 vol. in-8. . . . . 16 fr.

Lettres de madame Swetchine, publiées par M. DE FALLOUX 2 vol. in-8. 12 fr.
Lettres inédites de madame Swetchine, publiées par M. DE FALLOUX. 1 vol. in-8. . . . . 6 fr.
Étude sur madame Swetchine, par Ern. Naville. In-8. . . . . . . 1 fr. 50

FERRARI (J.)

La Chine et l'Europe, leur histoire et leurs traditions comparées. 1 vol. in-8. . . . . 7 fr. 50
Histoire des Révolutions d'Italie, ou Guelfes et Gibelins. 4 vol. in-8. . 24 fr.

FEUGÈRE (LÉON)

Les Femmes poëtes au XVIe siècle, étude suivie de notices sur Mlle de Gournay, d'Urfé, Montluc, etc. 1 vol. in-8. . . . . 6 fr.

FLAMMARION

Dieu dans la Nature. Philosophie des sciences et réfutation du matérialisme. 1 vol. in-8. Portrait. . . . . 7 fr. 50
La Pluralité des mondes habités. Étude où l'on expose les conditions d'habitabilité des terres célestes, etc. 4e édit. 1 fort vol. in-8 avec figures. . . . 7 fr.
Les Mondes imaginaires et les Mondes réels, voyage astronomique pittoresque, et revue critique des théories humaines sur les habitants des astres. 1 fort vol. in-8, fig. . . . . 7 fr.

FRANCK (AD.)

Philosophie et Religion. 1 vol. in-8. . . . . 7 fr. 50

GANDAR

Bossuet orateur. Études critiques sur les sermons de la jeunesse de Bossuet. (*Ouvrage couronné par l'Académie française.*) 1 fort vol. in-8. . . . 7 fr. 50
Choix de Sermons de la jeunesse de Bossuet. Édition critique d'après les textes, avec introduction, notes et notices. 1 vol. in-8, 5 fac-simile. . 7 fr. 50

GEFFROY (A.)

Gustave III et la Cour de France, suivi d'une Étude sur Louis XVI et Marie-Antoinette apocryphes. 2 beaux vol. in-8 avec photographie inédite, 2 beaux portraits gravés sur acier et fac-simile. . . . . 16 fr.
Lettres inédites de Mme des Ursins, avec une introd. et des notes. 1 v. in-8. 6 fr.

GERMOND DE LAVIGNE

Le Don Quichotte de FERNANDEZ AVELLANEDA, traduit de l'espagnol et annoté. 1 beau vol. in-8. . . . . 6 fr.

SAINT-MARC GIRARDIN

Lettres inédites de Voltaire, publ. par MM. de CAYROL et FRANÇOIS, avec introduction, par M. SAINT-MARC GIRARDIN. 2e édit. augm. 2 vol. in-8. . . . . 14 fr.

GODEFROY (F.)

Lexique comparé de la langue de Corneille et de la langue du XVIIe siècle en général. (*Ouvrage couronné par l'Académie française.*) 2 vol. in-8. . . . . 15 fr.

GUADET

Les Girondins, leur vie politique et privée, leur proscription, leur mort. 2 vol. in-8. . . . . 12 fr.

GUÉRIN (MAURICE DE)

Journal, lettres et fragments, publiés par M. TREBUTIEN, avec une étude par M. SAINTE-BEUVE. 1 volume in-8. . . . . 7 fr.

GUÉRIN (EUGÉNIE DE)

Journal et lettres, publiés par M. TREBUTIEN. (*Ouvrage couronné par l'Académie française.*) 2 vol. in-8. . . . . 14 fr.

GUIZOT

Sir Robert Peel, étude d'histoire contemporaine, accompagnée de fragments *inédits* des Mémoires de Robert Peel. Nouvelle édition. 1 vol. in-8.. . . . . . 7 fr.

Histoire de la Révolution d'Angleterre, depuis l'avénement de Charles Iᵉʳ jusqu'à la mort de R. Cromwell (1625-1660). 6 vol. in-8, en 3 parties. . . 42 fr.

— **Histoire de Charles Iᵉʳ,** depuis son avénement jusqu'à sa mort (1625-1649) précédée d'un *Discours sur la Révolution d'Angleterre.* 8ᵉ édit. 2 vol. in-8. 14 fr.

— **Histoire de la République d'Angleterre et de Cromwell** (1649-1658). 2ᵉ édit. 2 vol. in-8. . . . . 14 fr.

— **Histoire du protectorat de Richard Cromwell,** et du *Rétablissement des Stuarts* (1659-1660). 2ᵉ édit. 2 vol. in-8. . . . . 14 fr.

Études sur l'Histoire de la Révolution d'Angleterre, 2 vol. in-8 :

— **Monk. Chute de la République** 5ᵉ édit. 1 vol. in-8, portrait.. . . . . 6 fr.

— **Portraits politiques** des hommes des divers partis : *Parlementaires, Cavaliers, Républicains, Niveleurs.* Études historiques. Nouv. édit. 1 vol. in-8.. 6 fr.

Essais sur l'Histoire de France. 10ᵉ édit. revue et corrigée. 1 vol. in-8. 6 fr

Histoire des origines du gouvernement représentatif et des institutions politiques de l'Europe, etc. (*Cours d'Histoire moderne de 1820 à 1822.*) Nouv. édit. 2 vol. in-8. . . . . 10 fr.

Histoire de la civilisation en Europe et en France, depuis la chute de l'empire romain jusqu'à la Révolution française. Nouv. édition. 5 vol. in-8. 30 fr.

Discours académiques, suivis des discours prononcés pour la distribution des prix au Concours général et devant diverses sociétés, etc. 1 vol. in-8. . . 6 fr.

Corneille et son temps. Étude littéraire, etc. 1 vol. in-8. . . . . . . 6 fr.

Méditations et Études morales et religieuses. Nouv. édit. 1 vol. in-8. 6 fr.

Études sur les beaux-arts en général. 3ᵉ édit. 1 vol. in-8. . . . . . . 6 fr.

De la Démocratie en France. 1 vol. in-8 de 164 pages. . . . . . . 2 fr. 50

Abaillard et Héloïse. Essai historique par M. et Mᵐᵉ Guizot, suivi des *Lettres d'Abaillard et d'Héloïse,* traduites par M. Oddoul. Nouv. édit. 1 vol. in-8. 6 fr.

Grégoire de Tours et Frédégaire. — HISTOIRE DES FRANCS ET CHRONIQUE, trad. Nouv. édit. revue et augmentée de la *Géographie de Grégoire de Tours et de Frédégaire,* par M. ALFRED JACOBS. 2 vol. in-8, avec une carte spéciale. . 14 fr.
Cet ouvrage est autorisé par décision ministérielle pour les Écoles publiques.

Œuvres complètes de W. Shakspeare, traduction nouvelle de M. Guizot, avec notices et notes. 8 vol. in-8. . . . . 40 fr.

Histoire de Washington *et de la fondation de la république des États-Unis,* par M. C. DE WITT, avec une Introduction par M. Guizot. 3ᵉ édition, revue et augmentée. 1 vol. in-8, avec portraits et carte. . . . . 7 fr.

Correspondance et Écrits de Washington, traduits de l'anglais et mis en ordre par M. Guizot. 4 vol. in-8. . . . . 12 fr.

Dictionnaire universel des synonymes de la langue française, contenant les synonymes de GIRARD, BEAUZÉE, ROUBAUD D'ALEMBERT, etc., augmenté d'un grand nombre de nouveaux synonymes, par M. Guizot, 7ᵉ édit. 1 vol. gr. in-8.... 12 fr.
L'Introduction de cet ouvrage est autorisée dans les Établissements d'instruction publique.

GUIZOT (GUILLAUME)

Ménandre. Étude historique et littéraire sur la Comédie et la Société grecques. (*Ouvrage couronné par l'Académie française.*) 1 vol. in-8, avec portrait. . . 6 fr.

HOUSSAYE (HENRY)

Histoire d'Apelles. Études sur l'art grec. 1 vol. in-8, grav. . . . . . . 7 fr.

JACQUINET

Des Prédicateurs au xvii° siècle avant Bossuet. (*Ouvrage couronné par l'Académie française.*) 1 vol. in-8. . . . . 6 fr.

J. JANIN

La Poésie et l'Éloquence à Rome au temps des Césars. 1 vol. in-8. 6 fr.

JOBEZ (AD.)

La France sous Louis XV (1715-1774). Tomes I à IV parus. In-8. Prix du vol. 6 fr.

JOUSSERANDOT

La Civilisation moderne. Cours professé à l'Acad. de Lausanne. 1 v. in-8. 6 fr.

LACODRE

Les Desseins de Dieu. Essai de Philosophie religieuse et pratique. 1 v. in-8. 6 fr.

LÉON LAGRANGE

Joseph Vernet et la Peinture au xviii° siècle, avec grand nombre de documents inédits. 1 volume in-8. . . . . 7 fr.

LA HARPE

Lycée ou Cours de Littérature. 18 vol. in-8. . . . . 24 fr.

LAMENNAIS

Dante. La Divine Comédie, trad. accompagnée d'une introduction et de notes, avec le texte italien, publ. par M. E. D. Forgues. 2 vol. in-8. . . . . . 14 fr.
Correspondance inédite, publiée par M. Forgues. 2 vol. in-8. . . . . . 10 fr.

LAPRADE (V. DE)

Questions d'art et de morale. 1 vol. in-8. . . . . 7 fr. 50
Le Sentiment de la nature avant le Christianisme. 1 vol. in-8. . . . 7 fr. 50

LE DIEU (L'ABBÉ)

Mémoires et Journal de l'abbé Le Dieu, sur la vie et les ouvrages de Bossuet, publiés sur les manuscrits autographes. 4 vol. in-8. . . . . 20 fr.

LÉLUT

Physiologie de la pensée. Recherche critique des rapports du corps à l'esprit. 2 vol. in-8. . . . . 12 fr.

LEMOINE (ALB.)

L'Aliéné devant la philosophie, la morale et la société. 1 vol. in-8. . . 6 fr.

LEPINOIS (H. DE)

Le Gouvernement des Papes et les Révolutions dans les États de l'Église, d'après des documents extraits des archives secrètes du Vatican, etc. 1 v. in-8. 7 fr.

LITTRÉ

Études sur les barbares et le moyen âge. 1 vol. in-8. . . . . . . 7 fr. 50
Histoire de la langue française. Études sur les origines, l'étymologie, la grammaire, etc. 4° édit. 2 vol. in-8. . . . . 15 fr.

LIVET (CH.)

Précieux et Précieuses. Caractères et mœurs du xvii° siècle. 1 vol. in-8. 7 fr.
La Grammaire française et les Grammairiens du xvii° siècle. (*Mention très-honorable de l'Académie des inscriptions.*) 1 fort vol. in-8. . . . . 7 fr.

LOVE

Le Spiritualisme rationnel, à propos des divers moyens d'arriver à la connaissance, etc. 1 vol. in-8. . . . . 6 fr.

MARGERIE (A. DE)

Théodicée. Études sur Dieu, la Création et la Providence. *Ouvrage . . . . . par l'Académie française.* 2 vol. in-8. . . . . fr.

MARTHA BECKER

Le Général Desaix. Étude historique. 1 vol. in-8, avec portrait. . . . 5 fr.
Matérialisme et spiritualisme. 1 vol. in-8. . . . . 5 fr.

MARY (D')***

Le Christianisme et le Libre Examen. Discussion des arguments apologétiques. 2 vol. in-8. . . . . 12 fr.

MATTER

Le Mysticisme en France au temps de Fénelon. 1 vol. in-8. . . . 6 fr.

Swedenborg. Sa vie, ses écrits, sa doctrine. 1 vol. in-8. . . . . 6 fr.

Saint-Martin, *le Philosophe inconnu,* sa vie, ses écrits; son maître Martinez et
leurs groupes. 1 vol. in-8. 6 fr.

MAURY (ALF.)

Les Académies d'autrefois, 2 parties :
— *L'ancienne Académie des sciences.* 1 volume in-8. . . . . 7 fr.
— *L'ancienne Académie des inscriptions et belles-lettres.* 1 volume in-8. . 7 fr.

Croyances et légendes de l'antiquité. 1 vol. in-8. . . . . 7 fr.

MEAUX (Vᵗᵉ DE)

La Révolution et l'Empire. Étude d'histoire politique. 1 vol. in-8. . . 7 fr. 50

MÉNARD (L. ET R.)

La Sculpture ancienne et moderne. (*Ouvrage couronné par l'Académie des
beaux-arts.*) 1 vol. in-8. . . . . 6 fr.

Tableau historique des Beaux-Arts, depuis la Renaissance jusqu'au dix-huitième siècle. (*Ouvrage couronné par l'Académie des beaux-arts.*) 1 vol. in-8. 6 fr.

Hermès Trismégiste. Traduction nouvelle avec une étude sur les livres herméti-
ques. 1 vol. in-8. . . . . 6 fr.

La Morale avant les philosophes. 1 vol. in-8. . . . . 3 fr. 50

MERCIER DE LACOMBE (CH.)

Henri IV et sa politique. (*Ouvrage couronné par l'Académie française. 2ᵉ prix
Gobert.*) 1 vol. in-8. . . . . 6 fr.

MÉZIÈRES (ALF.).

Pétrarque. Étude d'après des documents nouveaux. 1 vol. in-8. . . . 7 fr. 50

MICHAUD (ABBÉ)

Guillaume de Champeaux et les écoles de Paris au XIIᵉ s. 1 vol. in-8. 7 fr. 50

MIGNET

Éloges historiques : *Jouffroy, de Gérando, Laromiguière, Lakanal, Schelling,
Portalis, Hallam, Macaulay.* 1 vol. in-8. . . . . 6 fr.

Portraits et notices HISTORIQUES ET LITTÉRAIRES. Nouvelle édition 2 vol.
in-8. . . . . 10 fr.

Charles-Quint, SON ABDICATION, SON SÉJOUR ET SA MORT AU MONASTÈRE DE YUSTE.
5ᵉ édit., revue et corrigée. 1 beau vol. in-8. . . . . 6 fr.

Histoire de la Révolution française, de 1789 à 1814. 9ᵉ édit. 2 vol. in-8. 12 fr.

MOLAND (LOUIS)

Molière et la Comédie italienne. 1 vol. in-8 illustré de 20 types de l'ancien
théâtre italien, gravés d'après Callot, etc. . . . . 7 fr.

Origines littéraires de la France. Roman, Légende, Prédication, Poétique, etc. 1 vol. in-8. . . . . 6 fr.

MONNIER (F.)

Le Chancelier d'Aguesseau, etc., avec des documents inédits et des ouvrages
nouveaux du Chancelier. (*Ouvr. cour. par l'Acad. franç.*) 2ᵉ édit. 1 vol. in-8. 6 fr.

MONTALEMBERT (COMTE DE)

L'Église libre dans l'État libre. Discours prononcé au congrès de Malines. 1 v.
-8. . . . . 2 fr. 50

MORET (ERNEST)

Quinze ans du règne de Louis XIV. 1700-1715. (*Ouvrage couronné par l'Académie française, 2ᵉ prix Gobert.*) 3 vol. in-8. . . . . 15 fr.

NOURRISSON

Tableau des progrès de la pensée humaine. Les philosophes et les philosophies depuis Thalès jusqu'à Hegel. 3ᵉ édit. revue et corrigée. . . . . 7 fr. 50
Philosophie de saint Augustin. (*Ouvrage couronné par l'Académie des sciences morales.*) 2 vol. in-8 . . . . 14 fr.
La Nature humaine. Essais de psychologie appliquée. (*Ouvrage couronné par l'Académie des sciences morales.*) 1 vol. in-8 . . . . 7 fr.

NOUVION (V. DE)

Histoire du règne de Louis-Philippe Iᵉʳ, roi des Français (1830-1840). 4 vol. in-8 . . . . 24 fr.

PELLISSON ET D'OLIVET

Histoire de l'Académie française. Nouv. édit. avec une introduction, des notes et éclaircissements, par M. Ch. Livet. 2 gros vol. in-8. . . . . . 14 fr.

POIRSON (A.)

Histoire du règne de Henri IV. (*Ouvrage qui a obtenu deux fois le grand prix Gobert, de l'Académie française.*) Seconde édition, considérablement augmentée. 4 vol. in-8. . . . . 30 fr.

PONCINS (L. DE)

Les Cahiers de 89 ou les vrais Principes libéraux. 1 vol. in-8 . . . . . 6 fr

POUJADE (EUG.)

Chrétiens et Turcs, scènes et souvenirs de la vie politique, militaire et religieuse en Orient. 1 fort vol. in-8 . . . . 6 fr.

PRELLER

Les Dieux de l'ancienne Rome. *Mythologie romaine,* trad. par M. Dietz, avec préface de M. Alf. Maury. 1 vol. in-8 . . . . 7 fr. 50

RAYNAUD (MAURICE)

Les Médecins au temps de Molière. Mœurs, Institutions, Doctr. 1 v. in-8. 6 fr.

RÉMUSAT (CH. DE)

Bacon. Sa vie, son temps et sa philosophie. 1 vol. in-8. . . . . 7 fr.
Saint Anselme de Cantorbéry. 1 fort vol. in-8 . . . . 7 fr.
Abélard : Sa vie, sa philosophie et sa théologie. 2 vol. in-8. . . . . . 14 fr.
Channing : Sa vie et ses œuvres, avec préface de M. de Rémusat. 1 vol. in-8. 6 fr.

RONDELET (ANT.)

Du Spiritualisme en économie politique. (*Ouvrage couronné par l'Académie des sciences morales.*) 1 vol. in-8. . . . . 6 fr.

ROUGEMONT

L'Age du Bronze, ou les *Sémites en Occident,* matériaux pour servir à l'histoire de la haute antiquité. 1 vol. in-8. . . . . 7 fr.

ROUSSET (CAMILLE)

Histoire de Louvois et de son administration politique et militaire. (*Ouvrage couronné par l'Académie française. 1ᵉʳ prix Gobert.*) 3ᵉ édit. 4 vol. in-8. 28 fr.

P. ROUSSELOT

Les Mystiques espagnols. 1 vol. in-8 . . . . 7 fr. 50

SACY (S. DE)

Variétés littéraires, morales et historiques. 2ᵉ édit. 2 vol. in-8. . . . 14 fr.

J. BARTHÉLEMY SAINT-HILAIRE

Le Bouddha et sa religion. Nouv. édition, corr. et augm. 1 vol. in-8. . . 7 fr.
Mahomet et le Coran Précédé d'une introd. sur les devoirs mutuels de la philosophie et de la religion. 1 vol. in-8. . . . . 7 fr.

SAISSET (E.)

Le Scepticisme. — Ænésidème. — Pascal. — Kant. — Études, etc. 1 vol. in-8. 7 fr.
Précurseurs et Disciples de Descartes. Études d'histoire et de philosophie. 1 vol. in-8. . . . . 7 fr.

SALVANDY (N. DE)

Histoire de Sobieski et de la Pologne. 2 vol. in-8. Nouv. édit. . . . . 14 fr.
Don Alonso, ou l'Espagne; histoire contemporaine. Nouv. édit. 2 vol. in-8. 14 fr.

La Révolution de 1830 et *le Parti révolutionnaire*, ou Vingt mois et leurs résultats. Nouv. édit. 1 vol. in-8. 1855. . . . . 5 fr.

Discours de MM. Berryer et de Salvandy à l'Académie française. In-8. 1 fr.

Discours de MM. de Sacy et de Salvandy à l'Académie française. In-8. 1 fr.

SAULCY (F. DE)

Histoire de l'Art judaïque, d'après les textes sacrés et profanes. 1 vol. in-8. 7 fr.

Les Campagnes de Jules César dans les Gaules. Études d'archéologie militaire. 1 vol. in-8, fig. . . . . 7 fr.

Voyage en Terre-Sainte, 1865. 2 beaux vol. grand in-8, ornés de fig. et de cartes. . . . . 28 fr.

SCHILLER

Œuvres dramatiques, trad. de M. DE BARANTE. Nouv. édit. entièrement revue, accompagnée d'une étude, de notices et de notes. 3 vol. in-8. . . . . . . 15 fr.

SCHNITZLER

Rostoptchine et Kutusof. *La Russie en* 1812. Tableau de mœurs et essai de critique historique. 1 vol. in-8. . . . . 6 fr.

SCLOPIS (F.)

Histoire de la Législation italienne, trad. par M. CH. SCLOPIS, 2 v. in-8. 10 fr.

SHAKSPEARE

Œuvres complètes, trad. de M. GUIZOT. Nouv. édit. revue, accomp. d'une Étude sur Shakspeare, de notices, de notes. 8 vol. in-8. . . . . 40 fr.

SOREL

Le Couvent des Carmes et le Séminaire Saint-Sulpice pendant la Terreur. 1 vol. in-8 avec pl. . . . . 7 fr.

DANIEL STERN

Dante et Gœthe. Dialogues. 1 vol. in-8. . . . . 7 fr. 50

STAAFF

Lectures ...les de littérature française depuis la formation de la langue jusqu'à la Révolution. 2ᵉ édition. 1 vol. in-8 de 900 pages. . . . . . . 7 fr. 50

Mᵐᵉ SWETCHINE

Voir Cᵗᵉ DE FALLOUX.

THIERRY (AMÉDÉE)

Saint Jérôme. La Société chrétienne à Rome et l'émigration romaine en terre sainte. 2 vol. in-8. . . . . 15 fr.

Trois Ministres des fils de Théodose. Nouveaux Récits de l'histoire romaine. 1 volume in-8. . . . . 7 fr.

Récits de l'Histoire romaine au vᵉ siècle. 1 vol. in-8 (*sous presse*).

Tableau de l'Empire romain, depuis la fondation de Rome jusqu'à la fin du gouvernement impérial en Occident. 4ᵉ édit. 1 vol. in-8. . . . . 7 fr.

Histoire d'Attila, de ses fils et de ses successeurs en Europe. Nouv. édit. revue. 2 vol. in-8. . . . . 14 fr.

Histoire des Gaulois jusqu'à la domination romaine. 6ᵉ édition revue. 2 vol. in-8. . . . . 14 fr.

Histoire de la Gaule sous la domination romaine. 4 vol. in-8. Tomes I et II en vente. Le vol. à. . . . . 7 fr. 50

TISSOT

Turgot. Sa vie, son administration, ses ouvrages. (*Ouvrage couronné par l'Académie des sciences morales.*) 1 vol. in-8. . . . . 5 fr.

Les Possédées de Morzine. Broch. in-8. . . . . 1 fr.

VILLEMAIN

Souvenirs contemporains d'Histoire et de Littérature. Première partie : M. DE NARBONNE, etc. 7ᵉ édit. 1 vol. in-8. . . . . 7 fr.

Souvenirs contemporains d'Histoire et de Littérature. Deuxième partie : LES CENT-JOURS. 1 vol. in-8. Nouv. édit. . . . . 7 fr.

VILLEMAIN (suite).

La République de Cicéron, traduite avec une introduction et des suppléments historiques. 1 vol. in-8 . . . . 8 fr.

Choix d'Études sur la littérature contemporaine : *Rapports académiques,* Études sur *Chateaubriand, A. de Broglie, Nettement,* etc. 1 vol. in-8 . . . . . . 6 fr.

Cours de Littérature française, comprenent : *Le Tableau de la Littérature au XVIII° siècle* et le *Tableau de la Littérature au moyen âge.* Nouv. édit. 6 vol. in-8 . . . . 36 fr.

— **Tableau de la Littérature au xviii° siècle.** 4 vol. in-8 . . . . 24 fr.

— **Tableau de la Littérature au moyen âge.** 2 vol. in-8 . . . . 12 fr.

Tableau de l'éloquence chrétienne au iv° siècle, etc. Nouv. édit. 1 fort vol. in-8 . . . . 6 fr.

Discours et Mélanges littéraires : *Éloges de Montaigne et de Montesquieu.* — *Sur Fénelon et sur Pascal.* — *Rapports et discours académiques.* Nouv. édit. 1 vol. in-8 . . . . 6 fr.

Études de Littérature ancienne et étrangère : *Études sur Hérodote, Lucrèce, Lucain, Cicéron, Tibère et Plutarque.* — *De la corruption des lettres romaines.* — *Essai sur les romans grecs.* — *Shakspeare; Milton; Byron,* etc. Nouv. édit. 1 vol. in-8 . . . . 6 fr.

Études d'Histoire moderne : *Discours sur l'état de l'Europe au XV° siècle.* — *Lascaris.* — *Essai historique sur les Grecs.* — *Vie de l'Hôpital.* 1 vol. in-8. 6 fr.

VILLEMARQUÉ (H. DE LA)

Barzas Breiz. *Chants populaires de la Bretagne,* recueillis et annotés avec musique. 1 vol. in-8 . . . . 7 fr. 50

Le grand Mystère de Jésus. Drame breton du moyen âge, avec une Étude sur le théâtre chez les nations celtiques. 1 vol. in-8, pap. de Hollande. . . . 12 fr.

— **Le même,** pap. ordinaire. . . . . 7 fr.

La Légende celtique et la poésie des cloîtres, etc. 1 vol. in-8. . 7 fr.

Les Bardes bretons. Poëmes du vi° siècle, traduits en français avec fac-simile. Nouv. édit. 1 vol. in-8 . . . . 7 fr.

Les Romans de la Table ronde et les Contes des anciens Bretons. Nouv. édit. 1 vol. in-8 . . . . 7 fr.

Myrdhinn ou l'Enchanteur Merlin. Son histoire, ses œuvres, son influence. 1 vol. in-8 . . . . 7 fr.

VOLTAIRE

Lettres inédites de Voltaire, publiées par MM. de Cayrol et François, avec une Introduction par M. Saint-Marc Girardin. 2° édit. augmentée. 2 vol. in-8. 14 fr.

Voltaire à Ferney. Correspondance inédite avec la duchesse de Saxe-Gotha, nouvelles Lettres et Notes historiques inédites, publiées par MM. Ev. Bavoux et A. François. Nouv. édit. augmentée. 1 vol. in-8 . . . . 7 fr.

Voltaire et le président de Brosses. Correspondance inédite, suivie d'un Supplément à la Correspondance de Voltaire, publiée avec notes, par M. Th. Foisset. 1 vol. in-8 . . . . 5 fr.

WHYTE MELVILLE

Les Gladiateurs. — **Rome et Judée.** — Roman antique, trad. par Bernard Derosne, avec préface de Th. Gautier. 2 vol. in-8 . . . . 12 fr.

WITT (CORNÉLIS DE)

Études sur l'histoire des États-Unis d'Amérique. 2 volumes :

— **Thomas Jefferson.** Étude historique sur la démocratie américaine. 2° édit. 1 vol. in-8, orné d'un portrait. . . . . 7 fr.

— **Histoire de Washington** *et de la fondation de la République des États-Unis,* avec une Étude par M. Guizot. 3° édit. 1 vol. in-8, orné de portraits et d'une carte. . . . . 7 fr.

ZELLER

Les Empereurs romains. Caractères et portraits historiques. 1 vol. in-8. 7 fr

ÉDITIONS IN-12

ARMAILLÉ (C⁽ᵉ⁾ D') NÉE DE SÉGUR
La Reine Marie Leckzinska. Étude historique. 1 vol. in-12. . . . . . 3 fr.
Catherine de Bourbon, sœur de Henri IV. Etude historique. 1 vol. in-12. 3 fr.

ALAUX
La Raison.—Essai sur l'avenir de la philosophie. 1 vol. in-12. . . . . 3 fr. 50

AMPÈRE (J. J.)
La Science et les Lettres en Orient. 2ᵉ édit. 1 vol. in-12. . . . . 3 fr. 50
Littérature et Voyages. Nouv. édit. 1 vol. in-12. . . . . 3 fr. 50
Heures de poésie. Nouvelle édition. 1 vol. in-12. . . . . 3 fr. 50
La Grèce, Rome et Dante, études littéraires. 3ᵉ édit. 1 vol. in-12. . 3 fr. 50

D'AZEGLIO (MASSIMO)
L'Italie de 1847 à 1865. Correspondance politique publiée par Eug. Rendu.
3ᵉ édition. 1 vol. in-12. . . . . 3 fr. 50

BADER (Mᵐᵉ).
La Femme biblique, sa vie morale et sociale. 2ᵉ édit. 1 v. in-12. . . . 3 fr. 50

BABOU
Les Amoureux de Mᵐᵉ de Sévigné, etc. 2ᵉ édition. 1 vol. in-12. . . 3 fr. 50

BAILLON (COMTE DE)
Lord Walpole à la cour de France. 1723-1750. 1 vol. in-12. . . 3 fr. 50

BARANTE
Histoire des ducs de Bourgogne de la maison de Valois. Nouv. édit., illustrée
de vignettes. 8 vol. in-12. . . . . 24 fr.
Tableau littéraire du XVIIIᵉ siècle. Nouv. édit. 1 vol. in-12. . . . . . 3 fr. 50
Royer-Collard. — Ses discours et ses écrits. Nouv. édit. 2 vol. in-12. . . 7 fr.
Études historiques et biographiques. Nouv. édit. 2 vol. in-12. . . . . 7 fr.
Études littéraires et historiques. Nouv. édit. 2 vol. in-12. . . . . . . 7 fr.
Histoire de Jeanne d'Arc. Édition populaire. 1 vol. in-12. . . . . . . 1 fr. 25

H. BAUDRILLART
Publicistes modernes. Young, de Maistre, M. de Biran, Ad. Smith, L. Blanc, Prou-
dhon, Rossi, Stuart-Mill, etc. 2ᵉ édition. 1 vol. in-12. . . . . 3 fr. 50

BAUTAIN (L'ABBÉ)
Philosophie des lois au point de vue chrétien. 3ᵉ édit. 1 vol. in-12. . . 3 fr. 50
La Conscience, ou la Règle des actions humaines. 2ᵉ édit. 1 vol. in-12. 3 fr. 50

BENOIT
Chateaubriand, sa vie, ses œuvres. Étude littéraire et morale. (Ouv. cour. par
l'Académie française.) 1 vol. in-12. . . . . 3 fr.

BERSOT (ERN.)
Essais de philosophie et de morale. 2ᵉ édit. 2 vol. in-12. . . . . 7 fr.

BERTAULD
La Liberté civile. Nouvelles études sur les publicistes. 2ᵉ éd. 1 v. in-12. 3 fr. 50

BOILLOT
L'Astronomie au XIXᵉ siècle. Tableau des progrès de cette science depuis
l'antiquité jusqu'à nos jours. 1 vol. in-12. . . . . 3 fr. 50
Le Mouvement scientifique pendant l'année 1864, par MÉNAULT et POIL-
LOT. 1 fort vol. in-12. . . . . 4 fr.
Le Mouvement scientifique pendant l'année 1865. 1 fort vol. in-12. 4 fr.

BONHOMME (H.)
Madame de Maintenon et sa famille. Lettres et documents inédits, avec notes, etc. 1 vol. in-12. . . . . 3 fr.

CASTLE
Phrénologie spiritualiste. 2ᵉ édition. 1 vol. in-12. . . . . 3 fr. 50

CHASLES (PHILARÈTE)
Voyages d'un critique à travers la vie et les livres. Orient. 2ᵉ édit. 1 vol. in-12 . . . . 3 fr. 50

CHASLES (ÉMILE)
Michel de Cervantes. Sa Vie, son temps etc., 2ᵉ édit. 1 vol. in-12. . . 3 fr. 50

CHASSANG
Apollonius de Tyane. Sa vie, ses voyages, ses prodiges par Philostrate et ses lettres, trad. du grec, avec notes, etc. 2ᵉ édit. 1 vol. in-12. . . . . . 3 fr. 50
Histoire du Roman dans l'antiquité grecque et latine. *(Ouvrage couronné par l'Académie des inscriptions.)* Nouv. édit. 1 vol. in-12. . . . . . . 3 fr. 50

CHESNEAU (ERNEST)
Les Chefs d'école. — La Peinture au XIXᵉ siècle. 1 vol. . . . . 3 fr. 50
L'Art et les Artistes modernes en France et en Angleterre. 1 v. in-12. 3 fr. 50

CLÉMENT (PIERRE)
L'Italie en 1671. Relation du marquis de Seignelay, précédée d'une Étude historique. 1 vol. in-12. . . . . 3 fr. »
La Police sous Louis XIV. 2ᵉ édition. 1 vol. in-12. . . . . . 3 fr. 50
Jacques Cœur et Charles VII. Étude historique, etc. *(Ouv. couronné par l'Acad. française.)* Nouv. édit. 1 fort vol. in-12. . . . . 4 fr. »
Portraits historiques. 2ᵉ édit. 1 vol. in-12. . . . . 3 fr. 50
Enguerrand de Marigny, *Beaune de Semblançay, le Chevalier de Rohan.* Épisodes de l'histoire de France. 2ᵉ édit. 1 vol. in-12. . . . . 3 fr. 50

CLÉMENT DE RIS
Critiques d'art et de littérature. 1 vol. in-12. . . . . 3 fr. »

COUSIN (V.)
La Société française au XVII siècle, d'après le *Grand Cyrus* de Mˡˡᵉ Scudéry. Nouv. édit, 2 vol. in-12. . . . . 7 fr. »
Madame de Sablé. 3ᵉ édit. 1 vol. in-12. . . . . 3 fr. 50
La Jeunesse de madame de Longueville. 5ᵉ édition. 1 vol. in-12. 3 fr. 50
Madame de Longueville pendant la Fronde. 3ᵉ édit. 1 vol. in-12. . 3 fr. 50
Jacqueline Pascal. Premières études, etc. 5ᵉ édit. 1 vol. in-12. . . 3 fr. 50
Madame de Chevreuse. 3ᵉ édition. 1 vol. in-12. . . . . 3 fr. 50
Premiers essais de philosophie. (Cours de 1815.) Nouv. édit. 1 v. in-12. 3 fr. 50
Philosophie sensualiste du XVIIIᵉ siècle. Nouv. édit. 1 vol. in-12. 3 fr. 50
Introduction à l'histoire de la Philosophie. (Cours de 1828.) 1 v. in-12. 3 fr. 50
Histoire générale de la Philosophie, depuis les temps les plus anciens jusqu'au XIXᵉ siècle. Nouvelle édition, 1 vol. in-12. . . . . 4 fr. »
Philosophie de Locke. (Cours de 1830.) Nouv. édit. 1 vol. in-12. . . 3 fr. 50
Du Vrai, du Beau et du Bien, 12ᵉ édition. 1 vol. in-12. . . . . . . 3 fr. 50
Des Principes de la Révolution française et *du Gouvernement représentatif* suivis des *Discours politiques.* Nouv. édit. 1 vol. in-12. . . . . 3 fr. 50

CRAVEN (Mᵐᵉ AUG.)
Récit d'une sœur, souvenirs de famille. *(Ouv. couronné par l'Académie française.)* 14ᵉ édit. 2 vol. in-12. . . . . 8 fr. «

DANTIER
Les Monastères bénédictins d'Italie. Souvenirs, etc. *(Ouv. couronné par l'Académie française.)* 2ᵉ édition. 2 vol. in-12. . . . . 8 fr. »

DAREMBERG
La Médecine. — *Histoire et doctrines. (Ouv. couronné par l'Académie française.)* 2ᵉ édit. 1 vol. in-12. . . . . 3 fr. 50

DELAVIGNE (CASIMIR)
Œuvres complètes : *Théâtre et poésies.* 4 vol. in-12. . . . . 14 fr.

DELÉCLUZE (E. J.)
Louis David. Son école et son temps. Souvenirs. Nouv. éd. 1 vol. in-12. 3 fr. 50

DESJARDINS (ARTHUR)

Les Devoirs. — Essai sur la morale de Cicéron. (*Ouvrage couronné par l'Institut.*) 1 vol. in-12. . . . . 3 fr.

DESJARDINS (ERNEST)

Le Grand Corneille historien. Nouv. édit. 1 vol. in-12. . . . . . . 3 fr. »

ERNOUF (BARON)

Le général Kléber. Mayence, Vendée, Allemagne, Égypte. 1 vol. . . . 3 fr. 50

FALLOUX (Cte DE)

Correspondance du R. P. Lacordaire et de Mme Swetchine. 4e édition, 1 vol. in-12. . . . . 4 fr. »

Madame Swetchine. *Méditations et prières,* 2e édition. 1 vol. in-12. . 3 fr. 50

Madame Swetchine. *Sa vie et ses œuvres,* nouv. édit. 2 vol. in-12. . 7 fr. »

Madame Swetchine. *Lettres inédites,* 2e édit. 1 vol. in-12. . . . . 3 fr. 50

Histoire de saint Pie V, pape. 3e édit. 2 vol. in-12. . . . . 7 fr. »

Louis XVI, 4e édit. 1 vol. in-12. . . . . 5 fr. 50

FÉNELON

Aventures de Télémaque et d'Aristonoüs, précédées d'une Étude par M. VILLE-MAIN. Nouv. édit., ornée de 24 vignettes. 1 vol. in-12. . . . . 3 fr. »

FEUGÈRE (LÉON)

Caractères et Portraits littéraires du XVIe siècle. 2 vol. in-12. . . 7 fr. »

Les Femmes poètes du XVIe siècle, étude suivie de notices sur mademoiselle de Gournay, d'Urfé, Montluc, etc 1 vol. in-12. . . . . 3 fr. 50

FLAMMARION

Dieu dans la nature. Philosophie des sciences et réfutation du matérialisme. 1 fort vol. avec portrait. 4 fr.

La Pluralité des mondes habités, au point de vue de l'astronomie, de la physiologie et de la philosophie naturelle. Nouv. édit. 1 fort vol. in-12, fig. 3 fr. 50

Les Mondes imaginaires et les Mondes réels. Voyage astronomique pittoresque et Revue critique des théories humaines sur les habitants des astres. 4e édit. 1 vol. in-12. . . . . 3 fr. 50

FLEURY (ED.)

Saint-Just et la Terreur. Étude sur la Révolution. 2 vol. in-12. . . 6 fr. »

FOURNEL (VICTOR)

La Littérature indépendante et les Écrivains oubliés. Essais de critique et d'érudition sur le XVIIe siècle. 1 vol. in-12. . . . . 3 fr. 50

FRARIÈRE

Influences maternelles pendant la gestation sur les prédispositions morales et intellectuelles des enfants. Nouv. édit. revue et augmentée. 1 v. in-12. 3 fr. »

GALITZIN (LE PRINCE AUG.)

La Russie au XVIIIe siècle. Mémoires inédits sur Pierre le Grand, Catherine Ire et Pierre III. 2e édition. 1 vol. in-12. . . . . 3 fr. 50

GERMOND DE LAVIGNE

Le Don Quichotte de F. Avellaneda. Trad. avec notes. 1 vol. in-12. 3 fr. »

GÉRUZEZ

Histoire de la Littérature française depuis ses origines jusqu'à la Révolution (*Ouv. cour. par l'Académie française,* 1er prix Gobert.) Nouv. éd. 2 vol. in-12. 7 fr.

SAINT-MARC GIRARDIN

La Syrie en 1861. Condition des Chrétiens en Orient. 1 vol. in-12. . 3 fr. 50

Tableau de la littérature française au XVIe siècle. 2e édit. 1 vol. in-12. . . . . 3 fr. 50

GOBINEAU (Cte DE).

Les Religions et les Philosophies dans l'Asie centrale. 2e édition. 1 vol. in-12. . . . . 4 fr. »

GONCOURT (E. ET J. DE)

Histoire de la société française pendant la Révolution et pendant le Directoire. Nouvelle édition. 2 vol. in-12. . . . . 7 fr. *

GRUN

Pensées des divers âges de la vie. Nouv. édit. 1 vol. in-12 . . . . 3 fr

GUADET

Les Girondins. Leur vie privée, leur vie publique, leur proscription et leur mort. 2e édit. 2 vol. in-12. . . . . 7 fr. *

GUIZOT

Histoire de la Révolution d'Angleterre, depuis l'avénement de Charles Ier jusqu'au rétablissement des Stuarts (1625-1660). 6 vol. in-12, en trois parties. 21 fr.
— **Histoire de Charles Ier,** depuis son avénement jusqu'à sa mort (1625-1649), précédée d'un *Discours sur la Révolution d'Angleterre.* 7e édit. 2 vol. in-12. 7 fr.
— **Histoire de la République d'Angleterre et de Cromwell** (1649-1658). Nouvelle édition. 2 vol. in-12. . . . . 7 fr.
— **Histoire du protectorat de Richard Cromwell et du rétablissement des Stuarts** (1659-1660). 3e édition. 2 vol. in-12. . . . . 7 fr.
Monk. Chute de la République, etc. Étude historique. 1 vol. in-12. 3 fr. 50
Portraits politiques des hommes des divers partis : *Parlementaires, Cavaliers, Républicains, Niveleurs*; études historiques. 1 vol. in-12. . . . . . . 3 fr. 50
Sir Robert Peel. Étude d'histoire contemporaine, augmentée de documents inédits. 1 vol. in-12. . . . . 3 fr. 50
Essais sur l'Histoire de France, etc. Nouv. édit. 1 vol. in-12. . . . 3 fr. 50
Histoire de la civilisation en Europe et en France, depuis la chute de l'Empire romain, etc. 7e édit. 5 vol. in-12. . . . . 17 fr. 50
Histoire des origines du Gouvernement représentatif *et des Institutions politiques de l'Europe.* Nouvelle édit. 2 vol. in-12. . . . . 7 fr.
Corneille et son temps. Étude littéraire suivie d'un *Essai sur Chapelain, Rotrou et Scarron,* etc. Nouv. édit. 1 vol. in-12. . . . . 3 fr. 50
Méditations et Études morales. Nouv. édit. 1 vol. in-12. . . . . . 3 fr. 50
Études sur les Beaux-Arts en général. Nouv. édit. 1 vol. in-12. . . 3 fr.
Discours académiques, suivis des *Discours prononcés au Concours général de l'Université et devant diverses Sociétés religieuses,* etc. 1 vol. in-12. . 3 fr. 50
Abaillard et Héloïse. Essai historique par M. et Mme GUIZOT, suivi des *Lettres d'Abaillard et d'Héloïse,* trad. par M. Oddoul. Nouv. édit. 1 vol. in-12.. 3 fr. 50
Histoire de Washington, par M. C. DE WITT, avec une Introduction par M. GUIZOT. Nouv. édit. 1 vol. in-12, avec carte.. . . . . 3 fr. 50
Grégoire de Tours et Frédégaire. — HISTOIRE DES FRANCS ET CHRONIQUE, trad. Nouv. édit. revue et augmentée de la *Géographie de Grégoire de Tours et de Frédégaire,* par M. ALFRED JACOBS. 2 vol. in-12. . . . . 7 fr.
Cet ouvrage est autorisé pour les Écoles publiques par décision de Son Exc. le ministre de l'Instruction publique.
Shakspeare. Œuvres complètes. 8 vol. in-12, à. . . . . 3 fr. 50

GUIZOT (GUILLAUME)

Ménandre. Étude historique et littéraire sur la Comédie et la Société grecques. (*Ouvrage couronné par l'Académie française.*) 1 vol. in-12 avec portrait.. 3 fr. 50

EUGÉNIE DE GUÉRIN

Journal et Fragments, publiés par TRÉBUTIEN. (*Ouvrage couronné par l'Académie française.*) 19e édition. 1 vol. in-12. . . . . 3 fr. 50
Lettres d'Eugénie de Guérin. 10e édit. 1 vol. in-12.. . . . . 3 fr. 50
Étude sur Eugénie de Guérin par Aug. NICOLAS, broch. in-12. . . . . 50 c.

MAURICE DE GUÉRIN

Journal, Lettres et Fragments publiés par TRÉBUTIEN, avec une Étude par M. SAINTE-BEUVE. 10e édition. 1 vol. in-12. . . . . 3 fr. 50

HOUSSAYE (ARSÈNE)

Les Charmettes. — *J. J. Rousseau et Madame de Warens.* Nouvelle édition. 1 vol.
in-12, portrait. . . . . 3 fr. 50

HOUSSAYE (HENRY.)

Histoire d'Apelles. Études sur l'art grec. 2ᵉ édit. 1 vol. in-12 avec fig.   3 fr. 50

JACQUINET

Tableau du Monde physique. Excursions à travers la science. 1 vol. in-12.   3 fr.

JACOBS (ALFRED)

L'Afrique nouvelle. — Récents voyages. — État moral, intellectuel et social dans
le continent noir. 1 vol. in-12 avec Carte. . . . . 3 fr. 50

J. JANIN

La Poésie et l'Éloquence à Rome au temps des Césars. Nouvelle édition.
1 vol. in-12. . . . . 3 fr. 50

JOUBERT

Pensées, précédées de sa Correspondance, d'une notice par M. P. DE RAYNAL, et de
jugements littéraires par MM. SAINTE-BEUVE, SAINT-MARC GIRARDIN, DE SACY, GÉRUSEZ
et POITOU. Nouv. édit. 2 vol. in-12. . . . . 7 fr.

JOULIN (Dʳ)

Les Causeries du Docteur. 1 vol. in-12. . . . . 3 fr.

JULIEN (STANISLAS)

Yu-kiao-li. — *Les Deux cousines,* — roman chinois. 2 vol. in-12. . . . . . 7 fr.
Les Deux jeunes filles lettrées. Roman traduit du chinois. 2 vol. in-12.   7 fr.

LAGRANGE (Mᵐᵉ DE)

Laurette de Malboissière. Correspondance d'une jeune fille du temps de
Louis XIV. 1 vol. in-12. . . . . 3 fr. 50

LAGRANGE (J.)

Joseph Vernet et la Peinture au XVIIIᵉ siècle. 2ᵉ édit. 1 vol. in-12. . . 3 fr. 50

LAMENNAIS

Dante. *La Divine Comédie.* Trad. avec une introd. et des notes. Nouvelle édition.
2 vol. in-12. . . . . 7 fr.
Correspondance inédite de Lamennais, publiée par M. Forgues, Nouvelle
édition. 2 vol. in-12. . . . . 7 fr.

LA MORVONNAIS

La Thébaïde des Grèves. — *Reflets de Bretagne.* — Suivis de poésies pos-
thumes. Nouvelle édition. 1 vol. in-12. . . . . 3 fr. 50

LANNAU-ROLLAND

Michel-Ange et Vittoria Colonna. Étude suivie de la traduct. complète des
poésies de Michel-Ange. Nouv. édit. 1 vol. in-12. . . . . 3 fr.

LA PILORGERIE (J. DE)

Campagne et Bulletins de la grande armée d'Italie commandée par Charles VIII, d'après des documents rares ou inédits. 1 vol. in-12. . . . . . 3 fr. 50

LAPRADE (VICTOR DE)

Le Sentiment de la nature avant le christianisme. 2ᵉ édit. 1 vol. in-12.   3 fr. 50
Questions d'Art et Morale. Nouv. édit. 1 vol. in-12. . . . . 3 fr. 50

LEBRUN (PIERRE)

Œuvres poétiques et dramatiques. Nouv. édit. 4 vol. in-12. . . . . . 14 fr.

LEGOUVÉ

Histoire morale des Femmes. 4ᵉ édit. revue et augm. 1 vol. in-12.   3 fr. 50

LÉLUT

Physiologie de la pensée. Recherche critique des rapports du corps à l'esprit.
Nouv. édit. 2 vol. in-12. . . . . 7 fr.

LEMOINE (ALBERT)
L'Ame et le Corps. Études de philosophie morale et natur. 1 vol. in-12. 3 fr. 50
L'Aliéné devant la philosophie, la morale et la société. 2ᵉ édit. 1 vol. in-12. 3 fr. 50

LENORMANT (Mᵐᵉ)
Quatre Femmes au temps de la Révolution. (*Ouvrage couronné par l'Académie française.*) 1 vol. in-12. . . . . 3 fr. 50

LENORMANT (FR.)
Turcs et Monténégrins. 1 vol. in-12. . . . . 3 fr. 50

LÉPINOIS (L. DE)
Le Gouvernement des papes et les révolutions dans les États de l'Église. 2ᵉ édit. 1 vol. in-12. . . . . 3 fr. 50

J. LEVALLOIS
Critique militante. Études de philosophie littéraire. 1 vol. in-12. . . 3 fr. 50

LIVET (CH. L.)
Précieux et Précieuses. Caractères et mœurs du xviiᵉ siècle. 2ᵉ édition. 1 vol. in-12. . . . . 3 fr. 50

LUCAS
Le procès du matérialisme. Étude philosophique. 1 vol. in-12. . . . . 3 fr.

MARGERIE (A. DE)
Théodicée. Études sur Dieu, la Providence, la Création. 2ᵉ édit. 2 vol. in-12. 7 fr. »

MARTIN (TH. HENRY)
La Foudre, l'Électricité et le Magnétisme chez les anciens. 1 v. in-12. 3 50

MARY *** (Dʳ)
Le Christianisme et le Libre Examen. Discussion critique des arguments apologétiques. 2ᵉ édition. 2 vol. in-12. . . . . 7 fr. »

MATTER
Le Mysticisme au temps de Fénelon. 2ᵉ édit. 1 vol. in-12. . . . . 3 fr. 50
Saint-Martin, le Philosophe inconnu, etc. 2ᵉ édition. 1 vol. in-12. . . 3 fr. 50
Swedenborg, sa vie, sa doctrine, etc. 2ᵉ édition. 1 vol. in-12. . . . . 3 fr. 50

MATHIEU
Histoire des Miraculés et des Convulsionnaires de St-Médard, avec Notices sur le diacre Pâris, Carré de Montgeron et le Jansénisme. 1 v. in-12. 3 fr. 50

MAURY (ALFRED)
Les Académies d'autrefois. 2 vol. in-12.
— *L'ancienne Académie des sciences.* 2ᵉ édition. 1 vol. in-12. . . . . . 3 fr. 50
— *L'ancienne Académie des inscriptions et belles-lettres.* 1 v. in-12. 3 fr. 50
Croyances et légendes de l'antiquité. 2ᵉ édition 1 vol. in-12. . . . 3 fr. 50
La Magie et l'Astrologie dans l'antiquité et au moyen âge. 3ᵉ édition. 1 vol. in-12. . . . . 3 fr. 50
Le Sommeil et les Rêves. 3ᵉ édit. revue et augm. 1 vol. in-12. 3 fr. 50

MENNESSIER-NODIER (Mᵐᵉ)
Charles Nodier. Épisodes et souvenirs de sa vie. 1 vol. in-12. . . . . 3 fr. 50

MERCIER DE LACOMBE (CH.)
Henri IV et sa politique. (*Ouvrage couronné par l'Académie française, 2ᵉ prix Gobert*). Nouv. édit. 1 vol. in-12. . . . . 3 fr. 50

MERLET (G.)
Causeries sur les femmes et les livres. 1 vol. in-12. . . . . 3 fr. 50
Portraits d'hier et d'aujourd'hui. 1 vol. in-12. . . . . 3 fr. 50
Les Réalistes et les Fantaisistes dans la littérature. 1 vol. in-12. 3 fr. 50

MIGNET
Éloges historiques, faisant suite aux *Portraits et Notices.* Nouvelle édition. 1 vol. in-12. . . . . 3 fr. 50
Charles-Quint, SON ABDICATION, SON SÉJOUR ET SA MORT AU MONASTÈRE DE YUSTE. 5ᵉ édit. 1 vol. in-12. . . . . 3 fr. 50
Histoire de la Révolution française depuis 1789 jusqu'à 1814. 9ᵉ édit. 2 vol. in-12. . . . . 7 fr. »

MOLAND (LOUIS)

Origines littéraires de la France. — Légende. — Roman. — Prédication. — Théâtre, etc. 2ᵉ édit. 1 vol. in-12. . . . . 3 fr. 50

MONTALEMBERT

De l'Avenir politique de l'Angleterre. 6ᵉ édit. augmentée. 1 v. in-12. 3 fr. 50

MOUY (CH. DE)

Don Carlos et Philippe II (*ouvrage couronné par l'Académie française*). 1 vol. in-12. . . . . 3 fr. 50

NIGHTINGALE (MISS)

Des Soins à donner aux malades, etc. Traduit de l'anglais et précédé d'une lettre de M. Guizot et d'une Introduction par le Dr Daremberg. 1 vol. in-12. 3 fr.

NOURRISSON (F.)

Philosophie de saint Augustin (*ouvrage couronné par l'Institut*). 2ᵉ édition. 2 vol. in-12. . . . . 7 fr. »
La Politique de Bossuet. 1 vol. in-12. . . . . 3 fr. »
Spinosa et le Naturalisme contemporain. 1 vol. in-12. . . . . . 3 fr. »
Portraits et Études. Histoire et Philosophie. Nouv. édit. 1 vol. in-12. . 3 fr. 50
Le Cardinal de Bérulle. Sa vie, son temps, ses écrits. 1 vol. in-12. . 3 fr. »

D'ORTIGUE (J.)

La Musique à l'église. Philosophie, littérat., critique music. 1 v. in 12. 3 fr. 50

PAGANEL

Histoire de Scanderbeg ou *Turks et Chrétiens au xvᵉ siècle*. Nouv. édit. 1 vol. in-12. . . . . 3 fr. 50

PELLISSIER

La Langue française depuis son origine jusqu'à nos jours ; tableau historique de sa formation et de ses progrès. 1 vol. in-12. . . . . 3 fr. »

PENQUER (Mᵐᵉ)

Les Chants du foyer. Poésies. 2ᵉ édition. 1 vol. in-12. . . . . 3 fr. 50
Révélations poétiques. 2ᵉ édit. 1 vol. in-12. . . . . 3 fr. 50

PEZZANI (A.)

La Pluralité des existences de l'âme conforme à la doctrine de la pluralité des Mondes, opinions des philosophes anciens et modernes. 4ᵉ édit. 1 v. in-12. 3 fr. 50
Les Bardes druidiques. Synthèse philosophique du xixᵉ siècle. 1 v. in-12. 1 fr. 50

PIERRON (ALEXIS)

Voltaire et ses Maîtres. Épisode de l'histoire des humanités en France. 1 volume in-12. . . . . 3 fr. »

POIRSON (AUG.)

Histoire de Henri IV. Nouv. édit. 4 vol. in-12. . . . . 16 fr. »

PRELLER

Les Dieux de l'ancienne Rome.— Mythologie romaine, traduction par L. Dietz, avec préface de M. Alf. Maury. 2ᵉ édition. 1 fort vol. in-12. . . 4 fr. »

PUYMAIGRE (TH DE)

Les vieux Auteurs castillans. 2 vol. in-12. . . . . 7 fr. »
Chants populaires recueillis dans le pays messin, mis en ordre et annotés. 1 fort vol. in-12. . . . . 5 fr. »

RAYNAUD (M.)

Les Médecins au temps de Molière. — Mœurs. — Institutions. — Doctrines Nouv. édition. 1 vol. in-12. 3 fr. 50

RÉMUSAT (CH. DE)

Bacon. Sa vie, son temps et sa philosophie. 1 vol. in-12. . . . . . 3 fr. 50
L'Angleterre au XVIIIᵉ siècle. Études et Portraits pour servir à l'histoire politique de l'Angleterre. 2 vol. in-12. . . . . 7 fr. »
Critiques et Études littéraires. Nouv. édition. 2 vol. in-12. . . . . 7 fr. »

★ ★ ★

Channing. Sa vie et ses œuvres, préface de M. DE RÉMUSAT. 1 vol. in-12.   3 fr. 50
La Vie de village en Angleterre, ou Souvenirs d'un exilé. 1 v. in-12.   3 fr. 50

RONDELET (ANT.)

Le Lendemain du mariage. 1 vol. in-12. . . . .   3 fr. 50
La Morale de la richesse. 1 vol. in-12. . . . .   3 fr. 50
Ou Spiritualisme en économie politique. (*Ouvrage couronné par l'Académie des sciences morales.*) 2ᵉ édit. 1 vol. in-12. . . . .   3 fr. 50
Mémoires d'Antoine, ou notions populaires de morale et d'économie politique. (*Ouvrage couronné par l'Académie française.*) Nouvelle édition. 1 vol. in-12.   2 fr.

ROSELLY DE LORGUES

Christophe Colomb. Hist. de sa vie et de ses voyages. 2ᵉ édit. 2 vol. in-12.   7 fr.

ROUSSET (C.)

Histoire de Louvois, etc. (*Ouvrage couronné par l'Académie française, 1ᵉʳ prix Gobert.*) Nouvelle édition. 4 vol. in-12. . . . .   14 fr.

SAISSET

Descartes, ses Précurseurs, ses Disciples. 2ᵉ édition. 1 vol. in-12.   3 fr. 50
Le Scepticisme. Ænésidème, Pascal, Kant, etc. 2ᵉ édit. 1 vol. in-12.   3 fr. 50

SACY (S. DE)

Variétés littéraires, morales et historiques. Nouv. édit. 2 vol. in-12. . . .   7 fr.

SAINTE-AULAIRE (Mᵐᵉ DE)

La Chanson d'Antioche, composée par RICHARD LE PÈLERIN, etc. trad. 1 vol. in-12. . . . .   3 fr. 50

SAINT-HILAIRE (BARTH.)

Le Bouddha et sa religion. 3ᵉ édit. revue et corrigée. 1 vol. in-12. .   3 fr. 50
Mahomet et le Coran, précédé d'une Introduction sur les devoirs mutuels de la religion et de la philosophie. 2ᵉ édit. 1 vol. in-12. . . . .   3 fr. 50

SALVANDY

Don Alonso, ou l'Espagne. Histoire contemporaine. Nouv. édit. 2 vol. in-12.   7 fr.

SCHILLER

Œuvres dramatiques complètes. Traduction de M. de Barante, revue par M. de Suckau. 3 vol. in-12. . . . .   10 fr.

SCHNITZLER

La Russie en 1812. — *Rostoptchine et Kutusof.* Nouv. édit. 1 vol. in-12.   3 fr. 50

SÉGUR

Histoire universelle. Ouv. adopté par l'Université. 8ᵉ édit. 6 vol. in-12.   18 fr.
— **Histoire ancienne** Nouv. édit. 2 vol. in-12. . . . .   6 fr.
— **Histoire romaine.** Nouv. édit. 2 vol. in-12. . . . .   6 fr.
— **Histoire du Bas-Empire.** Nouv. édit. 2 vol. in-12. . . . .   6 fr.
Galerie morale, avec une notice par M. SAINTE-BEUVE. 1 vol. in-12. . . .   3 fr.

SHAKSPEARE

Œuvres complètes. Traduction de M. GUIZOT. 8 vol. in-12 à. . . . . . .   3 fr. 50

ALEX. SOREL

Le Couvent des Carmes et le Séminaire Saint-Sulpice pendant la Terreur. 2ᵉ édit. 1 vol. in-12 avec figures. . . . .   3 fr. 50

THURET (Mᵐᵉ)

Mademoiselle de Sassenay. Histoire d'une grande famille sous Louis XVI. 2 vol. in-12. . . . .   7 fr.

THIERRY (AMÉDÉE)

Histoire d'Attila et de ses successeurs en Europe. 3ᵉ édit. 2 vol. in-12. 7 fr.

Tableau de l'Empire romain, depuis la fondation de Rome, etc. Nouv. édit. 1 vol. in-12 . . . . 3 fr. 50

Récits de l'Histoire romaine au Vᵉ siècle. Derniers temps de l'empire d'Occident. Nouv. édit. 1 vol. in-12 . . . . 3 fr. 50

Histoire des Gaulois depuis les temps les plus reculés jusqu'à l'entière domination romaine. Nouv. édit. 2 vol. in-12 . . . . 7 fr.

VILLEMAIN

La République de Cicéron, traduite et accompagnée d'une Introduction et de Suppléments historiques. 1 vol. in-12 . . . . 3 fr. 50

Choix d'Études SUR LA LITTÉRATURE CONTEMPORAINE : *Rapports académiques. Études sur Chateaubriand, A. de Broglie, Nettement,* etc. 1 vol. in-12 . . . . . 3 fr. 50

Cours de Littérature française, comprenant : le *Tableau de la Littérature au XVIIIᵉ siècle* et le *Tableau de la Littérature au moyen âge*. Nouvelle édition. 6 vol. in-12 . . . . 21 fr.

— **Tableau de la Littérature au XVIIIᵉ siècle**. 4 vol. in-12 . . . . 14 fr.

— **Tableau de la Littérature au moyen âge**. 2 vol. in-12 . . . . . 7 fr.

Tableau de l'Éloquence chrétienne au ivᵉ siècle, etc. Nouvelle édition. 1 fort vol. in-12 . . . . 3 fr. 50

Discours et Mélanges littéraires : *Éloges de Montaigne et de Montesquieu.— Notices sur Fénelon et sur Pascal. — Discours sur la critique. — Rapports et Discours académiques.* Nouv. édit. 1 vol. in-12 . . . . 3 fr. 50

Études de Littérature ancienne et étrangère : *Sur Hérodote. — Études sur Lucrèce, Lucain, Cicéron,* etc. *— De la corruption des lettres romaines. — Essai sur les romans grecs. — Shakspeare, Milton; Byron,* etc. Nouvelle édition. 1 vol. in-12 . . . . 3 fr. 50

Études d'Histoire moderne : *Discours sur l'état de l'Europe au XVᵉ siècle.— Lascaris. — Essai historique sur les Grecs. — Vie de L'Hôpital.* Nouv. édit. 1 vol. in-12 . . . . 3 fr. 50

Souvenirs contemporains d'Histoire et de Littérature. 2 vol. in-12. . 7 fr. »

— Première partie : **M. de Narbonne**, etc. Nouv. édit. 1 vol. in-12. . 3 fr. 50

— Deuxième partie : **Les Cent-Jours**. Nouv. édit. 1 vol. in-12 . . . . 3 fr. 50

VILLEMARQUÉ (H. DE LA)

Barzaz Breiz. Chants populaires de la Bretagne, recueillis et annotés. 7ᵉ édit. (*Ouvrage couronné par l'Académie française*). 1 vol. in-12 avec musique. . . . . 5 fr.

Le Grand Mystère de Jésus, drame breton du moyen âge, avec une Étude sur le théâtre celtique. 2ᵉ édit. 1 vol. in-12 . . . . 3 fr. 50

La Légende celtique et la Poésie des Cloîtres bretons. Nouvelle édition. 1 vol. in-12 . . . . 3 fr. 50

L'Enchanteur Merlin (Myrdhinn). Son histoire, ses œuvres, son influence. Nouv. édit. 1 vol. in-12 . . . . 3 fr. 50

WHYTE MELVILLE

Les Gladiateurs. Rome et Judée. Roman antique trad. par Bernard DEROSNE, avec préface de Th. GAUTIER. 2ᵉ édit. 2 vol. in-12 . . . . 7 fr.

WITT (C. DE)

Études sur l'histoire des États-Unis d'Amérique. 2 vol. in-12. . . . 7 fr.

— **Histoire de Washington** *et de la fondation de la République des États-Unis*, par M. CORNÉLIS DE WITT, avec une Étude par M. GUIZOT. Nouv. édit. 1 vol. in-12 avec carte. . . . . 3 fr. 50

— **Thomas Jefferson**. *Étude sur la démocratie américaine.* Nouvelle édition. 1 vol. in-12. . . . . 3 fr. 50

ZELLER

Les Empereurs romains. Caractères et portraits historiques. 2ᵉ édition, 1 vol. in-12. . . . . 3 fr. 50

OUVRAGES DE M. ALLAN KARDEC

Entretiens sur l'histoire. — Antiquité et moyen âge. 1 vol. in-12. . 3 fr. 50

Entretiens sur l'histoire. — Moyen âge. 1 vol. in-12. . . . . 3 fr. 50

Qu'est-ce que le Spiritisme? Introduction à la connaissance du monde invisible ou des Esprits. 3e édition, augmentée. 1 vol. in-12. . . . . 1 fr.

– Spiritisme à sa plus simple expression. Exposé sommaire de l'Enseignement des Esprits et de leurs manifestations. In-12. . . . . 15 c.

Le Livre des Esprits, contenant : les principes de la doctrine spirite sur l'immortalité de l'âme, la nature des Esprits et leurs rapports avec les hommes; les lois morales; la vie présente, la vie future et l'avenir de l'humanité, selon l'enseignement donné par les Esprits 12e édition. 1 fort vol. in-12. . . . . 3 fr. 50

Le Livre des Médiums, ou GUIDE DES MÉDIUMS ET DES ÉVOCATEURS, contenant l'enseignement spécial des Esprits sur la théorie de tous les genres de manifestations, les moyens de communiquer avec le monde invisible, etc. 8e édition. 1 fort vol. in-12. . . . . 3 fr. 50

Le Ciel et l'Enfer, ou LA JUSTICE DIVINE SELON LE SPIRITISME. 1 vol. in-12. 3 fr. 50

L'Évangile selon le spiritisme : PARTIE MORALE. 3e édit. 1 vol. in-12. 3 fr. 50

Révélations du monde des esprits, par J. Roze, médium. 3 vol. in-12. 4 fr. 50

Phénomènes des frères Davenport. Trad. du Dr NICHOLS. 1 v. in-12. . fr. 50

Des forces naturelles inconnue , à propos des phénomènes produits par les frères Davenport et par les médiums en général. Etude critique par HERMÈS. In-12. . . . . 1 fr.

Histoire de Jeanne d'Arc, dictée par elle-même à Ermance DUFAUX. 2 édit. 1 vol. in-12. . . . . 3 fr.

Les Bardes druidiques. Synthèse philosophique du XIXe siècle par M. A. PEZZANI. 1 vol. in-12. . . . . 1 fr. 50

BIBLIOTHÈQUE D'ÉDUCATION MORALE

Première série à 3 fr. le vol. broché

Mme LA PRINCESSE DE BROGLIE

Les Vertus chrétiennes. — Les Vertus théologales et les Commandements de Dieu. Ouvrage approuvé par Mgr l'Archevêque de Paris. 2 vol. in-12, illustrés de lithographies et de vignettes.

Mme DE WITT, NÉE GUIZOT

Une Famille à Paris. Scènes de la Vie des jeunes filles. 1 vol. in-12, orné de lithographies et vignettes.

Promenades d'une Mère, ou les douze Mois. 1 vol. in-12, orné de lithographies et de vignettes.

Les Petits Enfants, contes. 1 vol. in-12, orné de lithographies et de vignettes.

Contes d'une Mère à ses Enfants. 1 vol. in-12, orné de lithographies et de vignettes.

Une Famille à la campagne. 1 vol. in-12, orné de lithographies et de vignettes.

Hélène et ses Amies, histoire pour les jeunes filles ; traduit de l'anglais. 1 vol. in-12, orné de lithographies.

DE GERANDO ET B⁰ DELESSERT

Les Bons exemples, nouvelle morale en action. — *Charité et Dévouement*. 1 vol. in-12, illustré de jolies vignettes de J. David.

—— 2ᵉ série : *Courage et Humanité*. 1 vol. in-12, illustré de jolies vignettes de J. David.

Mⁱⁱᵉ ULLIAC-TRÉMADEURE

André, ou LA PIERRE DE TOUCHE. (*Ouvrage couronné*.) Nouv. édit. 1 joli vol. in-12, illustré de lithographies.

Contes de ma mère l'Oie. Nouv. édit. 1 joli vol. in-12, illustré de lithographies.

MICHEL MASSON

Les Enfants célèbres, histoire des enfants qui se sont immortalisés par le malheur, la piété, le courage, le génie, etc. Nouvelle édition. 1 vol. in-12, orné de lithographies et vignettes.

Les Lectures en famille. Simples récits du foyer domestique. 1 vol.

Mᵐᵉ GUILLON-VIARDOT

Cinq Années de la Vie des Jeunes Filles. (*L'Entrée dans le monde*.) 1 joli vol. in-12.

Mᵐᵉ A. TASTU

Lettres choisies de madame de Sévigné, avec son Éloge. (*Couronné par l'Académie française*.) 1 vol. in-12.

Deuxième série à 2 fr. le vol. broché.

Mᵐᵉ GUIZOT

L'Écolier, ou RAOUL ET VICTOR. (*Ouvrage couronné par l'Académie française*.) 12ᵉ édition. 2 vol. in-12, 8 vignettes.

Une Famille, par Mᵐᵉ Guizot, ouvrage continué par Mᵐᵉ A. Tastu. 7ᵉ édition. 2 vol. in-12, 8 vignettes.

Les Enfants. Contes pour la jeunesse. 10ᵉ édition. 2 vol. in-12, 8 vignettes.

Nouveaux Contes pour la jeunesse, 9ᵉ édition. 2 vol. in-12, 8 vignettes.

Récréations morales. Contes pour la jeunesse. 10ᵉ édit. 1 vol. in-12, 4 vign.

Lettres de Famille sur l'éducation. (*Ouvrage couronné par l'Académie française*.) 5ᵉ édition. 2 vol. in-12. . . . . 6 fr.

Mᵐᵉ F. RICHOMME

Julien et Alphonse, ou le NOUVEAU MENTOR. (*Ouvrage couronné par l'Académie française*.) 1 vol. in-12, 6 lithographies.

ERNEST FOUINET

Souvenirs de Voyage en Suisse, en Grèce, en Espagne, etc., ou RÉCITS DU CAPITAINE KERNOEL, destinés à la jeunesse. 1 vol. in-12 avec 6 lithographies.

Mⁱⁱᵉ C. DELEYRE

Contes pour les enfants de 5 à 7 ans. Nouv. édit. revue par Mᵐᵉ F. Richomme. 1 vol. in-12, avec jolies lithographies.

Contes pour les enfants de 7 à 10 ans. Nouv. édit. revue par Mᵐᵉ F. Richomme. 1 vol. in-12, avec jolies lithographies.

Mⁱⁱᵉ ULLIAC-TRÉMADEURE

Les Jeunes Naturalistes. Entretiens familiers sur les *animaux*, les *végétaux* et les *minéraux*. 5ᵉ édition. 2 vol. in-12, ornés de 32 vignettes.

M** ULLIAC-TRÉMADEURE (suite)

Claude, ou le GRAND-PETIT. (Ouv. cour. par l'Acad. fr.) 2* édit. 1 v. in-12, 4 vig.

Étienne et Valentin, ou MENSONGE ET PROBITÉ. (Ouvrage couronné.) 3* édition. 1 vol. in-12. 4 vignettes.

Les Jeunes Artistes. Contes sur les beaux-arts. Nouv. édit. 1 vol. in-12, 4 vig.

Contes aux jeunes Naturalistes sur les animaux domestiques. 5* édition. 1 vol. in-12, 4 vignettes.

Émilie, ou la jeune Fille auteur. 1 vol. in-12. 4 vignettes.

M** A. TASTU

Les Récits du Maître d'école imités de CÉSAR CANTU. 1 vol. in-12. 4 vignettes.

Les Enfants de la vallée d'Andlau, notions familières sur la religion, les merveilles de la nature, etc., par M*** VOÏART et A. TASTU. 2 vol. in-12, 8 vignettes.

Lectures pour les Jeunes Filles. Modèles de littérature en prose et en vers, extraits des Écrivains modernes. 2 vol. in-12, 8 portraits.

Album poétique des Jeunes Personnes, ou CHOIX DE POÉSIES, extrait des meilleurs auteurs. 1 vol. in-12, 4 portraits.

M** DELAFAYE-BRÉHIER

Les Petits Béarnais. Leçons de morale. 12* édition. 2 vol. in-12, 8 vignettes.

Les Enfants de la Providence, ou AVENTURES DE TROIS ORPHELINS. 6* édition, revue par M** F. RICHOMME. 2 vol. in-12, 8 vignettes.

Le Collège incendié, ou les ÉCOLIERS EN VOYAGE. 6* édit. 1 vol. in-12, 4 vign.

M** L. BERNARD

Les Mythologies racontées à la jeunesse. 5* édition. 1 vol. in-12, orné de gravures d'après l'antique.

BERQUIN

L'Ami des Enfants. Édition complète. 2 vol. in-12, 32 figures.

M** ÉL. MOREAU-GAGNE

Voyages et aventures d'un jeune Missionnaire en Océanie, etc. 1 vol. in-12 4 lithographies.

FERTIAULT

Les Voix amies. Science, jeunesse, raison. Poésies. 1 vol. in-12.

OUVRAGES ILLUSTRÉS GRAND IN-8

M** TASTU

Éducation maternelle. Simples leçons d'une mère à ses enfants, sur la lecture, l'écriture, l'arithmétique, la grammaire, la mémoire, la géographie, l'histoire sainte, etc. Nouvelle édition, imprimée avec luxe, illustrée de 500 jolies vignettes et cartes coloriées. 1 vol. grand in-8, papier jésus glacé. (Sous presse).

Le premier Livre de l'Enfance, lecture et écriture Extrait de l'Education maternelle. 1 vol. de 80 pages, grand in-8, illustré de plus de 100 vignettes, papier vélin glacé, cartonné avec la couverture. . . . . 2 fr.

FÉNELON

Les Aventures de Télémaque et les Aventures d'Aristonoüs. Édition illustrée par TONY JOHANNOT, BARON, C. NANTEUIL, etc., accompagnée d'ÉTUDES, par MM. VILLEMAIN, S. DE SACY, de l'Académie française, et J. JANIN, et suivie d'un Vocabulaire historique et géographique. 1 beau vol. grand in-8, illustré de plus de 200 belles vignettes.. . . . . 8 fr.

MICHEL MASSON

Les Enfants célèbres. Histoire des enfants qui se sont immortalisés par le malheur, la piété, le courage, le génie et les talents. Nouvelle édition. 1 beau vol. grand in-8, illustré de très-jolies lithographies et de vignettes sur bois.   9 fr.

Mme GUIZOT

L'Amie des Enfants. Petit Cours de morale en action, comprenant tous les Contes de Mme Guizot. Nouvelle édition, enrichie de *Moralités* en vers, par Mme Elise Moreau. 1 fort vol. grand in-8, illustré de belles lithographies..   9 fr.

L'Écolier, ou Raoul et Victor. (*Ouvrage couronné par l'Académie française.*) Nouvelle édition. 1 joli vol. grand in-8, illustré de belles lithographies.   9 fr.

PITRE-CHEVALIER

La Bretagne ancienne depuis son origine jusqu'à sa réunion à la France. Nouvelle édition. 1 beau vol. grand in-8, illustré par MM. A. Leleux, Penguilly et T. Johannot, de plus de 200 belles vignettes sur bois, gravures sur acier, types et cartes coloriés. . . . . 15 fr.

La Bretagne moderne depuis sa réunion à la France jusqu'à nos jours. *Histoire des États et des Parlements, de la Révolution dans l'Ouest, des guerres de la Vendée,* etc., illustrée par MM. Leleux, Penguilly et T. Johannot. 1 beau vol. grand in-8, orné de plus de 200 vignettes sur bois, gravures sur acier, types et cartes coloriés.. . . . . 15 fr.

La Suisse illustrée. Description et histoire de ses vingt-deux cantons, par MM. de Chateauvieux, Dubochet, Francini, Monnard, Meyer de Knonau, de Rüttimann, Schnell, Strohmeier, de Tscharner, Henry Zschokke, etc.; *illustrée* de 32 jolies vues gravées sur acier et carte. 1 vol. gr. in-8 jésus. Nouvelle édit.   10 fr.

— Le même ouvrage, en 2 vol. grand in-8, *illustrés* de 90 jolies vues gravées sur acier, costumes coloriés et cartes. . . . . 20 fr.

BUFFON

Le Petit Buffon illustré. Histoire naturelle des *Quadrupèdes,* des *Oiseaux,* des *Insectes* et des *Poissons;* extraite de Buffon, Lacépède, Olivier, etc., par le bibliophile Jacob. 4 vol. gr. in-32, ornés de 325 figures gravées sur acier.   6 fr.

— Le même, avec les 325 figures coloriées avec soin. . . . . 10 fr.

BERQUIN

Œuvres complètes de Berquin, renfermant l'*Ami des Enfants et des Adolescents,* le *Livre de famille, Sandford et Merton,* etc. 4 vol. in-8, format anglais, illustrés de 200 vignettes. . . . . 10 fr.

. **L'Ami des Enfants et des Adolescents.** 2 vol. in-8, avec 100 fig. . 6 fr.

— **Le Livre de Famille.** 1 vol. in-8 avec 50 vignettes. . . . . 3 fr.

— **Sandford et Merton.** 1 vol. in-8, avec 50 vignettes. . . . . 3 fr.

'**Ami des Enfants.** Nouvelle édition complète. 1 vol. grand in-8, illustré de jolies lithographies et de vignettes. . . . . 7 fr. 50

HERBIER DES DEMOISELLES

Traité de la Botanique présentée sous une forme nouvelle et spéciale, contenant la description des plantes et les classifications, l'exposé des plantes les plus utiles; leur usage dans les arts et l'économie domestique et les souvenirs historiques qui y sont attachés; les règles pour herboriser; la disposition d'un herbier; etc., etc., par Ed. Audouit, édit. revue par le Dr Hoefer. 1 v. in-8, *illustré* de 338 jolies vignettes coloriées............................... 10 fr.
— Le même ouvrage, 1 vol. in-12, avec les grav. noires............... 5 fr.
— — — — grav. coloriées............... 7 fr. 50
Atlas de l'Herbier des Demoiselles, dessiné par Belaize, gravé et colorié avec soin. Joli album de 106 pl. in-4, renfermant plus de 350 sujets...... 10 fr.

DICTIONNAIRE DE MÉDECINE USUELLE

A l'usage des gens du monde, des chefs de famille et des grands établissements, des administrateurs, des magistrats, des officiers de police judiciaire, et enfin de tous ceux qui se dévouent au soulagement des malades.

Par une *société de Membres de l'Institut*, de l'Académie de médecine, de Professeurs, de Médecins, d'Avocats, d'Administrateurs et de Chirurgiens des hôpitaux dont les noms suivent: Andrieux, Andry, Blache, Blandin, Bouchardat, Bourgery, Caffe, Capitaine, Carron du Villards, Chevalier, Cloquet (J.), Colombat, Cottereau, Couverchel, Cullerier (A.), Deleau, Devergie, Donné, Falret, Fiard, Furnari, Gerdy, Gilet de Grammont, Gras (Albin), Guersent, Hardy, Larrey (H.), Lagasquie, Landouzy, Lélut, Leroy d'Etiolles, Lesueur, Magendie, Marc, Marchesseaux, Martins, Miquel, Olivier (d'Angers), Orfila, Paillard de Villeneuve, Pariset, Plisson, Poiseuille, Sanson (A.), Royer-Collard, Trébuchet, Toirac, Velpeau, Vée, etc. Publié sous la direction du docteur Braude, médecin inspecteur des eaux minérales, membre du Conseil de salubrité. 2 forts vol. in-4.. 24 fr.
En demi-reliure dos de chagrin................................. 30 fr.

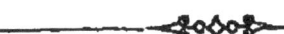

ŒUVRE DE DAVID (D'ANGERS)

Collection de 125 portraits *contemporains gravés par les procédés de* M. Ach. Collas, d'après les médaillons du célèbre artiste. Chaque portrait séparément... 75 c.

Portraits de Washington, de Napoléon Ier, de Louis-Philippe, gravés d'après les procédés de M. Ach. Collas. In-folio, chacun.......... 3 fr.

Bas-reliefs du Parthénon et du temple de Phigalie, disposés suivant l'ordre de la composition originale et gravés d'après les procédés de M. Ach. Collas. 1 joli album in-4 oblong, contenant 20 planches et un texte de 40 pages, par M. Ch. Lenormant, de l'Institut, cartonné élégamment à l'anglaise..... 16 fr.

OUVRAGES DE NAPOLÉON LANDAIS

ET DE SES COLLABORATEURS

Grand Dictionnaire général des Dictionnaires français, résumé de tous les dictionnaires, par N. LANDAIS, 14ᵉ édition, revue et augmentée d'un *Complément* de 1200 pages. 3 vol. réunis en 2 vol. grand in-4 de 3000 pages. . . . . . **40 fr.**
Ce dictionnaire contient la nomenclature exacte des mots *usuels et académiques, archaïques et néologiques, artistiques, géographiques, historiques, industriels, scientifiques*, etc., *la conjugaison de tous les verbes irréguliers, la prononciation figurée des mots, les étymologies savantes, la solution de toutes les questions grammaticales*, etc.

Complément du Grand Dictionnaire de Napoléon Landais, pour les *onze* premières éditions, par une société de savants sous la direction de MM. D. CHÉSU-ROLLES et L. BARRÉ. 1 fort vol. in-4 de près de 1200 pages à 3 colonnes. . . **15 fr.**

Grammaire générale des Grammaires françaises, présentant la solution de toutes les questions grammaticales, par N. LANDAIS. 6ᵉ édit. 1 vol. in-4. . **9 fr.**

Petit Dictionnaire des Dictionnaires français, par N. LANDAIS. Ouvrage *entièrement refondu*, et offrant, sur un nouveau plan, la nomenclature complète, la prononciation nécessaire, la définition claire et précise et l'*étymologie* vraie de tous les mots du vocabulaire usuel et littéraire, et de tous les termes scientifiques, artistiques et industriels de la langue française, par M. CHÉSUROLLES. 1 très-joli vol. in-32 de 600 pages. . . . . **1 fr. 50**

Dictionnaire des Rimes françaises, disposé dans un ordre nouveau d'après la distinction des rimes en *suffisantes, riches et surabondantes*, etc., précédé d'un *Traité de Versification*, etc., par N. LANDAIS et L. BARRÉ. 1 vol. in-32. . **1 fr. 50**

Petit Dictionnaire biographique des personnages célèbres de tous les temps et de tous les pays, *extrait du Dictionnaire de Napoléon Landais*, par M. D. CHÉSU-ROLLES. 1 fort vol. grand in-32 de 600 pages. . . . . **1 fr. 50**

DICTIONNAIRE DE TOUS LES VERBES

De la langue française tant *réguliers qu'irréguliers*, entièrement conjugués, sous forme synoptique, précédé d'une théorie des verbes et d'un traité des participes, etc. d'après l'ACADÉMIE, LAVEAUX, TRÉVOUX, BOISTE, NAPOLÉON LANDAIS et nos grands écrivains; par MM. VERLAC et LITAIS DE GAUX, professeur, membre de la Société grammaticale de Paris, etc. 1 beau vol. in-4. Nouv. édit. . . . . **10 fr.**

VERGANI

Grammaire italienne en 20 leçons, revue par MORRETTI et augmentée par BRU-NETTI. Nouvelle édition. 1 vol. in-12. . . . . **1 fr.**

LE CORPS DE L'HOMME

Traité complet d'anatomie et de physiologie humaine, suivi d'un *Précis des Systèmes de* LAVATER *et de* GALL; à l'usage des gens du monde, des médecins et des élèves, par le docteur GALET. 4 vol. in-4, *illustré* de plus de 400 figures dessinées d'après nature et lithographiées. . . . . **90 fr**
— LE MÊME OUVRAGE, avec les 400 figures coloriées avec le plus grand soin. **140 fr**

NOUVELLE COLLECTION DES MÉMOIRES RELATIFS A L'HISTOIRE DE FRANCE

Par MM. Michaud et Poujoulat,

Avec la collaboration de MM. Champollion, Basin, Moreau, etc.

34 volumes grand in-8 faute à 2 col., illustré de plus de 100 portraits sur acier. Prix: 200 fr.

TRÉSOR
DE NUMISMATIQUE
ET DE GLYPTIQUE

OU

Recueil général des Médailles, Monnaies, Pierres gravées, Bas-Reliefs, Ornements, etc.

TANT ANCIENS QUE MODERNES

LES PLUS INTÉRESSANTS SOUS LE RAPPORT DE L'ART ET DE L'HISTOIRE

GRAVÉ PAR LES PROCÉDÉS DE M. ACHILLE COLLAS

SOUS LA DIRECTION DE

M. PAUL DELAROCHE, peintre; M. HENRIQUEL DUPONT, graveur,

M. CHARLES LENORMANT, conservateur de la Bibliothèque, membre de l'Institut, etc.

20 parties ou volumes in-folio, comprenant plus de 1,000 planches accompagnées d'un texte historique et descriptif.

PRIX : **1260** FR.

DIVISION DES VINGT PARTIES

I

JOURNAL DES SAVANTS

COMPOSITION DU BUREAU :

M. LE MINISTRE DE L'INSTRUCTION PUBLIQUE, *Président.*

Assistants

M. LEBRUN, de l'Académie française.
M. GIRAUD, de l'Acad. des sciences morales.
M. NAUDET, de l'Académie des inscriptions
et des sciences morales.
M. MÉRIMÉE, de l'Acad. fr. et des inscript.

Auteurs

M. VILLEMAIN, de l'Acad. fr. et des inscrip.
M. CHEVREUL, de l'Académie des sciences.

M. FLOURENS, de l'Acad. fr. et des sciences.
M. PATIN, de l'Académie française.
M. MIGNET, de l'Acad. fr. et des sc. morales.
M. L. VITET, de l'Acad. fr. et des inscript.
M. B. SAINT-HILAIRE, de l'Ac. des sc. mor.
M. LITTRÉ, de l'Académie des inscriptions
M. FRANCK, de l'Acad. des sciences morales.
M. BEULÉ, de l'Acad. des beaux-arts.
M. J. BERTRAND, de l'Acad. des sciences.
M. SAINTE BEUVE, de l'Acad. française.

CONDITIONS DE L'ABONNEMENT

Le Journal des Savants paraît chaque mois par cahiers de 8 feuilles in-4. Le prix de l'abonnement est de 36 fr. par an pour Paris, et de 40 fr. pour les départements. Chaque année forme 1 volume. Il reste encore quelques exemplaires de la collection en 49 vol. au prix de 735 fr. On peut avoir ensemble ou séparément les années depuis 1830 jusqu'en 1863 au prix de 25 fr.

REVUE ARCHÉOLOGIQUE

OU

RECUEIL DE DOCUMENTS ET DE MÉMOIRES RELATIFS A L'ÉTUDE DES MONUMENTS A LA NUMISMATIQUE ET A LA PHILOLOGIE

DE L'ANTIQUITÉ ET DU MOYEN AGE

PUBLIÉS PAR

MM. le vicomte de Rougé, de Longpérier, F. de Saulcy, Alfred Maury
le duc de Luynes, Rosier, Brunet de Presle, Miller, Egger, Beulé,
Membres de l'Institut;
Viollet-le-Duc, Architecte du Gouvernement;
le général Creuly, A. Bertrand, Chabouillet, de la Société des Ant. de France.
A. Mariette, Deveria, Conservateurs du Musée du Louvre;
Vallet de Viriville, Professeur à l'École des chartes; Perrot, Heuzey,
de l'École d'Athènes, etc.
ET LES PRINCIPAUX ARCHÉOLOGUES FRANÇAIS ET ÉTRANGERS

MODE ET CONDITIONS DE L'ABONNEMENT

La *Revue archéologique* paraît chaque mois par cahiers de 64 à 80 pages grand in-8, qui forment, à la fin de chaque année, deux volumes ornés de planches gravées sur acier et de gravures sur bois intercalées dans le texte.

PRIX : Paris : Un an, 25 fr. — Départements : Un an, 27 fr.

Les années 1860 à 1866, formant les 14 premiers volumes de la nouvelle série, coûtent chacune 25 fr. (Le souscripteur à l'année 1867 peut acquérir cette Collection pour 140 fr. au lieu de 175.)

PARIS. — IMP. SIMON RAÇON ET COMP., RUE D'ERFURTH, 1.